Dirk Maxeiner · Michael Miersch

Alles grün und gut?

Eine Bilanz des ökologischen Denkens

Knaus

Der Verlag weist darauf hin, dass bei Links im Buch zum Zeitpunkt der Linksetzung keine illegalen Inhalte auf den verlinkten Seiten erkennbar waren. Auf die aktuelle und zukünftige Gestaltung, die Inhalte oder die Urheberschaft der verlinkten Seiten hat der Verlag keinerlei Einfluss. Deshalb distanziert sich der Verlag hiermit ausdrücklich von allen Inhalten der verlinkten Seiten, die nach der Linksetzung verändert wurden und übernimmt für diese keine Haftung.

Verlagsgruppe Random House FSC® N001967
Das für dieses Buch verwendete
FSC®-zertifizierte Papier *Munken Premium Cream*
liefert Arctic Paper Munkedals AB, Schweden.

2. Auflage
Copyright © der Originalausgabe 2014
beim Albrecht Knaus Verlag, München,
in der Verlagsgruppe Random House GmbH
Satz: Buch-Werkstatt GmbH, Bad Aibling
Druck und Einband: CPI – Ebner & Spiegel, Ulm
Printed in Germany
ISBN 978-3-8135-0650-1

www.knaus-verlag.de

In Erinnerung an Julian L. Simon

Inhalt

Vorwort 7
Hurra, alle sind jetzt grün!
   Aber weiß noch einer, was das bedeutet? 9
Maxeiners & Mierschs gut gelauntes Ökotagebuch 16

Kapitel 1 – Mensch und Natur 33
Sind wir Menschen eine Bürde für die Erde? 35
Was ist das eigentlich, Natur? 56

Kapitel 2 – Zwischen Eiszeit und Zeitgeist 67
Eine Anleitung zum Unsichersein 69
Sollten Klimawissenschaftler zugleich Aktivisten sein? 86
Das wechselhafte Medienklima 101

Kapitel 3 – Das Energiedilemma 109
Energiewende – ein Jahrhundertprojekt im Realitätstest 111
Wenn Wald der Windkraft weichen muss 130

Kapitel 4 – Von Menschen und Walen 141
Wollen wir Symboltiere
   oder bedrohte Arten retten? 143
Überlasst Natur- und Tierschutz nicht den Fantasten! 151

Kapitel 5 – Wachsen und Gedeihen 163
Wie »öko« ist der Acker von morgen? 165
Landwirtschaft – eine Zukunftsindustrie
   für Deutschland? 177
Wie grün ist Gentechnik? 186

Kapitel 6 – Leben und leben lassen 197
Ist Umweltaktivismus der neue Kolonialismus? 199
Wer kontrolliert eigentlich die NGOs? 208
Im Bionade-Biedermeier 217

Was ist das eigentlich: »nachhaltig«? 225
Der Zusammenhang von Freiheit und sauberer Luft 241

Kapitel 7 – Die alltägliche Angst 249
Unser täglich Risiko 251
Wo die Untergangspropheten irrten 259
Der Wald wächst unverdrossen 268

Kapitel 8 – Nebel der Vergangenheit 277
Verdrängte Traditionslinien grünen Denkens 279

Kapitel 9 – Neugierig bleiben 291
Vom Wert der Dissidenten für das ökologische Denken 293
Schulen zwischen Bildung und Propaganda 309
Selbsthilfelektionen: Grünes Denken, aber richtig 324

Nachwort 331
Warum die grüne Bewegung den Resetknopf
 drücken muss 333

Anhang 337
Eine Zeitreise durchs Grüne 339
Literatur 379

Vorwort

Hurra, alle sind jetzt grün!
Aber weiß noch einer, was das bedeutet?

»Früher einmal wusste ich die Antworten –
heute ahne ich die Fragen.«

Heinz Brandt

Als wir beide uns 1985 trafen, um eine neuartige Umweltzeitschrift (»Chancen«) zu entwickeln, war das grüne Denken in Deutschland schon ein Vierteljahrhundert alt. Bernhard Grzimek hatte 1959 mit seinem Film »Serengeti darf nicht sterben« Alarm geschlagen, dass die letzten Naturgebiete der Erde verschwinden. Willy Brandt forderte 1961, der Himmel über der Ruhr müsse wieder blau werden. 1962 sorgte das Buch »Der stumme Frühling« der amerikanischen Biologin Rachel Carson weltweit für Aufsehen, in dem sie den sorglosen Umgang mit Pestiziden anprangerte.

Die Farbe Grün, die in unsere Kindheit noch für Land- und Forstwirtschaft stand, war 1985 längst politisch geworden. Greenpeace, WWF und andere Öko-Organisationen gewannen Zehntausende Unterstützer. Die Grünen saßen seit zwei Jahren im Bundestag, und in Hessen war gerade der erste grüne Minister vereidigt worden. Jeder Student hatte »Die Grenzen des Wachstums« und »Global 2000« im Ikea-Regal. Tankerhavarien und Chemieunfälle, wie der im italienischen Seveso, hatten bewirkt, dass immer mehr Menschen Umweltschutz für das dringlichste politische Ziel hielten. Bis auf ein paar Wissenschaftler, die kein Gehör fanden, glaubte 1985 jeder Deutsche daran, dass der Wald schon sehr bald tot sein wird.

Bevor wir uns dem Thema journalistisch zuwandten, hatten wir kräftig mitgemischt, beim Anti-Atom-Protest in Brokdorf und Gorleben. Oder im Alltag als Anhänger der Alternativbewegung, die

Arbeit und Konsum nach grünen Wertvorstellungen ausrichtete. Hautnah und sehr persönlich erlebten wir den Aufstieg der Grünen in Hessen. In jener Zeit entschlossen sich manche Freunde, Politiker zu werden. Wir blieben dann doch lieber Journalisten. Gemeinsam rührten wir bei den Zeitschriften »Chancen« und »natur« (damals das größte Umweltmagazin Europas) die Trommel für Biolandwirtschaft, Atomausstieg und mehr Naturschutz.

Doch es kam – zunächst schleichend, dann heftiger – zur Kollision zwischen journalistischem Anspruch und grüner Überzeugung. Die Recherche stand den apokalyptischen Botschaften immer öfter im Weg. Unübersehbar wurde der Zustand der Umwelt in Deutschland und anderen westlichen Ländern besser. Wir schrieben 1996 das Buch »Öko-Optimismus« und setzten uns damit in die Nesseln. Die grüne Gemeinde exkommunizierte uns. Doch unser Interesse an ökologischen Fragen und den politischen Antworten darauf blieb bestehen. Wir beobachten die Entwicklung der grünen Idee und ihre gesellschaftliche Wirkung bis heute.

Im Herzen blieben wir grün. Der Gesang einer Feldlerche oder der Anblick eines mäandernden Wildbachs bedeuten uns viel. Wir glauben allerdings nicht, dass man Feldlerchen und Bachtälern mit Ideologie und Wissenschaftsfeindlichkeit helfen kann. Und es geht uns mächtig gegen den Strich, dass diejenigen, die die Begriffe »grün« und »ökologisch« für ihre Karriere gekapert haben, den Menschen als Gefahr für den Planeten darstellen und ihn deshalb ständig einschränken und schulmeistern wollen. Zum Glück fanden wir neue Freunde unter jenen grünen Bürgerrechtlern, die die Mauer zu Fall gebracht hatten.

Unbestreitbar ist unser heutiger Zeitgeist grün, zumindest in Deutschland und den meisten anderen westlichen Industrienationen. Und das ist auch grundsätzlich gut so. Grünes Denken hat die Köpfe erobert, und wir müssen immer wieder staunen, wie schnell sich dieser Wandel vollzog.

An dieser Stelle eine kurze Zwischenbemerkung: Wenn wir Worte wie »grün«, »grünes Bewusstsein«, »grünes Denken«, »grüne Bewegung« verwenden, dann ist damit nicht speziell die Partei »Die Grünen« gemeint, auch nicht Organisationen wie Greenpeace oder der BUND. Wir benutzen diese Etiketten im weitesten Sinne für eine Denkweise, von der in Deutschland nahezu die ganze Gesellschaft durchdrungen ist, von Angela Merkel bis Margot Käßmann, von der Deutschen Bank bis zum ADAC. Den Begriff »Ökologismus«, den Sie in diesem Buch lesen werden, verstehen wir als Abgrenzung zu »Ökologie«. Ökologie ist eine Wissenschaft, ein Zweig der Biologie. Ökologismus dagegen benennt den Versuch, aus dieser Wissenschaft eine Weltanschauung abzuleiten.

Eine Bewegung, die es schafft, eine Farbe gleichsam in Besitz zu nehmen, hat einen bleibenden historischen Erfolg errungen. Seit die Sozialisten das Rot für sich reklamierten, hat keine neue soziale Bewegung so etwas mehr geschafft. Rot bedeutet längst nichts mehr, es ist beliebig geworden, ein bloßes Zitat aus der Vergangenheit, das jeder nach Gusto hervorkramt.

Wird es mit dem Grünen genauso gehen? Was bedeutet diese Farbe eigentlich noch? Wir beobachten seit geraumer Zeit, dass man glaubt, grünes Denken überhaupt nicht mehr begründen zu müssen. Wer grün argumentiert, hat immer recht, denn er ist auf der Seite der moralisch Guten. Die grüne Bewegung, ja fast die ganze Gesellschaft, hat es sich abgewöhnt, zu überprüfen, ob die Prämissen, auf denen sie ihre Forderungen aufbaut, überhaupt noch stimmen. Sie ist denkfaul geworden. Mit der Macht kam die Arroganz. Und die ist kein guter Ratgeber für die Zukunft.

Seit einiger Zeit beobachten wir, wie der grüne Zeitgeist Risse bekommt. Die Widersprüche verschiedener ökologischer oder vermeintlich ökologischer Ziele werden sichbar. Da kämpfen Wald- und Landschaftsschützer gegen Klimaretter, die Windräder und Sonnenfarmen oder Speicherseen errichten wollen. Wir sehen, dass die Grünen Probleme haben, ihr Thema weiter hochzuhalten. Außerdem beginnen auch Teile der Gewerkschaften zu erkennen, dass aus einer Forderung, die die Arbeits- und Lebensbedingungen der Menschen tatsächlich verbessert hat, durch den geschickten Lobbyismus des öko-industriellen Komplexes eine Umverteilungsmaschine von den Wenigverdienern zu den Wohlhabenden in Gang gesetzt worden ist. Und auch die NGOs, deren Verdienste nicht zu bestreiten sind, rücken für Demokratietheoretiker immer mehr in den Blickpunkt als globale Macht, die ohne Mandat und Legitimation handelt. Was bedeuten Begriffe wie »grün«, »ökologisch« oder »nachhaltig« überhaupt noch? Beliebigkeit breitet sich aus und jeder benutzt diese Chiffren wie sie ihm in den Kram passen – von der Krabbelgruppe bis zum Weltkonzern. Was hat der Windkraftinvestor mit dem Fledermausschützer gemein? An den Rändern des grünen Denkens breiten sich Heilslehren aus, die auch irgendwie »grün« daherkommen, doch mit Ökologie nichts zu tun haben, wie etwa Veganismus.

Es wird also Zeit, Bilanz zu ziehen. Blickt man auf die Anfänge, die zu dem führten, was später »grün« genannt wurde, also auf Grzimeks Appelle, Carsons Warnungen und Brandts Wahlkampf für saubere Luft, ist dieser große gesellschaftliche Paradigmenwechsel nun ein halbes Jahrhundert alt. Was haben uns diese 50 Jahre Umweltbewegung gebracht? Wo stehen wir heute?

Wir können uns gut erinnern, wie wir Grünen einmal angetreten sind. Es ging um den Schutz von Wäldern, Flüssen und Wildtieren. Karikaturisten stellten die junge grüne Partei einst klischeehaft als grünen Frosch dar. Eine Anspielung darauf, dass sogar das Leben von Lurchen für sie Bedeutung besaß. Die alten Parteien und etablierten gesellschaftlichen Institutionen fanden das lächerlich. Wie konnte man Leute ernst nehmen, denen der Erhalt eines Moores wichtiger war als der Bau einer Autobahn? Wir konnten sie ernst nehmen. Ihr Anliegen war sympathisch und ihre Kritik an der Umweltverschmutzung berechtigt. Sich für Amphibien einzusetzen, verdiente Respekt, weil es mutig und unpopulär war. Es gefiel uns, wie sich die verknöcherten Seilschaften der Altparteien über die Grünen ärgerten. Und ganz wichtig: Man konnte eine Autobahn schließlich auch um ein Moor herumbauen.

Heute reiben wir uns die Augen angesichts vertauschter Rollen:

Vielen, die unter dem Dach »grün« firmieren, sind die Menschen egal, denen ein Lurch oder ein Rotmilan am Herzen liegt. Die allesamt ergrünten Parteien, die mittlerweile mächtigen Umweltverbände und die industriellen Profiteure grüner Subventionen stehen an der Spitze der Kräfte, die mit reinstem Gewissen die verbliebene Natur plattmachen.

Unser Buch beginnt mit einem Tagebuch aus unserem Öko-Alltag. Es folgt ein Kapitel zu den Fragen: Welches Naturbild und welches Menschenbild wird im grünen Denken transportiert? Dann kommt eine Bestandsaufnahme der großen ökologischen Themen (Klima, Energie, Naturschutz, Landwirtschaft), beginnend mit der Klimadebatte. Was wissen wir? Welche Prämissen haben sich etabliert und werden – oft zu Unrecht – nicht mehr hinterfragt? Danach befassen wir uns mit der gesellschaftlichen Wirkung: ein Blick auf die Gewinner des Wandels und ihren Ökolebensstil und auf die mittlerweile mächtigen Nichtregierungsorganisationen (NGOs). Aber auch mit den Verlierern in Entwicklungsländern, die darunter leiden müssen, dass nach ihnen bessere Nahrungsmittel und effiziente Seuchenbekämpfung durch westliche Öko-Eliten zunichtegemacht werden. Der anschließende Buchteil heißt »Die alltägliche Angst« und fragt nach den Folgen der Öko-Apokalyptik auf die Wahrnehmung der Realität. Ein Kapitel über die Wurzeln grünen Denkens zeigt auf, dass diese in Deutschland so starke geistige Strömung nicht aus der politischen Linken stammt, wie allgemein angenommen, sondern ganz im Gegenteil. Und schließlich schildern wir noch, was unsere Kinder in den Schulen über Klimaerwärmung, Biolandbau und andere Umweltthemen eingetrichtert bekommen (Buchteil: Neugierig bleiben!), und warum Zweifel und eigenständiges Denken so wichtig sind.

Im Anhang finden Sie eine »Kleine Geschichte grünen Denkens«, in der wir die Umweltthemen Revue passieren lassen, die Deutschland und die Welt erschütterten und veränderten. Abgeschlossen wird das Buch mit einer Literaturliste, die zum Weiterlesen anregen soll.

Wir haben keine Patentrezepte. Unsere Richtschnur ist die hartnäckige Frage: Welche Maßnahmen bringen sichtbare und messbare Verbesserungen für die menschliche Gesundheit, die Umwelt, die Tiere und Pflanzen? Und welche schaden mehr, als sie nützen? Es geht um einen besseres Leben und den sozialen Zusammenhalt. Es geht um Resultate statt Ideologie. Effektiver Umweltschutz ist nicht allein eine technische, sondern eine soziale Frage.

Wir glauben an einen pragmatischen und menschenfreundlichen Umweltschutz. Statt visionäre Endzustände zu bemühen, sollten wir lieber auf den tastenden Fortschritt setzen. Um ihn zu ermöglichen, muss der Weg in die Zukunft offen gehalten werden. Nicht Visionen zählen, sondern Zukunftsoptionen. Je mehr Möglichkeiten die Menschen haben, desto besser. Vielleicht wollen unsere Enkel die Autos abschaffen oder die Atomenergie wieder einführen. Sollen sie. Wir sollten ihre Freiheit, selbst zu entscheiden, nicht einschränken, indem wir Optionen zerstören und unumkehrbare Entscheidungen treffen.

Es geht um die Rückkehr zur Vernunft, nicht um einen ökologischen Rollback. Der wäre nicht nur falsch, sondern auch gar nicht durchsetzbar. Die Mülltrennung, das schlechte Gewissen beim Autofahren und – sei's drum – der Wille zum Ausstieg aus der Atomenergie sind gelernt und in Deutschland gleichsam ein verbindliches Verhaltensmuster. Egal wie man im Einzelnen dazu steht, sind sie als Akt der Selbstzähmung auch eine zivilisatorische Leistung. Doch jenseits davon entsteht immer mehr kontraproduktiver und schädlicher Unsinn im Dienste eines in fernster Zukunft liegenden Großen und Ganzen. Dass der Bürger ein feines Sensorium für solche Auswüchse entwickelt hat, zeigt seine anhaltende Unwilligkeit, den sogenannten Biosprit E10 in seinen Tank zu füllen.

Die technische Intelligenz in Deutschland, die Handwerker, Facharbeiter, Landwirte und Ingenieure, durchschauen so manchen Ökozinnober, weil sie rechnen können. Und mancher, der nicht zu den Besserverdienenden gehört, blickt sorgenvoll auf seine Stromabrechnung. Andere denken im Angesicht riesiger Windparks: »Hier möchte ich nicht wohnen.« Selbst die treuesten der Treuen, die Grünen-Wähler und BUND-Mitglieder der ersten Stunde, zweifeln immer mehr am Verstand ihrer Führungskader, die sich als Lobbyisten des öko-industriellen Komplexes betätigen. All diese Bürger warten auf ein vernünftiges politisches Angebot, auf einen klugen, pragmatischen und sozial verantwortlichen Umweltschutz. Für diese Debatte wollen wir mit diesem Buch Argumente liefern.

Danksagung
Mit wertvollen Informationen und Hinweisen unterstützten uns Gideon Böss, Ellen Daniel, Thomas Deichmann, David Harnasch, Jan-Philipp Hein, Tobias Streck und Alexander Wendt. Herzlichen Dank dafür.

Maxeiners & Mierschs gut gelauntes Ökotagebuch

Grüne Überzeugungen sind mittlerweile überall in unser Alltagsleben eingesickert und beeinflussen viele unserer Handlungen. Beginnen wir unsere Bilanz des ökologischen Denkens mit einem kleinen Ökotagebuch. Wir haben es über zwei Wochen geführt, indem wir aufgeschrieben haben, was uns aufgefallen ist. Einerseits zeigt sich sehr viel Erfreuliches, denn immer mehr Menschen machen sich Gedanken über die Folgen ihres Tuns. Andererseits kommt auch eine Menge Unsinn dabei heraus. Damit verdeutlicht unser Tagebuch das Spannungsfeld, um das es in diesem Buch geht.

Montag
Aufstehen. Der Wecker zeigt sechs Uhr. Eigentlich ist es ja erst fünf Uhr. Aber wir haben Sommerzeit. Am letzten Sonntag im März wird die Uhr jeweils eine Stunde vorgestellt. Das hat man früher schon zu Kriegszeiten gemacht, um das Tageslicht für die Rüstungsproduktion besser auszunutzen. Nach der Ölkrise von 1973 wurde die Idee wieder aufgegriffen. Statt militärischen versprach man sich nun einen ökologischen Nutzen: Die Sommerzeit, die 1980 in weiten Teilen Europas eingeführt worden ist, sollte Energie sparen. Inzwischen wissen wir durch eine parlamentarische Anfrage an die Bundesregierung aus dem Jahr 2005, was dabei herauskommt: nichts.

»Im Hinblick auf den Energieverbrauch bietet die Sommerzeit keine Vorteile«, heißt es lapidar in der Antwort. Der Grund: Was am Licht gespart wird, verbraucht die Heizung zusätzlich, weil sie frühmorgens öfter eingeschaltet wird. Ein klassischer ökologischer Sockenschuss. Die Techniker nennen das auch »Racheeffekt«. Ein einfaches Beispiel für so einen Racheeffekt sind die starren, eng anliegenden Skistiefel, die die Zahl der Knöchel und Schienbeinbrüche erfolgreich gesenkt haben. Allerdings mit einem kleinen Nachteil: Der Fortschritt geht nun auf Kosten des vorderen Kreuzbandes im Kniegelenk. Übrigens ereignen sich am Montag nach der Umstellung der Uhren im Frühjahr mehr Verkehrsunfälle als an jedem anderen Tag im Jahr. Viele Menschen sind anfangs morgens müde und abends finden sie keinen Schlaf. Dennoch wird die Sommerzeit uns höchstwahrscheinlich noch viele Jahre erhalten bleiben. Sie ist ein gutes Beispiel dafür, dass behördlich veranlassten Maßnahmen in der Regel ein ewiges Leben beschieden ist, auch wenn sich ihre Unwirksamkeit herausstellt. Das Abschaffen der Sommerzeit wäre wohl komplizierter als das Beibehalten, es müssten sich nämlich alle EU-Staaten darauf einigen. Immerhin hat die Umstellung inzwischen einen gewissen folkloristischen Wert, besonders im Herbst, wenn uns eine Stunde »geschenkt« wird. Vermutlich würde uns ohne Sommerzeit auch etwas fehlen.

Dienstag
Der Gepäckkorb des Fahrrads ist voll Müll. Viele Städte verknappen das Angebot an öffentlichen Abfallkörben aus pädagogischen Gründen. München beispielsweise ließ vor einigen Jahren Hunderte kommunaler Müllgefäße abmontieren. Daraufhin suchte sich der Müll andere Wege. Siehe oben, Racheeffekt. Das freut zumindest die Tierwelt. Machten sich früher die Spatzen über den Pferdedung her, so ernähren sich heute tagsüber Tauben und Krähen, nachts die Ratten von Döner- und Hamburgerresten. Geschickt öffnen sie Plastikbehältnisse und Alufolien.

Fahrt zum Bahnhof, Zugtickets kaufen. Auf dem Vorplatz stehen die Fahrräder der Pendler in wilden Knäueln und sind an Zäunen und Laternen verkettet. Das Fahrrad hat in Deutschland eine beispiellose Karriere hingelegt. Wer cool, jung und schick ist, fährt Fahrrad. Und wer es nicht ist, auch. Also beispielsweise wir beide. Der Fahrradboom ist eine ökologische Revolution von unten – ganz ohne staatliche Bevormundung. Derzeit gibt es in Deutschland etwa 70 Millionen Fahrräder. In vier von fünf aller Haushalte ist mindestens ein Fahrrad, häufig sind sogar mehrere Fahrräder vorhanden.

Laut der Studie »Mobilität in Deutschland« hat die Anzahl und Länge der mit dem Fahrrad zurückgelegten Wege enorm zugenommen, lediglich der öffentliche Nahverkehr hat bei der Anzahl der Wege noch mehr zugelegt. Deutschland, allgemein als Autonation verortet, ist heimlich, still und leise zu einer großen Fahrradnation herangewachsen.

Mittwoch

Müslifrühstück. Unsere persönliche ökologische Wende in den Frühstücksgewohnheiten begann irgendwann in den Achtzigerjahren. Das Müsli hatte aus der Schweiz kommend zunächst die Landkommunen erobert und gehörte bald zum Lebensstil der sogenannten »Alternativbewegung«. Heute wird es wie selbstverständlich im Ritz und im Adlon serviert. »Müsli« war ja auch eine Zeit lang ein Schimpfwort für alternativ lebende Menschen. Auf Wikipedia fanden wir gar ein Standardwerk »Die Moral auf dem Teller«, das die geistige Unterfütterung für den Müslikult so beschreibt: »Dargestellt an Leben und Werk von Max Bircher-Benner und John Harvey Kellogg, zwei Pionieren der modernen Ernährung in der Tradition der moralischen Physiologie, mit Hinweisen auf die Grammatik des Essens und die Bedeutung von Bircher-Mueslis und Cornflakes. Aufstieg und Fall des patriarchalen Fleischhungers und die Verführung der Pflanzenkost.«

Die Ernährungsreformer haben den Marsch durch die gastronomischen Institutionen und in die Supermarktregale erfolgreich abgeschlossen. Das Schöne am Müsli ist: Man kann es auch ohne ideologischen Überbau genießen, und wir tun es.

Ein leicht schlechtes Gewissen kommt dennoch auf, denn die Milch für den Kaffee steht in praktischen kleinen Einwegdöschen auf dem Tisch. Die Grüne Katrin Göring-Eckardt hat diesen Dingern sogar eine Morgenandacht im Deutschlandfunk gewidmet: »Muss das wirklich sein? ... Ist das kleine Plastikmilchbehältnis nicht auch ein Symbol dafür, wie unbedarft wir oftmals mit Rohstoffen umgehen?«, fragt sie und predigt weiter: »... wenn aus einem kleinen Symbol großer Ernst wird: Ölpest, Atomkatastrophe und Klimawandel.« Die Kirchenglocken in Deutschland mögen verstummen, die Morgenmesse wird uns erhalten bleiben. Katrin Göring-Eckardt: »Auch das Kleine – und wenn es nur das verrückte Milchdöschen ist – ist nicht gleichgültig, wenn es um das Große, um die gesamte Schöpfung geht. Die kleinen Umweltsünden zu ignorieren, sie sozusagen einfach zu begraben, ist keine Lösung.«

Als wir Kinder waren, galten Dosen übrigens noch als echte Errungenschaft. Was sie prinzipiell auch noch sind: Ohne Kühlung werden darin Lebensmittel jahrelang konserviert. Außerdem lassen sie sich prima recyceln. Die Ökobilanz von Dosen muss nicht schlechter sein als die anderer Verpackungen, das Nähere regelt wie immer der Einzelfall. Wir erinnern uns an ein schwer despektierliches Titelbild des Satiremagazins »Titanic«. Es zeigte ein blechernes Kruzifix mit der Titelzeile: »Ich war eine Dose«. Worauf nicht die Kirche, sondern die deutsche Weißblechindustrie das Blatt verklagte. Das war allerdings 20 Jahre vor Katrin Göring-Eckardt.

Donnerstag

Einkauf in einer Filiale von Aldi-Süd. Die Bioprodukte haben die Aldi-Regale schon vor vielen Jahren erobert, und jetzt gibt's sogar Fairtrade-Waren: »Fairer Handel zum Wohle aller«. Nicht schlecht, wer bei Aldi ganz vorne im Regal steht, der ist wirklich in der Mitte der Gesellschaft angekommen. Das gilt nicht nur für das sensorische, sondern auch für das mentale: »Auch wir von Aldi-Süd übernehmen Verantwortung und engagieren uns dafür, dass sich die Situation der Kleinbauern und Arbeiter in den ärmeren Ländern der Südhalbkugel dauerhaft positiv verändert.«

Doch leider gibt es auch auf diesem Feld Racheeffekte. Denn Fairtrade ist gut gemeint, tatsächlich aber ist es eher dazu angetan, die schlechte Lage armer Landarbeiter zu zementieren, statt sie zu verbessern. Diese Erkenntnis verdanken wir nicht etwa einem neoliberalen Thinktank, sondern der in London ansässigen »School of Oriental and African Studies«, die traditionell zu einer sozial orientierten Weltsicht tendiert. Die Wissenschaftler untersuchten die Situation von Landarbeitern in Äthiopien und Uganda. Ergebnis: In Gebieten mit konventionellen Betrieben verdienen die Menschen, die ganz unten sind, deutlich besser als dort, wo Fairtrade-Organisationen vorherrschen.

Was ist da los? Zunächst einmal kann Fairtrade die ökonomischen Gesetze nicht aushebeln. Man unterstützt aus ideologischen Gründen vor allem kleine Betriebe mit wenig Maschinen und viel Handarbeit. Doch die sind schlicht unproduktiver als Konkurrenten mit besserer Technik. Die Großen erzielen höhere Gewinne – und zahlen ihren Landarbeitern oft bessere Löhne – ganz ohne altruistische Motive. Obendrein neigen Fairtrade-Betriebe dazu, die Qualität ihrer Produkte zu vernachlässigen, weil der Sozialbonus sie vom Konkurrenzdruck befreit.

Arme Landarbeiter sind in modernen Betrieben produktiver und können deshalb – zumindest potenziell – besser entlohnt werden. Und wem nutzt der Fairtrade-Obolus unter diesen Umständen am meisten? Zunächst natürlich unserem guten Gewissen. Und dann den Helfern aus den Industrieländern, die westliche Mittelklasselöhne erhalten, um Fairtrade zu organisieren. Wer den Armen etwas Gutes tun will, spendet wohl besser direkt an entsprechende Organisationen, über deren Arbeit er sich vorher gut informiert hat.

Freitag
Fahrt nach Stuttgart im ICE. Dank Probe-Bahncard 25 ist die Fahrt »CO_2-frei und klimaneutral mit 100 Prozent Ökostrom«. Doch warum fahren die anderen, die eine normale Fahrkarte besitzen, nicht klimaneutral? Wir sitzen doch im selben Zug. Wir fragen uns schon lange, wie es möglich ist, dass in Deutschland aus derselben Steckdose, aus der vorher Atomstrom kam, nach einem Wechsel zum Ökoanbieter plötzlich Windpower unsere Espressomaschine speist. Und siehe, dahinter verbirgt sich eine Welt voller gedanklicher Wunder: Man nehme ein idyllisches Flusstal, ziehe eine Staumauer aus Beton hindurch und flute die ganze Sache. Dabei kommt

dann Ökostrom heraus. Auch jeder Seeadler oder Rotmilan, der von einem Großwindrad geschreddert wird, stirbt für die gute Sache. Gar nicht geschätzt wird hingegen Atomstrom. Das hat die Betreiber von Atomkraftwerken nicht ruhen lassen. So gibt es eine wunderbare Tauschbörse namens »Renewable Energy Certificate System« (RECS). Ein Windradbetreiber deklariert seinen Strom dabei als konventionellen Strom. Ein Atomkraftwerksbetreiber bezahlt ihm dafür einen Aufpreis – und darf die gleiche Menge Atomstrom umgekehrt als Ökostrom etikettieren. Salopp gesagt: Das Atomkraftwerk zahlt seinen Windkraft-Tauschpartner dafür, dass er die Vogelwelt schreddert – und endlich wird aus Atomstrom Ökostrom.

Die Fahrt führt durchs Land, kaum ein Bauer verzichtet mehr auf großflächige Solarzellen auf Scheune, Stall und Wohnhaus. Diese Stromerzeuger haben jedoch einen kleinen Nachteil: Die Feuerwehr kann sie im Brandfall nicht löschen. Sie produzieren Gleichstrom, und das nicht zu knapp – selbst kleinere Anlagen auf Einfamilienhäusern. Und das auch bei bedecktem Himmel, es braucht keine Sonne, sondern nur Licht. In der Nacht reicht sogar die Einsatzbeleuchtung der Feuerwehr, um die Stromproduktion einzuleiten. Löscht die Feuerwehr die Solaranlage mit Wasser, leitet es und setzt alles unter Strom – die Retter und die Bewohner eingeschlossen. Der Einsatz von Schaum bringt nicht viel, weil er von der Schmutz abweisenden Beschichtung abrutscht. Und die noch schlechtere Nachricht: Die Anlagen sind nicht abschaltbar. Auch die Leitung zwischen den Modulen und dem Wechselrichter steht – selbst bei gezogener Hauptsicherung – weiter unter Strom. Ein Ratgeber für Feuerwehren empfiehlt daher ein Vorgehen wie bei »Hochbrand« und »Hochspannung«. Das heiße in der Regel ein »kontrolliertes« Abbrennenlassen, denn »Stand heute gibt es keine sinnvolle Methode, um im Ernstfall eine Photovoltaikanlage auszuschalten«.

Kurz vor der Ankunft in Stuttgart passieren wir Bad Cannstatt. Die Deutsche Bahn lässt dort Gentests an Mauereidechsen durchführen, die im Bereich des geplanten Abstellbahnhofs in Stuttgart-

Untertürkheim leben. Im Erbgut soll sich zeigen, ob die Echsen Ausländer sind, die eventuell Gene italienischer oder französischer Verwandter in sich tragen, welche einst als blinde Passagiere in Güterzügen ankamen. Das wäre nützlich für die Bahn, denn Bürgerinitiativen könnten den Bau nicht mit Berufung auf geschützte Eidechsen hinauszögern, geschützt sind nämlich nur die autochthonen deutschen Echsen.

Samstag
Beim Duschen im Hotel versprüht der neue Sparduschkopf nur noch einen feinen Feuchtigkeitsnebel. Und bloß nicht beim Zähneputzen den Wasserhahn laufen lassen. Längst vorbei sind die bedenkenlosen Wasserorgien der Vergangenheit. Auch die Spartaste der Toilette wäre für unsere Eltern noch eine rätselhafte Idee gewesen. Wassersparen ist uns in Fleisch und Blut übergegangen, sogar unseren Kindern haben wir es eingebläut. »Ist doch toll, dass man zu zweit Spaß in der Badewanne haben kann und dabei auch noch ein gutes Gewissen«, heißt es frohgemut in Maxeiners heimatlicher Zeitung »Augsburger Allgemeine«.

Aber es gibt Probleme: Die Kanalisation funktioniert vielfach nicht mehr, weil alle versuchen, Wasser zu sparen. Während die Sparweltmeister oben zu zweit in der Badewanne sitzen, jagt das Wasserwerk unten gewaltige Mengen zusätzliches Trinkwasser ins System, damit die Rohre frei bleiben, nicht vermodern und nicht zum Himmel stinken. Wassersparen ist obendrein ein teurer Spaß: Je weniger Wasser verbraucht wird, desto höher ist die Umlage pro Liter für die Infrastruktur der Wasserwerke. Und deshalb sparen die Leute noch mehr, woraufhin der Preis des kühlen Nasses immer weiter in die Höhe schießt. Ein Teufelskreis. Wassersparen hat eine verflixte Logik: Je mehr du sparst, desto teurer wird es. Schon wieder so ein Racheeffekt.

Dazu muss man wissen: Deutschland ist eines der glücklichen Länder, die Wasser im Überfluss haben (siehe S. 177). Nur ein kleiner Bruchteil des zur Verfügung stehenden Reservoirs wird überhaupt genutzt. »Eine politisch geforderte weitere Reduzierung des Wasserverbrauchs ist nicht sinnvoll«, heißt es beim Bundesverband der Energie- und Wasserwirtschaft. In vielen Gegenden steigt sogar der Grundwasserspiegel, weil die deutschen Haushalte immer weniger Wasser benötigen. Hausbesitzer fürchten schon feuchte Keller. In Berlin ist der Verbrauch seit der Wiedervereinigung um etwa die Hälfte zurückgegangen und der Grundwasserspiegel um ein bis drei Meter angestiegen. Noch drastischer sind die Einsparungen bei der Industrie. Und der Clou: Die Abwässer der Industrie sind oftmals sauberer als das, was in den Produktionskreislauf hineingeflossen ist. Viele Industriebetriebe sind nebenbei Wasserreinigungsbetriebe.

Die Erfolge beim Wassersparen zeigen, in welch drastischem Maße ein Industrieland Ressourcen durch gemeinsame Anstrengungen und moderne Technik einsparen kann. Mal ganz abgesehen davon, ob dies nun beim Wasser in Deutschland sinnvoll ist. Die Argumentation, wir seien ein Vorbild, an dem sich andere orientieren könnten, stimmt beim Wasser sogar. Und es stimmt auch, dass das gesammelte Knowhow exportfähig ist. Die Technologie für die Wasserversorgung in trockenen Ländern ist für deutsche Firmen eine große Chance. Fassen wir die Verhältnisse hierzulande daher als Trainingslektion auf, beispielsweise für den nächsten Spanienurlaub. Zu den großen Agrarregionen und den Hotelkonglomeraten am Mittelmeer wird das knappe Wasser oft über Hunderte von Kilometern lange Rohrleitungen aus Flüssen und Talsperren im Landesinneren herangeschafft, wodurch es zu großen ökologischen Problemen kommt. Davon, dass die Deutschen Wasser sparen, haben die Spanier direkt aber nichts, es sei denn, die Deutschen tun es im Spanienurlaub.

Sonntag
Die Glocken der katholischen Kirche nebenan läuten. Im katholischen Bayern ist das eine weitgehend akzeptierte Gewohnheit, anderswo wird es zunehmend als Lärmbelästigung empfunden. Das Wasser ist sauberer geworden, die Luft ebenfalls, aber Lärm ist wei-

terhin eine Belastung, von der besonders viele Menschen betroffen sind. Dabei geht es meist um den Verkehr, etwa Startbahnen, Autobahnen oder Eisenbahntrassen, beispielsweise auf der von Güterzügen besonders geplagten Rheinstrecke. Das Dilemma liegt darin, dass alle gerne diese Einrichtungen nutzen, aber keiner nebenan wohnen will. Und da der Bürger inzwischen gut darin geschult ist, gegen lärmmachende Projekte die Gerichte zu bemühen, geht es allmählich auch dem guten alten Kirchengeläut an den Kragen. Im rheinhessischen Udenheim wurde das Landesamt für Umwelt, Wasserwirtschaft und Gewerbeaufsicht Rheinland-Pfalz in Marsch gesetzt, um die Zulässigkeit des örtlichen Kirchengeläutes zu messen. Ergebnis: Die Dezibelwerte waren unzulässig hoch. Jetzt ist ein Kulturkampf zwischen Kirchengeläut-Genervten und -Befürwortern entbrannt, der vor 25 Jahren ebenfalls noch vollkommen undenkbar gewesen wäre. Laut der »Frankfurter Allgemeinen Zeitung« wurden daher an den Klöppeln bereits »lärmmindernde Maßnahmen« vollzogen.

Vielleicht bringt die Zukunft eine elektronische Kirchenglocke, die nur noch bei denen läutet, die es wünschen. Für den Auto- und Flugverkehr werden wohl Hybrid- und Elektroantriebe Linderung verschaffen. Zur Reduzierung des Kohlendioxid-Ausstoßes bringt das Elektroauto rein gar nichts, wenn es mit Kohlestrom betrieben wird. In Sachen Lärm ist es aber ein echter Fortschritt. Bei der Bahn könnten gedämpfte Schienen sowie neue Räder und Bremsen den Krach vermindern. »Eines Tages wird der Mensch den Lärm ebenso bekämpfen müssen wie die Cholera und die Pest«, prophezeite Robert Koch schon im Jahre 1910, als Verbrennungsmotoren und Dampfmaschinen allmählich den Sound unserer Städte zu verändern begannen.

Montag

Alle Fenster weit auf. Stoßlüften. Seit der staatlichen Verordnung der Wärmedämmung gehört das fachmännische Lüften zu den Pflichten des Mieters. Da der frische Sauerstoff fehlt, der früher noch durch die eine oder andere Ritze in den Wohnraum gelangte, fangen die Wände sonst sofort an zu schimmeln. Schon wieder so ein Racheeffekt: Der Schimmelpilz ist der ganz große Gewinner der Energieeinsparverordnung (EnEV). Fungus-EnEV gehört zu den sich in Deutschland am prächtigsten entwickelnden Gewächsen, jeden Tag werden ihm neue Biotope errichtet.

So hat jede Zeit ihre Bausünden. Mit Grausen erinnern wir uns an die Glasbausteine, die einst zur Sanierung von Fachwerkhäusern herangezogen wurden, auf dass mehr Licht ins Innere gelange. Beinahe genauso flächendeckend verlief später die Verkleidung der Wetterseiten durch widerstandsfähige Faserzementplatten, die, da asbesthaltig, inzwischen als Sondermüll entsorgt werden müssen. Hat die Menschheit aus diesen Irrwegen etwas gelernt? Nicht doch: Inzwischen sind deutsche Hausbesitzer geradezu von einem Dämmrausch erfasst, keine noch so schöne Fassade ist vor der Verpackung in einen monströsen Schaumstoffmantel sicher. Fenster sehen aus wie Schießscharten.

Ein Volk, das mehrheitlich Plastiktüten beim Einkaufen als problematisch empfindet, hat diese jetzt als Wohnform entdeckt. Man schweißt die Altbausubstanz freiwillig in Kunststoff ein – und wundert sich, dass es feucht tropft und der Schimmel an den Wänden blüht. In den USA haben erste Bundesstaaten diese Form von Dämmung aus gesundheitlichen Gründen verboten. In Deutschland schreibt der Staat sie vor und animiert die Bauherren zusätzlich mit beinahe zinslosen Krediten zur Vollverschalung ihrer Häuser. Im Gegensatz zum beharrlichen Schimmel ist der Zeitgeist allerdings ein flüchtiges Wesen: Wer als Kreditlaufzeit 20 Jahre veranschlagt hat, wird die Platten womöglich herunterreißen, bevor sie bezahlt sind. Das ist der Sondermüll von morgen.

Auch neue Passivbauten (ein Gebäude, das aufgrund seiner Dämmung angeblich praktisch keine herkömmliche Heizung benötigt) kommen allmählich ins Gerede. In Frankfurt ist diese Bauweise für städtische Gebäude vorgeschrieben, weshalb unter anderem eine Feuerwehrwache als Passivhaus errichtet wurde. Es ergaben sich laut arbeitsmedizinischem Dienst »erhebliche gesundheitliche Belastungen des Personals«, weil die Nasenschleimhäute durch die trockene Luft angegriffen würden. Die defätistische Bemerkung wurde dann laut »Frankfurter Allgemeine« auf Betreiben der Grünen aus einem entsprechenden Magistratsbericht gestrichen.

Dienstag
Im Kaffeehaus. Auf dem Tisch hat jemand eine »Bild«-Zeitung liegen lassen. Darin Fotos einer fröhlichen Herrenrunde in einem Striplokal. Es ist der Chef des Energie-Unternehmens Prokon Carsten Rodbertus mit Geschäftspartnern, die Firma hat 1,44 Milliarden Euro von Anlegern für Windenergieprojekte eingesammelt. Laut »Bild« ermittelt die Staatsanwaltschaft gegen den Firmengründer Carsten Rodbertus wegen Anlagebetrug und Untreue. Wie überall, wo viel Geld und staatliche Subventionen winken, treten alsbald windige Gestalten auf den Plan. Es ist im Prinzip also nichts Besonderes, dass Abzocker inzwischen auch im grünen Gewande unterwegs sind. Und doch ist es besonders peinlich. Einfach wegen des hohen moralischen Anspruchs, der von Vertretern der grünen Wirtschaftszweige so häufig bemüht wird.

Die Bösen sind doch eigentlich immer die anderen. Der Soziologieprofessor Aaron McCright von der Universität Michigan ging beispielsweise der Frage nach, wie es sein kann, dass Menschen die Realität einer künftigen Klimakatastrophe nicht erkennen. Seiner Studie gab er den charmant ironischen Titel: »Coole Typen: Klimawandelleugnung unter konservativen, männlichen Weißen in den Vereinigten Staaten«. Weiße Mittelstandsmänner, also Menschen ohne Glamour, ohne Minderheitenbonus und ohne den Adel des Besonderen, sind offenbar besonders schlimme Zeitgenossen. Wir möchten allerdings darauf hinweisen: Auch Politiker, die Klimasteuern erheben, Bauern, die ihre Subventionen jetzt für Energiepflanzen bekommen, Institutschefs, die von alarmistischen Prognosen leben, sind in der Regel männlich, weiß und Mittelmaß. Genau wie die Betonköpfe in den Industrien, die die Welt zur Klimarettung mit

Windparks, Solarmodulen oder Biogasanlagen zustellen. Oder ihre Öko-Milliarden mit Stripperinnen feiern. Und wir beide sind natürlich auch langweilige, weiße Mittelstandsheinis.

Nach den krawalligen Schlagzeilen von »Bild« greifen wir zur »Zeit«, die im Zeitschriftenständer liegt. Doch auch dort stoßen wir auf einen Bericht über windige Geschäfte mit angeblich grünen Geldanlagen. ForestFinance heißt das Unternehmen des ehemaligen BUND-Geschäftsführers Harry Assenmacher. Er verspricht Anlegern Traumrenditen für Parzellen in Panama, auf denen er Bäume pflanzen lässt. 13 000 deutsche Kleinanleger haben bereits 70 Millionen Euro »ökologisch« und »fair« investiert. Leider sagen die von der »Zeit« befragten Experten, das Finanzprodukt von ForestFinance sei »maßlos übertuert, die in Aussicht gestellten Renditeziel realitätsfern«.

Mittwoch
Blick aus dem Fenster: Ein Nachbarhaus wird mit Styropor ummantelt und neuen Fenstern versehen. Während der Mensch im Klimaschutzdschungel den Überblick verliert, hat sich die Tierwelt bereits damit arrangiert. Wir verstehen beispielsweise nicht, warum wir unsere Häuser mit dicken Schaumstoff-Dämmplatten arktisch verpacken müssen. Es wird doch angeblich immer wärmer? Die Spechte aber haben es längst kapiert. Unter den cleveren Kerlchen hat sich herumgesprochen, dass man in den Schaumstoff spielend leicht Löcher hacken kann. Und darin bauen sie sich ein Nest mit zuschussfähigem Niedrigenergiestandard.

Später Müll raustragen, heute kommt die Müllabfuhr. Mittlerweile gibt's bei uns in Bayern vier verschiedene Tonnen: Restmull, Wertstoffe, Papier und Biotonne. Die Wertstoffe werden in der Müllverbrennungsanlage dann wieder in den Restmüll gekippt, damit er besser brennt. Das nennt sich »thermische Verwertung«. Kunststoff besteht ja überwiegend aus Erdöl. Das stört aber niemanden. Eigentlich will keiner das akribische Mülltrennen missen. Es hat sich zu einem kathartischen Alltagsritual entwickelt. Die

Spülung des Joghurtbechers entspricht in gewisser Weise der biblischen Fußwaschung. Der Mensch braucht solche Rituale, sie strukturieren das Leben und fördern das Gemeinschaftsgefühl.

Außerdem ist ein wilder Konkurrenzkampf um jede Tonne Müll entbrannt. Viele Kommunen haben in der Vergangenheit Müllverbrennungsanlagen gebaut. Doch geht die Restmüllmenge zurück. Der in den Achtzigerjahren befürchtete Müllnotstand ist tatsächlich eingetreten, allerdings genau umgekehrt, wie man es damals erwartet hat: Es gibt nicht zu viel Müll, sondern zu wenig. Deshalb wird Müll jetzt nach Deutschland importiert, schwer beladene Sonderzüge karren Hunderttausende von Tonnen aus dem Ausland heran. Zum Glück sind Länder wie Albanien oder Italien mit dem Müll nicht so konsequent wie wir, sonst könnten sie uns nicht mit ihrem rettenden Unrat aus der Patsche helfen.

Der gemeine Bürger erlebt wiederum einen ganz anders gearteten Müllnotstand: Mancher Müll passt weder in die eine noch die andere Tonne – aber wohin damit? Nachts mutieren brave Bürger dann zu Müllguerillas und entsorgen ihren Abfall in fremde oder – wo noch vorhanden – in öffentliche Müllbehälter. So wie jene Freundin, die nach mehreren Anrufen bei den Stadtwerken in Erfahrung brachte, dass sie sich für legale (gebührenpflichtige) Entsorgung eines kaputten Wäscheständers einen halben Tag Zeit nehmen müsse. Sie schlich sich dann nachts zu der allseits beneideten King-Size-Mülltonne in der Nachbarschaft.

Ein anderer Anwohner hat sich ein Stampfwerkzeug gebastelt, mit dem er den Müll in die Tonne presst, weil er sich als Rentner eine zweite nicht leisten kann. In Kellern und auf Speichern stapeln sich alte Fernseher und Kühlschränke, die ohne Neukauf keinem Händler aufs Auge gedrückt werden können. Legal sind solche Teufelsmaschinen nicht unter zwei Urlaubstagen plus Spesen zu entsorgen, weshalb sich die Not andere Wege sucht. Wer anlässlich einer Wohnungsrenovierung einen Schuttcontainer vor dem Haus abstellt, sollte mindestens zwei Wachleute mit Schießbefehl daneben postieren.

Donnerstag
Auf in den Elektrogroßmarkt. Der alte Staubsauger ist kaputt. Nachdem die Europäische Union klimarettende Glühbirnen und wassersparende Duschköpfe vorschreibt, gilt jetzt für Staubsauger eine Ökodesignverordnung. Die gute Nachricht zuerst: Im Gegensatz zum Glühbirnengesetz darf jedermann weiterhin den Staubsauger seiner Wahl kaufen. Es wird diesmal kein Verbot geben, sondern nur verordnete Desinformation. Jetzt wird jeder Staubsauger ab Fabrik mit einem bunten Schild verziert, auf dem der Energieverbrauch angegeben ist. Gute Idee, sollte man meinen. Doch wo die Brüsseler Schildbürger werkeln, kommt regelmäßig Murks heraus. Der Blickfang auf dem Schild ist ein großes grünes »A«. Das steht für niedrige Wattzahl. Spart also Strom, denkt der Käufer und greift zu. Böse Staubsauger mit hoher Wattzahl werden mit einem roten »G« markiert.

Doch mit Energieeffizienz hat dieses EU-Siegel leider gar nichts zu tun. Denn die gelobten Geräte mit dem grünen »A« saugen wesentlich schwächer. Wer seinen Teppich sauber kriegen will, muss bis zu viermal häufiger mit der Kehrdüse darüberstreichen. »Das ist Verbraucherirreführung per Gesetz. Ineffiziente Geräte werden mit einem EU-Label belohnt«, sagt der Ex-Europaabgeordnete der FDP Holger Krahmer. Die Saugleistung ist auf dem Aufkleber zwar ebenfalls verzeichnet, aber eher unauffällig, rechts unten in Schwarz-weiß.

Die großen Hersteller haben sich dem Unfug übrigens schnell gefügt. Bis auf die Firma Vorwerk, die sich mit besonders saugkräftigen Modellen einen Namen gemacht hat. Die gelten von nun an als böse Stromfresser. Pech für Vorwerk. Als Nächstes propagiert die EU übrigens Wassersparleisten. Aber auch damit verbundene Probleme lassen sich durch häufigeres Spülen leicht lösen.

Freitag
Imbiss bei McDonald's. Der Bulettenkonzern hat die Hintergrundfarbe seines Logos vor einiger Zeit von Rot auf Grün umgefärbt.

Als Nachfolger des wieder abgeschafften Gemüse-Mac offeriert der Bulettenbrater einen »Veggieburger«. Eine vegane Ergänzung der Speisekarte ist wohl nur eine Frage der Zeit. Große Konzerne, die im Geschäft bleiben wollen, wittern gesellschaftliche Erschütterungen wie Ameisen das nächste Erdbeben. Man holte sich sogar einen ehemaligen Greenpeace-Chef als Berater. Praktisch verdanken wir dem grünen Zeitgeist immerhin, dass wir auch einen Salat bekommen, weil wir gerade keinen Appetit auf einen Big Mac haben.

Samstag

Nach dem »Sportstudio« schalten wir den Fernseher gewohnheitsmäßig komplett aus, mit der kleinen Taste hinter dem Bildschirm. Keinesfalls per Fernbedienung auf Standby, das haben wir gelernt. Wenn wir dem geballten Sachverstand der von Medien zitierten Experten folgen, dann hängt das Schicksal des Planeten unmittelbar von diesem Gerät ab. Weil der Deutsche in seinem Sessel lümmelt und zu faul ist, zum Einschalten der Glotze aufzustehen, treten Flüsse über die Ufer und wüten Stürme. Ja sogar von der Atomkraft sind wir nur deshalb abhängig, weil der Fernbedienungs-Junkie zu viel Strom verbraucht.

Vor ein paar Jahren veröffentlichte die »Bild«-Zeitung ein Katastrophenpotpourri mit Hurrikans, Sintfluten und Vogelgrippe. Sie fragte den Klimaforscher Mojib Latif: »Wie können wir unsere Erde retten?« Die Antwort kam prompt: »Jeder Einzelne kann helfen, zum Beispiel den Standby-Schalter seines Fernsehers ausschalten. So könnte ein großes Kraftwerk eingespart werden.« Nur nebenbei bemerkt: Wenn das zuträfe, dann könnten wir alternativ auch auf den Bau mehrerer Tausend Windräder verzichten, ein pädagogisch nicht zu unterschätzendes Argument.

Die Sache mit dem Kraftwerk klingt im Übrigen sehr plakativ, ist rechnerisch aber nicht so richtig nachvollziehbar. Es gibt ja noch nicht einmal verlässliche Daten darüber, ob der Standyby-Modus tatsächlich genutzt wird. Angesichts hoher Strompreise dürften viele längst darauf verzichten. Tun wir auch, ist ja nur vernünftig. Allerdings: Audio- und Videoanlagen machen nur einen Teil der Geräte aus, die ständig unter Strom stehen. Es kommen Dinge wie Telefon oder Fax hinzu, die naturgemäß immer betriebsbereit sein sollen. Auch Computer haben einen wachsenden Anteil am Standby-Verbrauch. Was viele allerdings nicht wissen und was zu Recht kritisiert wird: Viele Haushaltsgeräte sind nur scheinbar ausgeschaltet, verbrauchen aber konstruktionsbedingt munter weiter Strom, solange der Stecker in der Dose steckt. Der Besitzer merkt es allenfalls auf der Stromrechnung.

Sonntag
Licht an. Der Vorrat an 100-Watt-Glühbirnen geht allmählich zu Ende. Dann bleibt nichts anderes übrig, als die neuen Energiesparlampen reinzuschrauben. Studien zufolge könnten etwa 25 Millionen Tonnen Kohlendioxid pro Jahr vermieden werden, wenn sie in Haushalten und in der Dienstleistungsbranche durch Energiesparlampen ersetzt würden. So weit, so gut. Und jetzt der Racheeffekt: Die Energiesparlampen enthalten Quecksilber. Und dem hat die Europäische Kommission bis in kleinste Spuren den Kampf angesagt. Selbst quecksilberhaltige Thermometer und Messgeräte sind inzwischen weitgehend verboten, sogar Kleinsthersteller von historischen Geräten für Sammler werden ihre Produktion wohl schließen müssen. Die EU-Berichterstatterin zum Thema sagte: »Quecksilber und seine Verbindungen sind hochgiftig für Menschen, Ökosysteme und wild lebende Tiere.« Da stoßen sich die Dinge doch hart im Raume: Dieselben europäischen Institutionen, die das Quecksilber auf den Index gesetzt haben, machen seinen Einsatz jetzt zur Pflicht für jeden Haushalt. Und wir werden wohl einen Handzettel für die Entsorgung giftiger Sparbirnen im Apothekerschränkchen bereit haben müssen. Beispielsweise den des Herstellers Osram:
»1. Bleiben Sie ruhig! Eine Leuchtstofflampe enthält nur sehr wenig Quecksilber.
2. Wenn die Lampe in einer Leuchte zerbrochen ist, trennen Sie zuerst die Leuchte vom Stromnetz, um Stromschläge zu vermeiden.

3. Da sich Quecksilber bodennah verbreitet, sollten Kinder den Raum gleich verlassen.
4. Lüften Sie den Raum mindestens 15 Minuten. Wenn möglich, sorgen Sie für Luftdurchzug.
5. Ziehen Sie Einweg- oder Haushaltshandschuhe an, so vermeiden Sie, sich an den Glasscherben zu schneiden.
6. Nach dem Lüften sammeln Sie alle Teile der Lampe in einem dichten Behälter (z.B. Konservenglas, Kunststoffbeutel) und verschließen diesen gut.
7. Den Behälter mit den Lampenresten sollten Sie zur nächsten Sammelstelle für Altlampen bringen. Falls Sie ihn in der Zwischenzeit lagern müssen, tun Sie dies möglichst im Freien.«

Schlafen. Endlich. Wer schläft, sündigt nicht. Der Kreislauf wird heruntergefahren und der CO_2-Ausstoß unserer menschlichen Verbrennungsprozesse wird reduziert. Wer sich ökologisch korrekt verhalten will, bleibt am besten im Bett. Das wusste schon der Geheimrat Goethe: »Mein Rat ist daher, nichts zu forcieren und alle unproduktiven Tage und Stunden lieber zu vertändeln und zu verschlafen, als an solchen Tagen etwas machen zu wollen, woran man später keine Freude hat.«

Kapitel 1
Mensch und Natur

Sind wir Menschen eine Bürde für die Erde?

»I hear babies cry,
I watch them grow
They'll learn much more,
Than I'll ever know
And I think to myself
What a wonderful world«

Louis Armstrong

Es gibt Berufserlebnisse, die bleiben auf Dauer im Gedächtnis haften. Dazu zählt für uns eine Reportage über 100-Jährige Menschen, die wir auf verschiedenen Kontinenten besuchten. Zwei der, inzwischen verstorbenen, Alten sind uns besonders in Erinnerung geblieben. Da war zunächst einmal Elsa Büttner aus dem sächsischen Zwickau. Die rüstige Rentnerin saß zuhause auf ihrem Sofa und hatte Erinnerungen auf dem Wohnzimmertisch ausgebreitet. Ihr Zeugnis der »öffentlichen Handelslehranstalt« der Kaufmannschaft Zwickau lag obenauf, daneben ein Foto einer jungen Dame in einem Matrosenkostüm, die lässig hinter dem Steuer eines Horch 10/50 aus den Zwanzigerjahren des letzten Jahrhunderts posiert.

»Das Kostüm habe ich selbst geschneidert, der Stil war damals total modern«, erinnerte sie sich, »und mit dem Zeugnis habe ich mich bei Horch beworben.« Elsa Büttner wurde am 30. Mai 1909 geboren: »morgens um viertel vor sieben«. Die Industrie- und Bergarbeiterstadt Zwickau war damals »ein stinkendes Loch«, wie Elsa Büttner es prosaisch formuliert. Die riesigen Räder der Minentürme rotierten rund um die Uhr und senkten eine Schicht Kumpel nach der anderen in die Tiefe. Die frühen Erscheinungsformen der Industrialisierung waren von rauchenden Schloten, verschmutzter Luft und stinkenden Abwässern gekennzeichnet. Jeden Morgen steckten Tausende ihre Karten in die Stechuhren ihrer Arbeitsplätze. Die Tage, Stunden und Minuten von Ingenieuren, technischen Zeichnern, Buchhaltern, Sekretären und Telefonisten wurden von den Zeigern exakt tickender Uhren bestimmt. Die Fabrikantenvillen, heute noch eindrucksvolle Zeugnisse großen Wohlstandes, wurden von den Mietshäusern mit teilweise noch verheerenden hygienischen Zuständen kontrastiert. »Von acht Geschwistern haben nur drei die ersten Jahre überlebt«, erinnert sich Frau Büttner, »es kam damals ja kein Arzt ins Haus.«

Sie bewarb sich als junges Mädchen auf eine Anzeige im »Zwickauer Tageblatt« beim Autohersteller Horch und wurde für die Abteilung Karosseriebau eingestellt. »Es gab damals acht Tage Urlaub«, erinnert sie sich, »aber ich habe meine Arbeit immer gemocht.« Später in der Abteilung »Absatz« (heute heißt das wohl »Verkauf«) lernte sie ihren Mann kennen. Und dort entstand auch das vergilbte Foto der 18-Jährigen hinter dem Steuer des offenen Horch-Automobils. »Es war für mich damals gar nicht daran zu denken, einen Führerschein zu machen, ich habe nur für den Fotografen posiert, bei dem ich einen Stein im Brett hatte.«

»Man wechselte die Firma nicht«, erzählte sie, »ich habe erst bei Horch gearbeitet, dann wurde daraus die ›Auto-Union‹, später zu DDR-Zeiten ›Sachsenring‹.« Die Arbeitswelt und die damit verbundenen Lebensentwürfe haben sich im Laufe ihres langen Lebens gründlich geändert: »Man trat damals in ein Unternehmen ein und blieb dort bis zur Rente, heute gibt es das nicht mehr.« Und sie fügte hinzu: »Man kannte es einfach nicht anders.«

Die alte Dame, die zwei Weltkriege und zwei Diktaturen durchlebte, strahlte bei der Schilderung ihrer Sicht auf die Welt eine in sich ruhende Gelassenheit aus. Bescheidenheit paarte sich mit einer Dankbarkeit für die Fortschritte, die das Leben in ihrer Zeitspanne trotz aller Rückschläge gebracht hat. Elsa Büttner glaubt nicht, dass früher alles besser war. Sie hat erlebt, dass das Leben oft zwei Schritte voran macht und dann wieder einen zurück. Insgesamt aber haben sich die Dinge zum Besseren gewendet, in der ehemaligen DDR seit der Wende 1989 sogar ganz wörtlich. Eine Lebensspanne von 100 Jahren hilft offenbar, Wichtiges von Unwichtigem zu trennen, echte Katastrophen und Pseudokatastrophen zu unterscheiden und die Sinne für die wirklich entscheidenden Parameter des Lebens zu schärfen.

Das gilt auch für die Umwelt. Die von Kohleheizung und Zweitaktmotoren verseuchte Luft ist in Zwickau dank Umstiegs auf Gasheizung und moderne Autos wieder sauber. Die Mulde war bis in die Neunzigerjahre durch die Einleitung zunehmender Mengen schlecht oder nicht geklärten, teils schwermetallhaltigen Abwassers vor allem in den unteren Abschnitten so hoch belastet, dass die Fischfauna nahezu erloschen war, jetzt erholt sie sich langsam wieder. Die Wasserqualität der meisten Flüsse und Seen hat sich durch die Stilllegung zahlreicher industrieller Anlagen nach der Wiedervereinigung Deutschlands erheblich verbessert.

Was es bis heute gibt, stand in Elsa Büttners Küche: Es ist das Spülmittel »fit« aus Zittau, mit dem angeblich auch Angela Merkel nach wie vor ihre Tassen und Gläser abwäscht. Während der Klassiker mit den drei kleinen Buchstaben früher einfach nur eine Plastikflasche mit grüner Seifenlauge drin war, ist es heute ein Ökovorzeigeprodukt mit umweltfreundlichen Aufdrucken. So erfährt man, dass es auf Basis nachwachsender Rohstoffe hergestellt wird. Außerdem trägt es das »Europäische Umweltzeichen« – eine Art Pusteblume mit Sternenkreis und Eurozeichen in der Mitte.

Nun könnte man argumentieren, die positive Einstellung der alten Dame zum Fortgang der Welt liege möglicherweise im deutschen Wohlstands- und Sozialstaat begründet. Doch eine ähnliche Haltung zeigt sich auch bei Menschen, die noch auf diese Segnungen der westlichen Industrieländer hinarbeiten. Kundar Diwan beispielsweise, ein 100-Jähriger, den wir im indischen Mumbai besuchten, strahlte eine ähnliche neugierige Menschenfreundlichkeit aus wie Elsa Büttner. Daran änderte auch nichts, dass Teile von Mumbai heute so aussehen wie Zwickau vor 100 Jahren.

Der alte Mann empfing uns im Kreise seiner Kinder und Enkelkinder. Das kleine Wohnzimmer im vierten Stock der Mietskaserne war brechend voll, und Kundar Diwan fühlte sich sichtlich wohl. Er trug einen traditionellen weißen Leinenanzug und blickte uns durch seine dicken Brillengläser neugierig an. Die Deckenlampe flackerte auf und alle waren erleichtert, weil der ausgefallene Strom wieder da war. »Manche Dinge ändern sich nur langsam«, erläuterte sein Sohn, und der Vater lächelte dazu.

Die Familie war mächtig stolz auf den weisen Mann in ihrer Mitte. Auf einem Tisch vor dem Fenster hatten sie sein Lebenswerk ausgelegt. In 40 Büchern, darunter solche mit 1000 Seiten Umfang, sowie in unzähligen Zeitungsartikeln hat er sich mit den verschiedenen Weltreligionen und ihrer Bedeutung für die Menschen beschäftigt. »Ist die Welt in den vergangenen 100 Jahren nun besser oder schlechter geworden?«, wollten wir von ihm wissen. Das war aber keine Kategorie, in der unser Interviewpartner dachte. »Die Welt ist ein Zyklus ohne Anfang und Ende, immerwährende Gleichzeitigkeit von hier und jetzt«, sagte er freundlich, ohne direkt auf unsere Frage einzugehen. Und dies, obwohl er viel dazu beigetragen hat, Indien zu einem besseren Ort zu machen.

Als Kundar Diwan geboren wurde, hatte ein gewisser Mahatma Gandhi gerade das Buch »Hind Swaraj« (»Indische Selbstverwaltung«) verfasst, in dem er eine Strategie zur Beseitigung der britischen Kolonialherrschaft über seine Heimat ausarbeitete. Das britische Joch könne nur durch Verweigerung der Zusammenarbeit abgeschüttelt werden. Wie sollten einhunderttausend Briten ein Land von damals 300 Millionen Indern beherrschen, wenn diese einfach die Zusammenarbeit verweigern? Schon mit zehn Jahren trat Kundar Diwan in den Aschram von Wardha ein, wo er, wie viele andere spätere Freiheitskämpfer, mit Gandhi und seinen Lehren in Kontakt kam. Die Jahre mit Gandhi zählen zu den glücklichsten in seinem Leben, und der gewaltlose Freiheitskampf wurde sein zentraler Lebensinhalt.

Als Herausgeber der Zeitschriften »Dharmachakra« und »Sevak« half er, die junge indische Elite für Gandhis Ideen zu gewinnen. Gandhis Konzept »Satyagraha«, das beharrliche Festhalten an der Wahrheit, beinhalte neben »Ahimsa«, der Gewaltlosigkeit, noch weitere ethische Forderungen wie etwa »Swaraj«, was sowohl individuelle als auch politische Selbstkontrolle bedeutet. 1947 wurde das Land in die Unabhängigkeit entlassen. »Erst danach habe ich mir erlaubt zu heiraten«, erklärte Diwan freundlich. Eiserne Disziplin gegen sich selbst, Aufstehen um vier Uhr im Morgengrauen, strikter Vegetarismus und Anspruchslosigkeit prägten seinen Alltag. Kundar Diwan war sein Leben lang dem Menschen zugewandt – und diese Einstellung half ihm, die Welt ein bisschen besser zu machen.

Der fromme Hindu Kundar Diwan unterscheidet nicht zwischen Mensch und Umwelt, sondern sieht beide als Teil des Universums. Für ihn ist nicht nur das Leben heilig, sondern jedes Lebewesen. Wie die meisten gläubigen Hindus geht er davon aus, dass Leben und Tod ein sich ständig wiederholender Kreislauf sind, und glaubt an eine Reinkarnation. Wir müssen oft an diesen philanthropischen 100-Jährigen aus Mumbai denken, wenn Menschen, die die Welt retten wollen, den Menschen als Spezies verachten.

So kursiert in umweltbewegten Kreisen bisweilen folgender »Ökowitz«: »Treffen sich zwei Planeten im Weltall. Sagt der eine: ›Du siehst aber schlecht aus. Fehlt dir was?‹ Sagt der Zweite: ›Ach, mir geht's gar nicht gut. Ich habe *Homo sapiens*.‹ Tröstet ihn der andere: ›Mach dir keine Sorgen, das geht schnell vorbei.‹« Bei einer Podiumsdiskussion zu ökologischen Problemen ist es meist nur eine Frage der Zeit, bis im Publikum jemand aufsteht und sagt: »Was Sie vorschlagen, ist doch alles nur ein Tropfen auf den heißen Stein. Wir müssen endlich dafür sorgen, dass sich die Menschen nicht weiter vermehren!«

Wir sind manchmal regelrecht erschrocken über die Radikalität, mit der solche Ansichten vertreten werden. Auf einem Blog der Wochenzeitung »Die Zeit« schrieb ein Leser: »Wir haben die Wahl zwischen harten, aber humanen Geburtenstopp-Maßnahmen, die das Übel an der Wurzel packen – und unserem selbstverschuldeten elenden Dahinsiechen.« In den Kommentarspalten von »Spiegel Online« verirrte sich ein anderer bei seiner Zuschrift zum Thema Walfang gar in diese Aussage: »Menschen sind widerliche Parasiten. Eine Krankheit, von der die Erde hoffentlich bald geheilt wird. Wo man auch hinschaut, nur kaputtmachende, Leid verbreitende Fleischhaufen. Wir Menschen gehören ausgerottet.«

Der amerikanische Autor Alan Weisman hat den Gedanken an einen Planeten ohne Menschen in einem Bestseller zu Ende gedacht: »Die Welt ohne uns – Reise über eine unbevölkerte Erde«. Noch interessanter als das Buch selbst war die Rezeption dieses »Gedankenexperiments«: Für den Rezensenten der »Frankfurter Allgemeinen Zeitung« war es »ein unerhörter Zukunftsentwurf der Generation Klimaschock«, für Reiner Klingholz, Geschäftsführer des Berlin-Instituts für Bevölkerung und Entwicklung, »eine Generalabrechnung mit unseren ökologischen Schandtaten«. Solche Aussagen haben eine Tradition. Alexander King, einer der Gründer des Club of Rome und Initiator der Studie »Die Grenzen des Wachstums«, meinte einst zum Thema der Malariabekämpfung: »Mein Problem ist, dass es die Überbevölkerung verstärkt.« Der Verhaltensforscher und Umweltaktivist Konrad Lorenz bekannte in einem seiner letzten Interviews: »Gegen Überbevölkerung hat die Menschheit nichts Vernünftiges unternommen. Man könnte daher eine gewisse Sympathie für Aids bekommen.« Und er fügte hinzu: »Es zeigt sich, dass die ethischen Menschen nicht so viele Kinder haben und sich die Gangster unbegrenzt und sorglos weiter vermehren.«

Der Biologe Paul R. Ehrlich veröffentlichte 1968 sein berühmtes Buch mit dem Titel »The Population Bomb« (»Die Bevölkerungsbombe«), dessen Geist heute noch weht. Das Titelbild zeigt eine Bombe mit Zündschnur kurz vor der Explosion. Ehrlich beklagte darin die rasante Zunahme der Kinderzahl und sagte voraus, dass die Hälfte der Menschheit verhungern werde. Die Wissenschaftshistorikerin Sabine Höhler nennt Ehrlichs Publikation ein Beispiel für die »Radikalität des Umwelt- und Bevölkerungsdiskurses der

1960er- und 1970er-Jahre«. Ehrlich stellt das Bevölkerungswachstum als eine unmittelbar bevorstehende Katastrophe dar, seine Vorschläge zur Abwendung sind schlicht menschenverachtend (hier ist der Ausdruck tatsächlich einmal angebracht).

Ehrlich verlangte, die Familienplanung als erfolglose, individualistische Form der Geburtenkontrolle durch eine übergreifende Bevölkerungskontrolle abzulösen. So sollte sich die Zahl der Menschen nach einem kontrollierten Massensterben (»die-back«) bei etwa zwei Milliarden einpendeln: »Kennzeichnend für die damalige Bevölkerungsdebatte ist es, dass Ehrlich Geburtenraten ausschließlich nach verursachten gesellschaftlichen Kosten bewertete«, schreibt Sabine Höhler dazu, »Familien mit mehr als zwei Kindern bezichtigte er der Verantwortungslosigkeit«. Sie hätten ihre finanziellen Belastungen künftig selbst zu tragen, etwa durch »Luxussteuern« für Babyausstattungen. »Nötigung? Vielleicht, aber zum Wohle der Genötigten«, rechtfertigte Ehrlich seine Vorschläge, schließlich gehe es um das schiere »Überleben« der Menschheit auf einem begrenzten Globus.

Wer nun glaubt, dass solche totalitären Zukunftsfantasien heutzutage zu einem gesellschaftlichen und medialen Aufschrei führen würden, täuscht sich. Unter einem anderen Etikett feiert Paul R. Ehrlich Auferstehung. Das mag ein Aufsatz verdeutlichen, den die Wissenschaftszeitschrift »Climatic Change« veröffentlichte. Jedes Baby, so die Forscher, werde Treibhausgase produzieren und damit zum Klimawandel und in der Folge zur Schädigung der Gesellschaft beitragen. Für Industrieländer taxieren sie die Kosten eines kleinen Klimaschädlings auf 28 200 Dollar, in einem Entwicklungsland auf 4400 Dollar. Galt es in den Siebzigerjahren des vorigen Jahrhunderts als ausgemacht, dass die Welt so viele Menschen niemals ernähren könne, so wird heute mit der gleichen Überzeugung argumentiert, die große Zahl der Menschen und ihr Ressourcenverbrauch würden das Klima ruinieren und den Planeten unbewohnbar machen.

Zum Glück sind die aufstrebenden asiatischen Länder längst

selbstbewusst genug, um sich nicht mehr verrückt machen zu lassen. Statt in Hunger und Depression zu verfallen, entschlossen sich die bitterarmen asiatischen Länder in den Siebzigerjahren, ihr Schicksal selbst in die Hand zu nehmen. Sie legten eine beispiellose Erfolgsgeschichte hin. Indien zählt heute über eine Milliarde Menschen und kann sie auch ernähren, China ebenfalls. Seit den Siebzigerjahren haben diese Länder keine großen Hungersnöte mehr heimgesucht, weil die landwirtschaftliche Produktivität viel schneller wuchs als die Bevölkerung. Eine Ausnahme von der asiatischen Erfolgsgeschichte bildet lediglich Nordkorea, dessen Machthaber das Land vollkommen nach außen abgeschottet haben und eine erfolgreiche Entwicklung verhindern.

Eine große Rolle spielt in diesem Zusammenhang der Bildungshunger der Menschen in Asien (und nicht nur dort). »80 Prozent der Menschen auf der Welt können lesen und schreiben«, sagt der Stockholmer Mediziner und Professor für internationale Gesundheit Hans Rosling. »In Europa glauben die Leute laut Umfragen aber, dass 60 Prozent der Menschen Analphabeten sind.« Vier Milliarden Menschen seien somit sehr viel weiter, als man sich das hierzulande vorstelle: »Viele Europäer haben einfach eine falsche Vorstellung, was im Rest der Welt vor sich geht. Sie sind schlicht ignorant.«

Seit Jahrhunderten beschäftigt die Wissenschaft sich mit der Frage: Wie viele Menschen kann der Planet Erde ernähren? Und bei der Antwort spielt bis heute der britische Geistliche und Ökonom Thomas Malthus eine große Rolle. Viele umweltbewegte und wohlmeinende Menschen argumentieren in seinem Sinne – ohne Malthus überhaupt zu kennen, geschweige denn, sich mit seinem problematischen Wirken beschäftigt zu haben. Was als fürsorglicher Vorschlag zum Umgang mit dem Planeten daherkommt, entpuppt sich bei näherer Analyse als brachialer Antihumanismus.

Zu seiner Zeit, im 18. Jahrhundert, sah Thomas Malthus sich von Armut und Hunger umgeben. Die Zahl der Slums um die großen Städte wie London und Manchester nahm erschreckend zu, die

Angehörigen der Unterschicht stellten bis zu 70 Prozent der Stadtbewohner, über ein Drittel der Engländer waren unterernährt, die Verzweiflung produzierte Hungeraufstände. Malthus suchte nach den Ursachen und formulierte seine Gedanken 1798 in seinem »Essay on the Principle Population«(»Das Bevölkerungsgesetz«). Darin stellte er die herrschende Sicht, dass Bevölkerungswachstum segensreich für die Entwicklung eines Landes sei, radikal in Frage. Seine Kernthese lautete stattdessen, dass Bevölkerungszahl und Nahrungsmittelproduktion sich naturgesetzlich auseinanderbewegen. Während sich die Ernte allenfalls linear steigern lasse, vergrößere sich die Bevölkerungszahl exponentiell. Die Bevölkerung wächst Malthus zufolge in einer exponentiellen Reihe 1,2,4,8,16 und so fort, die Lebensmittelproduktion aber nur linear 1,2,3,4. Deshalb müssten viele Menschen an Hunger sterben, wenn es nicht gelinge, die Geburtenrate signifikant zu senken.

In einem ewigen Wechsel fordere die Natur ihren Tribut, die verarmten und geschwächten Menschen würden durch Hungersnöte und Seuchen dahingerafft, bis sich schließlich ein Zustand einstelle, an dem die Nahrungsmittel für die Überlebenden wieder ausreichten. Thomas Malthus hatte durchaus richtige Beobachtungen gemacht. Bevölkerungsentwicklung und Getreidepreise korrelierten in der Zeit vor der Industrialisierung auffällig, denn die beiden Größen unterlagen parallelen Schwankungen. Im 14. Jahrhundert waren beispielsweise in Deutschland sowohl das Niveau der Einwohnerzahl als auch das der Getreidepreise hoch. Dann schlug in mehreren Wellen die Pest zu und reduzierte die europäische Bevölkerung um ein Drittel, etwa 28 Millionen Menschen starben. Die Getreidepreise begannen daraufhin allmählich und lange anhaltend zu sinken. Im 16. Jahrhundert nahm die Bevölkerung dann wieder rapide zu, und auch der Preis für Getreide bewegte sich nach oben. Der Dreißigjährige Krieg mit seiner gewaltigen Opferzahl setzte dann wieder den gegenläufigen Mechanismus in Gang.

In einigen europäischen Regionen wie Brandenburg oder Pommern wurden während dieses Krieges etwa drei Viertel der Menschen getötet. Die Entvölkerung war so dramatisch, dass sogar der Wolf sich wieder vermehrte. In England, das vom mörderischen Krieg auf dem Festland verschont blieb, kam es zu einem starken Anstieg der Kindersterblichkeit, woraufhin sich die Getreidepreise ebenfalls wieder nach unten bewegten. Malthus vermutete Mechanismen, die ein Bevölkerungsgleichgewicht gewaltsam wiederherstellten, und nannte sie »positive checks« (»nachwirkende Hemmnisse«). Darüber hinaus lässt sich im vorindustriellen Europa beobachten, dass in schlechten Zeiten später und weniger geheiratet wurde – was sich wiederum in einer niedrigeren Geburtenrate widerspiegelt. Dieses Phänomen nannte Malthus »preventive checks« (»vorbeugende Hemmnisse«).

Sein Essay trug ihm schon damals viel Kritik ein. Es wurde ihm vorgeworfen, er wolle den Armen das Heiraten untersagen und begrüße den Tod durch Pest und Pocken als willkommene Entlastung für die Überlebenden. Statt auf Fortschritt durch den freien Markt (»laissez faire«) setze er auf »laissez mourir« (sterben lassen). Nahezu alle Sozialphilosophen des 19. Jahrhunderts gingen hart mit Malthus ins Gericht. Von Friedrich Engels über die Sozialreformerin Florence Nightingale bis zu Charles Dickens. Nach ihrer Ansicht rechtfertigte die Malthus'sche Doktrin schlichtweg das Nichtstun und Wegsehen gegenüber Hunger und Armut, da dies ja gewissermaßen naturgesetzliche Zustände seien. Der inhumane Grundgedanke seines Werkes, dass der Mensch selbst das Problem der Menschheit sei, fand dennoch in den privilegierten, nicht von Hunger geplagten Kreisen rasch Anklang.

Zu den abschreckenden Folgen dieser Ideologie gehörte die Weigerung der britischen Regierung, die große irische Hungersnot von 1845 bis 1852 durch Hilfslieferungen zu lindern. In einem Brief an den Ökonomen David Ricardo schrieb Malthus eiskalt: »Irland ist unendlich viel besiedelter als England; aufgrund der natürlichen Ressourcen des Landes sollte ein Großteil der Menschen von der irischen Erde gefegt werden.« Malthus lehrte als Professor am College der East India Company, die damals den halben Welthandel kontrollierte und die indischen Bauern rücksichtslos ausbeutete. Zwischen 1876 und 1879 nahmen die britischen Kolonialherren dann unter Bezug auf die Ideen von Malthus millionenfachen Hungertod in Kauf. Während einer großen Dürre zwischen 1876 und 1879 ließen sie viele Millionen indische Landbewohner verhungern. Und dies, obwohl der indische Subkontinent in großem Stil Getreide exportierte, Hilfe also ohne Weiteres möglich gewesen wäre.

Die tatsächliche Entwicklung verlief in den angehenden Industrieländern, deren Entwicklung Malthus analysiert hatte, vollkommen anders, als von ihm vorhergesagt. Zwischen 1800 und 1900 wiesen Europa und Nordamerika die am schnellsten wachsenden Gesellschaften auf. Europa verdoppelte seine Einwohnerzahl, Amerika verzwölffachte sie (dank der starken Einwanderung vor allem aus Europa), ohne dass »positive checks« oder »preventive checks« diese Entwicklung wieder nach unten korrigierten.

Die Wende brachte die industrielle Revolution, die auch den Lebensstandard der Unterschichten nachhaltig – und so von Malthus nicht vorhergesehen – verbesserte. Beim ersten amerikanischen Zensus im Jahre 1790 lag die Zahl der Einwohner gerade mal bei 3,9 Millionen Menschen, heute leben dort 320 Millionen, und der Hunger ist genau wie in England, Frankreich oder Deutschland besiegt.

Selbst die beliebte Popversion der Malthus-Ideologie musste inzwischen auf den Müllhaufen der historischen Irrtümer geworfen werden. Wenn verdeutlicht werden soll, wie gedankenlos der Mensch den Planeten plündert und sich so die eigenen Lebensgrundlagen entzieht, wird gerne das mahnende Beispiel der Osterinseln zitiert. In pädagogisch wertvoller Absicht werden Aufstieg und Fall der pazifischen Insel in etwa so erzählt: Es war einmal eine Hochkultur, die stellte viele Hundert riesige Steinköpfe auf, um den Göttern zu gefallen. Leider brauchten die Menschen zum Transport Baumstämme. Deshalb musste irgendwann die letzte Palme dran glauben, woraufhin die Kokosmilch ausging, der Boden fortgeweht wurde, die Tiere ausstarben und auch keine Fische mehr gefangen werden konnten, weil das Holz zum Schiffsbau fehlte. Die Menschen der Osterinseln entzogen sich selbst die Lebensgrundlage. Das Verhängnis mündete in Bürgerkrieg und gegenseitigen Kannibalismus, worauf die Zivilisation verschwand.

Auch der bekannte Evolutionsbiologe Jared Diamond machte sich in seinem Bestseller »Kollaps. Warum Gesellschaften überleben oder untergehen« diese Deutung an zentraler Stelle zu eigen und sprach von »Ökozid«. Das zivilisationskritische Publikum hörte die Botschaft gern und verzichtete auf genauere Nachfragen. Dies erledigten inzwischen eine ganze Reihe von Wissenschaftlern in der Zeitschrift »Energy & Environment«. Das Osterinsel-Gleichnis wird dort desavouiert. Zurück bleibt nur ein Gemisch von Mythen, Gerüchten, falschen Annahmen und selektiv ausgewählten Daten.

In kurzen Worten lauten die neueren Erkenntnisse: Als die ersten Europäer am Ostersonntag, dem 5. April 1722, die Osterinsel betraten, ernährten sich die Menschen mit einer intensiven Landwirtschaft und frischem Fisch aus den reichen Fanggründen. Der Kulturwissenschaftler Benny Peiser schreibt: »Sie hatten sich erfolgreich veränderten Bedingungen angepasst.« Zum Aussterben der Inselbevölkerung kam es erst nach der Ankunft der Europäer, und zwar durch rücksichtslose Sklavenhändler und eingeschleppte Krankheiten. Die Einwohner der Osterinsel haben ihren Untergang mit großer Wahrscheinlichkeit nicht selbst verursacht. Das mag Anhängern einer Denkschule missfallen, die die Osterinsel zum Kronzeugen für ihre Zivilisations- und Gesellschaftskritik gemacht haben. Deshalb ist es Zeit, die Einwohner von Rapa Nui zu rehabilitieren. (Wer es genauer wissen will, liest die neuseeländische Dissertation von Mara Mulrooney: »Continuity or Collapse? Diachronic Settlement and Land Use in Hanga Ho'onu, Rapa Nui, Easter Island«.)

Auch im Weltmaßstab kann keine Rede davon sein, dass das Bevölkerungsgesetz von Thomas Malthus anwendbar ist. Zur Zeit der Geburt von Malthus lebten auf dem Planeten etwa 750 Millionen Menschen, heute sind es beinahe zehn Mal so viel. Und deren Lebenserwartung hat sich verdoppelt. In der Tat sind noch über 842

Millionen Menschen unterernährt, worunter man allerdings eher einen Mangel an Vitaminen und Mineralstoffen versteht als ein Defizit an Kalorien. Und auch das liegt nicht an der generellen Verfügbarkeit solcher Nahrung, sondern an ihrer Verteilung.

Die Welt sieht heute folgendermaßen aus: 1 Milliarde Menschen leben in den wohlhabenden Industrieländern. Etwa 2 Milliarden Menschen in Afrika und den ländlichen Regionen Asiens leben in armen Verhältnissen. Die Kluft zwischen arm und reich füllen 4 Milliarden Menschen in den Schwellenländern, also die Mehrheit der Weltbevölkerung. 1990 haben knapp 50 Prozent aller Menschen in bitterer Armut gelebt, heute sind es 22 Prozent. Selbst in Afrika ist der Anteil armer Menschen auf etwas weniger als 50 Prozent zurückgegangen.

Der bereits erwähnte Schriftsteller, Unternehmer und Ökonom Charles Dickens bildete übrigens den exakten Gegenentwurf zu Malthus. Sein Buch »Oliver Twist« ist ein sozialkritischer Roman, der den Traum von der sozialen Mobilität träumt. Dickens begrüßte technischen Fortschritt und Industrialisierung, gleichzeitig verurteilte er den Protektionismus, der das Getreide für die Armen nur teurer machte. In seinem Weihnachtsmärchen »A Christmas Carol« tritt ein treuer Malthus-Anhänger mit der Bemerkung auf, »die Armen sollen doch lieber sterben, um den Bevölkerungsüberschuss zu vermindern«. Daraufhin konfrontiert ein Engel ihn mit der Frage: »Willst du entscheiden, welcher Mensch leben und welcher sterben soll?« »Letztlich erscheint die ganze industrielle Revolution wie ein Märchen, das wahr wird«, schreibt Rainer Hank in der »Frankfurter Allgemeinen Zeitung« über Dickens und seine Zeit, »am Ende des 19. Jahrhunderts war der Wohlstand in England sechsmal so hoch wie 1834.«

Die wirtschaftliche Entwicklung eines Landes und damit die steigende Kaufkraft seiner Bürger ist der Schlüssel zur Hungerbekämpfung. »Es ist für die Abschaffung des Hungers heute von entscheidender Bedeutung, dass man die Ursachen von Hungersnöten angemessen und vollständig versteht und sich nicht darauf beschränkt, sie im Rahmen irgendeines mechanischen Gleichgewichts von Nahrung und Bevölkerung zu betrachten«, schreibt der Ökonomie-Nobelpreisträger Amartya Sen und fügt hinzu: »Das zentrale Kriterium sollte die ökonomische Stärke und die substanzielle Freiheit von Einzelnen und Familien sein, genug Nahrung zu kaufen, und nicht die im Lande verfügbare Nahrungsmenge.«

Das Problem ist jedenfalls nicht die hohe Bevölkerungszahl, weder hinsichtlich der Welternährung noch hinsichtlich der Umweltsituation. Und dies gilt auch für das bis heute in der wirtschaftlichen Entwicklung zurückliegende Afrika. Die Populationsdichte von Afrika entspricht in etwa der USA, Deutschland ist siebenmal dichter besiedelt. Eine Verminderung der Menschenzahl schafft keinen Wohlstand. Doch Wohlstand ist überhaupt erst die Voraussetzung für das Entstehen eines Umweltbewusstseins. Wer um das Überleben kämpft, kann und wird auf die Natur keine Rücksicht nehmen.

Menschen entkommen der Armut, sobald sie die Möglichkeiten haben, Wissen zu erwerben und über den Tag hinaus zu wirtschaften. Misanthropen stellen diese Einsicht auf den Kopf, wenn sie den Fortschritt zum Teil des Problems erklären. So wird Technikfeindlichkeit zur Menschenfeindlichkeit (siehe S. 199 ff.). Der bereits erwähnte schwedische Mediziner Hans Rosling vergleicht die Haltung gutmeinender Eliten mit der des Abenteurers aus der Comicreihe »Tim und Struppi«. »Der Abenteurer Tim ist für mich das Symbol eines netten Menschen, der im reichen, klugen Teil der Welt lebt, von wo er regelmäßig in als skurril unterentwickelt gezeichnete Länder aufbricht, um dort die Angelegenheiten zu regeln«, meint Rosling. »Tim steht für eine starre, etwas herablassende und Fortschritte ignorierende Geisteshaltung, die für Europa typisch ist.« Wer sich für soziale Gerechtigkeit einsetzt und möchte, dass arme Menschen eine Chance haben, ihrem Elend zu entkommen, der sollte sich entschieden gegen dieses Malthus'sche Denken wehren. Es hat der Welt nicht Gutes gebracht, sondern potenzielle Probleme in echte Katastrophen verwandelt. Über zwei Jahrhunderte diente es dazu, Ausbeutung, Tyrannei und Völkermorde zu rechtfertigen.

Deshalb ist es wichtig zu erkennen, wenn diese alte Ideologie in neuer ökologischer Verkleidung wieder auflebt. Zu den geistigen Nachfolgern zählten in den Sechzigerjahren der erwähnte Paul R. Ehrlich mit seiner »Bevölkerungsbombe« und der Club of Rome mit seinen »Grenzen des Wachstums« in den Siebzigerjahren. Aktuell wird der alte Wein in neuen Schläuchen beispielsweise von Harald Welzer und seiner Stiftung Futurzwei offeriert. Welzer lehnt mehr Effizienz, mehr ausgeklügelte Technik und mehr Wohlstand ab: »Es geht nicht um Erhöhung von Effizienz, sondern um Reduktion von Effizienz. Ganz schlicht und ergreifend … Solange ich das Kulturmodell beibehalte, nutzen mir die ganzen Innovationen gar nichts, sie tragen zum Beibehalten dieses falschen Prinzips bei.«

Weite Kreise der Wirtschaftselite haben das Widersprechen gegen solche regressiven Sprüche inzwischen verlernt und assimilieren sich lieber – teilweise mit Originalton Malthus: »Die Ressourcen der Erde sind endlich. Doch wir verbrauchen Rohstoffe schneller, als sie nachwachsen oder erneuert werden können«, gibt Kathrin Menges, Personalvorstand und Vorsitzende des »Sustainability Council« des Chemiekonzerns Henkel, in einem Kommentar im »Handelsblatt« zum Besten, »wir belasten Klima, Luft, Meere und andere natürliche Systeme bis an ihre Grenzen – und darüber hinaus. Gleichzeitig nimmt die Bevölkerung in den Schwellenländern zu.« Selbst im Fernsehen darf man unwidersprochen behaupten, dass es doch eigentlich besser wäre, wenn die Armen arm bleiben würden. Die Köchin Sarah Wiener stellte während ihrer Rolle in der Fernsehserie »Abenteuer 1900 – Leben im Gutshaus« fest, dass das Gesinde früher gesünder gelebt habe als die Herrschaft: »Wir bekamen ja nur das zu essen, was die uns übrig ließen, Butter und Eier waren schon vom Teller.«

Der Mensch wird in dieser Denktradition vor allem als Zerstörer und Verbraucher wahrgenommen, nicht aber als kreativer Problemlöser. Zu welch absurden Folgen diese Geisteshaltung führt, zeigt das Beispiel des britischen Premierministers David Cameron. Dieser wollte Englands Klimabilanz durch Zahlung von Ausgleichsgeldern verbessern. Sie gingen an arme indische Bauern, die sich verpflichteten, für die Bewässerung weiterhin Tretmühlen statt Dieselgeneratoren zu benutzen.

Die Idee, die dahinter steht, heißt »ökologischer Fußabdruck«. Hierbei wird davon ausgegangen, dass man in einer begrenzten Welt die vorhandenen Ressourcen gleichmäßig auf alle Menschen verteilen müsse. Wer mehr verbrauche, sprich einen größeren »ökologischen Fußabdruck« habe, müsse andere schlichtweg dafür entschädigen. In unseliger Malthus-Tradition fehlt der Gedanke, dass kreative Menschen ständig neue Ressourcen schaffen. Wissen und Bildung sind zum Beispiel unbegrenzt. Die größte nachwachsende Ressource heißt Köpfchen. Der »ökologische Fußabdruck« ist umso größer, je mehr Ressourcen ein Land pro Kopf seiner Bewohner verbraucht. Wenn man beispielsweise den Energiekonsum betrachtet, haben die Amerikaner die größten Füße, Europäer und Japaner liegen im Mittelfeld. Die kleinsten Füße haben die Bewohner der Entwicklungsländer.

Doch künftig sollen alle gleich große Füße haben. Hans Joachim Schellnhuber vom Potsdam-Institut für Klimafolgenforschung sagt: »Jeder Erdenbürger und jede Erdenbürgerin hat exakt den gleichen Anspruch auf die Belastung der Atmosphäre.« Er errechnet eine »magische Zahl von 5500 Kilogramm Kohlendioxid auf tolerierbare Klimaschädigung«. Lutz Wicke, ehemaliger Wissenschaftlicher Direktor am Bundesumweltamt, empfiehlt: »Mit diesem Verteilungsschlüssel erhalten die bevölkerungsreichen Entwicklungsländer Überschusszertifikate, die sie verkaufen können.«

Das klingt bestechend einfach und äußerst gerecht. Doch drängen sich rasch Fragen auf: Menschen in kalten Ländern müssen heizen und haben deshalb einen viel höheren Energieverbrauch als die Bewohner warmer Regionen. Darf man Sibirien und die Südsee einfach gleichsetzen? Außerdem: Haben die Menschen in einem armen Land demokratischen Zugang zu Wohlstand und Ressourcen, oder profitiert nur eine kleine Oberschicht? Denn jeder hinzukommende Mensch am Existenzminimum verbessert rein rechnerisch die Kohlenstoffbilanz eines Landes. Das kann doch nicht im Sinne des Erfinders sein?

Die Waren- und Energieströme einer globalisierten Welt entziehen sich einfachen Aufrechnungen. Die Ressourcen, die da in den reichen Nationen verbraucht werden, sind ja oft Rohstoffe, auf deren Export die Entwicklungsländer dringend angewiesen sind. Bananen werden nicht zu uns gezaubert, sondern mit Schiffen und Lastwagen transportiert. Verzichten die Europäer zugunsten des heimischen Apfels, bleiben Südamerika oder Afrika auf ihren Bananen sitzen. Umgekehrt mag ein europäischer Pharmaforscher mit seiner Arbeit einen großen »ökologischen Fußabdruck« hinterlassen, das Ergebnis – etwa ein neues Medikament – kommt aber Menschen in aller Welt zugute.

Auch das Ende des Ferntourismus wäre für viele arme Länder eine Katastrophe. Genau wie die vagabundierenden Kapitalströme gibt es auch immer mehr vagabundierende Energie, die sich nicht so ohne Weiteres einem Land zuordnen lässt. Das beste Beispiel ist der Flugverkehr. Nach dem Konzept des »ökologischen Fußabdruckes« schädigt ein indischer Geschäftsmann, der nach Deutschland fliegt, die Umwelt erheblich weniger, als ein deutscher Geschäftsmann, der nach Indien fliegt. Das ist auf den ersten Blick absurd – und auf den zweiten auch.

Das gegenwärtige Standardargument der Malthusianer heißt: »Wenn alle Chinesen oder Inder so leben wollten wie wir, dann bräuchten wir zwei Planeten.« Wegen ihres Wirtschaftswachstums und des Ressourcenbedarfs würden unsere asiatischen Mitmenschen den Planeten zerstören. Eine deutsche Illustrierte zeigte dazu eine junge Chinesin, die mit Stäbchen die Erdkugel verspeist. So wird der chinesische Erfolg zum Menetekel für uns bisherige Gewinner der Modernisierung umgedeutet.

Richtig ist daran: Ja, China und Indien haben gewaltige Umweltprobleme, viele der weltweit schmutzigsten Städte liegen in diesen beiden Ländern. Zwei Drittel der 350 größten Städte Chinas können nicht einmal die lokalen Grenzwerte einhalten. Die Luft ist um den Faktor 10 bis 50 schlechter als an den extremsten Smogtagen in Los Angeles. Ähnliches gilt für die Wasserqualität. Nach Schätzungen der Weltbank entstehen durch Umweltkrankheiten Kosten in Höhe von zwei bis drei Prozent des chinesischen Bruttosozialproduktes. In puncto Umweltschutz ist das Land auf dem Stand von Deutschland im Jahr 1950. China macht Ähnliches durch wie Europa und Nordamerika viele Jahrzehnte zuvor. Siehe Zwickau, Anfang des 20. Jahrhunderts.

Eine stürmische Industrialisierung verschlechterte auch hierzulande in ihrer Anfangsphase viele Umweltindikatoren. So weit die historische Erfahrung Teil eins. Doch es gibt auch einen Teil zwei. Den veranschaulichen Wissenschaftler mit der sogenannten »Umwelt-Kuznets-Kurve«. Diese verläuft wie ein auf dem Kopf stehendes U. Nachdem die Umweltverschmutzung zunächst mit wachsendem Wohlstand rapide ansteigt, erreicht sie schließlich ihren Höhepunkt und fällt dann wegen eingeleiteter Umweltschutzmaßnahmen genauso rapide wieder ab – trotz weiter steigendem Wohlstand. Eine solche Kurve haben alle heutigen Industrienationen durchlaufen. Mit einem Unterschied: Je später ein Land in die Industrialisierung eintritt, desto schneller scheint der Höhepunkt der Verschmutzung überschritten zu sein. Wofür London noch hundert Jahre brauchte, das könnte Schanghai in 25 Jahren schaffen. Asiatische Städte wie Tokio, Seoul oder Singapur haben das bereits vorgemacht.

Nachdem die Bevölkerung der früher sogenannten »Dritten Welt« das Denken zunehmend selbst übernimmt, haben die Malthusianer eine neue Klientel für ihre Bemühungen entdeckt. Die »künftigen Generationen« haben Sonntagsreden und Parteiprogramme im Sturm erobert, keine Gruppe erfreut sich so ungeteilter Fürsorge. Es gibt in unserem Land eigentlich nichts mehr, was nicht aus Sorge um sie geschieht. Aus der Atomkraft aussteigen? Selbstverständlich aus Verantwortung für die nachfolgenden Generationen! In die Atomkraft wieder einsteigen? Dito! Egal ob Energiepolitik oder Rentenreform, Studien- oder Müllgebühren – all dies geschieht ausschließlich im Interesse künftiger Menschen. Sämtliche Argumente sind somit als vollkommen selbstlos zu betrachten.

Ursprünglich hatten sich die Ökologiebewegung und die Grünen das Exklusivrecht auf den Begriff gesichert. Genau wie Tiere und Bäume haben auch »künftige Generationen« den Vorteil, dass sie nicht widersprechen können. Inzwischen haben das auch alle anderen Parteien und Interessengruppen gemerkt, die auf der Suche nach einer pflegeleichten neuen Klientel sind, mit deren Hilfe sie ihre alten Interessen durchsetzen können.

Je weiter weg eine Generation ist, desto besser. Die gute alte Fernstenliebe nimmt ihre bisher extremste Form an. Besonders jene Menschen, die sich bevorzugt vor Kameras und Mikrofonen um andere sorgen, sind anfällig für dieses Phänomen. Erinnern wir uns nur an das Berlin der Achtzigerjahre: Menschenrechtsverletzungen im fernen Nicaragua genossen weitaus mehr Aufmerksamkeit als diejenigen, die einen Steinwurf weit hinter der Mauer stattfanden. Unmittelbare Nächstenliebe ist ein zum Handeln verpflichtendes Gefühl, mit der Ferne wird daraus oft nur noch eine Projektionsfläche für die Darstellung des eigenen guten Willens.

Andererseits ist es richtig, dass auch Menschen in armen Ländern unserer Hilfe bedürfen. Aber selbst dabei verschiebt sich die Aufmerksamkeit weg von den konkreten Problemen der lebenden Menschen hin zu denen künftiger Generationen. Viele Menschen in Afrika und Asien leiden unter unsäglichen hygienischen Verhältnissen, verschmutztem Wasser, verschmutzter Luft oder Malaria. Hierin liegen die häufigsten Todesursachen für Kinder. Ihnen könnte heute geholfen werden. Die Öffentlichkeit hierzulande sorgt sich indes am meisten um die Afrikaner als mögliche Klimaopfer in 100 Jahren. Die simpelste aller Regeln scheint in Vergessenheit zu geraten. Sie heißt: Wer morgen überleben will, muss erst einmal heute überleben.

Derzeit kursierende Tipps zur Weltrettung lassen genau dies außer Acht. Keine Fernflüge mehr! Keine billigen Konsumgegenstände aus Asien! Keine exotischen Früchte! Wenn die Reichen von heute darauf zugunsten künftiger Generationen verzichten, so werden die Armen von heute noch ärmer, weil sie uns noch nicht einmal mehr ihre Rohstoffe, landwirtschaftlichen Produkte, Naturschönheiten oder billige Arbeitskraft verkaufen können. Ist es wirklich ein Zeichen höherer Moral, das Elend lebender Generationen in Kauf zu nehmen, um künftige Generationen zu schützen?

Vollends paradox wird es, wenn man sich in Deutschland die Zahl der Geburten anschaut: Aktuell plagt uns wohl eher das Ausbleiben künftiger Generationen, was zu dem Umstand führt, dass man sich um diese weniger Sorgen zu machen braucht als um die Rentenbezüge der gegenwärtigen Generation. Oder haben wir aus Sorge um künftige Generationen beschlossen, sie nicht mehr in die Welt zu setzen?

»Ab in die Wälder« (»Into The Woods«) war vor einigen Jahren eine Titelgeschichte des amerikanischen Magazins »Newsweek« überschrieben, die sich mit der Entvölkerung europäischer Landstriche – darunter weite Teile Ostdeutschlands – befasst. Die Landbevölkerung wird immer älter und immer seltener. In den nächsten 20 Jahren wird sie nach Prognosen von EU und UN noch einmal um rund ein Viertel abnehmen. Wo einst der Mähdrescher Marke »Fortschritt« ratterte, kehrt die Wildnis zurück: »Die Wirtschaftslage und sinkende Geburtenraten zwingen ganze Regionen zurück in den urzeitlichen Zustand«, schreibt »Newsweek«, »und Wölfe treten an die Stelle des Menschen«. Vor zwanzig Jahren hieß ein beliebter Slogan: »Erst stirbt der Wald, dann stirbt der Mensch!« Die aktualisierte Fassung lautet: »Erst stirbt der Mensch, dann kommt der Wald (und der Wolf).« Die Furcht sitzt tief, die Rückkehr von »Canis lupus« wird nicht als Zeichen einer vitalen Natur betrachtet, sondern als das einer bedrohlichen Endzeit, einer Zukunft voller verlassener Dörfer und wilder Bestien. Der Dreißigjährige Krieg lässt grüßen. Die gängigen Warnrufe vor Überalterung klingen wie Paul R. Ehrlichs »Bevölkerungsbombe« – diesmal freilich unter umgekehrten Vorzeichen.

In jedem Fall fällt der Widerspruch in der Bewertung des Kinderkriegens auf. Irgendwo auf dem Weg von Europa nach Asien oder Afrika wird die demografische Katastrophe zur familienpolitischen Heldentat. Je weiter weg die Menschen leben, desto erfreulicher ist offensichtlich, wenn sie keine Kinder mehr bekommen. Doch auch dieser Blickwinkel ist arg verengt. Denn beinahe überall, wo es den Menschen besser geht, sinken die Geburtenzahlen. Das katholische Brasilien hat heute beispielsweise eine geringere Geburtenrate als Schweden. »Siehe zu, dass die Babys überleben und zur Schule gehen können«, sagt Hans Rosling. »Räume Frauen gleiche Rechte ein, entwickle Märkte und Institutionen.« Eine große Entdeckung der Entwicklungspolitik ließe sich so zusammenfassen: »Kümmere dich um die Leute, die Bevölkerung reguliert sich dann selbst.«

Fazit: Der Pfarrer und Ökonom Thomas Malthus legte vor über zwei Jahrhunderten die Grundlagen eines Denkens, das den Menschen zur Plage des Planeten erklärt hat. Bis heute können sich viele Gutmeinende von diesem Denken nicht befreien. Sie erkennen leider nicht den antihumanen Hintergrund dieser Denkfigur.

Was ist das eigentlich, Natur?

»Es mag paradox klingen, doch wenn wir die Zukunft
des Planeten sichern wollen, müssen wir zuallererst aufhören,
uns Rat in der Natur zu holen.«
Richard Dawkins

Tote Bäume, so weit das Auge reicht. Vom Lusen, dem dritthöchsten Gipfel des Bayerischen Waldes, blickt man ins Borkenkäferland. Wo einst alte Fichten grünten, ragen jetzt Tausende graue, fast astlose Stämme aus dem Boden. Deutschlands schlimmstes Waldsterben findet ausgerechnet im Herzen des ersten Nationalparks statt, dem Prunkstück des Naturschutzes, dem Nationalpark Bayerischer Wald. Die Ökologie verhöhnt ihre Kinder.

Über vier Jahrzehnte nach seiner Gründung ist der Nationalpark immer noch umstritten. Inzwischen gibt es 14 weitere, doch nirgendwo hat die sich selbst überlassene Natur ein so hässliches Landschaftsbild entstehen lassen, wie in den toten Stangenwäldern an den Hängen des Bayerischen Waldes. In der Region zwischen den Städtchen Zwiesel und Grafenau wird seit Jahrzehnten darüber gestritten, welches Waldbild denn wünschenswert sei. Dahinter steckt eine sehr grundsätzliche Frage: Was ist eigentlich Natur? Ein Zustand oder ein Prozess? Ob radikales Nichtstun angesichts eines massiven Waldsterbens richtig sein kann, ist selbst unter Naturschützern umstritten. Das Ökodrama im Nationalpark erschüttert gewohnte Sichtweisen. Darf man der Natur ihren Lauf lassen, auch wenn es Zehntausende Bäume kostet?

Es geht beim Streit um die »Natürlichkeit« nicht immer nur um Bäume. Bis heute ist es auch ein Reizthema geblieben, ob große Tiere, die in früheren Jahrhunderten ausgerottet worden sind, wieder zurückkehren dürfen. Die Luchse schufen längst vollendete Tatsachen. Erst wanderten einzelne Tiere ein, dann, als der Eiserne Vorhang geöffnet wurde, ein ganzer Schwung. Sie sind nie zu sehen, doch sie streifen überall durch die größte Waldwildnis Mitteleuropas. Der Nationalpark Bayerischer Wald und sein Gegenstück auf tschechischer Seite, der Nationalpark Šumava, umfassen über 93 000 Hektar, etwa die Fläche der Insel Rügen. Einsame Wölfe kommen gelegentlich auf die deutsche Seite, haben dort aber noch kein festes Rudel gegründet. Zur allgemeinen Überraschung sind auch Elche in die Gegend gezogen. Sie leben am nahe gelegenen Lipno-Stausee in Tschechien und gehen im Parkgebiet spazieren. Nicht alle Einheimischen sind darüber erfreut.

Keines der Großtiere hat jedoch so viel Menschen erzürnt wie die kleinen braunen Insekten, die seit 1983 die Fichten vernichten. Es begann 13 Jahre nach Gründung des Parks mit einigen vom Wind gefällten Bäumen, die die Nationalparkverwaltung nicht, wie in einem Wirtschaftswald üblich, abtransportierte, sondern liegen ließ. Der Borkenkäfer fiel über das gefundene Fressen her und nagte obendrein die rund um diese Windwürfe stehenden Bäume an. Der damalige bayerische Landwirtschaftsminister Hans Eisenmann gab seinen Segen dazu, denn man wollte im Nationalpark die Natur Natur sein lassen. Das war jedoch nur der Anfang einer Käferinvasion, die in immer neuen Angriffswellen die Fichtenbestände auf breiter Front zerstörte. 1990 fegten die Stürme »Vivian« und »Wiebke« durchs Land und hinterließen gewaltige Windwürfe, auf die sich die Borkenkäfer im heißen Sommer 1994 stürzten. 2003 zerfraßen sie den Wald am Großen Rachel. Die Hänge des höchsten Berges im Nationalpark sind weithin zu sehen. Nun war der tote Wald auch aus der Ferne deutlich sichtbar für die ankommenden Touristen. Doch es blieb bis heute dabei: Im Nationalpark wird der Borkenkäfer nicht bekämpft, außer in den Randbereichen, die an Privatforste grenzen.

Der Wald ist nicht tot, sagen die Anhänger eines dynamischen Naturbegriffs. Und verweisen darauf, dass zwischen den Baumleichen ein junger Wald in die Höhe wächst: Vogelbeere, Bergahorn,

Buchen und dazwischen ein paar Fichten. Das morsche Holz der toten Nadelbäume düngt die neue Waldgeneration. Für Ökologen ein natürliches Labor, das aufregende Erkenntnisse liefert. Pessimisten sagen voraus, dass es noch 50 bis 200 Jahre dauern wird, bis wieder ein schöner Hochwald den Lusen ziert. Möglicherweise ist der Konflikt zwischen Waldschützern und Ökologen bis dahin beigelegt.

Nicht nur im Bayerischen Wald prallen unterschiedliche Naturbegriffe aufeinander. Manchmal bringt einen schon die Betrachtung eines Werbeplakats ins Grübeln, was denn nun eigentlich natürlich sei. Im Jahr 2014 warb eine große bayerische Molkerei mit dem Slogan »Mach's dir leicht« für eine »Frühstücksmilch«. Diese Milch, so war den Plakaten zu entnehmen, sei ganz besonders »natürlich«. Die Werbung verriet auch, was das Natürliche an der Milch ist: Sie sei frei von Gentechnik.

Was die Reklametexter wohl unter »natürlicher« Milch verstehen? Auf demselben Plakat war groß zu lesen, dass es sich um H-Milch handle, also um homogenisierte und durch Ultrahocherhitzung haltbar gemachte Milch. Und außerdem, so wurde geworben, enthalte sie nur noch 0,7 Prozent Fett. Mit der Milch, die einmal aus dem Euter einer Kuh kam, hat diese Flüssigkeit nicht mehr viel zu tun.

Ebenfalls 2014 warben die Grünen im Europawahlkampf mit einem Plakat, das einen Vogelschwarm zeigte, der über den Kühlturm eines Kraftwerks hinwegfliegt. Dazu die Worte: »Atom aus, Natur an.« Ähnlich schlichte Slogans verwendeten zwei Kampagnen der österreichischen Grünen in den Neunzigerjahren. Die eine richtete sich gegen grüne Gentechnik unter der Parole: »Genfreies Österreich!« Die andere protestierte gegen die NASA-Sonde »Cassini«, die 1997 ins Weltall geschossen wurde, um den Saturn zu erforschen. Das unbemannte Raumschiff war mit Radionuklidbatterien ausgestattet. Motto der Kampagne: »Für einen atomfreien Weltraum!«

Deutschland und Österreich sind mittlerweile gentechnikfreie Zonen. Von den Grünen bis zur CSU, vom bayerischen Dorfpfarrer bis zur Berliner Szeneköchin sind sich alle einig, dass die Gentechnik widernatürliches Teufelszeug ist.

Gentechnik, so kann man immer wieder lesen und hören, sei »unnatürlich«. Wer sich damit befasst, weiß, dass auch die herkömmliche Pflanzenzucht eine Kulturtechnik ist. Diese »Gentechnik« wurde vom menschlichen Geist ersonnen, um aus ungenießbaren oder gar giftigen Wildpflanzen Lebensmittel zu entwickeln. Ihr verdanken wir, dass wir nicht mehr als Jäger und Sammler durch die Savanne streifen. Wem das nicht reicht, mache sich bewusst, dass ein Pekinese nichts anderes ist, als ein durch menschliche Einwirkung umgeformter Wolf, und bekommt einen Eindruck davon, was herkömmliche Züchtung vermag.

Wir sind nach wie vor abhängig von der Natur. Doch unser Überleben und Wohlstand basieren darauf, dass wir die Natur verändern. Dass wir uns nicht in das Schicksal fügen, das sie uns vorgibt. Dennoch ist der gesellschaftliche Bezug auf »die Natur« heute stärker denn je. Kosmetik, Nahrungsmittel, Reisen, Kleidung und zahlreiche andere Produkte werden mit dem Verkaufsargument angepriesen, sie seien besonders »natürlich«. Wer in öffentlichen Debatten irgendetwas in ein schlechtes Licht rücken will, muss nur behaupten, es sei »unnatürlich« oder gar »wider die Natur«. Das fing nicht erst bei der Gentechnik an. Auch die Pasteurisierung von Milch wurde anfangs von vielen Menschen abgelehnt, weil sie unnatürlich sei. Es gab Zeiten, da galt es als wider die Natur, dass Frauen Radfahren, studieren oder einem Beruf nachgehen.

Besonders im Bereich der Sexualität wird von jeher gern mit der »Natur« argumentiert. 1968 veröffentlichte Papst Paul VI. seine Enzyklika »Humane Vitae«, die als »Pillen-Enzyklika« bis heute berühmt ist. Er verurteilt darin die Empfängnisverhütung und bezieht sich dabei ausdrücklich auf die Natur. Das »gesamte Sittengesetz« spreche gegen Familienplanung, heißt es in der Enzyklika. Dieses ungeschriebene Gesetz sei »natürlich«.

Bis heute ziehen viele Gruppen immer wieder die Natur heran, um ihre Vorstellung von Sittlichkeit zu rechtfertigen, andere zu denunzieren. Die von Gott erschaffene Natur, behaupten sie, sei nur auf Fortpflanzung angelegt. Lust sei Sünde. Die zoologische Forschung bestätigt das Gegenteil: Aus der Vielfalt des tierischen Trieblebens kann man nicht herauslesen, was »natürlich« ist und was nicht. Selbstbefriedigung und Homosexualität beispielsweise, lange Inbegriffe des »Widernatürlichen«, sind auch in der Natur verbreitet.

Kaum ein Wort wurde und wird mehr missbraucht als »Natur«. Mal ist sie die allmächtige Dämonin, gegen die wir uns wehren müssen. Sie bedroht uns als Krankheit, Katastrophe oder wildes Tier. Aber auch als zügellose innere Natur, die uns mit ihren anarchischen Trieben verwirrt. Ein andermal ist sie pralle Lebensspenderin, der wir Brot und Wein verdanken. Und dann wieder die Schwindsüchtige, die durch uns Menschen tödlich bedroht ist.

Allen diesen Naturbildern ist gemeinsam, dass sie Zustände beschreiben und nicht Prozesse. Es gibt jedoch keine statische Natur, keine, die immer bleibt, wie sie ist. »Die Natur der Natur ist die Veränderung«, schrieb Goethe.

Wie irritiert, ja ablehnend gerade auch Naturschützer reagieren, wenn sich die Natur in eine Richtung entwickelt, die ihnen nicht gefällt, zeigte sich beispielhaft in den Neunzigerjahren, als durch ökologische Forschung deutlich wurde, dass immer mehr Tier- und Pflanzenarten sich in Städten ansiedeln.

Der Erste, der diese Entwicklung einer breiten Öffentlichkeit bekannt gemacht hat, war der Zoologe Josef H. Reichholf, der neben seiner wissenschaftlichen Arbeit erfolgreiche, auch für Laien verständliche Bücher schreibt. Er konnte mit gut abgesicherten Zahlen aufwarten. Je größer ein Ort, desto größer ist der Reichtum an Vogelarten. Während in Dörfern oft nur drei Dutzend Arten gezählt werden, kommt eine mittlere Stadt wie Passau schon auf das Doppelte und Berlin auf das Vierfache: 141 Vogelarten im Stadtgebiet, mehr als die Hälfte aller in Deutschland brütenden Arten. Diese Vielfalt ist damit größer als in den ökologisch wertvollsten Naturschutzgebieten Deutschlands. Und das gilt nicht nur für Vögel, sondern auch für andere Tierklassen und Pflanzen.

Als Reichholf damals das Thema »Natur in der Stadt« in die Öffentlichkeit trug, empörte sich der offizielle Naturschutz darüber. Über Wildtiere in der Stadt zu sprechen, sei nur eine Ausrede für die Naturzerstörer, hieß es. Der prominente Journalist Horst Stern grollte: »Ich habe keinen Spaß daran, einen Uhu in Hamburg-Altona Bremsschläuche zerbeißende Marder jagen zu sehen.«

Heute ist das Phänomen »Natur in der Stadt« allseits anerkannt. Es gibt Exkursionen der Naturschutzverbände durch Friedhöfe und Parks. Es gibt etliche Bücher und Filme darüber, und die meisten Menschen freuen sich über die neue Lebensvielfalt mitten in der Zivilisation. Doch damals ernteten Reichholf und andere, die auf diese erstaunliche Migration vom Land in die Stadt aufmerksam machten, schroffe Ablehnung. Die Tiere müssten verrückt geworden sein. Eine Perversion der Natur. Fast niemand wollte die wissenschaftlichen Befunde zur Kenntnis nehmen. Besonders die Naturschutzverbände reagierten geradezu aggressiv ablehnend auf diese Ausbreitung der Natur in eine Richtung, die ihnen missfiel.

Die Artenvielfalt der Städte zeigt: Viele Tierarten sind in ihrem Verhalten wesentlich flexibler, als die Ökologen früher annahmen. Sie kommen mit unterschiedlichen Lebensräumen zurecht, auch solchen, die uns Menschen als komplett unnatürlich erscheinen.

Aber haben wir nicht in der Schule gelernt, dass jedes Tier seine feste ökologische Nische hat, auf die es auf Gedeih und Verderb angewiesen ist? Reichholf hält die Vorstellung von der »ökologischen Nische« für allzu vereinfachend und schablonenhaft. »Was für Pantoffeltierchen und andere einfach gebaute, von ihrer Umwelt in sehr hohem Maße abhängige Arten gilt«, sagt er, »trifft für die hochentwickelten nicht zu.« Viele Vögel und Säugetiere können in völlig verschiedenen Umwelten überleben und sich fortpflanzen.

Für eine Amsel lässt sich keine ökologische Nische mehr beschreiben. Sie lebt von Würmern, aber zuweilen auch von Kirschen und Erdbeeren, nistet in Bahnhöfen, flötet ihre Lieder von Fernsehantennen und sucht Schutz unter parkenden Autos. Im Winter zieht sie nach Süden oder auch nicht. Je nachdem, was ihre Umgebung ihr bietet.

Warum stieß das Thema anfangs auf so starke Abwehr? Wildtiere in der Stadt haben sich erdreistet, den von uns als schön betrachteten Landschaftsrahmen zu verlassen, und zeigen durch ihre Anwesenheit, dass sie in einer von uns als weniger natürlich empfundenen Umgebung durchaus gut existieren können. Das verletzt unser ästhetisches Empfinden und unser Naturverständnis. Es passt nicht in unsere Erwartungen an die Natur, wie wir sie gern hätten.

Einen Versuch, unser Bild von der Natur zu korrigieren machte 2014 eine Kunstausstellung im Kasseler Fridericianum: »Nature after Nature«. »Ist Erdöl, das aus den Überresten toter Saurier besteht, nicht die natürlichste Sache der Welt?«, fragt der Autor Boris Pofalla nach einem Rundgang, und er fügt hinzu: »Wer die Umwelt auf einen Sockel stellt, versteht sie nicht. Die schöne Seele des Naturliebhabers ästhetisiert die Natur in der Tradition der Romantik – und schafft dazu erst die Distanz, die dann durch Wanderungen, Einkaufen in Bioläden und Tierdokus überwunden werden soll.«

Die Behauptung, es gebe so etwas wie einen »richtigen Zustand« der Natur, steht im Widerspruch zur Evolution. Alles entsteht, wächst, stirbt ab und entsteht neu. Die Vorstellung, einen Zustand erhalten zu können, ignoriert den Wissensstand der Biologie. Wer festlegen will, wie Natur zu sein hat, und sich dann den Erhalt dieses Zustandes auf die Fahnen schreibt, unterschätzt die Dynamik alles Lebendigen. Im ersten deutschen Naturschutzgesetz, das aus dem Nationalsozialismus stammt, wird ein solches Denken deutlich. Man maßte sich an zu bestimmen, was ein natürlicher Zustand sei.

Wenn von Natur gesprochen wird, ist in Deutschland zumeist von einer bestimmten Agrarlandschaft die Rede oder vom Forst. Die kleinbäuerlich strukturierte Landschaft gilt vielen Deutschen als idealer Naturzustand. Ein Zustand, der durch die vorherrschenden Nutzungsformen des 19. Jahrhunderts entstanden ist. In der Regel betrachten Menschen die jeweils gerade vergangene Form der

Landschaftsbearbeitung als »natürlich«. Die Naturschützer des 19. Jahrhunderts empfanden die damaligen – später idealisierten – Formen der Landwirtschaft als unnatürlich und lehnten sie ab. Sie kritisierten die »Verkoppelung« der Felder und ihre Einhegung durch Hecken.

Eine weitere Ursache für die Ablehnung des Themas »Natur in der Stadt« durch die Umweltverbände war unseres Erachtens das pessimistische Weltbild der grünen Bewegung und die Überzeugung, dass alles immer schlechter werde. Erfolge waren nicht vorgesehen, sogar wenn man diese Erfolge selbst erstritten hatte. Die Vorstellung von einer stets und überall bedrohten Natur wurde im letzten halben Jahrhundert zum vorherrschenden Narrativ der westlichen Industrieländer. Oftmals ist dieses Bild einer schwachen, dem Untergang geweihten Natur verknüpft mit paradiesischen Fantasien einer schönen, guten, friedlichen Natur, die eine Gegenwelt zur harten und von ökonomischen Zwängen geprägten Realität des Menschen bildet. Einer Natur, die vornehmlich aus Pandabären, Schmetterlingen, Blumenwiesen, erhabenen Gipfeln, grünen Tälern und Sonnenuntergängen besteht. Sie ist unsere große, sanfte Lehrerin, die stets nach Harmonie und Gleichgewicht strebt. Alles in ihr ist ein ewiger Kreislauf. Nur wenn wir sie schlecht behandeln, schlägt sie zurück.

Auch wenn solche romantischen Naturvorstellungen und Bilder verständlich sind, sie werden zum Problem, wenn man sie nicht als Emotionen begreift, sondern zur Welterklärung heranzieht: Dann werden selbst Naturkatastrophen nicht mehr der Natur angelastet, sondern gelten als Resultate menschlicher Sünden. Als ein Tsunami im Dezember 2004 die Küsten Südostasiens überschwemmte, konnte man verschiedenste Gerüchte hören: geheime amerikanische Atombombentests seien schuld, Gott strafe wie mit der Sintflut uns Sünder oder die Erde schlage zurück.

Die Natur ist jedoch keine gütige Mutter. Welches Tier oder welche Pflanze man auch immer nimmt: Auf den zweiten Blick stellt sich heraus, dass die Realität nicht erfüllen kann, was wir Romantiker uns wünschen. Im friedlichen Wald tobt ein gnadenloser Kampf um Licht – nur werden die Schlachten so langsam geschlagen, dass wir Menschen sie nicht bemerken. Delfine töten den Nachwuchs konkurrierender Artgenossen. Robben schnappen sich manchmal nur die Leber eines Fisches und lassen den Rest auf den Grund sinken. Tiere verhalten sich nicht »ökologisch« sinnvoll in dem moralisierenden Sinn, in dem das Wort heute gern benutzt wird. Eisenbakterien hinterlassen als Stoffwechselprodukt metallischen Müll, der Gewässer absterben lässt. In der Frühgeschichte des Lebens auf der Erde war Sauerstoff ein überflüssiges Giftgas, für das kein Organismus Verwendung hatte. Keine Spur von verantwortungsvollem Recycling. Keine Spur von Harmonie und dem Streben nach Gleichgewicht.

Die Natur ist deshalb aber auch nicht »böse« – sie ist schlicht eine moralfreie Zone. Sie taugt für uns Menschen weder als Vorbild noch als Maßstab. Wir verhalten uns widernatürlich, wenn wir Tiger vor dem Aussterben schützen, Energie sparen oder Verhütungsmittel benutzen. Und das ist gut so.

Doch die grüne Bewegung hängt an ihrem romantischen Naturbild. Die Kirchen leeren sich, aber das heißt noch lange nicht, dass nun Skeptiker und Agnostiker das Terrain erobern. Vielleicht sucht sich das offenbar konstante Bedürfnis nach Seelenheil in den weltlich emanzipierten Kreisen lediglich andere Wege. Finden wir eine neue Frömmigkeit irgendwo zwischen Dalai Lama und Waldorfschule, Greenpeace und PETA?

In den gebildeten Schichten breiten sich neue religiöse Strömungen aus: Anthroposophie, Buddhismus und Esoterik in allerlei Spielarten. Die stärkste und am weitesten verbreitete dieser semi-religiösen Strömungen ist unserer Ansicht nach der Ökologismus. Säkulare Grüne stimmen in ihrer Ablehnung der Stammzellenforschung mit fundamentalen Christen völlig überein. Während die einen dagegen kämpfen, dass man Gott ins Handwerk pfuscht, glauben die anderen, man versündige sich an einer quasi-göttlichen Natur.

Die traditionellen Kirchen reihen sich in diesen grünen Pilgerzug ein, wohl um nicht noch mehr Schäfchen zu verlieren. »Mehr Demut gegenüber der Natur«, forderte Bischof Wolfgang Huber nach dem Tsunami in Asien. Als ob sich die Plattentektonik der Erde davon beeindrucken ließe. Der frühere anglikanischer Bischof Anthony Russell deutet die globale Erwärmung als »neue Sintflut« und Strafe für den »Ungehorsam der Menschen«.

»Der Ökologismus ist heute eine der einflussreichsten Religionen der westlichen Welt«, diagnostiziert auch der verstorbene Schriftsteller Michael Crichton. »Es scheint«, schrieb er, »die bevorzugte Religion urbaner Atheisten geworden zu sein.« Allerdings haben wir es mit einem religiösen Bekenntnis zu tun, das sich selbst für durch und durch rational, ja wissenschaftlich begründet hält. Ganz wie die Christen vor der Aufklärung oder viele Muslime noch heute, halten Ökologisten ihren Glauben nicht für einen Glauben, sondern für eine Bestandsaufnahme unleugbarer, naturgesetzlicher Tatsachen.

Da der Ökologismus häufig im Gewand der Wissenschaft auftritt, ihre Ausdrucksweise imitiert und sich ihrer Autorität bedient, wird es sich auf Dauer nicht vermeiden lassen, wieder einen klaren Trennungsstrich zu ziehen zwischen Glaubensbekenntnissen und ökologischer Vernunft. Ohne eine solche Trennung werden Mythen und Legenden immer mehr zur Grundlage politischen Handelns.

Erkenntnisse der wissenschaftlichen Ökologie stehen oftmals im Widerspruch zu »ökologistischen« Glaubenssätzen. Wer forscht, orientiert sich ergebnisoffen an messbaren Tatsachen. Josef H. Reichholf verfasste eine Streitschrift, in der er sein Wissensgebiet, die Ökologie, gegen die ideologische Vereinnahmung in Schutz nimmt (»Die falschen Propheten«). Über den heutigen Ökologismus heißt es darin, er habe sich »zu einem religionsartigen Lebensmodell entwickelt, das uns in immer stärkerem Maße vorschreibt, was zu tun und zu lassen ist«. Für viele dieser Vorschriften gibt es keinen vernünftigen Grund.

Aber ist das alles wirklich so schlimm? Leider ja, meinen wir, denn dieser Ökologismus kostet Menschenleben, wie wir noch sehen werden. So haben beispielsweise die Verhinderung des Goldenen Reises und das Verbot von DDT (siehe S. 204) verheerende Folgen. Und dies sind nur zwei Beispiele von vielen für die inhumane Starrheit mancher grüner Strömungen: von den Impfgegnern bis hin zum Verhindern medizinischer Forschung, weil dafür Tierversuche notwendig sind.

Fazit: Der Bezug auf die Natur ist heute allgegenwärtig, wie im Mittelalter der Bezug auf Gott. Selbst unter professionellen Naturschützern herrschen aber völlig unterschiedliche Vorstellungen darüber, was denn ein »natürlicher Zustand« sei. Wir sollten die Unschärfe des Naturbegriffs akzeptieren und ihn nicht überfrachten.

Kapitel 2
Zwischen Eiszeit und Zeitgeist

Eine Anleitung zum Unsichersein

> »Wissen nennen wir jenen kleinen Teil der Ungewissheit, den wir geordnet und klassifiziert haben.«
>
> *Ambrose Bierce*

Das Klima ist, neben der Kernkraft, das Thema, das die meisten Debatten und die meisten Emotionen hervorruft, seit der Himmel über Deutschland wieder blau ist und die Gewässer wieder sauber sind. Wir schlagen vor, in dieser Debatte einmal Luft zu holen, ein wenig zurückzutreten und sich zu fragen: Was wissen wir eigentlich? Und was sind die grundlegenden Zusammenhänge, die man kennen sollte, wenn man nach Lösungen für ein Problem sucht? Wir laden ein zu einer Entdeckungsfahrt ins Meer des Wissens, Halbwissens, Nichtwissens.

Um es vorweg zu sagen: Wir halten den Treibhauseffekt nicht für eine Erfindung des Zeitgeistes. Wir sind dafür, dass mit den fossilen Ressourcen so sparsam und so umweltverträglich umgegangen werden sollte, wie das sinnvollerweise möglich ist. Und wir bezweifeln auch nicht, dass Kohlendioxid tendenziell zur Erwärmung der Erdatmosphäre beiträgt. Ob dieser Effekt allerdings die gegenwärtige Aufregung und alles, was damit verbunden ist, rechtfertigt, ist hingegen eine ganz andere Frage. Wir stellten sie unter anderem dem berühmten Physiker und Mathematiker Freeman Dyson. »Der Wandel des Klimas«, antwortete er, »ist Teil der Welt, in der wir leben. Ein natürlicher Vorgang, der nur teilweise vom Menschen beeinflussbar ist. Der Anteil des Kohlendioxids in der Luft schwankt seit Millionen von Jahren. Die längste Zeit der Erdgeschichte war er höher als heute.«

Dazu ein paar Fakten: Kohlendioxid ist ein integraler Bestandteil des gigantischen irdischen Produktionskreislaufes, weshalb man es nicht einfach verbieten kann. Vor etwa dreieinhalb Milliarden Jahren lernten Bakterien, aus Sonnenlicht, Wasser und Kohlendioxid chemische Energie und – als Abfallprodukt – Sauerstoff herzustellen. Inzwischen haben auch Pflanzen und Algen den Dreh herausgefunden. Das Verfahren war eine ziemlich revolutionäre Erfindung, die wir Fotosynthese nennen und der wir unser Leben verdanken. Alle Nahrungsmittel und die gesamte Biomasse des Planeten entstammen dieser gewaltigen Fabrik, auch die fossilen Brennstoffe sind gebunkerte Hinterlassenschaften der Fotosynthese.

Der Mensch selbst ist ebenfalls eine Verbrennungsmaschine. Schon wenn er den Brennwert seines Frühstücks umwandelt, emittiert er Kohlendioxid. In Flüssigkeiten perlt das Spurengas nach oben: Ohne Kohlendioxid gäbe es keinen Sekt, kein Selters und auch kein Weizenbier. Kohlendioxid ist kein klassischer Schadstoff und hat nichts – wie viele glauben – mit Umweltverschmutzung zu tun.

Im Laufe der Erdgeschichte hat sich die Zusammensetzung der Atmosphäre immer wieder verändert. Heute enthält sie etwa 78 Prozent Stickstoff, 21 Prozent Sauerstoff und knapp ein Prozent Argon. Spurengase wie Wasserdampf, Kohlendioxid, Methan, Lachgas und Ozon kommen nur in geringen, teilweise winzigen Mengen vor. Und doch spielen sie eine große Rolle. Am Anfang des 19. Jahrhunderts arbeitete der französische Mathematiker Jean-Baptiste Joseph Fourier an einer »analytischen Theorie der Wärme« und war auf eine knifflige Frage gestoßen. Es war auf der Erde wärmer, als es nach seinen Berechnungen eigentlich hätte sein sollen. Er folgerte daraus, dass die von der Erde abgegebene Wärmestrahlung teilweise in der Atmosphäre zurückgehalten werden müsse. Das verglich er mit dem wärmenden Effekt einer Glasscheibe, die über ein Pflanzenbeet gehalten wird. Das war die Geburtsstunde des »Treibhauseffekts«. Das Bild ist zwar physikalisch nicht ganz korrekt, hat sich aber eingebürgert.

Obwohl das Copyright eigentlich Jean-Baptiste Fourier gebührt, gilt heute ein anderer als »Vater des Treibhauseffektes«: der schwedische Chemie-Nobelpreisträger Svante Arrhenius. Ende des 19. Jahrhunderts entdeckte er, dass Spurengase in der Atmosphäre diesen Effekt bewirken – unter anderem das Kohlendioxid. Es wirkt wie ein Absorber für infrarotes Licht, also für Wärmestrahlung. Die Industrialisierung war in vollem Gang, überall rauchten Schlote und dampften Maschinen. Arrhenius folgerte daraus, dass der Mensch den Kohlendioxidanteil der Luft erhöhen werde und es in Zukunft wärmer als von Natur aus werden müsse. Wobei er keine Katastrophe beschwor, sondern eher das Gegenteil: »Der Anstieg des CO_2 wird zukünftigen Menschen erlauben, unter einem wärmeren Himmel zu leben.« Arrhenius berechnete, dass eine Verdoppelung des Kohlendioxidgehaltes die Durchschnittstemperatur auf der Erde um fünf bis sechs Grad erhöhen würde. Allerdings glaubte er, dass bis dahin noch mehrere Jahrhunderte vergehen würden. Doch die Emissionen stiegen schneller, als sich Arrhenius das vorstellen konnte.

Bei der heutigen Klimadiskussion ist deshalb nicht der natürliche Treibhauseffekt gemeint, sondern die Verstärkung des Phänomens durch den Menschen. Deshalb spricht man auch vom »anthropogenen« Treibhauseffekt. Zum Leidwesen der Wissenschaft lassen sich die beiden aber gar nicht so leicht auseinanderhalten. Ohne den natürlichen Treibhauseffekt würde der Planet nicht 15 Grad warm, sondern minus 18 Grad kalt sein (globale Durchschnittstemperatur). Er erwärmt die Erde also um etwa 33 Grad. Tatsächlich ist die Sache noch komplizierter: »Würde der natürliche Treibhauseffekt ungedämpft wirken«, sagt der NASA-Klimaforscher Roy Spencer, »so wäre die Erde rund 55 Grad heiß.« Die Natur hat in Form von Verdunstung und Wetterprozessen offenbar ein Kühlsystem installiert, das bis heute kaum verstanden ist.

Eine Verdoppelung des Kohlendioxidanteils gegenüber der vorindustriellen Zeit würde den natürlichen Treibhauseffekt nach heutiger Einschätzung um etwa 2,5 Prozent verstärken. Für den Fall einer Verdoppelung der Kohlendioxidkonzentration ergäbe sich also eine direkte zusätzliche Treibhauswirkung von nicht einmal einem

Grad. Wie kommen dann Prognosen zustande, die für diesen Fall einen Temperaturanstieg um mehrere Grad voraussagen? Dem liegt folgende Hypothese zugrunde: Die ursprüngliche leichte Erwärmung durch Kohlendioxid lässt mehr Wasser verdunsten, und der zusätzliche Wasserdampf lässt die Temperaturen dann noch mehr steigen. Die Wissenschaftler nennen dies eine »positive Rückkoppelung«.

Etwa zwei Drittel des natürlichen Treibhauseffektes gehen nämlich auf das Konto von Wasserdampf, dem mit großem Abstand wichtigsten Treibhausgas. Kohlendioxid und (in geringerem Ausmaß) Gase wie bodennahes Ozon oder Methan teilen sich lediglich den Rest. Es ist auch weniger die – unstrittige, aber relativ geringe – Treibhauswirkung des Kohlendioxids selbst als vielmehr die Vermutung eines erheblichen Verstärkungseffektes durch Wasserdampf, auf der das gängige wissenschaftliche Gebäude – und die Hochrechnungen für die Zukunft – aufbauen.

Theoretisch-physikalisch ist dieser Prozess klar: Je mehr man einen Topf mit Wasser erhitzt, desto mehr Dampf steigt auf. Doch ist die Atmosphäre keine Garküche. Der durchschnittliche Wasserdampfgehalt der Atmosphäre ergibt sich aus der Balance von Verdunstung und Niederschlag – und dieser Prozess ist voller Geheimnisse. Was tatsächlich in dem komplexen Pingpong-Spiel der Atmosphäre abläuft, weiß bis heute kein Mensch so richtig. Und in diesem entscheidenden Punkt liegt auch die Achillesferse aller gängigen Klimamodelle und Prognosen. Das Verhalten des Wasserdampfes und die Wolkenbildung sind kaum verstanden und können auch nicht im Rechner simuliert werden. Verschiedene Wolken in verschiedenen Höhen können wärmende Wirkung (positive Rückkoppelung), aber auch kühlende Wirkung (negative Rückkoppelung) haben. Was bei den teilweise gegenläufigen Temperatureffekten unter dem Strich herauskommt, ist schwer zu sagen. Wie groß die Unsicherheit ist, zeigen die Temperatur-Hochrechnungen für den Fall einer Verdoppelung des Kohlendioxids. Sie liegen laut dem Bericht des Weltklimarates der Vereinten Nationen, Intergovernmental Panel on Climate Change (IPCC), von 2013 zwischen 1,5 und 4,5 Grad Erwärmung, schwanken also um den Faktor drei. Diese Spanne wurde übrigens im ersten Bericht 1990 genauso groß angegeben. Ganz offiziell ist man also so klug wie zuvor. An der oberen Grenze dieser Schätzungen bewegte sich auch die Kalkulation von Arrhenius vor 100 Jahren. Die bisher messbare Realität der Globaltemperatur deutet auf die untere Grenze hin.

Die Kohlendioxidkonzentration ist seit der vorindustriellen Zeit um etwa ein Drittel angestiegen, von etwa 0,029 Prozent auf heute 0,040 Prozent. Die Funktion des Kohlendioxids ist logarithmisch (wollte man seine zusätzliche Wirkung noch einmal verdoppeln, müsste man den Kohlendioxidgehalt bereits vervierfachen, dann verachtfachen und so weiter). Seine Wirkung steigt also nicht linear an, sondern jede zugefügte Einheit des Treibhausgases hat eine geringere Wirkung als ihre Vorgängerin. (Genau wie bei einem Treibhaus, bei dem es irgendwann nichts mehr bringt, noch dickere Scheiben zu installieren).

Mittlerweile können die Prognosen für die Welttemperatur langsam, aber sicher mit der Realität abgeglichen werden. Bilden die im Computer simulierten Klimamodelle die Realität ab? Die tatsächliche Temperaturerhöhung des Planeten ist bislang moderat. Seit Beginn des 20. Jahrhunderts wurden maximal 0,9 Grad beobachtet. Und diese Erwärmung ist nicht einmal stetig: Zwischen 1940 und 1976 kühlte das Klima ab. Von 1976 bis kurz vor der Jahrtausendwende nahm die Temperatur um knapp 0,2 Grad pro Jahrzehnt zu. Der beobachtete globale Erwärmungstrend dieser 25 Jahre verlief ziemlich gleichmäßig und linear – und nicht exponentiell und immer schneller, wie oft zu lesen ist. Und seit 1998 (es war ein wegen der warmen Meeresströmung El Niño sehr heißes Jahr) stagniert die Welttemperatur mehr oder weniger. Die Erwärmung bewegt sich insgesamt unter den von Klimamodellen für die Zukunft prognostizierten Werten. Klimamodelle hätten diese Pause nicht erwartet, konstatiert der jüngste IPCC-Bericht, die Ursachen seien unklar, verschiedene Effekte, etwa eine außergewöhnliche Schwächephase der Sonne zusammen mit kühlenden Ozeanströmungen, kämen in Frage.

Auch was die Folgen der Klimaerwärmung angeht, lässt die Verbindlichkeit vieler Vorhersagen doch arg zu wünschen übrig. Der überaus medienpräsente Klimaforscher Mojib Latif sagte im Jahr 2000 voraus: »Winter mit starkem Frost und viel Schnee wie noch vor zwanzig Jahren wird es in unseren Breiten nicht mehr geben.« Nun gab es in den letzten Jahren wieder ein paar sehr harte Winter mit viel Schnee. Daraufhin hat Professor Latif herausgefunden, dass die globale Erwärmung auch zu kälteren Wintern führen könnte. Latif und andere Klimaforscher haben gelernt und einen genialen Ausweg aus dem Prognoserisiko gefunden. Die globale Erwärmung, sagen sie jetzt, werde zu mehr Extremwetterereignissen führen. Egal ob es stürmt oder schneit, die Sonne brennt oder zu viel Regen fällt, man ist damit immer auf der sicheren Seite.

Die meisten Klimaforscher halten Kohlendioxid dennoch als Hauptfaktor für die Erwärmung zumindest in dieser jüngsten Vergangenheit für erwiesen. Das liegt ganz einfach daran, dass sie keinen anderen Verdächtigen ausmachen können. Sie glauben, alle anderen natürlichen Ursachen für die in den vergangenen 30 Jahren beobachtete Erderwärmung ausschließen zu können. Für eine dominierende Rolle des Kohlendioxids im aktuellen Klimageschehen gibt es also keinen direkten Beweis, sondern nur eine indirekte Herleitung: CO_2 bleibt derzeit nach Meinung der Mehrheit als einziger Tatverdächtiger übrig.

Zu ihnen gehört auch Hans von Storch, der zu den bekanntesten deutschen Klimaforschern zählt und Leiter des Instituts für Küstenforschung am Helmholtz-Zentrum Geesthacht ist. Zusammen mit dem Ethnologen Werner Krauß betreibt er außerdem die Homepage »Die Klimazwiebel«, wo sie, am »Leitbild des Honest Broker orientiert«, über »Klimaforschung und ihre Wechselwirkung mit der Politik« schreiben. Wir trafen ihn in seiner Hamburger Wohnung und sprachen mit ihm über den aktuellen Stand der Klimaforschung und die Defizite der Zunft. »Die Temperaturentwicklung schlängelt sich nach oben, sie steigt nicht stetig. Die gegenwärtige Entwicklung ist mit unserer Erklärungswelt und den Klimamodellen durchaus kompatibel«, sagt von Storch zum gegenwärtigen Stagnieren der Erwärmung. Er fügt aber auch hinzu: »Nur wird das jetzt erst im Nachhinein kommuniziert. Wir waren als Wissenschaftsgemeinde nicht darauf vorbereitet, dass dies geschehen würde. Wir hätten uns vorher ganz offen mit dieser Möglichkeit beschäftigen und die möglichen Antworten wägen und kommunizieren müssen. Dann könnten wir mit der momentanen Situation viel besser umgehen. Das hängt auch damit zusammen, dass wir nie öffentlich die Frage gestellt haben, welche Beobachtungen würden uns denn dazu bringen, zu sagen, wir liegen falsch, unsere Erklärung ist nicht so weitgehend richtig, wie wir geglaubt haben.«

Und welche Beobachtungen würden ihn dazu bringen, sich zu revidieren? Von Storch: »Wenn die gegenwärtige Entwicklung 25 Jahre anhält, dann werde ich allmählich nervös. Es gibt Forscher in den USA, die genau diesen Fragen nachgehen, ich fände es aber ganz gut, wenn es nicht die wären, die in der Vergangenheit sehr lautstark den Katastrophen-Diskurs geführt haben.« Nach seiner Ansicht hat die Klimaforschung dennoch große Fortschritte gemacht: »Die Datensätze sind viel, viel besser geworden. Wir hatten seinerzeit Daten über globale Verhältnisse, die sich gerade mal über fünf oder zehn Jahre erstreckten. Heute sind diese Datenreihen viel zuverlässiger und länger. Und unsere Modelle berücksichtigen viel mehr Faktoren. Wir können heute einfach statistisch besser einschätzen, welche Entwicklungen jenseits der normalen Verhältnisse sind.«

Und er glaubt, dass die Entwicklungen der letzten 30 Jahre tatsächlich außerhalb der normalen Schwankungen verlaufen sind. »Wir können auch nach Erwägung aller bekannten Erklärungen sagen, dass die Kohlendioxidemissionen die plausibelste Erklärung sind. Das berücksichtigt zwangsläufig nicht, dass es eine Erklärung geben könnte, die wir schlicht nicht kennen oder übersehen haben. Ich erwarte das nicht, aber gänzlich ausschließen kann ich es auch nicht. Das sind die Vorbehalte, die ich als Wissenschaftler machen muss, dennoch basiert meine heutige Aussage auf dem besten mir verfügbaren Wissen.«

Man muss sich das wie in einer Gerichtsverhandlung vorstellen. Die Fahnder glauben mit Hilfe ihrer Computer den »menschlichen Fingerabdruck« in Form unserer Kohlendioxidemissionen nachweisen zu können, sie sprechen sogar wie im Krimi von einer »Smoking Gun«. Aber wer weiß, worauf damit geschossen wurde. Indizienprozesse sind immer für Überraschungen gut, plötzlich bröckeln Alibis und neue Verdachtsmomente tauchen auf. Die bange Frage lautet unserer Meinung nach immer noch: Wie vertrauenswürdig sind die Aussagen der Computer?

Wie komplex die Materie ist, zeigt ein kleiner Ausflug in die Energiebilanz der Erdatmosphäre. Sie sollte normalerweise ausgeglichen sein, die von der Sonne eintreffende Strahlung verlässt den Planeten also früher oder später auch wieder. Sie wird aber nicht einfach reflektiert, sondern teilweise absorbiert und in einem komplizierten Spiel hin- und her geschickt, bevor sie sich in Richtung All auf und davon macht. Insgesamt gelangen auf jeden Quadratmeter des Planeten 342 Watt Sonnenenergie. Das kann man sich ganz gut in Form von drei 100-Watt- und einer 40-Watt-Glühbirne vorstellen. Die zusätzliche Wirkung aller Treibhausgase beläuft sich laut dem IPCC derzeit auf etwa 2,3 Watt pro Quadratmeter. Die dingfest zu machen, ist aus einem weiteren Grund gar nicht so einfach. Die Unsicherheitsspanne bei den Abschätzungen der planetaren Energiebilanz liegt bei plus/minus sechs Watt pro Quadratmeter. Die Unsicherheit über die tatsächliche Energiebilanz der Erde ist also größer als der gesamte Kohlendioxideffekt.

Es herrscht jedoch durchaus Einigkeit darüber, dass der Mensch das Geschehen in der Atmosphäre verändert. Das hat er bereits in der Vergangenheit getan, angefangen mit Erfindung des Ackerbaus. Eine Weltbevölkerung von über 7,2 Milliarden Menschen tut es noch mehr. Lokale Veränderungen wie Entwaldung, Landwirtschaft, Überweidung, Bewässerung und wachsende Großstädte tragen dazu genauso bei, wie die Emissionen durch die Verbrennung fossiler Rohstoffe oder die Haltung von Nutztieren. All dies kann direkte oder indirekte Auswirkungen auf das Klima haben. Einigkeit herrscht auch darüber, dass eine erhöhte Konzentration von Treibhausgasen tendenziell zu einer stärkeren Erwärmung der Atmosphäre führt. Alles andere ist umstritten.

Würde man die gegenwärtigen Lufttemperaturen mit Phasen der mittelalterlichen Warmzeit vergleichen, ergäbe sich kein merkbarer Unterschied. Wie bei allen statistischen Betrachtungen hängt die Aussage sehr stark von den Zeitabschnitten ab, die man für einen Vergleich auswählt. Unser heutiges Klima wird am häufigsten in Beziehung zu den vergangenen 150 Jahren gesetzt, auch weil es erst seit dieser Zeit zuverlässige und fortlaufende Wetter- und Temperaturmessungen gibt. Viele Temperaturkurven fangen mit dem Beginn der regelmäßigen Aufzeichnungen um 1860 an. Dieser Termin fällt mit dem Ende der »kleinen Eiszeit« und somit einem Temperaturminimum zusammen. Ein Teil der Erwärmung seitdem ist der Erholung von dieser Kaltzeit geschuldet. Inwieweit der zusätzlich vom Menschen verursachte Treibhauseffekt durch andere künstliche oder natürliche Einflüsse verstärkt, abgeschwächt oder überlagert wird, ist noch lange nicht zu Ende erforscht.

Das Klima lässt sich ganz gut mit einem gigantischen Poolbillardspiel vergleichen. Schon eine winzige Änderung beim Anstoß kann die Konstellation vollkommen verändern, unzählige Einflussgrößen stoßen sich gegenseitig an und wirken aufeinander zurück. Der Versuch, einen solchen Spielverlauf vorauszuberechnen, ist ziemlich kühn. Beim Klima wissen die Forscher ja nicht einmal, wie viele Kugeln tatsächlich im Spiel sind. Von anderen Kugeln wissen sie zwar, dass sie vorhanden sind, aber nicht, wie sie sich verhalten – siehe die Wolkenbildung.

Der Klimaforscher Roger Pielke sen. von der University of Colorado in Boulder sieht die Modelle als wertvolle Instrumente, um die Empfindlichkeit des Klimasystems in Probeläufen zu testen. Aber er warnt: »Die Überbetonung von Klimamodellen als zuverlässige Prognoseinstrumente verstärkt die Politisierung der Klimaforschung und sorgt für berechtigte Kritik an den Einschätzungen des Reports des Weltklimarates IPCC.« (Siehe S. 107)

Ein Exempel dafür lieferte 1991 der Golfkrieg. Damals prophezeiten zahlreiche Klimaforscher eine Art nuklearen Winter für den Fall, dass Saddam sämtliche Ölquellen anzünden würde. Das Computermodell der australischen Forschungsbehörde CSIRO präzisierte im Vorfeld des Krieges: Schwarzer Rauch würde bis in 25 Kilometer Höhe aufsteigen, eine weiträumige regionale Kältewelle auslösen, möglicherweise würde der Monsun in Asien ausbleiben und Millionen Menschen müssten verhungern. Dann passierte tatsächlich das Ungeheuerliche: Saddam zündete alle Quellen an. Es blieb jedoch bei einer lokalen Abkühlung in Kuwait, nur 150 Kilometer weiter in Dhahran oder Bahrain blieben die Temperaturen fast unverändert. Der Rauch stieg nicht 25 Kilometer auf, sondern »nur« fünf. Der Monsun in Asien kam und ging wie immer.

In der Klimadebatte wird gerne angeführt, es handele sich dabei im Grunde um »simple Physik«. Sie sei schon seit über einem Jahrhundert abgesichert, angefangen mit der Entdeckung des Treibhauseffektes. Das stimmt einerseits, hilft anderseits aber nicht weiter.

Das irdische Klima ist eine Wärmemaschine, die von Milliarden Megawatt angetrieben wird. Dabei wirken sich irdische und außerirdische Einflussgrößen aus, von denen einige unbekannt, andere schlecht verstanden und obendrein schwer messbar sind. Das Klimasystem setzt sich dabei aus fünf Untersystemen zusammen: der Atmosphäre, den Ozeanen, der Kryosphäre (die irdischen Eismassen), der Lithosphäre (die Erdkruste und Gesteinshülle) und der Biosphäre (die Erdoberfläche mit all ihren Lebensformen). Wir wissen von jedem dieser Systeme nur sehr ungenügend, wie sie funktionieren. Denn jedes wird von oft unbekannten internen und externen Kräften, Rückkoppelungen, Resonanzen und zyklischen Schwankungen beeinflusst. Aufgrund dieser chaotischen Verhältnisse muss die »simple Physik« dabei versagen, den Effekt vorherzusagen, welchen die Veränderung einer einzigen Einflussgröße (beispielsweise Kohlendioxid) auf das gesamte Geschehen haben wird.

Das lässt sich recht einfach mit einem Gedankenexperiment veranschaulichen. Wir möchten herausfinden, welchen Effekt Temperaturen auf bestimmte Stoffe haben. Deshalb nehmen wir einen 75 Kilo schweren Block aus Stahl und tauchen ihn mit dem unteren Teil in einen Eimer mit heißem Wasser. Obendrauf befestigen wir ein Thermometer und warten. Nach einiger Zeit fängt die Temperatur des Stahlwürfels auch am oberen Ende an zu steigen. Simple Physik! Wir wiederholen das noch einmal mit einem Würfel aus Kupfer. Gleiches Ergebnis! Glas: Gleiches Ergebnis! Wer möchte jetzt noch zweifeln? Sicherheitshalber machen wir noch einen finalen Test. Diesmal steigt ein 75 Kilo schwerer Mann mit den Füßen in den Eimer mit heißem Wasser. Er nimmt ein Thermometer in den Mund und wartet darauf, dass die Temperatur steigt. Er wartet und wartet. Und wenn er nicht gestorben ist, dann wartet er noch heute.

Die »simple Physik« versagt, wenn ein komplexes System ins Spiel kommt. Und ein Mensch ist ein komplexes System. Im Körper arbeiten Rückkoppelungsmechanismen, die eine Erwärmung des Kopfes verhindern, obwohl »simple Physik« dies eigentlich erwarten ließe. Viele sogenannte »fließende Systeme« reagieren nicht einfach passiv, sondern streben aktiv einen von ihnen bevorzugten Zustand an. Und das ist das Problem der »simplen Physik« beim Klima. Sie geht von einer mehr oder weniger linearen Reaktion des Klimas auf Veränderungen der es treibenden Kräfte aus. Motto: Wenn Faktor A sich um die Größenordnung X ändert, dann wird das zu einer Temperaturerhöhung um Faktor Y führen.

In der naturwissenschaftlichen Debatte wird Klima ganz nüchtern definiert. Klima ist die Statistik des Wetters. Der Begriff bezieht sich auf einen längeren zeitlichen Mittelwert von Einflussgrößen wie Temperatur oder Niederschlag. Während jedermann das tägliche Wetter spüren und empfinden kann, handelt es sich beim Begriff »Klima« um ein Hilfsmittel, welches der Wissenschaft die Beschreibung von langfristigen Veränderungen ermöglichen soll. Dafür werden Temperaturen, Niederschläge, Luftfeuchtigkeit, Sturmhäufigkeit und dergleichen über einen Zeitraum von mindestens 30 Jahren gemittelt.

Die meisten Klimabetrachtungen erstrecken sich aber über Jahrhunderte, Jahrtausende oder noch längere Zeiträume. Aus Abweichungen vom langfristigen Mittel lesen Klimaforscher Trends ab, etwa den Übergang von einer Warmzeit in eine Kaltzeit, wie er sich etwa in den letzten 1000 Jahren zwischen dem warmen Mittelalter und der folgenden »kleinen Eiszeit« ereignet hat.

Es gibt bei den Klimabetrachtungen aber nicht nur verschiedene zeitliche, sondern auch verschiedene regionale Skalen und Ebenen: Das Mikroklima beschreibt die Bedingungen auf kleinsten Flächen, beispielsweise von Wald oder Wiese. Das Mesoklima bezieht sich auf Landschafts- und Geländeformen, beispielsweise Wüsten oder Hochgebirge. Das Makro- oder Globalklima schließlich repräsentiert kontinentale und weltumspannende Zusammenhänge.

Doch diese verschiedenen Klimatypen ziehen keineswegs immer an einem Strang, wie man glauben könnte, manchmal entwickeln sie sich auch völlig gegensätzlich. Dafür ein einfaches Beispiel: Einmal angenommen, der Leser dieser Zeilen steht barfuß in einer deutschen Wiese. Dann wird er womöglich Zeuge zweier gegenläufiger Klimate. Denn unten, wo seine Zehen das Gras fühlen, hat sich das Klima unter Umständen ganz anders entwickelt als oben, wo seine Lunge die Landluft einatmet. In Brusthöhe (wo die Wetterhäuschen angebracht sind) wird vielerorts ein Erwärmungstrend verzeichnet. Das ist das Makroklima. Anders das Mikroklima ganz unten (wo Kleintiere leben oder Vögel nisten): Wegen der Überdüngung mit Nährstoffen aus Landwirtschaft und Abgasen wächst die Bodenvegetation oft früher und dichter, weshalb dort ein kälteres und feuchteres Ambiente herrscht.

Doch obwohl solche Details für die konkreten Lebensbedingungen von Mensch und Natur sehr wichtig sein können – und sich in ihrer Summe auch global auswirken –, interessiert sich die Öffentlichkeit kaum dafür. Fast die gesamte Aufmerksamkeit ist heute auf das sogenannte »Globalklima« gerichtet. Und das hat wohl nicht nur wissenschaftliche, sondern auch kulturelle Gründe. Die Globalisierung geht für viele Menschen einher mit der Vorstellung einer homogenisierten Welt (obwohl die Unterschiede zwischen Gesellschaften und Kulturen tatsächlich ungeheuer groß geblieben sind). Im Gefolge dieses Gefühls scheint vielen Menschen ein globales Klima leichter vorstellbar als vorherigen Generationen.

Das Globalklima wurde zum Globalthema, wobei Medien und Politik vor allem eine plakative Kenngröße im Auge haben: die Globaltemperatur. Das ist insofern erstaunlich, als sie ein statistisches Artefakt ist und nirgendwo tatsächlich herrscht. Sie lässt sich mit dem globalen Durchschnittseinkommen vergleichen, das ja auch niemand wirklich bezieht. Beide Größen sind für die Wissenschaft hilfreich, um grundsätzliche Entwicklungen auf dem Planeten darzustellen, nur haben sie mit dem konkreten Leben der Menschen nicht viel zu tun. Insgesamt soll sich die Globaltemperatur gegenüber der zweiten Hälfte des 19. Jahrhunderts um weniger als ein Grad erhöht haben.

Schon Svante Arrhenius versuchte sich zu Beginn des 19. Jahrhunderts an einer groben Schätzung der »Weltmitteltemperatur«. Er kam auf 15 Grad und lag damit gar nicht schlecht. In diesem Bereich bewegen sich auch heutige Angaben. Es gibt allerdings nicht nur eine Globaltemperatur, sondern viele verschiedene – je nachdem, wer sie mit welchen Methoden ermittelt. Am häufigsten werden die Angaben der britischen Climatic Research Unit (CRU) und des Goddard Institute for Space Studies (GISS) der NASA zitiert. In der Regel werden keine absoluten Zahlen für die Globaltemperatur genannt, sondern nur die Abweichungen gegenüber einem 30-jährigen Mittelwert (nicht immer wird dafür der gleiche Zeitraum genommen, was die Sache zusätzlich verkompliziert). Die Climatic Research Unit beispielsweise zieht die Periode von 1961 bis 1990 heran. Deren langfristiges Mittel lag bei 14,0 Grad. 2005 wich davon um 0,48 Grad ab, dies ergibt 14,48 Grad. Das Jahr 2006 lag mit 14,42 Grad etwas darunter, 2013 mit 14,6 Grad Celsius etwas darüber.

Es ist für die Wissenschaft ein äußerst schwieriger Prozess, diese Angaben überhaupt hieb- und stichfest zu machen. Die während eines Tages von jedermann erlebten Temperaturschwankungen sind mehr als hundertmal größer. Der Unterschied zwischen den Extremtemperaturen an den wärmsten und den kältesten bewohnten Plätzen der Erde, also etwa zwischen Death Valley in Kalifornien und Sibirien, beträgt sogar über 100 Grad. Und noch eine Überraschung halten die Daten bereit. Der Planet durchläuft jedes Jahr eine erhebliche Schwankung der Globaltemperatur. Sie ist nicht – wie man erwarten könnte – relativ konstant, weil sich Winter und Sommer auf der Nord- und Südhalbkugel ausgleichen würden. Stattdessen folgt der Durchschnittswert dem Rhythmus der Nordhalbkugel. Nach Angaben der amerikanischen National Oceanic and Atmospheric Administration (NOAA) durchläuft der Planet zwischen Januar und Juli Jahr für Jahr eine globale Erwärmung von etwa vier Grad.

Die regionale und zeitliche Aufschlüsselung der weltweiten Messungen birgt dann weitere Überraschungen. So ist die globale Erwärmung erstaunlich lokal. Schon die getrennte Betrachtung von Nord- und Südhalbkugel offenbart das. Etwa drei Viertel der Erwärmung entfallen auf die nördliche Hemisphäre. Die Südhalbkugel, die zum überwiegenden Teil von Meeren bedeckt ist, zeigt nur sehr moderat steigende Temperaturen. Eine Analyse der Erwärmungsmuster auf der Nordhalbkugel ergab, dass über zwei Drittel der Erwärmung der vergangenen 50 Jahre im Winter stattgefunden haben. Und beinahe 80 Prozent dieses winterlichen Temperaturanstiegs konzentrieren sich auf die kältesten Gebiete Nordamerikas, Sibiriens und des arktischen Meeres, wo die Temperaturen in der Polarnacht 40 Grad und mehr unter dem Gefrierpunkt liegen. Es ist dann nicht mehr ganz so kalt. Auf die winterliche Erwärmung dieser Gebiete – und damit auf nur einen kleinen Bruchteil der Fläche der Nordhalbkugel – entfällt etwa die Hälfte der gesamten Erwärmung.

Das Phänomen lässt sich mit einem einfachen Beispiel verdeutlichen: Man stelle sich ein Haus vor, bei dem es im Keller minus 20

Grad kalt ist und unter dem Dachboden plus 20 Grad warm. Als Durchschnittstemperatur ergäbe sich null Grad. Wenn die Temperatur im Keller nun auf nur noch zehn Grad minus steigt, dann ergibt sich daraus eine durchschnittliche Erwärmung des Hauses um fünf Grad. Was nichts daran ändert, dass im Keller immer noch Dauerfrost herrscht. Auch in unseren Breiten haben mildere und kürzere Winter sowie weniger kühle Sommernächte einen größeren Anteil an der Erwärmung als etwaige Hitzerekorde. Es ist vor allem weniger kalt.

Das Beispiel zeigt auch, dass die Globaltemperatur zwar eine hohe symbolische Bedeutung hat, ihr Aussagewert aber begrenzt ist. Eine ganze Reihe Wissenschaftler kritisiert die starke Fixierung auf die globale Lufttemperatur, weil ein solcher Durchschnittswert den Sachverhalt mehr verschleiere als erkläre. »Das ist ungefähr so sinnvoll, wie aus dem Telefonbuch einer Stadt die durchschnittliche Telefonnummer zu bilden«, meint Bjarne Andresen, Thermodynamikexperte und Professor am Niels-Bohr-Institut in Kopenhagen.

Sein verstorbener französischer Kollege Marcel Leroux, Meteorologe und Klimaforscher, wertete über Jahrzehnte Satellitenbilder aus und hat dabei räumlich veränderte Luftströmungen zwischen dem Nordpol und dem Äquator festgestellt. Demzufolge könne seit den Siebzigerjahren mehr Warmluft vor allem in die Packeisregion auf der europäischen Seite der Arktis vordringen. Das sei aber keine Folge der globalen Erwärmung, sondern einer sehr unterschiedlichen Temperaturentwicklung in der Arktis selbst. In einigen Regionen entstünden sogar vermehrt Kaltluftlinsen, die die eigentliche Ursache für die veränderten Wege der Wärmeströmung seien. Leroux: »Die Mittelwerte verbergen gegenläufige Temperaturtrends in verschiedenen Teilen der Welt.« Einige der jüngsten, teilweise sehr kalten Winter in Nordamerika und Europa, könnten auf dieses Phänomen zurückzuführen sein.

Hinter der Auseinandersetzung stehen zwei sehr unterschiedliche Philosophien. Auf der einen Seite arbeiten häufig Physiker und Mathematiker, die das Klima numerisch beschreiben und in ihre globalen Computerkreislaufmodelle eingeben. Sie beherrschen derzeit den Klimadiskurs und beobachten vor allem die durchschnittliche Betriebstemperatur der thermodynamischen Maschine. Solange die eingefangene Sonnenenergie die Erde auch wieder verlässt, bleibt die Temperatur stabil – und wenn dies nicht der Fall ist, dann leuchtet die rote Warnlampe auf.

Auf der anderen Seite argumentieren häufig Meteorologen und Geologen, die eine andere Konzeption verfolgen. Sie beobachten die Einzelteile der Maschine und weisen darauf hin, dass die durchschnittliche Betriebstemperatur nicht allzu viel über eventuelle Motorstörungen verrate. Mit den Modellen könne man zwar Korrelationen zwischen statistischen Mittelwerten herstellen, nicht aber Ursache und Wirkung eines Prozesses auseinanderhalten. Es sei praxisfremd und bringe wenig Erkenntnisgewinn, die verschiedenen Klimata auf der Welt in einen Topf zu werfen und ein fiktives Globalklima daraus zu mixen.

Anstatt von einem artifiziellen Durchschnittsklima auf regionale Veränderungen zu schließen, solle man genau umgekehrt vorgehen. Eine intensivere Erforschung der je nach Region unterschiedlichen Klimata (und des jeweiligen natürlichen und menschlichen Einflusses darauf) sei für die Menschen viel wichtiger – und erlaube darüber hinaus auch eine zuverlässigere Einschätzung des globalen Wandels. Verschiedene regionale Klimata bestimmen nach ihrer Ansicht das Globalklima – und nicht umgekehrt. Die Grenzen zwischen wissenschaftstheoretischen Annahmen, also Philosophie, und Wissenschaft sind in der scheinbar so nüchternen Klimaforschung durchaus fließend.

Sicher ist: Eine globale Zivilisation mit 7,2 Milliarden Menschen beeinflusst das Klima auf vielfache Art. Die natürlichen Einflüsse, die in der Vergangenheit oft abrupte Klimaumschwünge einleiteten, haben jedoch nicht einfach aufgehört zu existieren, nur weil die Dampfmaschine oder das Auto erfunden wurde. Und doch erliegen viele diesem Trugschluss: Das Klima wird in der Öffentlichkeit mittlerweile als ein System wahrgenommen, das durch die Ausschaltung anthropogener Einflüsse in einen sanften Ruhezustand versetzt werden könnte. Doch ist das wirklich so? Ist wirklich der Mensch und sein CO_2-Eintrag der alles entscheidende Faktor des Klimawandels? Oder wird sich das Klima so oder so weiterhin verändern, wie wir dies aus der Geschichte kennen – aufgrund welcher Einflüsse auch immer.

Fazit: Der treueste Begleiter der Klimawissenschaft ist der Konjunktiv. Wer die wissenschaftliche Literatur aufmerksam studiert, wird auf ganze Schwärme davon treffen. Das ist auch normal und gut so. Wissenschaft muss spekulieren, um dann die Hypothesen zu verifizieren oder zu falsifizieren. Nicht so gut erscheint uns die wilde Entschlossenheit vieler Politiker, Funktionäre, Aktivisten und vieler Medien, den Konjunktiv und das Fragezeichen in dieser Sache abzuschaffen. Die drohende Klimakatastrophe wird so zu einem Überzeugungs- und Glaubenssystem, das gesellschaftlichen Sinn stiften soll. Bedauerlicherweise entsteht dabei viel blinder Aktionismus, der mehr schadet, als dass er nutzt. Immer häufiger gerät der sogenannte Klimaschutz sogar in direkten Konflikt mit dem Umweltschutz, etwa wenn Tropenwälder für Biosprit gerodet werden. Es stellt sich also die Frage: Wem nutzt es, wenn aus wissenschaftlichen Modellen gesellschaftliche Wahrheiten werden? Geht es um Deutungshoheit in der wissenschaftlichen und politischen Auseinandersetzung? Geht es um die Beherrschung der Menschen, die machen sollen, was andere für richtig und moralisch geboten halten? Oder ist das Ganze am Ende doch nur – kapitalismuskritisch gesprochen – eine Auseinandersetzung zwischen verschiedenen Klientelen und Industrien und deren Gewinninteressen? Anders gefragt: Hat nur die eine Lobby die andere abgelöst, beispielsweise die Solar- und Windlobby die Kohlelobby?

Sollten Klimawissenschaftler zugleich Aktivisten sein?

»Bescheidenheit ist der Anfang aller Vernunft.«
Ludwig Anzengruber

Wenn es mal wieder schüttet wie aus Eimern und die Blitze zucken, wenn die Flüsse über die Ufer treten oder Stürme übers Dach peitschen, dann wird auch uns angst und bange. Die Urangst vor solchen Phänomenen steckt auch dem modernen Menschen noch in den Genen. Und leise beschleicht uns ein schlechtes Gewissen: Ist das der Klimawandel, und sind wir schuld daran, weil wir mit unserer Komfortzivilisation zu viel Kohlendioxid ausstoßen? Die Ergebnisse der Klimawissenschaft, wie sie vom »Weltklimarat« IPCC gebündelt werden, scheinen doch eindeutig. Oder hat sich politisches und gesellschaftliches Engagement in die Wissenschaft eingeschlichen? Ist es ihr durch entschiedenes Auftreten vielleicht gelungen, die Deutungshoheit über ein Phänomen zu erlangen, das älter als die Menschheit ist? Bewerten wir die Diskussion deshalb einmal nach unserem klassischen Bild von dem, was Wissenschaft eigentlich ist. Ein ständiges Hin und Her von Hypothesen und Theorien, von Berechnungen und Beweisen, von Verifikation und Falsifikation.

Jedes Jahr findet in Lindau am Bodensee eine Tagung von Nobelpreisträgern (Lindau Nobel Laureate Meetings) statt. Kern der Tagung sind die Begegnung und der wissenschaftliche Austausch der Nobelpreisträger mit Nachwuchswissenschaftlern aus aller Welt. 2008 versammelten sich sieben der Honoratioren zu einer Diskussion über den Klimawandel. Vor einem überfüllten Auditorium wurden die üblichen Bekenntnisse und Mahnungen ausgesprochen. Und dann passierte es. Einer spielte nicht mit. Der Norweger

Ivar Giaever, Nobelpreisträger für Physik, sagte Unerhörtes: »Beim Klima ist alles im Bereich der normalen Schwankungen, wir sollten die Religion des Klimawandels nicht widerspruchslos akzeptieren.«

Doch der Zweifel, eigentlich seit Descartes die geadelte Methode jeder seriösen Wissenschaft, scheint in der Klimawissenschaft nicht erwünscht. Zumindest wenn es nach Dr. James E. Hansen geht. Der einflussreiche NASA-Klimaforscher ist der Überzeugung, dass der Klimawandel »zu 102 Prozent vom Menschen gemacht ist«. Und deshalb will er den Unbelehrbaren die Verbreitung ihres skeptischen Gedankenguts am liebsten gesetzlich verbieten lassen. Die Idee ist prinzipiell nicht neu. Die amerikanische Zeitschrift »Grist« forderte für »Leugner« des menschengemachten Klimawandels schon mal Verfahren »im Stil der Nürnberger Prozesse«. »Ich möchte behaupten«, schrieb im Jahr 2012 Richard Parncutt, Musikprofessor an der Universität Graz, »dass es in der Regel in Ordnung geht, jemanden zu töten, um eine Millionen Menschen zu retten. Ebenso ist die Todesstrafe eine angemessene Strafe für Leugner der globalen Erderwärmung, die so einflussreich sind, dass eine Million der künftigen Todesfälle mit hoher Wahrscheinlichkeit auf ihre persönlichen Handlungen zurückzuführen sind.«

Solche Fanatiker sollte man nicht zu ernst nehmen. Aber fragen, warum man derart aggressiv gegen Andersdenkende auftritt, sollte man schon. James Hansen ist nicht irgendwer. Und er machte seinen Vorschlag auch nicht irgendwo. Der 73-Jährige Atmosphärenphysiker ist der ehemalige Direktor des »Goddard Institute for Space Studies (GISS) der NASA in New York und gilt als der am meisten zitierte Klimaforscher der Welt (es sind rund 1500 Interviews von ihm dokumentiert). Seinen Ruf nach den Gerichten formulierte er am 23. Juni 2008 vor einem Ausschuss des amerikanischen Kongresses. Skepsis und Zweifel in Sachen Klimakatastrophe sind für ihn Ergebnis finsterer PR-Machenschaften der Ölkonzerne. Deren Bosse sollten aus dem Verkehr gezogen werden: wegen »Schwerverbrechen gegen Menschheit und Natur«. Das wäre dann eine Verurteilung aufgrund eines Schadens, von dem man vermutet, dass er in

Zukunft eintreten könnte, gleichsam das Vorsorgeprinzip im Strafrecht. Ähnliche Überlegungen lagen ja auch Guantanamo zugrunde.

Hansen nutzte eine Jubiläumsrede in Sachen Klimawandel für seine Attacke: Exakt 20 Jahre vorher, am 23. Juni 1988, stand er schon einmal vor dem US-Kongress. Es war damals ein außergewöhnlich heißer Sommer in Washington, die ganze Stadt litt unter drückender Hitze. Dies erschien Hansen und verbündeten demokratischen Senatoren ein geeigneter Zeitpunkt, um dem Kongress und der Welt die unfrohe Botschaft von der menschengemachten und potenziell katastrophischen Erderhitzung zu verkünden. Einer der Senatoren hieß Al Gore. Die Medienstrategie entpuppte sich als Volltreffer, Hansens Rede schlug ein wie eine Bombe. Sie darf als Urknall des Klima-Alarms gelten.

Auch 2008 sah die Menschheit nach Meinung von James Hansen ihrer unwiderruflich »letzten Chance« entgegen. Er spricht gerne von einem »Tipping-Point« (»Kippeffekt«), also einem Punkt, an dem das Klima möglicherweise abrupt umschlage. Wann und ob das der Fall sein wird, kann niemand sagen. Der Tipping-Point ist insofern die moderne Version des Damoklesschwertes.

Wer ist dieser Mann, der am Anfang eines Denkmodells steht, das sich in vielen unserer Köpfe festgesetzt hat und in dessen Namen Milliarden ausgegeben werden? Hansens äußerlich ruhige und sanfte Art macht seine Vorträge überzeugend, der weiche Tonfall des Mittleren Westens wirkt sympathisch. Man würde einen Gebrauchtwagen von ihm kaufen, einen alten Volvo sowieso.

Hansen fährt in der Tat einen alten Volvo und pendelt am Wochenende zwischen seiner bescheidenen Wohnung an der New Yorker Upper West Side und einer kleinen Wochenendfarm in Pennsylvania. Er wuchs als fünfter Spross einer Bauernfamilie in Iowa auf und führt zusammen mit seiner Frau Anniek ein Leben, das Freunde als »asketisch« beschreiben. Hansen studierte Astronomie, Physik und Mathematik und beschäftigte sich anfangs mit der Planetenforschung. Er ist seit 1972 bei der NASA und war an Raumsonden zur Venus beteiligt. Dann begann er sich mit den

Treibhausgasen zu befassen und widmete sich Computermodellen zur Klimasimulation.

In der Klimaforschung fand er seine Berufung. Und mit seinem durchschlagenden Auftritt von 1988 entdeckte er, so meinen wir, die Verlockungen von medialer Präsenz und politischem Einfluss. Es war zugleich der Beginn einer wunderbaren Freundschaft. 2006 erklärte das »Time«-Magazin Hansen zu einer der »100 einflussreichsten Persönlichkeiten des Jahres«. Die Laudatio dazu schrieb Al Gore. Überschrift: »Die Weisheit eines Klima-Kreuzfahrers«. Im Jahr darauf nahm »Time« Al Gore in die Liste der 100 wichtigsten Persönlichkeiten auf. Die Laudatio schrieb James Hansen. Gore führe einen »harten Kampf« und wisse besonders gut, wie schwierig es sei, den Widerstand von Interessengruppen zu überwinden, »die Zweifel am Klimawandel säen«. Al Gores Bestseller »Eine unbequeme Wahrheit«, der mit den Fakten äußerst großzügig umgeht, wird von Hansen als »wissenschaftlich akkurat« gelobt. Was naheliegt, schließlich beriet Hansen Gore.

So weit, so gut. Seilschaften gibt es in vielen Bereichen, wo es um Aufmerksamkeit, Macht und Geld geht. Warum aber muss man für eine wissenschaftliche Wahrheit die rhetorisch mächtigsten Geschütze auffahren? Für Al Gore nämlich ist »die Evidenz einer ökologischen Kristallnacht so klar wie das Klirren der zerberstenden Scheiben in Berlin«. Für James Hansen stellt sich mit Blick auf kalbende Gletscher die Frage: »Können diese krachenden Eismassen als eine Kristallnacht dienen, die uns aufweckt?« Angesichts eines mit Kohle beladenen Güterzuges fühlte er sich zu der Bemerkung veranlasst: »Wenn wir es nicht schaffen, den Bau neuer Kohlekraftwerke zu verhindern, dann sind dies Todeszüge – nicht weniger grausam als die Waggons, die ins Krematorium fuhren ...« Dafür hat er sich später entschuldigt.

Verwischt hier nicht die Grenze zwischen Berufung und Obsession? Wer Hansens Überzeugungen nicht teilt, gilt ihm als ein unbelehrbarer Saboteur der guten Sache, kurz als Feind. Und solche Leute können nur von ExxonMobil bezahlte Söldner sein. Damit treibt er selbst unpolitische Kritiker jenen zu, die die gesamte These vom menschengemachten Klimawandel für Schwindel und eine kommunistische Verschwörung halten. Statt hartem wissenschaftlichen Wettbewerb um die besten Modelle und Theorien, entstehen so feindliche, quasi-ideologische Lager. Doch wem sollen die nutzen?

Wir haben uns mit Hansen beschäftigt, da er als Archetyp des wissenschaftlichen Aktivisten gelten darf, wie er in der Klimaforschung inzwischen leider häufiger vorkommt. Die Aktivisten betrachten es als ihre Aufgabe, nicht nur Zusammenhänge zu erforschen oder Probleme zu benennen, sondern formulieren in diesem Zusammenhang auch gesellschaftliche Vorstellungen, denen sie zum Durchbruch verhelfen wollen.

Für den bereits zitierten Klimaforscher Hans von Storch ist diese Entwicklung der Klimawissenschaft äußerst problematisch. »Wir Klimawissenschaftler finden uns nicht nur in der Rolle der Deuter von Vorgängen und Daten, sondern sind plötzlich in die Rolle derjenigen geraten, die richtige Politik vorgeben sollen. Wir bewegen uns damit in einem Feld, in dem wir Antworten auf Fragen nach Werten geben sollen. Das können wir aber gar nicht. Und das sollten wir auch nicht. Wir können Fragen zur Dynamik der Atmosphäre beantworten und was daraus folgt, wenn wir in diese Dynamik eingreifen. Für die Frage, welche politischen Konsequenzen daraus gezogen werden sollten und welche Maßnahmen geeignet sind, mit diesen Dingen umzugehen, sind wir aber nicht besser qualifiziert als andere auch. Und doch wird das von der Öffentlichkeit, den Medien und der Politik verlangt – oder zumindest erwartet.«

Blicken wir für einen Moment in die Wissenschaftsgeschichte. Es ist nämlich nichts Neues, dass sich Wissenschaftler in den Dienst einer politischen Idee stellen. Bislang ging das für die Wissenschaft meist nicht gut aus. In den kommunistischen Ländern hatte die Forschung stets eine dienende Funktion gegenüber der marxistische-leninistischen Weltanschauung. In besonders unrühmlicher Erinnerung ist der Agrarwissenschaftler Trofim Lyssenko geblieben, der das zentrale Postulat vertrat, dass man Kulturpflanzen und andere

Organismen nicht nur durch Züchtung, sondern auch durch gezielte Manipulation ihrer Umweltbedingungen verändern, sie also quasi »erziehen« kann. Er stieg zu Stalins persönlichem Landwirtschaftsberater auf. Damit verbunden war ein Feldzug gegen »faschistische und bourgeoise Genetik«. Viele Biologen, die sich mit dieser Disziplin befassten, wurden kaltgestellt oder als »Feinde des Volkes« umgebracht.

Doch auch in Demokratien gibt es immer wieder Tendenzen, die Wissenschaft vor einen bestimmten politischen Karren zu spannen. Ein fast schon klassisches Beispiel für die Wirkung des Zeitgeistes auf die Wissenschaft ist die Eugenik, die Auffassung, man solle das menschliche Erbgut verbessern, indem man die Kriterien der Nutztierzucht auch beim Menschen einführt. Nur die Besten, so die um 1900 modische Ansicht, dürften sich vermehren und die Schwachen müssten an der Fortpflanzung gehindert werden. Heute denken die meisten beim Wort »Eugenik« an die Ermordung der Menschen, die in Nazi-Deutschland als »unwertes Leben« bezeichnet wurden. Die vermeintlich wissenschaftliche Rechtfertigung für diese Verbrechen war jedoch älter als die Nazi-Ideologie. Die NS-Mörder zogen die furchtbare Konsequenz aus einer in Europa wie Nordamerika um die vorletzte Jahrhundertwende höchst populären Denkweise.

Die damalige Zeit war von dem Gedanken besessen, die Erbanlagen würden verfallen, weil die Bequemlichkeiten der modernen Zivilisation auch solchen Menschen die Fortpflanzung ermöglichen, die in der rauen Natur keine Überlebenschance hätten. Wenn dies so weitergehe, werde die Menschheit immer gebrechlicher, Erbkrankheiten würden sich seuchenartig ausbreiten. Um die Menschheit beziehungsweise die jeweilige Nation davor zu bewahren, sollten sich nur noch erbgesunde Menschen fortpflanzen. In vielen zivilisierten, westlichen Ländern wurden als schwachsinnig eingestufte Bürger sterilisiert. Das galt als fortschrittliche sozialhygienische Maßnahme. Kaum einer zog sie in Zweifel. Erst nachdem die Nazis die Prinzipien der Eugenik in Form von Massenmord umgesetzt hatten, erwachten Zweifel, ob an dieser Lehre nicht vielleicht etwas

Grundsätzliches falsch sein könnte. Erst nach der Niederlage des »Dritten Reiches« wandte sich der Zeitgeist von der Eugenik ab.

Ein weiteres Beispiel: Nach dem Zweiten Weltkrieg glaubten die meisten Physiker, mit der zivilen Nutzung der Kernkraft das »ewige Feuer« gefunden zu haben und jazzten sie zu einem gesellschaftspolitischen Modell hoch. Atomenergie wurde zur akzeptierten Heilslehre für alle und prägte die Zeit des frühen Wirtschaftswunders. Auf skeptische Nachfragen glaubte man nicht mehr eingehen zu müssen, so sie denn überhaupt kamen. Erst als die Fortschrittseuphorie in ihr Gegenteil umschlug, kam die große Stunde der »alternativen« oder »kritischen« Wissenschaft. Allein schon diese Adjektive verraten hier, dass sich auch diese Seite mit einem wie auch immer gearteten gesellschaftlichen Auftrag von den vorgeblich »unkritischen« Kollegen abheben will.

Im Jahr 1977 ging das »Öko-Institut« aus der Anti-Atomkraft-Bewegung hervor, heute beschäftigt das Institut 145 Mitarbeiter. Eine ähnliche Entwicklung nahmen die 1980 gegründete Organisation »Internationale Ärzte für die Verhütung des Atomkriegs« (IPPNW), die 1985 den Friedensnobelpreis erhielt. 1990 gründete Ernst Ulrich von Weizsäcker das Wuppertal-Institut für Klima, Umwelt und Energie, das heute 170 Mitarbeiter zählt. Es hat sich eine »nachhaltige Entwicklung« für Wirtschaft und Gesellschaft zum Ziel gemacht. Der deutsche Wissenschaftsrat hat das Institut 2002 im Auftrag von Nordrhein-Westfalen evaluiert und empfahl dem Land damals, »das Institut in seiner bisherigen Form nicht weiter zu fördern«. In der Bewertung der Abteilung Klimapolitik schrieben die Gutachter unter anderem: »Sie verfolgt ein einseitiges Konzept und schwächt damit die wissenschaftliche Basis für die Politikberatung«. Teilweise sei der Eindruck entstanden, »dass nicht immer ergebnisoffen gearbeitet wird«. 1992 eröffnete in Potsdam dann ein Institut mit ähnlicher Zielsetzung: Das Potsdam-Institut für Klimafolgenforschung, dessen Leiter Hans Joachim Schellnhuber es sogar zum Kanzlerinnenberater in Sachen Klima brachte. Das PIK beschäftigt inzwischen 330 Mitarbeiter. Hier wurde beispielsweise das »Zwei-Grad-Ziel« ersonnen, jene inzwischen allgegenwärtige Aussage, eine Temperaturerhöhung von zwei Grad gegenüber vorindustriellen Zeiten sei gerade noch tolerabel. Eine wissenschaftliche Basis hat diese Forderung nicht, man gibt ganz offen zu, dass es sich um eine »normative« Größe und eine »politische Festlegung« handele. Aber danach fragt inzwischen gar niemand mehr. Und das ist genau das Problem einer »normativen Wissenschaft«: Irgendwann werden solche subjektiven Wertungen in der öffentlichen Meinung zu wissenschaftlichen Fakten.

Blickt man auf die Klimaforschung, so bekommt man den Eindruck, dass der Übergang von der Wissenschaft zur wissenschaftlichen Politikberatung und dann zur politischen Pressure Group fließend ist. Hans Joachim Schellnhuber und Stefan Rahmstorf, der ebenfalls für das Potsdam-Institut tätig ist, betrachten den Klimawandel als »Feuertaufe für die im Entstehen begriffene Weltgesellschaft«. In ihrem Buch »Der Klimawandel« hegen sie sehr genaue Vorstellungen: »Im Grunde müssten sämtliche Planungsmaßnahmen zu Raumordnung, Stadtentwicklung, Küstenschutz und Landschaftspflege unter einen obligatorischen Klimavorbehalt gestellt und durch geeignete Anhörungsverfahren zukunftsfähig gestaltet werden.« Schellnhuber nennt das »die große Transformation«.

Wir wollen hier nicht behaupten, dass an solchen Instituten keine ernstzunehmende Forschung betrieben wird. Auffallend aber ist die Art und Weise, wie die Vertreter des anthropogenen Klimawandels mit Kollegen umgehen, deren Arbeit nicht zu den gewünschten Ergebnissen kommt. Dissidente Ergebnisse und Meinungen sind anscheinend nicht willkommen. Eine Grundlage der Wissenschaft heißt aber, wir können es nicht oft genug wiederholen: Alles darf kritisiert und angezweifelt werden. Wissen muss revidierbar bleiben. Der Zweifel ist das methodische Prinzip der gesamten modernen Naturwissenschaft. Doch warum wird immer offener versucht, nicht auf der Konsenslinie befindliche Gruppen und Wissenschaftler einzuschüchtern?

Hans von Storch meint dazu: »Fragen von Skeptikern sind

grundsätzlich legitim. Und sie sind natürlich auch gesellschaftlich real. Die meisten ihrer Antworten sind meiner Meinung nach aber Käse.« Sein Vorschlag, die verhärteten Fronten ein wenig aufzuweichen, wäre folgender: »Es bringt auch nichts, sich ständig über das Große und Ganze zu streiten. Ich fände es viel hilfreicher, gemeinsam bestimmte klar begrenzte Fragestellungen zu betrachten, etwa ob die Stürme nun tatsächlich zunehmen oder ob die großen Städte die Temperaturmessungen verfälschen. Und dann müsste man sehen, ob man sich über diesen kleinen Teilbereich einigen kann, das protokollieren und in einem transparenten Prozess von unabhängigen Fachleuten bewerten lassen. Das wird viel zu selten getan. So könnte man einzelne Kühe mal vom Eis bringen, auch wenn letztendlich noch eine ganze Herde darauf stehen bleibt. Aber man könnte zumindest wieder besser miteinander reden.«

Der israelische Astrophysiker Nir Shaviv von der Universität in Jerusalem und der kanadische Geologe Jan Veizer haben die Erfahrung gemacht, dass es leider meistens genau umgekehrt läuft. Veizer wurde von der Royal Society of Canada als einer der »kreativsten, innovativsten und produktivsten Geowissenschaftler der Welt« gerühmt und hat den hoch angesehenen Leibniz-Preis der Deutschen Forschungsgemeinschaft zugesprochen bekommen. Veizer und Shaviv veröffentlichten 2003 in der Zeitschrift der Geological Society of America eine Studie, in der sie der kosmischen Strahlung in Zusammenspiel mit der Sonne eine große Rolle bei der Erderwärmung zuschrieben (und die unseres Wissens bis heute nicht widerlegt ist). Die beiden akzeptieren sehr wohl die Tatsache, dass Kohlendioxid potenziell zur Erderwärmung beiträgt. Allerdings wäre die Wirkung des Kohlendioxids zwangsläufig etwas kleiner, wenn andere Faktoren eine etwas größere Rolle spielten als bislang in den Modellen zugestanden.

Allein dieser Umstand wurde schon als hinterhältiger Angriff auf die Bedeutung des anthropogenen Treibhauseffektes empfunden. Stefan Rahmstorf und 13 weitere prominente Klimaforscher versandten eine Pressemitteilung, in der sie die wissenschaftliche Integrität der Kollegen anzweifelten und ihre Untersuchung als »fragwürdig« und »unhaltbar« schmähten. »Ihr Schreiben beweist, dass sie nur eine Kurzmeldung und nicht einmal die ganze Studie gelesen hatten«, konterte Shaviv das merkwürdige Verfahren.

2011 bestätigten Untersuchungen am europäischen Kernforschungszentrum CERN im Rahmen des Großexperiments CLOUD (Cosmic Leaving Outdoor Droplets) die grundsätzliche Richtigkeit der Hypothese, dass die vom Magnetfeld der Sonne modulierte kosmische Strahlung einen Einfluss auf die Wolkenbildung hat und dadurch die Erdtemperatur beeinflussen könnte. Der Leiter des CERN verpasste seinen Mitarbeitern in der Sache jedoch einen freundlichen Maulkorb, schließlich weiß er, in welches Wespennest man da sticht: »Ich habe die Kollegen gebeten, die Ergebnisse klar darzustellen, aber nicht zu interpretieren«, sagt er, »damit würde man sich sofort in die hochpolitische Arena der Klimawandeldiskussion begeben.«

Jüngstes Beispiel dafür, dass möglicherweise ein Kampf um die politische Deutungshoheit stattfindet und nicht eine wissenschaftliche Debatte, lieferte einer der angesehensten Klimatologen überhaupt, der emeritierte Max-Planck-Direktor Lennart Bengtsson, der zu den Pionieren bei der Entwicklung von Computermodellen zur Prognose von Wetter und Klima zählt. Er war von 1981 bis 1990 Direktor des Europäischen Zentrums für mittelfristige Wettervorhersage in England, danach Direktor des Max-Planck-Instituts für Meteorologie in Hamburg, einem der weltweit führenden Klimaforschungszentren. Bengtsson hat jahrzehntelang die Grundlagen für die heutige Klimaforschung mitgeschaffen. Vor dem Hintergrund, dass die Globaltemperatur nun seit annähernd 17 Jahren nicht mehr signifikant gestiegen ist, gibt er aber als Wissenschaftler mit traditionellem Ethos zu: »Es ist frustrierend, dass die Klimawissenschaft nicht in der Lage ist, ihre Simulationen richtig zu validieren. Die Erwärmung der Erde verlief seit dem Ende des 20. Jahrhunderts deutlich schwächer, als es Klimamodelle anzeigen.«

Bengtsson glaubt, dass man sich damit nicht kritisch genug auseinandersetzt und »einen falschen Eindruck von Zuverlässigkeit erzeugt«. Von einem »robusten Beweis für einen beträchtlichen Klimawandel« seien wir »noch weit entfernt« und es wäre falsch, aus dem Bericht des Weltklimarates oder ähnlichen Berichten den Schluss zu ziehen, »die Wissenschaft sei geklärt«. Ferner sieht er überhaupt keinen Grund für Einigkeit in diesen Fragen. »Ich halte es für essentiell, dass es Gesellschaftsbereiche gibt, wo kein Konsens erzwungen wird. Gerade in einem Gebiet, das so unvollständig verstanden ist wie das Klimasystem, ist ein Konsens sinnlos.«

Bengtsson trat dem akademischen Beirat der britischen Global Warming Policy Foundation (GWPF) bei, in der vor allem Ökonomen sich um rationale Maßnahmen im Umgang mit der Klimafrage beschäftigen. »Ich glaube die beste und vielleicht einzige vernünftige Politik für die Zukunft ist, die Gesellschaft mit Anpassung auf einen Wandel vorzubereiten«, sagt er, »wir brauchen gerade in Europa dafür einen offeneren Zugang, einschließlich der Themen Kernenergie und Gentechnologie, um die wachsende Weltbevölkerung mit Energie und Nahrung versorgen zu können.«

Diese Haltung Bengtssons sollte unserer Meinung nach doch zumindest diskussionswürdig sein. Warum kann es denn nicht vernünftiger sein, über Anpassung an einen Wandel nachzudenken, der möglichweise so oder so nicht aufzuhalten ist und gegebenenfalls dafür Milliarden auszugeben, als darauf zu setzen, den Wandel verhindern zu können? Doch mit Bengtsson wurde nicht diskutiert.

»Ich wurde unter so großen Druck gesetzt, den ich nicht mehr ertragen konnte«, erklärte der Wissenschaftler. Kollegen hätten sich abgewendet, manche hätten die Zusammenarbeit beendet. Er fühle sich an die Zeit der Kommunistenverfolgung in den USA in den Fünfzigerjahren erinnert und habe es nie für möglich gehalten, dass so etwas in seinem Fachgebiet möglich sei. Entnervt verzichtete er schließlich auf die Mitarbeit in der GWPF.

Wie weit die Unterdrückung anderer Meinungen und Erkenntnisse gehen kann, offenbart der sogenannte »Climategate-Skandal« aus dem Jahr 2009. Etwa zwei Wochen vor dem (gescheiterten) Klimagipfel in Kopenhagen, geisterte zunächst eine scheinbar nicht besonders wichtige Meldung durch die Medien. Hacker seien in den Computer der britischen Climate Research Unit (CRU) eingedrungen und hätten große Mengen Daten und Tausende E-Mails entwendet. Kurze Zeit später tauchte die interne Korrespondenz der CRU-Wissenschaftler mit ihren Klimaforscherkollegen in aller Welt dann tatsächlich im Internet auf.

Die CRU ist eine der Schlüsselinstitutionen bei der Erstellung des Klimaberichtes des IPCC. Unter der Leitung ihres Direktors Phil Jones wird unter anderem die CRU-Reihe der Welttemperatur erstellt. Die CRU steht in ständigem Austausch mit den IPCC-Spitzenforschern, wie etwa dem Amerikaner Michael E. Mann. Die Affäre brachte es in den Medien schnell zu dem Namen »Climategate« – in Anspielung auf den Watergate-Skandal, der einst Richard Nixon zum Rücktritt zwang.

Wer sich durch die »CRU-Files« arbeitet, begreift sehr bald: Die entscheidenden Personen, die für das IPCC in Sachen Klima einen angeblichen Konsens »Tausender Wissenschaftler« organisierten, bildeten ein aus wenigen Schlüsselpersonen bestehendes Kartell, das seine Mission vom vorherrschenden menschlichen Einfluss, der das Weltklima gefährde, auch mit zweifelhaften Methoden durchsetzte. Sie diskutieren unter sich munter, wie man Statistiken frisieren, missliebige Artikel aus wissenschaftlichen Publikationen fernhalten, Kritiker ausschalten und unbequeme Daten verheimlichen könne. Auch finden sich Hinweise darauf, wie sie durch kreative Statistik und die inzwischen widerlegte »Hockeyschläger«-Temperaturkurve der Erderwärmung im 20. Jahrhundert den Anschein der Einmaligkeit in der Klimageschichte verleihen wollten.

Einige Beispiele für die Methoden, die durch Climategate öffentlich wurden: Auch wenn man nach außen nichts davon wissen wollte, beunruhigte die Forscher durchaus die Tatsache, dass die Erdtemperatur seit 1998 in etwa auf dem gleichen Stand verharrt. Der Chef der Klimaabteilung des amerikanischen Zentrums für atmosphärische Forschung, Kevin Trenberth, schreibt in einer E-Mail an Kollegen, man frage sich, wo um Himmels willen die globale

Erwärmung geblieben sei.«»Tatsache ist, dass wir das momentane Ausbleiben der Erwärmung nicht begründen können, und dies ist eine Travestie«, formuliert er seine Argumentationsnöte.

Der Leiter der CRU, Phil Jones, schrieb in einer E-Mail an Michael E. Mann, dass er die Studie zweier dissidenter Wissenschaftler mit allen Mitteln aus dem IPCC-Report fernzuhalten gedenke. Die dafür offenbar häufiger angewandte Methode: Fachmagazine unter Druck setzen, damit diese solche Studien gar nicht erst veröffentlichen. Denn was nicht bei einer anerkannten Fachzeitschrift die Begutachtung durch andere Wissenschaftler des Fachs (Peer-Review-Verfahren) durchläuft, wird vom IPCC nicht berücksichtigt. »Ich sehe keines dieser Papiere im nächsten IPCC-Report«, schreibt Phil Jones an Michael E. Mann, »Kevin (Trenberth) und ich werden sie irgendwie da draußen halten – selbst wenn ich redefinieren muss, was als Fachzeitschrift mit Peer-Review gilt.«

Und so geschieht plötzlich etwas, wofür das IPCC-Verfahren eher nicht gedacht war: Es wird missbraucht, um Diskussionen abzuwürgen. Motto: Schluss mit dem Reden, jetzt muss gehandelt werden. Die Wissenschaft wird diszipliniert, der daraus resultierende scheinbare Konsens zur Wahrheit befördert. Es sieht so aus, als diente Wissen nicht mehr zur Findung des politischen Willens, sondern umgekehrt als ob politischer Wille als gesichertes Wissen inszeniert wird. Man denke an die oben angeführten Beispiele aus der Wissenschaftsgeschichte. Dies funktioniert nur, wenn die moralische Lufthoheit über ein Thema monopolisiert werden kann. Weltklimakonferenzen erlangen dann den Stellenwert von Konzilen und deren offizielle Berichte nehmen Offenbarungscharakter an.

Dabei wurde das IPCC 1988 nicht als Wahrheitsministerium gegründet, sondern als eine Organisation, die den weltweiten wissenschaftlichen Sachverstand in Sachen Klima bündeln sollte. Das Gremium, Sitz in Genf, ging aus einer gemeinsamen Initiative der Welt-Meteorologen-Organisation WMO und des Umweltprogramms der Vereinten Nationen UNEP hervor. Es geht darum, die Forschungsergebnisse in der Literatur zu sammeln und im Turnus von etwa fünf Jahren für Politiker aufzubereiten. Es geht auch um Absicherung: Falls sich die eine oder andere Prognose in Zukunft als Irrtum herausstellt, kann man sich zumindest auf den seinerzeitigen wissenschaftlichen Sachstand berufen. Und das kann man eigentlich schon seit dem IPCC-Bericht 2001, der bereits in starken Worten den menschlichen Einfluss auf das Klima betonte. Insofern hat das Gremium seine ursprüngliche wissenschaftliche Mission eigentlich erfüllt, eine Rolle als Lobbyorganisation in Sachen Klima-Alarm war ihm nicht zugedacht.

Tatsächlich spricht der IPCC-Vorsitzende Rajendra Pachauri, ein indischer Ökonom und Eisenbahn-Ingenieur, mittlerweile wie der Chef einer Aktivisten-Organisation, der die Öffentlichkeit »schockieren« möchte. Hinter den Kulissen kommt es deshalb immer wieder zu hässlichen Auseinandersetzungen. International anerkannte Wissenschaftler wie der Hurrikan-Experte Chris Landsea verließen das IPCC unter Protest gegen vorsätzliche Dramatisierung. (Nach Landsea gibt es keinen Hinweis darauf, dass sich die Zahl von Taifunen oder Hurrikanen in den letzten Jahrzehnten erhöht hat). Auch Paul Reiter vom Institut Pasteur in Paris, einer der führenden Experten für die Übertragung von Malaria, überwarf sich mit dem Gremium, weil seine mäßigende Expertise schlichtweg ignoriert wurde. Jüngster IPCC-Abgang (2014) ist der Ökonom Richard Tol, koordinierender Leitautor des Kapitels über die wirtschaftlichen Folgen des Klimawandels. Der Niederländer, der die Position vertritt, dass die ökonomischen Auswirkungen des Klimawandels eher gering sind, trat aus Protest gegen die »Panikmache« der Verantwortlichen zurück. In der Endfassung des Berichts seien Formulierungen »umgedreht« worden, das könne er als Wissenschaftler nicht mittragen. Tol: »Es gibt viele Bürokraten, Wissenschaftler und Politiker, deren Jobs davon abhängen, dass die Klimakatastrophe möglichst schlimm erscheint.«

Fazit: Aus der wichtigen Idee, zu erforschen, wie der Klimawandel funktioniert, der der Welt quasi von Anbeginn eingeschrieben

ist, ist eine monokausale Denkfigur geworden. Diese Denkfigur geriert sich wie eine Weltanschauung. Der Ökologismus brachte dabei eine wissenschaftliche Szene hervor, die sich dem Erkenntnisgewinn nur so lange verpflichtet fühlt, wie er zur Absicherung eines einmal gefassten Weltbildes beiträgt. Das führt zu einer unnötigen Polarisierung vieler Diskussionen, denn spiegelbildlich findet bei Gegnern dieser Weltsicht oft das Gleiche statt. Diese Ideologisierung und Polarisierung trägt eine große Gefahr in sich. Wichtige Ressourcen – Geld und Köpfchen – werden möglicherweise falsch eingesetzt. Statt der Anpassung an einen – zumindest teilweise auch natürlichen – Wandel gelten unsere Anstrengungen dessen Verhinderung. Wer die Einschätzungen von Risiken verbessern will und an rationalen Lösungen interessiert ist, sollte unserer Meinung nach politisierter Wissenschaft mit aggressiver Rhetorik und absolutem Wahrheitsanspruch mit Vorsicht und Skepsis begegnen.

Das wechselhafte Medienklima

»Erwartet euch nicht zu viel vom Weltuntergang.«
Stanislav Jerzy Lec

Dank Internet kann man sich die alten Artikel aus »New York Times«, »Newsweek«, »Time«, »Spiegel« und anderen Publikationen ohne große Mühe besorgen. Die Lektüre wirkt wie ein kleines Seminar über Klimaforschung und Medienkunde. Nachdem die globale Temperatur seit 1890 angestiegen war, begann sie Mitte der Vierzigerjahre zu sinken. Ab den frühen Siebzigerjahren glaubten Forscher, daraus einen Trend ablesen zu können. Teilweise waren es die gleichen, die später vor globaler Erwärmung warnten. 1972 sagten die Experten eine globale Abkühlung voraus und die Zeitungen malten Szenarien einer neuen Eiszeit. Schuld war damals wie heute der Mensch, der durch Fabriken, Kraftwerke und Automobile das Klima durcheinanderbringe.

»Time« spekulierte 1974 über eine »neue Eiszeit«, der »Spiegel« zog nach und erklärte den kalten Sommer des Jahres zum Menetekel einer »Katastrophe auf Raten«. Die Prognosen für die künftige Abkühlung waren haargenau die gleichen, wie sie Club of Rome, WWF & Co. gegenwärtig für eine Warmzeit ankündigen: Wüstenausdehnung, Missernten, Unwetter. Die Nahrungsressourcen der Menschheit seien extrem gefährdet. Prompt wurde es wärmer.

Die Schrecksekunde über den unbotmäßigen Klimaverlauf dauerte etwa zehn Jahre, dann waren die Kassandras wieder auf dem neuesten Stand. Erste Wissenschaftler rechneten die aufkommende Erwärmung hoch und prognostizierten einen Anstieg des Meeresspiegels um bis zu 30 Meter. Der »Spiegel« platzierte »Die Klimakatastrophe« auf dem Titel und zeigte dazu einen Kölner Dom unter Wasser. Der Begriff »Klimakatastrophe« kam damals ebenfalls zum ersten Mal auf und ist »Made in Germany«. Das Copyright gebührt dem »Arbeitskreis Energie« der Deutschen Physikalischen Gesellschaft, dem vor allem der langfristige Ausbau der Kernenergie am Herzen lag. 1986, im Jahr der Reaktorkatastrophe von Tschernobyl, trat er mit einem Aufruf an die Öffentlichkeit: »Um die drohende Klimakatastrophe zu vermeiden, muss bereits jetzt wirkungsvoll damit begonnen werden, die weitere Emission von sogenannten Spurengasen drastisch einzuschränken.«

Ganz ähnlich war die Situation in Großbritannien. Britische Wissenschaftler, die Margaret Thatcher Mitte der Achtzigerjahre über ihre Erkenntnisse zum Klimawandel informierten, taten dies sicher zunächst aus echter Besorgnis. Dass sie aber nachhaltig Gehör fanden, lag an etwas anderem (die Eiserne Lady war ja nicht gerade durch eine grüne Agenda aufgefallen). Thatcher wollte das Land aus der Abhängigkeit von Kohle und Öl befreien und insbesondere die Bergarbeitergewerkschaft entmachten. Der dafür notwendige Ausbau der Kernenergie musste moralisch gerechtfertigt werden – und dafür bot sich die Klimaerwärmung an. Das erzählt ganz freimütig Thatchers ehemaliger Schatzkanzler, Lord Nigel Lawson. Die britische Premierministerin investierte deshalb erhebliche Mittel und wurde so zur Mutter der Klimagroßforschung.

Um Missverständnisse zu vermeiden: Die Politik hat die »Klimakatastrophe« nicht erfunden. Es gibt keine finstere Verschwörung. Die Besorgnis vor einer globalen Erwärmung durch Treibhausgase kam aus der Wissenschaft und hat sich dort über Jahrzehnte entwickelt. Die Politik hat das Thema, wie das Beispiel Thatchers und der englischen Atomlobby zeigt, dann allerdings immer wieder gerne aufgegriffen und die medial fundierten Ängste der Bürger instrumentalisiert. Seither wird der »Klimawandel«, gerne auch als »Klimakatastrophe« bezeichnet, von den verschiedensten Gruppen weiter für diverse Zwecke ausgebeutet.

Wie konnte es passieren, dass das Thema derartig reüssierte? Vielleicht liegt dies weniger an den Ergebnissen der Klimaforscher, sondern daran, dass Ende der Achtzigerjahre etwas ganz und gar

Unerwartetes geschah. Nicht in Sachen Klima, sondern in Sachen Politik. Mit dem Zusammenbruch der Sowjetunion und dem Ende des Kalten Krieges im Jahre 1989 ging dem Westen das Feindbild verloren, das den Laden bis dahin ganz gut zusammengehalten hatte. Es mangelt der Politik des Westens zusehends an einer mitreißenden Idee, gleichsam einer neuen Utopie. Und diese glaubt man jetzt offenbar gefunden zu haben. Der negativen Utopie der Klimakatastrophe soll seitdem mit einer gemeinsamen Anstrengung, nämlich dem Projekt der Weltrettung, begegnet werden. Der Soziologe Ulrich Beck bezeichnet die Klimapolitik treffend als eine »Sinnressource für die delegitimierte und von Vertrauensverlust gezeichnete Politik«.

Verbal wurde genauso weitergemacht, als ginge es gegen den kommunistischen Erzfeind. Die militärischen Metaphern konnten gar nicht schrill genug sein: Prinz Charles sprach von einem »Krieg, den wir einfach gewinnen müssen«, und der britische Umweltminister zog 2007 Parallelen zum Zweiten Weltkrieg: »Wenn es so schlimm kommt wie vorhergesagt, dann müssen wir möglicherweise zu Rationierungsmaßnahmen zurückkehren.« Der Klimaforscher Hans Joachim Schellnhuber, Direktor des von ihm gegründeten Potsdam-Instituts für Klimafolgenforschung (PIK) und eine Zeit lang Klimaberater der deutschen Regierung, sagt: »In diesem Jahrhundert wird es keine friedliche Weltgesellschaft geben, wenn wir den Klimawandel nicht begrenzen können.« Hans Blix, der ehemalige UN-Waffeninspekteur, hielt die globale Erwärmung »für gefährlicher als Massenvernichtungswaffen«.

Vokabeln wie »Verteidigungslinie«, »Gnadenfrist«, »Rückzug« oder »Stillhalteallianz« durchziehen auch die Berichterstattung der Medien. »Es wird nicht nur ein abstraktes Kriegskonzept, sondern eine konkrete und variationsreiche Militärmetaphorik in den Zusammenhang integriert«, schreibt der Wissenschaftssoziologe Peter Weingart (zusammen mit den Koautoren Anita Engels und Petra Pansegrau) in dem Buch »Von der Hypothese zur Katastrophe«. Die britische Sprachwissenschaftlerin Suzanne Romaine spricht von

»Greenspeak as warspeak« (frei übersetzt: »Grünsprech als Kriegssprech«).

Zum Jahreswechsel 2006/2007 wurde aus der Klimawelle eine regelrechte Sturmflut, die hier stellvertretend anhand einiger Schlagzeilen der »Bild«-Zeitung veranschaulicht wird. Die größte deutsche Tageszeitung wird hier nur ihrer plakativen Schlagzeilen wegen herausgegriffen; im Tenor berichteten die meisten anderen Medien ähnlich. Uns erstaunt dabei im Rückblick, dass die ansonsten so »Bild«-kritische Öffentlichkeit statt der diesem Organ üblichen Skepsis bei diesem Thema den »Bild«-Alarmismus einfach übernommen hat.

30. September 2006:	»Deutschland vor Klimaschock«
10. Oktober:	»Wird die Erde unbewohnbar?«
4. November:	»Unsere Erde hat Fieber!«
27. Dezember:	»Erleben wir nie wieder weiße Weihnachten?«
10. Januar 2007:	»Jedes Jahr 86 000 Tote durch Hitze in Europa«
20. Januar:	»Fliegt uns die Erde um die Ohren?«
3. Februar:	»Unser Planet stirbt!«
23. Februar:	»Wir haben nur noch 13 Jahre ...«

Was war geschehen? Was hatte Journalisten und Politiker so erschreckt? Irgendwelche aktuellen Naturkatastrophen können es nicht gewesen sein, denn der Planet war zu diesem Zeitpunkt ausnahmsweise recht freundlich zur Menschheit. Die Hurrikansaison 2006 hatte sich nicht – wie prognostiziert – als eine der schlimmsten entpuppt, sondern zum Glück als eine der ruhigsten seit mehreren Jahren. Auch in Sachen Unwetter und Fluten war es halbwegs ruhig, große Rückversicherer wie Münchner Rück und Swiss Re vermeldeten wegen der geringen Schäden 2006 sogar Rekordgewinne. In Deutschland brachte der Winter kaum Schnee und Frost, die deutschen Haushalte sparten acht Milliarden Euro Heizkosten. Laut Bundesagentur für Arbeit trug der milde Winter zu einem Rekordtief bei der Arbeitslosigkeit bei. »Jobwunder! Und über allem scheint die Sonne«, titelte die »Bild«-Zeitung« völlig losgelöst von ihrer sonstigen Berichterstattung und resümierte »Happy Deutschland«. Gleichwohl soll es ausgerechnet dieser Winter gewesen sein, der den Menschen die Augen für die Gefahren des Klimawandels geöffnet habe, so wurde es landauf, landab in Kameras und Mikrofone gesprochen.

Fast scheint es, als gäbe es in Sachen Klima eine Parallelwelt. Der gewaltige Tross der Klimadiplomatie hat im Wechselspiel mit den Medien mittlerweile seine eigene Dynamik – man ist nicht mehr auf irgendwelche Rückkoppelungen mit der realen Welt angewiesen. Wann immer im politischen Geschäft Verhandlungen über internationale Klimaabkommen anstehen, werden die apokalyptischen Reiter in Bewegung gesetzt, um entsprechenden Druck aufzubauen. Allein schon das taktisch orchestrierte Erscheinungsdatum vieler wissenschaftlicher Studien im Vorfeld solcher Ereignisse legt eine gewisse Skepsis nahe.

Sicherlich sprach aus vielen Punkten ernsthafte Besorgnis, eine neue dramatische Qualität der Bedrohung musste man allerdings mutwillig herbeischreiben. In Zeitungen, Radio und Fernsehen war von einer »immer dramatischeren Entwicklung« die Rede, das Klima laufe Gefahr, »außer Kontrolle« zu geraten, man habe es mit einem Problem zu tun, das »schlimmer als der Terrorismus« sei. Das »Überleben der Menschheit« stehe auf dem Spiel, ein Milliarden zählendes Lumpenproletariat müsse in den Entwicklungsländern demnächst vor den steigenden Meeresfluten fliehen, in den reichen Ländern drohe eine »Weltwirtschaftskrise«, die ökonomischen Verluste würden die »der beiden vergangenen Weltkriege« in den Schatten stellen. Die Schlagzeile »Der Planet stirbt« war und ist jedenfalls, soweit man das mit kühlem Kopf nachvollziehen kann, barer Unsinn und durch nichts gedeckt. Der Planet stirbt genauso wenig wie der Wald ein Jahrzehnt zuvor. (Siehe S. 268)

Eine Wirtschaftskrise kam dann 2007/2008 in der Tat. Die große

Finanzkrise war auch komplett menschengemacht, allerdings nicht auf dem Umweg über das Klima. Und sie verdrängte die Klimakatastrophe auf die hinteren Plätze im Angstwettlauf. Der Mensch kann offensichtlich nur vor einer Sache richtig Angst haben. Als Tschernobyl geschah, war Rauchen plötzlich weniger gefährlich. Und als die Finanzmärkte zusammenbrachen, schwand die Sorge um das Klima in 100 Jahren doch merklich. Politik registriert so einen Stimmungswechsel sofort und setzt ihre Prioritäten anders. Klimapolitik war plötzlich nur noch ein Problem unter vielen. Angela Merkel, die sich mit einer Reise nach Spitzbergen als Klimakanzlerin in Szene gesetzt hatte, hielt sich in Sachen Erderwärmung plötzlich auffällig zurück. Als der jüngste Bericht des Weltklimarates IPCC im Jahre 2013 veröffentlicht wurde, fand er bei Weitem nicht den Widerhall, wie noch fünf Jahre zuvor.

Hinzu kam, dass allmählich die tatsächliche Entwicklung der Globaltemperatur ruchbar wurde: Sie hat sich seit 1998 – wenn überhaupt – nur minimal erhöht, von einer dramatischen Entwicklung kann jedenfalls keine Rede sein. Das kann sich morgen wieder ändern, aber mit jedem Jahr, in dem es dabei bleibt, sind die Apologeten der Klimaerwärmung in größeren Argumentations-Schwierigkeiten. Die auffällige semantische Abrüstung von der »Klimakatastrophe« zur »Klimaerwärmung« und zum »Klimawandel« deutet es an.

Die Fachleute sprechen neuerdings von einer »Seitwärtsbewegung«. Selbst die für ihre engagierte Klimaschutzberichterstattung bekannte BBC fragte verunsichert: »What happend to global warming?« Der Klimaforscher und Klimawarner Mojib Latif, Mitautor der Berichte des IPCC, veröffentlichte zusammen mit Forschern des Leibniz-Instituts für Meereswissenschaften an der Universität Kiel und des Max-Planck-Instituts für Meteorologie in Hamburg in der Zeitschrift »Nature« 2008 eine Studie, der zufolge die Durchschnittstemperatur des Planeten für zehn Jahre nicht mehr steigen und in vielen Regionen sogar sinken werde. Verantwortlich seien natürliche Schwankungen der Meerestemperaturen, die den Treibhauseffekt vorübergehend »maskieren« würden. Angeblich steht die mögliche Abkühlung in Einklang mit den Vorhersagemodellen des Weltklimarates, die – ohne Ausnahme – eine starke Erwärmung prophezeiten. Die globale Erwärmung mache nur »eine kurze Pause« heißt es in einer Pressemitteilung der Forscher zu ihrer neuen Studie, danach gehe sie dann wieder richtig los. »Wenn eine globale Abkühlung über die nächsten Jahrzehnte konsistent mit diesen Klimamodellen ist, dann ist mit ihnen alles und jedes unter der Sonne im Einklang«, schüttelt hingegen der amerikanische Atmosphärenphysiker Roger Pielke jr. mit dem Kopf.

Und es kommt noch dicker: Wladimir Putin ist im Zusammenhang mit dem Ukraine-Konflikt dabei, den Kalten Krieg wiederzueröffnen. Ganz zu schweigen von den Auseinandersetzungen in den arabischen Staaten. Europa, vor allem wir Deutschen, haben geglaubt und glauben vielleicht immer noch, wir könnten uns in Ruhe Zielen wie Integration, Gerechtigkeit und vor allem dem Klima widmen. Stattdessen müssen wir immer wieder den Euro retten und sehen uns von aggressiven Staaten und Bewegungen umgeben, die sich nicht durch gutes Zureden im Zaum halten lassen. Wir haben seit 1989 wie selbstverständlich auf die Abwesenheit von Krieg vertraut und stattdessen den Klimakrieg ausgerufen. Jetzt werden wir an allen Fronten von den Realitäten eingeholt. Das Thema Klima wird uns, wie das Waldsterben, noch eine Weile begleiten, vor allem nach Wetteranomalien mit mehr oder weniger katastrophalen Ausmaßen. Die Hochkonjunktur des Themas könnte jedoch erst mal vorbei sei. Außerdem werden die Stimmen stärker, denen es – wie uns – darum geht, nicht mit allen Mitteln, und schon gar nicht totalitär, auf den andauernden Klimawandel zu reagieren, indem man Maßnahmen trifft, wie dieser Wandel möglichst wenig Schäden für die Menschen nach sich zieht, und nicht auf Gedeih und Verderb dafür kämpft, die durchschnittliche Globaltemperatur zu steuern.

Fazit: Die Klimaerwärmung ist ein Umweltproblem unter vielen. Sie wurde von Medien und Politik jedoch zur Bedrohung ohneglei-

chen erklärt und der Klimaschutz als epochale Menschheitsaufgabe inszeniert, die jede Bevormundung rechtfertigt. Davon haben einige nicht schlecht profitiert mit Machtzuwachs (NGOs beispielsweise), Profiten (Solar-, Windkraftindustrie) etc. Die Wissenschaft generell allerdings bezahlt für ihre Instrumentalisierung damit, dass sie von vielen nicht mehr wirklich ernst genommen wird. Sie ist in Gefahr, zu einem Teil der Meinungsindustrie zu werden. Doch in dem Maße, indem sich andere Probleme stellen, wird die Klimapanik zurückgehen und mehr Sachlichkeit einkehren. Das ist gut so.

Kapitel 3
Das Energiedilemma

Energiewende – ein Jahrhundertprojekt im Realitätstest

»Die Pferde der Hoffnung galoppieren,
doch die Esel der Erfahrung gehen im Schritt.«
Buddhistische Weisheit

Neulich besuchten wir einen Freund im Allgäu, der sich dort einen Bauernhof gekauft hat. Das Tollste an seinem neuen Heim: ein historisches kleines Wasserkraftwerk, das noch heute Strom produziert. Wer träumt nicht davon: autark sein, sein eigenes Gemüse anbauen und seinen eigenen Strom erzeugen. Ein eigenes Wind- oder Wasserrad, Solarzellen und bollerige Kachelöfen sind für viele Menschen ein Symbol für diesen Traum, für den viele bereit wären, viel Geld auszugeben – so sie es dann hätten. Ob sich das rechnet, wäre auch für uns zunächst gar nicht die Frage – es geht ums Prinzip und das Gefühl von Unabhängigkeit und Selbstbestimmtheit. Solche Träume haben die meisten von uns schon geträumt – allerdings eher im Privaten. Mit der Energiewende wird diese Vision nun in volkswirtschaftliche Dimensionen befördert. Und da müssen zwangsläufig auch andere, rationalere Maßstäbe angelegt werden. Wir beginnen mit einem kleinen historischen Exkurs.

Die Folgen des Zweiten Weltkriegs waren Ende der Fünfzigerjahre noch allenthalben sichtbar, da beschlossen die Deutschen: Nie wieder Hunger! Entschlossen wurde der sogenannte »Grüne Plan« ins Werk gesetzt, der die Ernährung der Bevölkerung auf alle Zeiten sicherstellen und das Land unabhängig von Importen machen sollte. Der Begriff »grün« stand damals noch für Landwirtschaft, nicht für Umweltschutz. Die Politik warf eine gewaltige Subventionsmaschinerie an: Für Getreide, Fleisch und Milch wurden den Bauern hohe Preise garantiert.

Dies war auch die Stunde der sogenannten »Flurbereinigung«. Die Zusammenlegung von landwirtschaftlichen Flächen sollte die Produktion steigern. Dafür wurde die Landschaft radikal ausgeräumt, wurden Hecken und Haine abgeholzt, alte Streuobstwiesen in ordentliche Plantagen umgewandelt, Bäche zu Betonkanälen begradigt.

20 Jahre später, inzwischen hatte die Subventionsmaschinerie die gesamte EU (damals hieß sie noch EWG) erfasst, türmten sich die Butterberge, und Milchseen waren bis zum Überlaufen gefüllt. Produktionsquoten sollten die teure Überproduktion schließlich bremsen. Das führte zu Berufen wie dem »Sofamelker«, der keine Milch mehr produzierte, sondern seine Quote verlieh oder verkaufte. Stilllegungsprämien sollten den Fleiß der Bauern bremsen. Wer geschickt kalkulierte, konnte vom Nichtproduzieren leben. Die schlimmsten Fehlanreize wurden in der Landwirtschaft mittlerweile modifiziert. Manches ist besser geworden.

Alles, was kräftig subventioniert wird, ist nach kurzer Zeit im Überfluss vorhanden. In der ökonomischen Literatur nennt man das den »Kobra-Effekt«. Er entstand, als die Briten im kolonialen Indien Kopfprämien auf das Fangen der Giftschlangen ausgesetzt hatten, um der Kobra-Plage Herr zu werden. Sie bewirkte genau das Gegenteil, weil schlaue indische Bauern begannen, Kobras zu züchten, um sie dann gegen Bares bei den Behörden abzuliefern. Am Schluss gab es mehr Kobras als zuvor.

Erstaunlicherweise hat niemand daraus gelernt. Stattdessen wiederholen wir Deutschen die alten Fehler eins zu eins und haben eine Art »Grünen Plan II« ins Werk gesetzt, mitsamt dem teuersten Kobra-Effekt aller Zeiten. Diesmal trägt er den Namen »Energiewende«. Die Parallelen sind verblüffend. Nachdem das Land »Nie wieder Atom« beschloss, werden Windräder und Solarzellen subventioniert wie einst Milchkühe und Getreidefelder. Wieder gibt es garantierte Abnahmepreise, wieder Überproduktion, denn der Wind weht und die Sonne scheint oft, wenn gerade keine Energie gebraucht wird. Deutschland türmt Windkraftberge wie einst Butterberge aufeinander. An die Stelle der Milchseen tritt die Maiswüste. Wieder zerstören Landwirte, sie heißen jetzt »Energiewirte«, im Namen einer fiktiven Rettungsidee großflächig die Landschaft. Windradbesitzer werden längst fürs Nichtproduzieren bezahlt, bis zu Quotenregelungen und Stilllegungsprämien ist es nur eine Frage der Zeit.

Wie konnte das passieren? Hat niemand gewarnt? Doch, es wurde gewarnt: Viele Ökonomen und Techniker haben das Desaster ganz konkret vorausgesagt. Dazu brauchte es eigentlich nur einen Bleistift, Papier und rudimentäre physikalische und mathematische Kenntnisse. Die Geschichte des »Erneuerbare-Energien-Gesetzes« (EEG) und der »Energiewende« ist deshalb eine exemplarische Geschichte für grünes Nicht-Wissen-Wollen und hartnäckige Realitätsverweigerung. Die im Folgenden beschriebenen Zusammenhänge sind nicht neu. Die politische Klasse in Deutschland tut allerdings so, als wäre sie völlig überrascht davon.

Strom ist eine wunderbar saubere Sache, er ist relativ billig zu erzeugen und gut handhabbar. Er hat aber einen Nachteil: Er lässt sich allenfalls in ganz kleinen Mengen direkt speichern, etwa der Autobatterie. Das heißt: Strom muss genau zu dem Zeitpunkt produziert werden, in dem er auch gebraucht wird. Und damit er an dem Ort ankommt, wo er gebraucht wird, gibt es ein Stromnetz. In dieses Netz muss zu jeder Zeit sekundengenau so viel Strom eingespeist werden, wie entnommen wird. Sonst bricht es zusammen. Dafür hat sich der Begriff »Blackout« eingebürgert. Und genau dieses Problem entsteht, wenn Sonnenzellen oder Windräder bei günstiger Witterung plötzlich ganz viel Strom produzieren, ihn aber gerade niemand braucht. Oder umgekehrt, wenn gerade viel Strom gebraucht wird, ihn aber niemand liefern kann. Deswegen müssen in Deutschland für Wind- und Sonnenkraftwerke konventionelle Kraftwerke in Reserve gehalten werden.

In einem so dicht bevölkerten Land wie Deutschland ist es nicht abwegig, einmal zu überprüfen, wie viel Flächenbedarf die Anlagen zur Erzeugung erneuerbarer Energien im Vergleich zu konventionellen Kraftwerken haben. Ein konventionelles Kraftwerk, das mit Kohle, Gas oder Atomenergie betrieben wird und eine Leistung von einem Gigawatt bereitstellt, braucht maximal zwei Quadratkilometer Fläche. Für die Erzeugung einer vergleichbaren Strommenge benötigt man nach Berechnungen des Europäischen Instituts für Klima und Energie (EIKE) etwa 2300 Windräder. Damit die sich nicht im Wege stehen, ist theoretisch ein Korridor von 920 Kilometern Länge und 250 Metern Tiefe vonnöten. Bei den Solaranlagen kommt eine ähnlich große Fläche von 244 Quadratkilometern zusammen. Mit Biomasse ist das sogar noch steigerungsfähig: Die Maisanbaufläche, die rechnerisch für eine Kraftwerksleistung von einem Gigawatt benötigt wird, liegt bei 1600 Quadratkilometern, also einem Quadrat von 40 mal 40 Kilometern. Wie gesagt, das wäre rechnerisch ein Ersatz eines einzigen konventionellen Großkraftwerks.

Interessant ist auch ein ganzheitlicher Vergleich verschiedener Arten der Stromerzeugung. Die Fachleute nennen das den »energetischen Erntefaktor« einer Technik. Die Definition ist einfach: Man vergleicht die gesamte Energie, die ein Kraftwerk während seiner Lebenszeit produziert, mit der gesamten hineingesteckten Energie, das Verhältnis von beiden ist der »Erntefaktor«. Das Institut für Festkörperphysik an der TU-Berlin (IFK) hat dafür den gesamten Lebenszyklus energieerzeugender Anlagen von der Wiege bis zur Bahre analysiert. Dabei kommt so etwas wie eine ganzheitliche Umweltbilanz heraus. Und die besagt Folgendes: Am besten schneidet die Kernenergie mit einem Erntefaktor von 75 ab, danach folgt die Wasserkraft mit 35, Kohle mit 30 und Erdgas mit 28. Die Windkraft bringt es gerade mal auf 3,9, die Biomasse auf 3,5 und die Photovoltaik auf 1,6.

»Wind und Sonne sind eben doch nicht umsonst«, schreiben die Forscher, »denn wenn man Strom daraus machen will, muss Zement gebrannt und Beton gegossen werden, Wälder gerodet und der Natur Fläche genommen werden.« Moderne Windkraftanlagen sind 40 Meter höher als das Ulmer Münster (161,53 Meter). Der größte Typ des Marktführers Enercon (E126) wiegt knapp 7000 Tonnen, ein Rotorblatt alleine fast 65 Tonnen. Die Anlage braucht ein Betonfundament aus 1400 Kubikmetern Stahlbeton.

Deutschland setzt also konsequent auf Technologien mit der geringsten physikalischen und ökonomischen Effizienz. Und das ist auch ökologisch vollkommen kontraproduktiv. »Weniger effiziente Techniken verbrauchen mehr Ressourcen, mehr Fläche und lassen am Ende auch noch erheblich weniger Mittel für Umweltschutz übrig«, resümiert das IFK.

Bleiben wir bei den Ressourcen: Als Argument für die Energiewende wurde auch angeführt, dass die fossilen Brennstoffe auf der Erde immer schneller zur Neige gehen. Die Warnung vor »Peak Oil« gehörte zum festen Repertoire der Energiewendebefürworter. Damit wird der Gipfel bezeichnet, an dem die maximale Ausbeutung fossiler Brennstoffe erreicht ist und nach dem es nur noch bergab geht. Das Problem: Dieser Tag rückt immer weiter in die Ferne. Überall auf der Welt wurden in den letzten Jahren riesige Gasvorkommen entdeckt, von Israel bis Katar, von Südafrika bis in die Ukraine und Polen. Die Funde übertreffen alle Erwartungen.

Die USA fanden so viel Gas, dass sie von Importen gänzlich unabhängig werden könnten. Beim jetzigen Verbrauch reichen sie für mindestens 100 Jahre. Und auch Europa hat nach Schätzungen Gas für mindestens weitere 50 Jahre – und sind dank neuer technischer Verfahren auch erschließbar. Man sollte jetzt auch keine Wunder erwarten, die genauen Vorräte kennt natürlich niemand. Dennoch investieren alle großen Energiekonzerne riesige Summen in Probebohrungen und neue Technologien. Die Internationale Energieagentur IEA spricht von einer »stillen Revolution«. Wir sehen uns plötzlich mit einer Erdgasschwemme konfrontiert. Dieses relativ umweltfreundliche und obendrein viel billigere Gas hat das Zeug dazu, als Zukunftsoption die grüne Alternativenergielandschaft zu unterspülen. Erdgas ist umweltfreundlicher als Kohle und Erdöl, man kann damit Heizen, Strom erzeugen und sogar Auto fahren. Erdgaskraftwerke sind nebenbei auch besonders gut in der Lage,

Schwankungen der Windenergie auszugleichen. Der amerikanische Gaspreis liegt um etwa zwei Drittel unter dem von Deutschland. Dumm gelaufen, denn die ohnehin umstrittenen Wirtschaftlichkeitsberechnungen für die Energiewende basierten auf der felsenfesten Annahme, dass fossile Energien immer weniger und immer teurer würden. Das billige Gas macht den deutschen Sonderweg so noch teurer, als er ohnehin schon ist.

Wir finden, Deutschland sollte sich die Gasoption wie Länder fast überall auf der Welt zumindest offenhalten. Je mehr Optionen wir für die Zukunft haben, umso besser. Welche Möglichkeiten dann tatsächlich genutzt werden, das steht auf einem anderen Blatt Papier und künftige Generationen werden darüber entscheiden. Warum sollten wir ihren Spielraum einengen? Doch leider wird in Deutschland von Umweltverbänden, Alternativenergie-Lobbyisten und Politikern ein faktisches Verbot des sogenannten »Fracking« propagiert. Diese besondere Fördertechnik für die unkonventionellen fossilen Vorräte kann Gefahren für das Grundwasser bringen, muss es aber bei sorgfältiger Vorgehensweise nicht. Um die unkonventionellen Vorräte förderbar zu machen, wird dabei durch horizontale Bohrungen mit hohem Druck Wasser ins Gestein gepresst. Die Methode wurde auch hierzulande prinzipiell schon seit vielen Jahren angewendet, ohne dass dies bislang irgendjemanden beunruhigt hätte.

Aber sind die fossilen Brennstoffe, gleich welcher Art, nicht ein bleibendes Problem für das Klima? Ja, aber auch hier zeigt die Praxis mitunter unserer guten Absicht widersprechende Ergebnisse. Theoretisch sollte erneuerbare Energie Kohlendioxid einsparen, praktisch tut sie allerdings oft das Gegenteil: Um das System zu stabilisieren, kommt immer mehr Kohle zum Einsatz, erstmals seit 1990 steigen die deutschen CO_2-Emissionen im Zuge der Energiewende wieder an. Die erneuerbaren Energien haben laut Gesetz bei der Einspeisung ins Netz stets Vorrang, erst wenn sie nicht liefern können, dürfen konventionelle Ersatzkraftwerke angeworfen werden – und dabei zuerst die preiswertesten. Paradoxer geht's nimmer: Der billige Braunkohlestrom wird so zum Rückgrat des energiegewendeten Deutschland.

Nehmen wir einmal an, jemand betreibt einen Bahnhofskiosk, der morgens um sechs Uhr öffnet und belegte Brötchen anbietet. Dann wird er mit seinem Bäcker vereinbaren, dass dieser just zu diesem Zeitpunkt 200 frische Brötchen liefert. Zuverlässig und pünktlich, wenn sie gebraucht werden. Schafft der Bäcker das nicht und bringt seine Ware nachmittags um vier, dann lässt der Besteller die Semmeln einfach zurückgehen und bezahlt nicht. Der Bedarf muss gedeckt werden, wenn die Nachfrage vorhanden ist, basta. Wer das nicht sicherstellen kann, der ist schnell aus dem Geschäft.

Außer er liefert in Deutschland Strom. Wer mit Solarzellen oder Windrädern Strom erzeugt, der kann morgens um vier seinen Saft liefern, selbst wenn der nachmittags um vier gebraucht wird. Macht nix, er kriegt sein Geld garantiert. Elektrizität wird hierzulande fast ständig am Bedarf vorbei produziert. Zeitlich und räumlich. Wenn in München Strom gebraucht würde, dann kann es sein, dass er in Husum geliefert wird – oder gar nicht. Dem Land wird zu unberechenbaren Zeiten Strom in großen Fuhren vor die Tür gekippt, fertig. Die Folgen sind der Branche völlig egal, ausbaden dürfen es ja andere.

Das heißt: Andere sollen einen kompletten Kraftwerkspark in Reserve unterhalten, für den Fall, dass der Ökostrom mal wieder nicht fließt. Das wäre so, also würde man – um beim Eingangsbeispiel zu bleiben – einen zweiten Bäcker dazu zwingen, jeden Tag kostenlos mit seiner Bäckerei als Reserve für einen unzuverlässigen und überbezahlten Konkurrenten bereitzustehen. Kein normaler Mensch würde sich auf so ein Geschäft einlassen. Deshalb steht jetzt beispielsweise zur Debatte, dass in Bayern eines der fortschrittlichsten Gaskraftwerke der Welt, das Werk in Irsching, abgeschaltet, oder dafür entlohnt wird, dass es weiterhin als Reserve zur Verfügung steht. Der Betrieb der Anlage als Lückenbüßer ist unter den gegenwärtigen Bedingungen einfach nicht mehr rentabel.

Aber selbst wenn die Deutschen sich komplett mit »erneuerbarem« Strom durchschlagen könnten, würde dies im europäischen Maßstab für den Klimaschutz aus einem ganz anderen Grund keinerlei Wirkung zeitigen. Das liegt am von der Bundesregierung mitbeschlossenen europäischen Emissionshandel, der eine feststehende Obergrenze für die Kohlendioxidemissionen (»Cap and trade«) für alle gemeinsam festlegt. Wer besonders effizient und billig einspart, stößt weniger Emissionen aus, als ihm zustehen, und er kann dann Emissionsrechte an andere verkaufen, die sich schwerer tun. Damit Emissionshandel funktionieren kann, muss die Entscheidung wie, wo und wie viel CO_2 eingespart werden kann, den miteinander handelnden Unternehmen überlassen sein.

Würde Kohlendioxid tatsächlich, wie beabsichtigt, auf möglichst ökonomische Weise eingespart, dann wäre allerdings Schluss mit Solarzellen und vielen Windrädern. Denn teurer lassen sich Abgase nicht vermeiden. Effizientere Kohlekraftwerke könnten für einen Bruchteil der Investitionen einen viel größeren Effekt erzielen (ganz zu schweigen von verlängerten Laufzeiten für die Atomkraftwerke). Doch das darf nicht sein. Der Ausstieg aus der Atomkraft ist beschlossen, Windräder und Sonnenzellen werden durch staatlich vorgeschriebene Garantiepreise begünstigt. Beides führt den Ansatz des Emissionshandels von vorneherein ad absurdum.

»Ein staatlicher Zwang oder eine Lenkung, bestimmte CO_2-Vermeidungstechnologien einzusetzen, wie es das EEG tut, zerstört diese Anreize«, schreibt der Umweltökonom Joachim Weimann und resümiert: »Deshalb ist der stark geförderte Einsatz erneuerbarer Energien (Stromerzeugung durch Photovoltaik, Windkraftanlagen, Biomasse etc.) teuer und nutzlos, weil dadurch unter dem Strich nicht mehr Emissionen eingespart werden, als das ›Cap‹ festlegt.« Für den Klimaschutz bringt die Energiewende also rein gar nichts.

Auch der Weltklimarat IPCC kritisiert den deutschen Weg in seinem aktuellen Sachstandsbericht, nur soll diese Information nicht bis zu uns gelangen. In ihrer angeblichen »Zusammenfassung« des IPCC-Berichtes hat die Bundesregierung diese unbequeme Wahrheit schlicht weggelassen. Ökonom Joachim Weimann: »Manche

Wissenschaftsberichte sind offenbar so heikel, dass die Politik die Ergebnisse ins Gegenteil verkehrt, weil sie sonst zu peinlich wären.« Genau das Gleiche sagt die vom Bundestag eingesetzte Expertenkommission: »Das EEG sorgt nicht für mehr Klimaschutz, es macht ihn aber erheblich teurer.« Die Merkel-Berater fordern deshalb schlicht, es komplett abzuschaffen. Da man diesen Bericht nicht auch noch umschreiben kann, hat man in Berlin beschlossen, ihn einfach zu ignorieren.

Aber war es nicht doch richtig, sich von der Kernkraft zu verabschieden, weil sie so gefährlich und die Endlagerung der Abfälle so kompliziert ist? Das ist theoretisch richtig, praktisch hilft es aber nicht weiter. Um uns herum arbeiten weiterhin zahlreiche Atomkraftwerke, deren Strom wir obendrein auch noch importieren. Der tschechische Atomriese CEZ liefert seinen Atomstrom beispielsweise verstärkt nach Deutschland und gilt inzwischen als einer der profitabelsten Energieerzeuger Europas. Der Chef des Unternehmens schickt jeden Tag drei Halleluja in Richtung grünes Deutschland. Im Gegensatz zu deutschen Kraftwerken haben wir auf Anlagen im benachbarten Ausland sicherheitstechnisch keinerlei Einfluss. Und wir werden in Kürze auch keine deutschen Ingenieure mehr haben, die solche Sicherheitsfragen richtig stellen und beantworten können. Unter dem Strich hat die Sicherheit durch die Energiewende auch auf diesem Feld eher abgenommen.

Innerhalb der Europäischen Union betreiben Belgien, Bulgarien, Finnland, Frankreich, Großbritannien, Niederlande, Rumänien, Schweden, Spanien, Slowenien, Slowakei, Tschechien und Ungarn Atomkraftwerke. Die französische Regierung hat in ihr Energiewendegesetz keinerlei Fristen zur Abschaltung der französischen Atomkraftwerke geschrieben, stattdessen wird in Flamanville am Ärmelkanal ein neuer Meiler in Betrieb genommen. Die Spanier wollen die Laufzeiten ihrer Meiler sogar drastisch verlängern, und Polen will 300 Kilometer von der deutschen Grenze ein neues AKW bauen. Der deutsche Atomausstieg mag ein respektabler Alleingang sein, aber wer ein Vorbild für die Welt darin sieht, lügt sich in die Tasche: Von

China bis Finnland sind weltweit 72 neue Meiler im Bau, selbst Japan bleibt trotz des Fukushima-Unfalls bei der Atomkraft.

Der deutsche Atomstrom versorgte das Land bislang zu einem großen Anteil mit zuverlässig bereitstehendem Strom für die Grundlast. Da erneuerbare Energien die Lücke nicht verlässlich ausfüllen können, steigen auch die deutschen Energieimporte. Die Versorgungssicherheit nimmt seit der Energiewende ab. Bildlich gesprochen: Putin freut sich über jedes deutsche Windkraftwerk, da neben Kohle auch Gaskraftwerke für die Zeit bereitstehen müssen, in der der Wind nicht weht.

Prinzipiell wird es wegen des schwankenden Sonnen- und Windangebotes immer schwieriger, eine geordnete Stromversorgung bei stabiler Spannung aufrechtzuerhalten. Aus Gründen der Betriebssicherheit sind alle Anlagen mit automatischen Überlastungsschaltern versehen, die sie bei gefährlichen Störungen abschalten. Gab es vor ein paar Jahren nur drei bis vier solcher Situationen pro Jahr, so waren es 2011 schon 1024. Holger Douglas, Vorstand Technik und Wissenschaft des deutschen Arbeitgeberverbandes, beschreibt, was passieren kann, sollte es einmal nicht gelingen, rasch genug Ersatzstrom hochzufahren oder aus dem Ausland einzukaufen: »Der Blackout droht. Der Totalabsturz des Stromversorgungssystems. Wie Dominosteine stürzt das gesamte, sehr volatil gewordene Energieversorgungsgebilde ein.«

Dass diese Gefahr keine Propaganda von Industrielobbyisten, sondern real ist, zeigt sich daran, dass inzwischen auch der deutsche Gesetzgeber eine solche Situation für möglich hält. Um einen totalen Blackout in Deutschland zu vermeiden, müssen bei Gefahr im Verzug bestimmte Verbraucher zwangsabgeschaltet werden. Und zwar solche, deren Abschaltung etwas bringt: Zu allererst kommen daher die großen Städte dran. »Das war übrigens auch schon in der DDR so«, schreibt Holger Douglas. Als dort in kalten Wintern die Kohlebagger einfroren und keine Braunkohle mehr gefördert werden konnte, wurden ebenfalls ganze Städte abgeschaltet. Motto: Lieber eine Stadt opfern als ein ganzes Land. Douglas: »Nachdem auch wir wieder Planwirtschaft eingeführt haben, stehen wir vor den gleichen Problemen wie seinerzeit die sozialistischen Planer. Das Ergebnis ist bekannt.«

Stimmt es denn wenigstens, dass auf dem Feld der erneuerbaren Energien Hunderttausende neue Arbeitsplätze entstanden sind? Das Bundesministerium für Energie und Wirtschaft berichtet von 370 000 Beschäftigten auf diesem Gebiet. Diese kosten Deutschland laut Bundesrechnungshof pro Jahr etwa 50 Milliarden Euro an direkten und indirekten Subventionen. Jeder dieser Jobs wird von der Allgemeinheit also mit 135 000 Euro pro Beschäftigtem und Jahr bezahlt.

Bei den 370 000 Jobs handelt es sich übrigens nicht um tatsächlich nachgeprüfte Jobs, sondern um Schätzungen, die mit Hilfe von Computermodellen erstellt werden. Beim Nachzählen tatsächlicher Beschäftigter, so berichtet das Europäische Institut für Klima und Energie (EIKE), werde es jenseits von 80 000 Jobs bereits äußerst zäh. Beispielsweise geben die 13 größten Windkraftfirmen nur etwa 13 000 Beschäftigten (Stand 2014) Lohn und Brot. Die »Wirtschaftswoche« berichtete, dass von den angegebenen etwa 56 000 Beschäftigten in der Solarindustrie Ende 2013 nur noch etwa 4700 in der Fertigung von Zellen und Modulen beschäftigt waren. Der Trend geht nach unten, Pleiten von Windkraft- und Solarunternehmen waren 2013/2014 beinahe an der Tagesordnung. Das liegt daran, dass mit den Subventionen auch die chinesische Billigkonkurrenz ertüchtigt wurde, die sich ein so todsicheres Geschäft nicht entgehen ließ. »Im eigentlichen Kernbereich waren im vergangenen Jahr nur noch 230 800 Personen beschäftigt«, berichtet Autor Daniel Wetzel in der »Welt« von sinkenden Beschäftigungszahlen, »ein selbsttragender Arbeitsmarkt ist durch das EEG ganz offensichtlich nicht entstanden«. Sehr erfolgreich war das EEG aber dabei, andernorts Arbeitsplätze zu vernichten. Es hat in Industrie und Gewerbe sowie bei konventionellen Kraftwerksbetreibern zu steigenden Kosten und somit zum Arbeitsplatzabbau geführt. So kündigte der Energieriese E.ON 2011 beispielsweise den Abbau von etwa 11 000 Stellen an. »Es gibt keine positiven Netto-Effekte des EEG auf die Beschäftigung«, sagte der Präsident des Münchner Ifo-Institutes Hans-Werner Sinn, »durch Subventionen für unwirtschaftliche Technologien entsteht kein einziger neuer Arbeitsplatz, vielmehr wird Wohlstand vernichtet.«

Ein ganz besonders absurdes Beispiel für diesen Mechanismus liefert ausgerechnet der Biolandbau. Agrarwende und Energiewende stehen in direktem Konflikt. Gab es 1990 etwa 100 Biogasanlagen, so waren es 2014 rund 8000. Die allermeisten Anlagen werden mit Mais gefüttert, der dann in großen Bottichen von Mikroben in Gas umgewandelt wird. Alleine in Niedersachsen hat sich die Maisanbaufläche verdoppelt, sie erstreckt sich mittlerweile über ein Drittel der gesamten Agrarfläche. Intensiver Maisanbau verlangt viel Stickstoffdünger, viel Pestizide, vertreibt andere Pflanzen und Tiere (außer Wildschweinen) und begünstigt Bodenerosion (siehe S. 130). Aber das ist noch nicht alles: Die mit EEG-Subventionen gepäppelten Biogasbauern können locker die doppelten Pachtpreise für Ackerland bezahlen. »Überall im Land verlieren Biobauern an Boden«, schreibt Winand von Petersdorff in der »Frankfurter Allgemeinen Sonntagszeitung«, »die Vertreibung ist im Gange.« Auch die Pacht für Windräder liegt weit jenseits dessen, was ein Biobauer erwirtschaften kann. Innerhalb der letzten zehn Jahre haben sich die Pachtpreise für landwirtschaftliche Flächen in Deutschland verdoppelt.

Als die rot-grüne Regierung von Bundeskanzler Gerhard Schröder im Jahr 2000 das EEG verabschiedete, und den schrittweisen Ausstieg aus der Atomenergie verkündete, wurden viele der hier geschilderten Fehlsteuerungen schon von den Fachleuten vorausgesagt. Auch in der russischen Botschaft und den Büros von Gazprom begriff man sofort, was dieser politische Schritt bedeutete: Die Deutschen begaben sich freiwillig und sorglos in die Abhängigkeit von russischen Gasexporten, schließlich schien der ewige Friede mit Wladimir Putin ausgebrochen. In tiefer Dankbarkeit machte er Gerhard Schröder später zum Gazprom-Repräsentanten in Deutschland.

Als die schwarz-gelbe Bundesregierung von Angela Merkel im Jahr 2011 dann die Energiewende beschloss, war zwar bereits klar, dass das EEG seine Ziele nicht nur verfehlen, sondern konterkarieren würde. Doch die Fukushima-Hysterie wischte alle Bedenken vom Tisch. Alle Parteien des Bundestags stimmten zu, von 600 Abgeordneten befürworteten 513 den Ausstieg aus der Kernkraft.

Trotz all ihrer Fragwürdigkeit wird die Energiewende mittels EEG die Bundesbürger bis zu einer Billion Euro kosten. Zum Vergleich: Die über viele Jahrzehnte angesammelte deutsche Staatsverschuldung liegt bei etwas über zwei Billionen. Vor diesem Hintergrund kann man sich über die politische Klasse in Deutschland nur noch wundern. Als Ende Juni 2014 im Bundestag eine Reform des EEG diskutiert wurde, hätte man eigentlich mit einem vollen Haus gerechnet. Aber das Plenum blieb während der Debatte praktisch leer. Es waren von 631 Abgeordneten maximal zwei Dutzend anwesend. Offenbar will keiner von ihnen daran erinnert werden, was er seinerzeit mitbeschlossen hat. Auch in den Medien dringt das ganze Ausmaß des Desasters nur allmählich durch, weil die meisten Journalisten die Energiewende kritiklos begleitet haben.

Aber allmählich wacht man auf. So beispielsweise die Linke, wenn plötzlich ein Windrad ihr den Ausblick über die heimatlichen Hügel versperrt. »Ein extremes Beispiel für das sinnliche Barbarentum der Geldmacherei, die sich als Energieökologie maskiert, findet sich neuerdings auch im Saarland«, schreibt Oskar Lafontaine, »die Windkraftbranche hat, wenn es um die Beeinflussung, besser um die Käuflichkeit politischer Entscheidungen geht, viel von der Wirtschaftslobby gelernt.« Weiter heißt es in seinem Beitrag für die »Frankfurter Allgemeine Zeitung«: »Es ist ökonomisch und technisch unsinnig, auf einem Weg weiterzugehen, der den Kohlendioxidausstoß steigert, den Strompreis erhöht und dessen Ziel bei intelligenter Technik einfacher und billiger zu erreichen ist.«

Auch Teile der Grünen wachen auf, wenn die Windräder näher kommen. Ein Beispiel lieferte einer der ältesten grünen Ortsverbände im rheinland-pfälzischen Kelberg: »Leider seht ihr den Wald vor lauter Bäumen nicht mehr«, schrieb man an die grüne Wirtschaftsministerin des Landes, und beklagte das »Unvermögen, konstruktiv auf die Kritik der Menschen auf eure sogenannte Energiewende einzugehen«. Grund für den Streit sei eine wahre Windradinvasion, die keine Rücksicht auf Natur, Tier und Eifel-Landschaft nehme. Daran liege es auch, dass der Partei immer mehr Stammwähler davonliefen. Etwa 500 Bürgerinitiativen haben sich mittlerweile gegen die Windkraft gebildet, 343 davon haben sich in der Interessengemeinschaft »Vernunftkraft« zusammengeschlossen (Stand 2014).

Menschen, die sich vor Ort ganz praktisch für einen rücksichtsvollen Umgang mit der Umwelt engagieren, sind für die Energiewendekader inzwischen nur noch so etwas wie Sand im Windrad-Getriebe. Sprich: Ökofuzzis aus der Provinz, die nicht verstehen wollen, dass es um das große Ganze geht. Waren es einst, als wir alle anfingen, »grün« zu denken, Industrie- und Atommanager die sich über die Ökowollsocken und Krötenretter mokierten, so sind es jetzt die smarten Energiewendemanager und ihre Verbündeten in Ministerien und Ämtern. Nicht, dass sie dies tun, stört uns, sie sind eben Vertreter von Industrie- und eigenen Interessen, sondern dass sie das unter dem hoch geschätzten Label der Rettung von Natur und Umwelt machen, obwohl man begründete Zweifel haben kann, ob sie das Ökosiegel auch wirklich verdienen.

Die Klientel, die von der Energiewende am härtesten getroffen wird, macht sich allerdings nicht um Fledermäuse und Rotmilane Sorgen, sie fürchtet auch nicht um den Wert einer Immobilie, weil sich plötzlich ein Windrad in der Nähe dreht. Dies alleine schon deshalb nicht, weil sie keine Immobilie besitzt. Denn selbstverständlich kann sich nicht jeder in dem Geschäft namens Energiewende selbst bedienen. Geringverdiener, die weder Haus noch Hof besitzen, auf dem sich Solarzellen installieren lassen, müssen leider draußen bleiben wie Bello vor dem Metzgerladen. Dafür dürfen sie aber die Wurst mit bezahlen: Die staatlich verordneten hohen Abnahmepreise werden nämlich auf die Gemeinschaft der Stromverbraucher umgelegt. Die Verkäuferin, der Polizist und die Krankenschwester, alle Menschen, für die »real estate« ein Fremdwort ist, bezahlen damit die Rente besser betuchter Hausbesitzer und all jener Unternehmer und Anleger, die mit der Energiewende gutes Geld verdienen.

Deutschlands Geringverdiener leiden am meisten unter den explodierenden Strompreisen, immer mehr können, wie erwähnt, die Stromrechnung nicht mehr begleichen. Sozialverbände und Linkspartei (sie hat ebenfalls für die Energiewende gestimmt) haben angesichts einer steigenden Zahl von Menschen, denen wegen offener Rechnungen der Strom abgestellt wird, vor wachsender »Energiearmut« gewarnt. 2012 hätten Energieunternehmen 321 539 Menschen wegen Zahlungsrückständen die Stromversorgung gekappt, berichtete »Die Welt«.

Noch schlimmer als diese Zahlen erscheint uns die Art, wie die Politik darauf reagiert. Im Koalitionsvertrag heißt es, die schwarz-rote Regierung wolle »Regelungen für einen besseren Schutz vor Strom- und Gassperren« erreichen. Als Beispiel wird der »Einsatz von intelligenten Stromzählern mit Prepaid-Funktion« genannt. Wer als Langzeitarbeitsloser einen stromsparenden Kühlschrank kauft, soll künftig einen Zuschuss bekommen – im Wert von 150 Euro. 2014 stellte Umweltministerin Barbara Hendricks allen Ernstes eine »Abwrackprämie« für den alten Kühlschrank in Aussicht. »Die Lebensqualität der Menschen muss nicht leiden, wenn wir weniger Energie verbrauchen«, meinte sie. Welch eine Arbeitsteilung: Der begüterte Mittelstand schraubt Solarzellen auf die Dächer seiner Häuser und die im Mietshaus dürfen dafür bezahlen – per Zwangsumlage auf die Stromkosten. Und wenn's nicht reicht, gibt's als Trostpreis einen verbilligten Kühlschrank. Wir fragen uns, ob das Gedankenlosigkeit, Weltfremdheit oder Zynismus ist.

Aber unsere Regierung kümmert sich. Neuerdings erteilt sie sogar Küchentipps. »Wenn Sie mit geschlossenem Deckel kochen, können Sie bis zu 30 Prozent Strom sparen«, verkündete der Vorgänger von Frau Hendricks, Peter Altmaier, in Zeitungsanzeigen. »Schalten Sie Kochplatte und Backofen am besten kurz vor Ende der Garzeit ab.« Altmaiers Appelle können auf einen reichhaltigen Ideenfundus zurückgreifen. Zu Großmutters Zeiten gab's das alles schon mal, zuerst in Braun und etwas später in Rot. In der DDR ermunterte ein schwarzer Kobold namens »Wattfraß« zum Stromsparen. »Er kommt in den Wintermonaten und will unserer Industrie den Strom wegfressen«, mahnte ein staatliches Plakat. 1958 machte die FDJ unter dem Motto »Blitz contra Wattfraß« drei Tage lang Jagd auf Stromsünder. Kinder schalteten ihren Eltern das Licht ab. Junge Pioniere gingen von Haus zu Haus, um Stromvergeudern ins Gewissen zu reden. Einer der guten Tipps aus der damaligen Kampagne lautete, Bügeleisen oder Tauchsieder nicht in Zeiten zu benutzen, in denen anderweitig viel Strom benötigt wird. Das könnte auch von Peter Altmaier stammen.

Den »Wattfraß« hat die SED erfunden, doch im Grunde war er das Kind vom »Kohlenklau«. Diesen finsteren Gesellen mit Schnauzbart und Schiebermütze hatte sich die Nazipropaganda ausgedacht, um die Deutschen vom Energiesparen zu überzeugen. »Was tut der Kohlenklau?«, fragte eine Zeitungsanzeige. »Er zieht kalt ins warme Zimmer. Im leeren Zimmer brennt Licht. Das Radio spielt ohne Zuhörer ... Überall, wo wertvolle Kohle, Strom oder Gas vergeudet werden, hat Kohlenklau seine Hand im Spiel!« Oder auch in Gedichtform: »An Ofen, Herd, an Hahn und Topf / an Fenster Tür und Schalterknopf / Holt er mit List, was ihr versaut / Die Rüstung ist damit beklaut.« Da kann die Bundesregierung noch was lernen, man muss eigentlich nur »Rüstung« durch »Energiewende« ersetzen. Fällt eigentlich niemandem auf, dass Appelle dieser Art immer ein Zeichen von Mangelwirtschaft waren? Ebenso wie regierungsamtliche Versprechen, dass niemand Mangel fürchten muss.

In der Sprache der Entwicklungshelfer werden gescheiterte technische Großprojekte gerne »weiße Elefanten« genannt. Der Name geht auf einen Brauch in Thailand, dem einstigen Siam, zurück. Dort galten seltene Albino-Elefanten als exquisites Geschenk, das den Beschenkten wegen der hohen Unterhaltskosten später ruinierte. Genauso wie mancher unsinnige Staudamm, Flughafen oder Brückenbau, der im Nirgendwo als Investitionsruine endet. Es gibt ein ganzes Buch über solche weiße Elefanten, das der Historiker Dirk van Laak vor über zehn Jahren veröffentlichte. Er beschreibt darin die Charakteristik politisch gewollter Großtechnikprojekte – von der französischen Concorde bis zum schnellen Brüter in Kalkar – und warum sie so oft schiefgehen. Nicht die Größe der Projekte an und für sich ist dabei problematisch – es gibt ja zahlreiche solche Großbauten und Projekte, die für uns alle eine echte Bereicherung darstellen. Problematisch wird es, wenn das Fundament nicht etwa Bedürfnisse der Bevölkerung sind, sondern eine Ideologie oder fixe Idee.

In einem Kapitel des erwähnten Buches geht es um die für solche Vorhaben typische »Rhetorik der Größe«. Es würde stets »ein Zeichen gesetzt für etwas Zukünftiges und nie Dagewesenes«. Bei den Massen müsse »Begeisterung« als »potenzielle Energiequelle« geweckt werden. Und er fragt: »Ist einmal ein solch gigantischer Plan in der Welt und scheinen maßgebliche Kräfte zu seiner Unterstützung bereit zu sein – wer mag sich einem solchen Projekt entziehen, dessen gesamte Konnotation auf ›Gemeinschaftsdienlichkeit‹ abzielt?« Das Argument einer »Verantwortung für die Nachwelt«, wegen der »Gigantisches« geleistet werden müsse, sei gleichfalls charakteristisch für »weiße Elefanten«.

Gescheiterte »Jahrhundertprojekte« rechtfertigten die Komplexität der verfolgten Ansprüche oft mit dem Argument der Verantwortung für künftige Generationen und wollten meist einem historischen Wandel nachhelfen, der angeblich sowieso anstehe. Wir mussten bei der erneuten Lektüre des Buches von Dirk van Laak spontan an Dutzende sich sinnlos in der Nordsee drehende Großwindräder denken, die nicht angeschlossen werden können. Als einzig potenzielle Energiequelle bleibt da die Begeisterung. Die Energiewenderhetorik entpuppt sich überhaupt als absolut charakteristisch für einen »weißen Elefanten«. Ex-Umweltminister Altmaier sprach gerne von einer »Menschheitsaufgabe« und einem »Generationenprojekt«. Gerne wies er seine Zuhörer auch darauf hin, die Energiewende sei so wichtig »wie der Neuaufbau nach dem

Krieg«. Das Ziehen solcher historischer Parallelen und der Verweis auf die Kosten der Weltkriege ist, laut Historiker van Laak, ein sicheres Indiz dafür, dass man es mit einem pozenziellen »weißen Elefanten« zu tun hat.

Seit 2014 versucht die Bundesregierung mit einer Reform des EEG zu retten, was möglicherweise gar nicht mehr zu retten ist. Die Veränderungen gehen nicht sehr weit und sind lediglich dafür gedacht, die schlimmsten der hier geschilderten Fehlentwicklungen ein wenig zu bremsen. Doch das ist für die Apologeten der erneuerbaren Energien bereits zu viel. Das Selbstverständnis der Profiteure der Energiewende zeigt sich in der Zeitschrift »neue energie«, Ausgabe Mai 2014. Dort schrieb der Präsident des Bundesverbands Windenergie, Hermann Albers: »Ich möchte nicht so weit gehen und den Sohn Gottes mit den erneuerbaren Energien vergleichen. Doch Christus ist durch die biblische Überlieferung zum Sinnbild geworden – für all jene, die verspottet und verachtet werden. Genau das geschieht derzeit mit uns Energiewende-Akteuren, die vor Jahrzehnten mit viel Idealismus angetreten sind, um für eine nachhaltige Energieerzeugung und damit den Erhalt der Erde zu kämpfen ... Die Nägel, mit denen die Energiewende ›gekreuzigt‹ wird, hat die Politik geschmiedet ...«

Unser Vorschlag zur Güte: Subventioniert Ökostrom von uns aus weiter, aber bitte schön nur GARANTIERTEN Ökostrom. Wer einen Windpark unterhält, wird künftig nur noch für jene Strommenge den subventionierten Preis erhalten, die er zuverlässig liefern kann, wann und wo die Kunden sie brauchen. In der Praxis würde das heißen, dass ein Windparkbetreiber selbst ein Gas- oder Kohlekraftwerk als Back-up unterhalten müsste. Das wäre eine kleine Gesetzesänderung mit einer garantiert fulminanten Wirkung. Energiewende 2 gewissermaßen.

Fazit: Deutschland will der energiepolitische Vorreiter der Welt sein. Doch niemand folgt. Woran liegt das eigentlich? Es wäre souverän, die Denkfehler in der Energiewende zu korrigieren und billigere, so-

zial gerechtere und umweltfreundlichere Lösungen zu suchen. Derzeit wird jedoch eine Billion Euro umverteilt, nicht nur von einer Industrie zur anderen, sondern auch von unten nach oben. Dies ist gelungen, weil die Alternativstromlobby es geschafft hat, ihre Interessen zum Allgemeinwohl zu erklären. Die Diskussion darüber, was hier wirklich der Allgemeinheit und der Natur nutzt, ist überfällig.

Wenn Wald der Windkraft weichen muss

»Zu fällen einen schönen Baum,
braucht's eine halbe Stunde kaum.
Zu wachsen, bis man ihn bewundert,
braucht's – Mensch bedenk' es,
ein Jahrhundert.«

Christian Morgenstern

Im fränkischen Naturpark Haßberge steht ein Solarkraftwerk, das 48 Hektar Fläche mit metallisch glänzenden Paneelen bedeckt. Der örtliche Kreisverband der Grünen hatte ein wenig Bauchschmerzen ob dieser hässlichen Landschaftsverpackung, stimmte dem Bau aber zu. Auf der Website der Grünen heißt es: »Man setzt uns hier eine Zwickmühle Naturschutz kontra Erzeugung von alternativen Energieformen vor. Diese löst sich aber vor dem Hintergrund der Entwicklung des Weltklimas rasch auf.«

Die grüne Musterstadt machte den Anfang. 2003 musste auf dem Roßkopf bei Freiburg erstmals Wald für Windkraft weichen. Vier Anlagen mit 98 Metern Höhe wurden damals errichtet. Im selben Jahr rodeten, ebenfalls in der Nähe Freiburgs, Männer mit Kettensägen die Holzschlägermatte für die Windenergie-Investoren. Eine neue Dimension erreichte der 2007 bei Calw errichtete Windpark Nordschwarzwald. Er war damals das größte Projekt dieser Art des Landes Baden-Württemberg. 14 Windräder mit einer Höhe von bis zu 170 Metern recken sich dort in den Himmel. Im Februar 2010 war Baubeginn für den Windpark Fasanerie in Oberfranken. Ab Sommer 2012 erfolgte in Rheinland-Pfalz der Bau des Windparks Ellern im Rhein-Hunsrück-Kreis, wo man auf breiter Fläche im Soonwald rodete. Pro Windrad mussten 10 000 Quadratmeter Baumbestand kahl geschlagen werden.

Seither wurden Tausende Windkraftanlagen in Wäldern errichtet oder geplant. Die Verpflichtung zur Wiederaufforstung wird dabei in den Bundesländern unterschiedlich ausgelegt. In Brandenburg werden lediglich finanzielle Ausgleichszahlungen verlangt, in Rheinland-Pfalz hat der Wald gar keinen Stellenwert mehr.

Weil Investoren und Politiker langwierige Prozesse mit Anwohnern scheuen, planen sie ihre Großprojekte lieber in stillen Wäldern als in Gegenden, die ohnehin schon erschlossen sind. »Wir werden«, so der grüne baden-württembergische Umweltminister Franz Untersteller, »Windparks in Waldgebieten fern von Wohnbebauung errichten.« »Ohne Windkraftanlagen im Wald wird die Energiewende nicht gelingen«, sagt auch Boris Palmer, grüner Oberbürgermeister von Tübingen.

»Grüne nehmen Wald inzwischen vor allem als Bewuchs wahr, der die Installation neuer Windräder behindert. Energiewende mit der Kettensäge«, schreibt Alexander Wendt, Autor des Buches »Der grüne Blackout«. Was für ein Aufschrei würde wohl durch die Republik gehen, würden Investoren anderer Industrien derart heftig in Naturparks oder abgelegene Wälder eingreifen. Normalerweise genügt schon die vermutete Anwesenheit einer seltenen Pflanzen- oder Tierart, um Bauvorhaben lahmzulegen, seien es Straßen, Wohnhäuser oder Produktionsbetriebe, von Kohle- oder Kernkraftwerken ganz zu schweigen. Inzwischen treten jedoch immer mehr Politiker aller Parteien dafür ein, das Naturschutzrecht aufzuweichen, um noch im letzten beschaulichen Winkel Deutschlands Wind- oder Solarkraftwerke aufstellen zu können.

Vom Landschaftsverbrauch reden die Protagonisten der Energiewende nicht so gern. Den Vertretern der Öko-Energien scheint vor lauter Klimawandel und Atomangst nicht aufgefallen zu sein, dass sich ihre Arten der Stromgewinnung durch einen gigantischen Flächenbedarf auszeichnen. Um den Strom eines Atomkraftwerks zu liefern, müssen mehrere Tausend Windräder errichtet werden. Im Jahr 2014 standen in Deutschland bereits 24 000 dieser Anlagen. Um Biblis A mit Solartechnik zu kompensieren, müsste man die Fläche einer Großstadt überbauen. Allerdings würde diese Paneelen-Wüste nur bei Sonnenschein Strom liefern.

Im Jahr 2014 finanzierten Energie-Unternehmen den Druck eines Baedeker-Reiseführers, der Touristen aus dem Ausland die Schönheit der deutschen Energiewende nahebringen soll. Unter anderem wird darin die Biogasanlage Hilpoltstein als Reiseziel angepriesen und die Windkraftgemeinde Ulrichstein: »Über 50 Rotoren mehrerer Betreiber drehen sich auf dem Gebiet der 3100-Einwohner-Gemeinde.« Was gestern noch als schützenswerte Natur galt, so scheint es, steht heute nur noch dem öko-industriellen Komplex im Wege. Umweltschutz war, als wir uns dafür begeisterten, ein umfassendes Thema. Es ging dabei um die Gesundheit der Menschen, um saubere Luft, Wälder und lebendige Gewässer, um den Erhalt natürlicher Landschaften und der wilden Tiere, die in ihnen leben. Warum zählt das alles nur noch, wenn wir die Natur in fernen Ländern bewahren wollen, aber nicht für uns in Deutschland?

Bei so viel Widerspruch zwischen grünen Naturschutzzielen und den Interessen derer, die sich selbst als Klimaretter verstehen, muss man fragen, ob es nicht in erster Linie die Verlockungen des Geldes sind, die die Energiewende befeuern.

Während sie sich um die Subventionstöpfe scharen, präsentieren sich die Wind- und Solarlobbyisten als selbstlose Weltretter, die den Globus vor Klimakollaps und Atomverseuchung schützen wollen. Windkraft, Photovoltaik, Wasserkraft und Biogas werden häufig unter dem Begriff »Öko-Energie« zusammengefasst, manchmal ist sogar von »Naturstrom« die Rede. Doch gerade durch diese Techniken wird die Natur weitaus stärker in Mitleidenschaft gezogen als durch herkömmliche Kraftwerke, die auf kleiner Fläche viel Leistung liefern. Einziger Vorteil von Wind- und Solarkraft ist, dass sie kein Kohlendioxid ausstoßen, das – wir haben es oben beschrieben – nach Ansicht vieler Klimaforscher zu einer globalen Erwärmung führt.

Die deutsche Energiewende wird also mit etlichen ökologischen Nachteilen erkauft. Hermann Hötker vom Michael-Otto-Institut des Naturschutzbundes Deutschland (NABU) folgert aus seinen Untersuchungen, dass die 24 000 deutschen Windkraftanlagen (Stand 2014) zwischen einem und zehn Vögel jährlich töten. Bei fünf pro Windrad wären es folglich 120 000. Überdurchschnittlich häufig trifft es Greifvögel und Eulen. Naturschützer sind besorgt, dass die seltenen Rotmilane besonders oft zerhackt werden. Sie gehören zu den wenigen Vogelarten, für die Deutschland das wichtigste Brutgebiet darstellt. Etwa die Hälfte der weltweit 25 000 Brutpaare lebt hier. Die Bestände haben seit den Neunzigerjahren um ein Drittel abgenommen. Da der Boden rund um Windkraftanlagen meist nicht sehr dicht bewachsen ist, können die Greifvögel dort besonders bequem nach Beute Ausschau halten und kollidieren mit den Rotoren. Nach einer Studie im Auftrag des brandenburgischen Landesamtes für Umwelt aus dem Jahr 2013 erschlagen Rotorflügel allein in diesem Bundesland etwa 300 Rotmilane jährlich. »Langfristig«, sagt der Ornithologe Jochen Bellebaum, »wird die Art im gesamten Verbreitungsgebiet von der Windkraftnutzung betroffen sein.«

Grüne Regierungen empfinden diese Vögel inzwischen als lästig. Als ein Journalist ihn nach dem Rotmilan fragte, antwortete Staatssekretär Klaus-Peter Murawski, Chef der Staatskanzlei in Baden-Württemberg und rechte Hand des grünen Ministerpräsidenten Winfried Kretschmann, der Vogel tauche bevorzugt dort auf, »wo wir Windkraftanlagen bauen wollen. Mit dem haben wir im Land öfter zu tun. So oft wie er zuletzt in Erscheinung getreten ist, wundert man sich fast ein bisschen, dass er vom Aussterben bedroht ist. Aber das ist er tatsächlich«.

Nicht nur Vögel geraten in Konflikt mit der Windenergie, Fledermäuse fallen den Anlagen in noch größerer Zahl zum Opfer. Manche werden von den Propellern erschlagen. Doch viel mehr verenden, weil an den Spitzen der Rotorblätter Luftwirbel entstehen, die zu plötzlichen Druckschwankungen führen, wodurch Gefäße in den Lungen der Flugsäugetiere platzen. Biologen rechnen mit zehn Opfern pro Windrad, was in Summe jährlich 240 000 getötete Fledermäuse bedeutet.

In den kommenden Jahrzehnten sollen Tausende Windkraftanlagen in Nord- und Ostsee errichtet werden. Zum Schaden der kleinen Schweinswale, der einzigen Walart in deutschen Gewässern. Für den Bau eines Windrads sind Hunderte extrem laute Rammschläge notwendig. Meeresbiologen haben festgestellt, dass die Tiere dadurch ihre Orientierung verlieren, weil ihr Gehör geschädigt wird. Aus Amerika kommen Berichte, dass auch Solarkraftwerke Vögel in großer Zahl töten. Die von den Anlagen ausgehende Hitze versengt ihnen das Federkleid und grillt sie regelrecht. Nach Schätzungen von Biologen fallen 28 000 Vögel pro Jahr allein einem einzigen Solarkraftwerk in Kalifornien zum Opfer.

Durch den Bedarf der Biogasanlagen wächst die Maisfläche rasant. Weil Mais der beliebteste Rohstoff für die Erzeugung von Biogas ist, wurde die Anbaufläche in Deutschland zwischen 2003 und 2013 von 16 000 auf 25 000 Hektar erweitert. Rechnet man die anderen Energiepflanzen hinzu, werden auf einem Fünftel der Felder Deutschlands Pflanzen zur Gewinnung von Kraftstoffen und für die Gaserzeugung angebaut. Die ausgedehnten Maisfelder bieten Wildschweinen Nahrung im Überfluss und perfekte Deckung. So bleiben die Rotten monatelang ungestört von Jägern und haben ständig Futter vorm Rüssel. Leider gibt es kaum andere Tiere, die vom Biogas profitieren. Die Bestände typischer Feldvögel wie Kiebitz, Feldlerche, Schafstelze oder Grauammer sinken. Auch Feldhasen können in den großflächigen Maismonokulturen nicht leben. Weshalb Naturschützer sich Sorgen machen und von einer »Vermaisung« der Landschaft sprechen.

In den etwa 8000 deutschen Biogasanlagen (Stand 2014) kommt es zu 40 bis 60 schweren Pannen im Jahr. In einigen Fällen wurden durch ausfließendes Gärsubstrat Bachläufe kilometerweit verseucht. Massensterben von Forellen und anderen Süßwasserfischen waren die Folge. Ganze Populationen wurden ausgelöscht. Ein Register für solche Störfälle gibt es nicht.

Und auch kleine Wasserkraftwerke richten ökologische Schäden an. Nach Angaben des Deutschen Fischereiverbandes wird ein »erheblicher Teil« der flussab wandernden Fische durch Wasserkraftwerke verletzt oder getötet. Besonders die kleinen Stauwerke wirken zerstörerisch. Zu Beginn unseres Jahrzehnts gab es weit über 7000 solcher Energiemühlen in Deutschland, und es kommen neue hinzu. Für Wanderfische wie den Flussaal ist dies eine ernste Bedrohung. Aale stehen deshalb in manchen Gebieten vor dem Aussterben, so der Verband Hessischer Fischer.

Auch der deutsche Wald könnte schon bald ökologisch verarmen. Bisher wurden beim Baumfällen Äste und Wurzeln liegen gelassen, weil sich die Verwertung nicht lohnte. Seit immer mehr Menschen aus Klimaschutzerwägungen auf Pelletheizungen umstellen und vielerorts Biomassekraftwerke entstehen, ändert sich dies. Die bisher wertlosen Reste verwandeln sich in einen begehrten Energieträger. Als Folge könnten die Wälder demnächst wieder so besenrein aussehen wie in den Sechzigerjahren, vor den Zeiten der naturnahen Forstwirtschaft, einer Errungenschaft ökologisch denkender Forstleute vor der Energiewende.

Den Ausbau alternativer Energien umgibt ein Nimbus von Dringlichkeit. Angesichts der schlimmen Prognosen zur Klimaerwärmung, wirkt ein Hinweis auf die ökologischen Folgen von Wind-, Sonnen-, Bio- und Wasserkraftwerken für viele Menschen kleinlich und zweitrangig. Als wollte man ein rettendes Feuerwehrauto anhalten, um wandernde Kröten zu behüten. Bei keiner anderen Technik akzeptieren wir Deutschen Naturzerstörung so sang- und klanglos. Würden immer wieder tote Seeadler und Rotmilane neben Chemiefabriken oder Atomkraftwerken eingesammelt, würde die Öffentlichkeit vermutlich äußerst erregt reagieren. Und wie kann man eigentlich Berliner Mietern erklären, dass sie nicht einmal ein Netz vor ihren Balkon spannen dürfen, wenn Fledermäuse ihn als Toilette benutzen, während diese Tiere gleichzeitig zu Tausenden der Windenergie geopfert werden?

Zu noch schlimmeren ökologischen Schäden aber führt falsch verstandener Klimaschutz in Tropenländern. Die europäische Förderung von Biotreibstoffen beschleunigt dort das Abholzen von Regenwäldern. Rund um den Äquator wächst die Anbaufläche allein für Ölpalmen alljährlich im zweistelligen Prozentbereich. Mit bis zu vier Tonnen Ertrag pro Hektar ist die Palme ihren Pflanzenölkonkurrenten Soja, Raps und Sonnenblume haushoch überlegen. Weil Biodiesel aus Ölpalmen beim Verbrennen nur so viel Kohlendioxid freisetzt, wie die Pflanzen vorher gebunden hatten (also CO_2-neutral ist), gilt dieser Treibstoff als klimafreundlich, ebenso wie Rapsdiesel oder Biosprit aus Zuckerrohr oder Mais. Um die europäische Nachfrage nach Biotreibstoffen zu befriedigen, brennen Pflanzenölkonzerne in Indonesien und Malaysia Regenwälder ab. Auf den so gewonnenen Kahlflächen pflanzen sie Ölpalmen an. Seltene Tierarten wie Sumatra-Tiger, Orang-Utan und Sumatra-Nashorn verlieren dadurch ihre Lebensräume, eine Schatzkammer der Biodiversität droht, zerstört zu werden. Wie werden wohl unsere Enkel diesen Beitrag zur Klimarettung beurteilen?

Mit einer »Nachhaltigkeitsverordnung« wollen Bundesregierung und EU-Kommission sicherstellen, dass nur solche Biotreibstoffe gefördert werden, für die zuvor kein Wald abgeholzt wurde. Die also auf ohnehin als Ackerland genutzten Flächen herangewachsen sind. Wie gut diese Bedingung in Indonesien und Malaysia kontrolliert werden kann, ist umstritten. Tag für Tag werden dort Tausende junger Palmen gepflanzt – und nicht selten wurde dafür zuvor Urwald gerodet. Manche der Plantagen erstrecken sich über mehrere Täler und sind so groß wie deutsche Bundesländer.

Die Biodiesel-Wirtschaft verteidigt sich mit dem Argument, der Großteil des Palmöls werde nicht für ihre Raffinerien geerntet. Das ist richtig: Palmöl ist seit Langem einer der wichtigsten Rohstoffe für die Lebensmittel- und Haushaltsmittelindustrie. Jedes zweite Produkt im Supermarkt, schätzt der WWF (World Wide Fund for Nature), enthält das Öl aus den Tropen. Darunter Fertigsuppen, Tiefkühlpizza, Pralinen, Frittierfett, Margarine, Kakaoglasuren, Eiskonfekt, Lippenstifte, Seifen, Shampoos, Cremes und Waschpulver. Die zusätzliche Nachfrage nach Treibstoff steigerte jedoch das Rodungstempo rapide. Seit 2007 müssen in Deutschland dem Diesel

4,4 Prozent Biodiesel beigemischt werden. Palmöl wird auch in Blockheizkraftwerken eingesetzt und in den Trocknungsanlagen für Sägespäne, aus denen man Pellets für die angeblich klimafreundlichen Pelletheizungen presst.

Die Wälder Borneos, Sumatras, Javas, Sulawesis und der Malaiischen Halbinsel zählen zu den artenreichsten der Erde. Auch heute noch entdecken Forscher dort ständig neue Pflanzen- und Tierspezies. Doch leider werden nirgendwo auf der Welt die restlichen Waldgebiete so schnell gerodet wie dort. Der Biospritboom hat der Plantagenwirtschaft heftigen Auftrieb gegeben. Eines der Tiere, die dadurch für immer verloren gehen könnten, ist die kleinste der weltweit fünf Nashornarten: das Sumatra-Nashorn. Es existieren laut WWF nur noch etwa 275 Exemplare dieser urweltlich aussehenden Tiere. In menschlicher Obhut sind sie äußerst heikle Pfleglinge. Versuche, sie zu züchten, blieben bis auf wenige Ausnahmen erfolglos.

Wie absurd der Versuch ist, den Klimawandel durch Biotreibstoffe aufzuhalten, zeigt die Klimabilanz des Ölpalmenanbaus. Um weitere Plantagenflächen zu gewinnen, werden unter anderem Torfmoorwälder gerodet. Dabei entweichen gigantische Mengen Kohlendioxid in die Atmosphäre. Zirka vier Prozent der globalen Treibhausgase stammen aus der Vernichtung indonesischer Torfwälder. Indonesien ist dadurch hinter den USA und China der drittgrößte Treibhausgasverursacher der Welt. Dazu kommen die Emissionen durch Brandrodung. Immer wieder werden riesige Waldflächen abgefackelt. In manchen Jahren wurden dadurch mehr als eine Milliarde Tonnen CO_2 freigesetzt. 1998 verdunkelten dichte Rauchwolken den Himmel über ganz Südostasien. In Malaysias Hauptstadt Kuala Lumpur wickelten sich die Menschen feuchte Tücher um den Mund, um atmen zu können. Die Brandrodung für Palmölplantagen auf Sumatra war außer Kontrolle geraten. In einem Gebiet so groß wie Belgien standen die Wälder in Flammen.

Doch kaum hatte sich der Rauch verzogen, wurden Setzlinge gepflanzt. Heute sieht die Landschaft wieder schön grün aus. Nach ein paar Jahren stehen schattige Palmenwälder, wo einst Urwald war. Solche Monokulturen wirken zwar etwas eintönig, aber nicht hässlich. Es fehlen nur die Swimmingpools zwischen den Palmen, und das Bild eines Tropenparadieses aus dem Reisekatalog wäre perfekt. Ihr lieblich-exotischer Anblick macht Ölpalmen so ungeeignet für alarmistische Ökoplakate. Sie wirken einfach zu grün. Deshalb hat das Ölpalmenproblem zwar unter Biologen und Naturschutzexperten höchste Priorität, doch das breite Publikum ließ sich bisher nicht bewegen. Weder der WWF noch Greenpeace brachten eine wirklich populäre Kampagne zustande, die auch nur annähernd mit den Massenbewegungen gegen Atomkraft oder Gentechnik vergleichbar wäre.

Anfangs begrüßten die Umweltverbände die Idee, Erdöl durch Pflanzenöl und aus Pflanzen gewonnenem Alkohol zu ersetzen. Als die Klima-Angst in Europa immer weiter um sich griff, schien die Lösung plötzlich ganz nah: Energie aus Äckern und Plantagen! Denn Pflanzen haben das CO_2, das sie bei der Verbrennung abgeben, während ihres Wachstums der Luft entzogen. Und wenn der Mensch die Pflanzenstoffe verheizt, saugt schon die nächste Pflanzengeneration Kohlendioxid in sich auf. Ölpalmen, Raps, Mais, Zuckerrohr und Schilfgras etc. sollten die Motoren der Zukunft antreiben. Die Idee war einfach. Aber sie ist leider falsch.

Denn bald sahen die Vertreter des WWF und anderer Umweltorganisationen vor Ort, was in Indonesien, Malaysia und Brasilien unter dem Siegel »grün« geschah. Die letzten Regenwaldgebiete der Erde brannten für den Klimaschutz. Sie alarmierten ihre Zentralen und gaben bei Wissenschaftlern Expertisen in Auftrag. Nach und nach wurden immer mehr Fakten bekannt, die die hübsche Vorsilbe »Bio« bei den Pflanzentreibstoffen in Frage stellten. Zunächst einmal waren es die Arten- und Naturschützer, die Alarm schlugen. Später kamen dann aufgrund der oft negativen Kohlendioxidbilanz auch Klimawissenschaftler hinzu. Auch staatliche Institutionen wie das deutsche Umwelt-Bundesamt warnten eindringlich.

Doch erst als die Welthungerhilfe wegen der Konkurrenz zum

Nahrungsmittelanbau Alarm schlug, kippte die Stimmung. Inzwischen wird das Für und Wider erfrischend kontrovers diskutiert. Doch wie konnte es überhaupt so weit kommen? Politiker sahen die unwiderstehliche Chance, moralischen Mehrwert für sich zu generieren und der ländlichen Wählerschaft zugleich neue Subventionen zuzugestehen. Betreiber und Hersteller von Biotreibstoffanlagen sprangen ebenso auf das staatlich verordnete Geschäft wie die Automobilindustrie. Diese sah die Chance, Emissionen nicht im Fahrzeug direkt, sondern vorher bei der Treibstoffgewinnung zu vermeiden – zumindest auf dem Papier. Der Biospritboom ist ein klassisches Beispiel für das, was die Ökonomen »Rent Seeking« nennen: Ein Verhalten von Unternehmern und anderen Gruppen, das darauf zielt, staatliche Eingriffe in den Markt herbeizuführen, um sich hierdurch künstlich geschaffene »Renten«, schnöde gesagt, Profite, aneignen zu können.

Die Abkehr der Umweltorganisationen von den Biotreibstoffen blieb jedoch eine leuchtende Ausnahme. Bei den meisten anderen Umweltthemen der Vergangenheit und Gegenwart fand eine selbstkritische Analyse bisher nicht statt. Sie waren vom ersten Tag an moralisch festgezurrt. Verbände und Umweltpolitiker halten in der Regel unbeirrt am einmal eingeschlagenen Kurs fest, auch wenn sich längst herausgestellt haben sollte, dass die jeweilige Maßnahme nichts bringt oder – schlimmer noch – der Umwelt mehr schadet als nützt.

Beispiele dafür gibt es leider viele. Das Recycling von Plastikverpackungen gilt als umweltfreundlich, obwohl dabei oft mehr Energie hineingesteckt als gespart wird. Ebenso der Biolandbau, der viel mehr Fläche verbraucht als die moderne Landwirtschaft. Wasser sparen hat sich in Deutschland als Fluch erwiesen, weil die Abwasserkanäle dadurch verstopfen. Die Stadtwerke reinigen, indem sie große Mengen Trinkwasser durch die Rohre pumpen. In Sachen Biotreibstoffe wurde erstmals eine vermeintlich ökologische Lösung zu einem relativ frühen Zeitpunkt kritisch überprüft. Hoffentlich nicht zum letzten Mal. Wer Lust hat, sich mehr solchen Pseudo-Öko-Unsinn zu Gemüte zu führen, lese das Buch »Ökofimmel« von Alexander Neubacher.

Fazit: Die deutsche Energiewende soll zwei Fliegen mit einer Klappe schlagen: Sie soll die Klimaerwärmung bremsen und den Ausstieg aus der Kernkraft gewährleisten. Doch leider erweist sie sich als Umweltzerstörung auf breiter Fläche. In den Tropen werden Regenwald und Biodiversität geopfert. Bei uns wird die Landschaft drastisch verändert. Zehntausende Windkraftanlagen töten Vögel und Fledermäuse. Da dies alles dem Klimaschutz und dem Atomausstieg dienen soll, schweigen viele Öko-Aktivisten. Der Streit zwischen Klimarettern und Naturschützern zeigt: Wer herausfinden will, was wirklich »grün« ist, muss genau hinschauen und darf sich nicht von Ökosprüchen einlullen lassen.

**Kapitel 4
Von Menschen und Walen**

Wollen wir Symboltiere oder bedrohte Arten retten?

>»Meer, darinnen es wimmelt und Walfische sind,
>die der Herr gemacht hat, dass sie darinnen scherzen.«
>
>*Bibel, Psalm 104*

»Wir hatten uns bewusst den Walfang ausgesucht«, sagte Greenpeace-Mitbegründer Rex Weyler in einem Interview über die Gründerzeit der NGO. Denn Wale seien nun einmal »das perfekte Symbol, ein Symbol für die Natur an sich«. 1975 stellten sich erstmals Greenpeace-Aktivisten in Schlauchbooten einem sowjetischen Walfänger in die Quere. Fotos von der Aktion gingen um die Welt. »Das war so ein emotionaler Moment für die Menschen«, sagt Weyler. Greenpeace hatte die perfekte Selbstinszenierung gefunden und versorgt seither Fernsehsender, Zeitungen und Magazine mit den »David gegen Goliath«-Motiven, die heute jedes Kind kennt. »Als Bob Hunter und ich uns 1975 in die Schusslinie der sowjetischen Harpunen gebracht haben, waren wir die ersten Menschen der Geschichte, die ihr Leben für eine andere Art riskierten. Das hat den Blick auf unseren Planeten völlig verändert«, erklärt Paul Watson, der später Greenpeace verlassen hat und sich bis heute mit seiner »Sea Shepherd Conservation Society« äußerst erfolgreich als Beschützer der Wale in Szene setzt.

Die Geschichte der Anti-Walfang-Kampagne ist es wert, genauer betrachtet zu werden. Denn sie ist bezeichnend dafür, wie NGOs Themen setzen. Machtgewinn, wirtschaftlicher Erfolg und zunehmende Professionalisierung haben dazu geführt, dass heute vor allem nach Marketing-Gesichtspunkten entschieden wird, wofür man seine moralische Macht in Szene setzt und Spenden sammelt. Offenbar gibt es kaum Skrupel, die Öffentlichkeit irreführend zu informieren, wenn ein Thema gut ankommt. Dies führt zu falschen Schwerpunktsetzungen und trägt, im schlechtesten Fall, sogar zum Aussterben von Tierarten bei.

Die Verwandlung der Wale, für die sich früher außer Walfängern niemand interessierte, in »Symbole für die Natur an sich« ist perfekt gelungen. In den Achtziger- und Neunzigerjahren des 20. Jahrhunderts ergoss sich eine Welle der Walverehrung über die westliche Kultur, deren Ausläufer noch heute zu sehen und zu hören sind: Walgemälde, Walposter, Walschmuck, CDs mit Walgesängen und zahllose Bücher. Whale-Watching, Ausflugsfahrten, um Wale zu beobachten, wurden zu einem bedeutenden Zweig des internationalen Tourismus. »Der Geist in den Wassern« hieß ein liebevoll illustriertes Buch der Öko-Aktivistin Joan McIntyre, das der deutsche Verlag Zweitausendeins in den frühen Achtzigerjahren anbot und das damals auf den Tischen vieler Studentenwohngemeinschaften lag. Darin wurden den Walen besondere spirituelle Kräfte zugesprochen, welche die Menschheit auf einen besseren Weg führen könnten.

Eine Rezension von »Der Geist in den Wassern« auf amazon.de (2011) vereint idealtypisch die Vorstellungen, die mit Walen als Heilsbringern verbunden sind. Unter dem Pseudonym »überlebenswasser« beschreibt dort ein Leser das Buch folgendermaßen: »Ein Aufschrei des Lebendigen in vielen Facetten und eine Mahnung, dem Leben der gesamten Erde, die in der Weite unendlicher Universen geboren ist, die die gesamte Natur aus ihren Wassern geboren hat – inklusive uns Menschen –, Ehre und Dank zu sagen. In der menschengemachten Verseuchung der Ozeane, Erdölförderung-Transport, Plastikmüll und Einleitung radioaktiver Stoffe, ist Fukushima nur der Gipfel des Eisberges lebensverachtender Kreaturen, die unbeherrschbare Technologien und Geldmaschinerien einer schlafenden Menschheit verkaufen. Möge das Mitgefühl, das in uns wohnt, sich ausdehnen, wie die Botschaften der Wale und Delfine in und über unsere gute Mutter Erde, denn Mitgefühl bewirkt eine Wandlung der Todessehnsucht im Menschen in wahrhaftige Lebendigkeit, die unserer Umarmung bedarf, damit sich die Botschaft dieses

Buches in den Herzen der Menschen zur Umkehr bewegt: Halten wir den Geist in uns wach, der in den Wassern, die auf Erden und in uns fließen (80 Prozent Wasser), lebt. Damit ist eine Erneuerung möglich – Beginn einer sanften, den Wassern entsprechenden Neugeburt (weiches Wasser höhlt den Stein) in uns wie in den Tiefen der Ozeane, die wie die alten Mythen und Gesänge der Schöpfung in uns wogen im ewigen Rhythmus, aus und in dem alle Kinder des Lebens miteinander schwingen.«

Bisher gibt es keine wissenschaftlichen Belege dafür, dass Wale besonders intelligente Tiere seien. Dennoch haben sie in der Populärkultur einen Status erlangt, der dem der Engel in der christlichen Mystik gleicht. Bis in die Siebzigerjahre hinein war dies völlig anders. Da galten Wale als tumbe Transäcke, die sich kaum von Fischen unterscheiden. Zu absolut nichts nütze, wenn man sie nicht harpunierte und verarbeitete. Die bekannteste künstlerische Darstellung eines Wals war Herman Melvilles »Moby Dick«, ein Ungeheuer, das für die Unberechenbarkeit der Natur steht.

Watsons Organisation Sea Shepherd kämpft noch heute mit 120 Crewmitgliedern, vier Schiffen, mehreren Schnellbooten, Helikoptern und sogar Drohnen. Man setzt auf Hightech und nennt sich selbst die »Marine der Wale«. Gewalt halten Watson und seine Getreuen für eine legitime Form des Protests: »Es ist nicht verwerflich, ein Terrorist zu sein, solange du gewinnst.« Offenbar kommt diese Sichtweise bei vielen gut an. Wenn Watsons Flotte in See sticht, sind stets Kamerateams großer TV-Sender mit an Bord. Hollywood-Größen wie Pierce Brosnan, Sean Penn und Pamela Anderson werben für Sea Shepherd, und das Magazin »Time« hat Watson zu einem der Helden des 20. Jahrhunderts gekürt.

Doch glücklicherweise gehen Watson langsam die Bösewichter aus. Seit im Jahr 2014 der Internationale Gerichtshof Japan den Walfang im antarktischen Meer verboten hat, fahren nur noch wenige japanische Boote auf Küstenwalfang (Japans Regierung behielt sich allerdings vor, den Walfang wieder auszudehnen). Auf Island gibt es nur noch einen letzten Walfänger. In norwegischen

145

Hoheitsgewässern jagen lediglich noch 18 kleine Crews die dortigen Zwergwale. Fabrikschiffe, wie in früheren Zeiten, als Norwegen die Walfangnation Nummer eins war, existieren nicht mehr. Die Küstenwalfänger sind Familienunternehmer, die im Rhythmus der Jahreszeiten arbeiten, im Winter fangen sie Hering, im Frühjahr Dorsch und im Sommer Zwergwale.

Setzt man den verbliebenen Walfang ins Verhältnis zu den Flotten von einst, wird klar, dass es sich nur noch um die Konservierung einer Tradition handelt, die ganz von allein aussterben wird. Zirka drei Millionen Großwale wurden im 20. Jahrhundert erlegt. Vor dem Zweiten Weltkrieg kreuzten noch 41 Fangflotten mit Mutterschiffen und Harpunenbooten durch die Weltmeere. Dass die Rettet-die-Wale-Kampagnen auch im zweiten Jahrzehnt des 21. Jahrhunderts immer noch Erfolg haben und Spender mobilisieren, beruht auf zwei Falschbehauptungen. Erstens, der Fang würde die Walbestände gefährden, und zweitens, Japan, Norwegen und Island würden den Geist des Internationalen Übereinkommens für die Regelung des Walfangs unterlaufen. Beides stimmt nicht.

Die Anti-Walfang-Aktivisten nutzen geschickt den mangelnden Informationsstand der breiten Öffentlichkeit Europas und Nordamerikas. Wal ist Wal, denken die meisten Leser und Fernsehzuschauer und glauben, Wale seien insgesamt bedroht. »Rettet die Wale!«, lautet daher seit 40 Jahren der Appell auf Plakaten, Spendenaufrufen und in Fernsehspots. Die Existenz der Wale ist jedoch schon seit Jahrzehnten nicht mehr bedroht. Vor einem halben Jahrhundert, auf dem Höhepunkt des industriellen Walfangs, standen einige Arten tatsächlich kurz vor der Ausrottung. Blauwale und Nordkaper sind bis heute selten und haben sich immer noch nicht völlig von den Zeiten des Raubbaus erholt. Es steht jedoch überhaupt nicht zur Diskussion, dass Japaner, Norweger oder Isländer ihre Harpunen auf diese bedrohte Spezies richten.

Von den 13 Großwalarten, die es gibt, harpunieren die verbliebenen Fangschiffe nur noch eine in nennenswertem Umfang: den Zwergwal. (Sein Name ist etwa verwirrend, denn trotz der deutschen Bezeichnung gehört er zu den Großwalen. In Medienberichten wird er nach der englischen Bezeichnung oft auch Minkwal genannt.) Kein Wissenschaftler behauptet, dass Zwergwale bedroht seien. Wissenschaftliche Bestandsschätzungen bewegen sich zwischen 500 000 und einer Million, Tendenz steigend. Davon erlegen Japaner, Norweger, Isländer und indigene Küstenwalfänger weniger als 1000 pro Jahr. Eine Quote, die das weitere Wachstum der Zwergwalpopulation nicht im Geringsten beeinträchtigt. Von Ausrottung, Raubbau oder Übernutzung kann also keine Rede sein. Bei anderen kommerziell genutzten Wildtierarten wird alljährlich etwa ein Drittel des Bestandes abgeschöpft, beispielsweise bei den Rothirschen in deutschen Wäldern. Außerdem töten japanische und auch isländische Harpuniere noch einige Finnwale, Seiwale, Brydewale und Pottwale. Pottwale sind vermutlich so zahlreich wie Zwergwale, die anderen drei Arten sind nicht so häufig, ihre Bestände liegen aber auch im Zehntausenderbereich, sind also nicht vom Aussterben bedroht. Die letzten Walfänger entnehmen von diesen Spezies jeweils zehn bis 50 Tiere pro Jahr. Zum Vergleich: In der ersten Hälfte des 20. Jahrhunderts lag die gesamte Jahresstrecke aller Fangnationen bei etwa 70 000.

Den Walfang-Gegnern ist es in den vergangenen Jahrzehnten gelungen, das »Übereinkommen zur Regelung des Walfangs« von 1946, die Basis der Internationalen Walfangkommission (IWC), als eine Konvention zum Walschutz hinzustellen. Wer den Vertrag liest, wird jedoch eines Besseren belehrt. Sein Anliegen ist »die geordnete Entwicklung der Walfangindustrie ... durch die angemessene Erhaltung der Walbestände«.

Leider bietet die IWC ein Beispiel dafür, wie der Sinn internationaler Verträge völlig verdreht werden kann. Weil mächtige Unterzeichnerländer wie Deutschland, die Vereinigten Staaten, Großbritannien und Australien ohnehin keine Wale mehr jagen, fand sich 1986 eine Mehrheit für ein komplettes Fangverbot. Die großen Walfangnationen schwenkten um und widmeten sich von nun an dem Schutz der Meeressäuger. Laut World Wide Fund for Nature

(WWF) geht mittlerweile die größte Gefahr für Wale längst nicht mehr von Harpunenbooten aus, sondern von der ganz normalen Fischerei. Etwa 300 000 Großwale und Delfine aller Arten verenden pro Jahr als Beifang.

Die verbliebenen Walfangnationen sitzen heute einer großen Mehrheit gegenüber, die grundsätzlich alle Arten unter Schutz stellen will, egal wie viele Exemplare es davon gibt und egal ob die Nutzung ökologisch vernünftig wäre. Dass in den Reihen der Ablehnungsfront auch Binnenländer mit abstimmen, die niemals Walfang betrieben haben, macht die Sache nicht gerade glaubwürdig.

Doch völlig ungetrübt von den ökologischen Fakten tun grüne Aktivisten und die ihnen folgenden Journalisten so, als ginge es um den Schutz besonders bedrohter Meeressäuger. Über die alljährlich stattfindenden Konferenzen der IWC wird berichtet, als gelte es, ruchlosen Naturzerstörern Einhalt zu gebieten. Grüne Campaigner würden nur allzu oft versuchen, die Menschen davon zu überzeugen, »dass jede Situation verzweifelt und jedes Rettungsprogramm ein Notfall ist«, schreiben die Naturschutzexperten Jonathan S. Adams und Thomas O. McShane. Denn Spendensammeln sei dann besonders erfolgreich, »wenn man den Leuten sagt, was sie unbedingt hören wollen«.

Der Kampf gegen die vermeintliche Bedrohung von Tierarten, die nicht selten, sondern erfreulich zahlreich vorhanden sind, macht aus dem guten Anliegen des Artenschutzes ein absurdes Spektakel. Norwegens Ex-Ministerpräsidentin Gro Harlem Brundtland gilt als grüne Vordenkerin. Sie sagte einmal: »Es ist wichtig, dass wir, wo nötig, absoluten Schutz garantieren, aber auch, wo ökologisch vertretbar, die Nutzung der Ressourcen erlauben.« Allerdings muss man anfügen, dass es beim norwegischen Walfang nicht um eine Ressource geht. Die Nachfrage nach dem Fleisch ist viel zu gering. Das reiche Land subventioniert seine letzten Walfänger im Rahmen der Wirtschaftsförderung für die Bewohner des hohen Nordens.

Dies mag zwar ökonomisch fragwürdig sein, doch ein ökologischer Frevel ist es nicht. Die mit staatlichen Mitteln künstlich am

Leben gehaltene Tradition hat keinerlei Einfluss auf den Fortbestand und die Entwicklung der betroffenen Art. Ohne die internationale Einmischung hätten Norwegens Walfänger vielleicht schon längst aufgegeben. Aber wer will sich sein Handwerk schon gern von ausländischen Aktivisten verbieten lassen? Viele Norweger haben noch im Gedächtnis, wie die Massenmedien Europas und Nordamerikas über ihr Land herzogen. Greenpeace war damals mit seiner Flotte und einem eigenen Hubschrauber angerückt, um Norwegens Walfang anzuprangern. Fernsehstationen der Welt sendeten die blutigen Bilder geschlachteter Wale, die ihnen die Aktivisten lieferten.

»Wenn sich die Wale weiter so vermehren, können wir sie in ein paar Jahren von Land harpunieren«, sagt Islands letzter Walfänger Kristján Loftsson. Er lässt sich Stolz und Sturheit etwas kosten, unter anderem die Liegegebühren und die Instandhaltung seiner vier Harpunenboote im Hafen von Reykjavik. Die Wale, die er in den vergangenen Jahren erlegt hat, haben sich wirtschaftlich nicht ausgezahlt. Doch als Anteilseigner eines großen Fischereiunternehmens kann er sich diese kostspielige Trotzhaltung leisten. Für die Anti-Walkampf-Aktivisten ist Loftsson ein rotes Tuch, denn manchmal reist er persönlich zu den IWC-Konferenzen an und äußert sich dort weitaus weniger diplomatisch als die offiziellen Delegationen. Im November 1986 hatten sich Watsons Leute eines Nachts auf zwei seiner Schiffe geschlichen und die Bodenventile geöffnet. »Hvalur 6« und »Hvalur 7« sanken auf den Grund des Hafenbeckens. Seither führt Loftsson seinen einsamen Kampf für das Recht der Isländer auf Walfang.

Bald nach Watsons Aktion 1986 zeigte Greenpeace, dass echte Profis nicht nur Symbole zerstören, sondern auch siegen können. Der Schlüssel zum Erfolg lag in der Kombination von moralischem und ökonomischem Druck. Island war der ideale Gegner. Die ökonomische Basis des Landes bildet die Fischereiindustrie. Sie erwirtschaftete damals fast zwei Drittel der Exporteinnahmen. Also zettelten die Campaigner einen Boykott in den drei Hauptabnehmerländern USA, Großbritannien und Deutschland an. Motto: Kauft keinen Fisch von den Walkillern. So unter Druck gesetzt, kündigten mehrere große Handelsketten ihre Verträge mit isländischen Firmen, darunter die Marktführer in den Vereinigten Staaten, Großbritannien und Deutschland. 1989 beendete Island den Walfang und Loftsson musste seine Schiffe stilllegen. Erst 2003 erlaubte ihm die Regierung wieder, einige Tiere zu harpunieren.

Obwohl nicht die Wale aussterben, sondern Walfänger längst ein aussterbender Beruf ist, wird das Pathos der Walrettung unbeirrt aufrechterhalten. Sea Shepherd, Greenpeace und andere Organisationen tingeln weiterhin durch die Medien und tun so, als ob die großen Meeressäuger bald verschwunden wären, wenn nichts geschieht. Sie verschweigen wissentlich, dass die wenigen Arten, die noch harpuniert werden, in erfreulich großer Zahl durch die Meere schwimmen und dass ihre Bestände seit mehr als einem Vierteljahrhundert anwachsen. Doch wie Historienvereine, die in Kostüme schlüpfen, um alte Schlachten nachzuspielen, tun Aktivisten und Journalisten so, als wäre alles so wie einst in der Jugend der Ökobewegung.

Unterdessen sind viele andere Großtiere tatsächlich vom Aussterben bedroht, Orang-Utans beispielsweise, Sumatra-Tiger und Sumatra-Nashörner. Sie verlieren ihren Lebensraum durch den expandierenden Ölpalmen-Anbau, der unter anderem durch die Nachfrage für Biodiesel angetrieben wird. Wie viel menschliche Energie und wie viel Geld könnte man gegen diesen Raubbau mobilisieren, würde man den überflüssigen Rettet-die-Wale-Rummel einfach aufgeben und sich den Tieren zuwenden, die tatsächlich vom Aussterben bedroht sind.

Fazit: Während die Welt sich über ein Häuflein noch verbliebener Walfänger aufregt, die längst keinen Einfluss mehr auf die Walbestände haben, stehen andere Wildtierarten tatsächlich vor dem Aussterben. Dennoch gehen die Rettet-die-Wale-Spendensammlungen weiter, als wäre nichts geschehen. Seit die Marketingleute bei den NGOs das Sagen haben, spielen ökologische Fakten leider kaum noch eine Rolle.

Überlasst Natur- und Tierschutz nicht den Fantasten!

»Es braucht der Mensch die Naturerlebnisse als Gegengewicht gegen die Unruhe und Ängste des Herzens, gegen den kalten, harten Glanz laufender Maschinen, gegen die Schatten der Atombombe.«

Theodor Heuss

Am 14. September 1959 zerschellte »Lunik 2« auf dem Mond. Die sowjetische Raumsonde war der erste von Menschen gemachte Apparat, der den Erdtrabanten berührte. Eine Sprengladung verteilte beim Aufprall kleine Metallschilder mit dem Hammer-und-Sichel-Wappen über eine Ebene, die »Sumpf der Fäulnis« genannt wird.

Der Lunik-2-Raumflug war einer von vielen Höhepunkten des technischen Zeitalters, in dem alles machbar und alles möglich schien. Friedliche Nutzung der Atomkraft versprach Energie ohne Ende. 1956 stellte die SPD ihren Atom-Plan vor. Kernkraftwerke würden Wohlstand für alle bringen, hieß es darin, ein »Zeitalter von Frieden und Freiheit« breche an. Euphorischer Technikoptimismus hatte die Gesellschaften in Ost und West erfasst. Illustrationen in Jugendbüchern zeigten Städte am Meeresboden und fliegende Autos. So werden wir schon bald leben, lautete die Botschaft.

Die rasanten Fortschritte von Forschern und Ingenieuren veränderten den Alltag der Mittelschichtsfamilien in den westlichen Demokratien. Fernsehen öffnete ein Fenster zur Welt, Autos erleichterten das Reisen, Küchen wurde zu Maschinenräumen, und in den Kinderzimmern schraubten die kleinen Jungs mit ihren Metallbaukästen an der Roboterwelt von morgen.

Der Siegeszug der Technik ging mit einer rasanten Erschließung der Natur einher. Immer mehr Land wurde kultiviert, immer weniger blieb übrig für wilde Tiere. Rauchende Fabrikschlote galten als Symbole des Fortschritts und Wohlstands. Es war Konsens, dass Wildnis etwas Rückständiges, ja Unheimliches ist – und möglichst komplett umgepflügt werden sollte. Niemand fand etwas Schlechtes daran, Urwälder zu roden, Flüsse zu kanalisieren, Moore trockenzulegen, Raubtiere und andere Schädlinge auszurotten. Die Natur hatte keinen guten Ruf, sie war unhygienisch, gefährlich und manchmal sogar böse. In einem populären Tierbuch für Kinder der Sechzigerjahre heißt es über den Leoparden: »Mit den körperlichen Vorzügen verbinden sich List und Tücke, Verschlagenheit und Rachsucht, Wildheit und Blutdurst, Raub- und Mordlust. Kein Wunder, dass er überall dort, wo er auftritt, ein Schrecken der Gegend ist.«

Auch andere Arten kommen nicht gut weg. Abgesehen vom edlen Rotwild und einigen dekorativen Vögeln, werden viele Tiere als bedrohlich, hässlich und unnütz beschrieben. Wale betrachtete man nicht als intelligente Meeressäuger, sondern vor allem als Ressource, die erst durch ihre Verarbeitung zu nützlichen Dingen Bedeutung erlangte.

Die wenigen Naturfilme der Fünfzigerjahre hatten sich in Stil und Aussage seit den Kindertagen des Kinos kaum verändert, als Filme wie »Rätsel der Urwaldhölle« oder »Der Herr der Bestien« das Publikum anlockten. Die Helden glichen dem amerikanischen Abenteurerpaar Osa und Martin Johnson, die in der Zwischenkriegszeit mit Kamera und Flinte durch Dschungel und Savannen zogen. Als in einem ihrer erfolgreichen Kinofilme ein Nashorn ins Bild trat, lautete der Kommentar: »Afrikas Volksfeind Nummer eins«. Die Bestie wurde sogleich vor laufender Kamera erlegt.

Der Kinofilm »Serengeti darf nicht sterben«, der 1959, im Jahr der ersten Mondsonde »Lunik 2«, in die Kinos kam, markierte ein Umdenken. Es war das schwache Aufflackern eines neuen Zeitgeistes, der ein Vierteljahrhundert später die westlichen Industrieländer beherrschen wird. Das Doku-Epos von Michael und Bernhard Grzimek entwickelte sich zu einem internationalen Erfolg. Ihr gleichnamiges Buch wurde ein Bestseller und in über 20 Sprachen übersetzt.

Eigentlich geht es in »Serengeti darf nicht sterben« um ein sehr konkretes Anliegen. Die damalige britische Kolonialverwaltung Tansanias (das noch Tanganjika hieß) plante auf Druck der Unabhängigkeitsbewegung, einen Teil der Serengeti-Ebene durch Zäune abzutrennen und der lokalen Bevölkerung zu überlassen, die das Grasland als Viehweide nutzen wollte. Der deutsche Zoologe Bernhard Grzimek und sein Sohn Michael verfolgten die alljährliche Wanderung der großen Wildtierherden mit dem Flugzeug und konnten dadurch nachweisen, dass die große Migration der Gnus, Gazellen und Zebras auch durch das Gebiet führt, das abgetrennt werden sollte.

Gleichzeitig ist der Film eine Hymne auf die Schönheit der Tiere Ostafrikas und ein flammender Appell, diese einmalige Natur zu erhalten. Die pathetische Filmmusik und die markante Stimme des Erzählers Holger Hagen wirken auch heute noch. Eine besondere emotionale Kraft verlieh dem Film die traurige Tatsache, dass Michael Grzimek bei den Dreharbeiten durch einen Flugzeugabsturz ums Leben kam. Das einmotorige Unglücksflugzeug war in einem auffälligen Zebrastreifenmuster lackiert. »Serengeti darf nicht sterben« wirkte stilprägend auf das Genre Naturfilm und entfachte eine Sehnsucht, die in den kommenden Jahrzehnten die Welt verändern sollte.

Bereits drei Jahre vor »Serengeti darf nicht sterben« wurde die erste Folge von Grzimeks TV-Format »Ein Platz für Tiere« von der ARD, dem damals einzigen deutschen Sender, gezeigt. Die Auftritte des Frankfurter Zoodirektors mit einem Affen im Arm oder einem Geparden auf dem Studiotisch gehörten zu den prägenden Fernseherlebnissen zweier Generationen. Sie galten als kulturell wertvoll, und wir Kinder durften dafür länger aufbleiben.

Der zweite, der in dieser Frühzeit der deutschen Television die Natur ins Wohnzimmer brachte, war Hans Hass, ein Wiener, der mit der Kamera tauchte. Auch er ein Pionier, der in unbekannte Welten vorstieß. Nur eine Handvoll Wissenschaftler hatte zuvor realistische Vorstellungen davon, wie es am Meeresboden aussieht, welche Pracht und Vielfalt sich unter der spiegelnden Wasseroberfläche verbirgt. Plötzlich konnte jeder Fernsehzuschauer einen Blick in diese unbekannte Welt werfen, die, wenn auch in Schwarzweiß, alles übertraf, was man erwartet hatte.

Die Unterwasserabenteuer des Hans Hass und Grzimeks Lektionen über die Zerstörung der Natur und das Leid der Tiere stellten das damals vorherrschende technikbegeisterte Weltbild auf den Kopf. Sie erinnerten die Zuschauer daran, dass die fortschreitende Erschließung der Erde Nebenwirkungen hatte: den Verlust ursprünglicher Natur. Diese Botschaft stand im krassen Widerspruch zum Zeitgeist der Fünfziger- und Sechzigerjahre. Doch Grzimek hatte Erfolg damit. »Ein Platz für Tiere« lief in 175 Folgen fast drei Jahrzehnte lang und erreichte Einschaltquoten von 75 Prozent – die erfolgreichste Dokumentarserie der Fernsehgeschichte.

1960 wurde »Serengeti darf nicht sterben« als erster deutscher Film mit einem Oscar geehrt. Vergeblich verlangte die Filmbewertungsstelle (FBW) in Deutschland, einige Sätze im Off-Kommentar des Films zu streichen. Heute klingen sie recht betulich, doch 1959 waren sie provokant: »Diese letzten Reste des afrikanischen Tierlebens sind ein kultureller Gemeinbesitz der ganzen Menschheit – genau wie unsere Kathedralen, wie die antiken Bauten, wie die Akropolis, der Petersdom und der Louvre in Paris.« Die Gleichsetzung von Tieren mit Kathedralen und dem Petersdom wurde zur damaligen Zeit noch als Beleidigung des christlichen Glaubens gewertet.

Zwischen den neuen Hochhäusern und Autobahnkreuzen beschlich immer mehr Menschen ein Gefühl, dass etwas Wichtiges verloren ging. »Das Abholzen der Regenwälder«, schrieb Grzimek, »die Verschmutzung der Weltmeere, insgesamt die Zerstörung der natürlichen Lebensräume für Tiere und Pflanzen sind eine Form des Krieges der Menschen gegen sich selbst.« Heute hat jeder Sätze wie diesen tausendmal gelesen und gehört. Sie sind Mehrheitsmeinung. Doch damals, als Grün noch keine politische Farbe war, war dies eine ungeheuerliche These. Krieg der Menschen gegen sich selbst? Gab es eine destruktive Kraft, die dem totalitären Ostblock und dem freien Westen gemeinsam war? Eine Sache, die so grundsätzlich schieflief, dass sie mitten im Kalten Krieg systemübergreifend wirkte? Vermutlich unbewusst knüpfte der Frankfurter Zoodirektor an die Gedankenwelt der Frankfurter Schule an. In der »Dialektik der Aufklärung« hatten Horkheimer und Adorno vor dem Doppelgesicht der industrialisierten und technisierten Welt gewarnt, die einerseits Massenwohlstand schaffe, andererseits die Menschen immer einsamer mache und die Natur niederwalze.

Grzimeks damalige Umkehrappelle prägen den Stil des Redens über Natur und Ökologie für Jahrzehnte. Es sind die gleichen flammenden Sätze, mit denen auch heute noch Greenpeace-Broschüren und grüne Wahlprogramme gefüllt werden. Es ist die Fünf-vor-zwölf-Rhetorik, bei der es immer ums Ganze geht, um nicht weniger als die Existenz des Planeten. Weil sich seit der Intervention Grzimeks viel zum Besseren gewendet hat, kommt uns die immer noch alarmistische Rhetorik heute oft leer vor. Und genau deshalb lohnt es sich, Grzimeks Klagen über die Machtlosigkeit des Naturschutzes noch einmal zu lesen: Nur so verstehen wir, wie erfolgreich er und seine vielen Nachfolger waren.

Nicht nur die Gnuherden der Serengeti sind seit Grzimeks Zeiten gewachsen. Die Zahl der Nationalparks und anderer großer Schutzgebiete stieg von weltweit einigen Dutzend auf viele Tausend, darunter 6555 Nationalparks (Stand 2006). Etwa zwölf Prozent der weltweiten Landfläche stehen mittlerweile unter Naturschutz. Rund um den Erdball kümmern sich professionelle und ehrenamtliche Naturschützer um den Erhalt seltener Arten. In den Industrieländern dehnt sich die Waldfläche aus, sind die Flüsse und Seen sauberer denn je. Walfang wurde fast völlig abgeschafft, und der Handel mit Produkten aus bedrohten Tier- und Pflanzenarten ist verboten. Der Erhalt der Natur beschäftigt globale Konferenzen und gilt zu Recht als Menschheitsziel ersten Ranges. Dieser fundamentale Einstellungswandel geschah binnen eines halben Jahrhunderts.

Vieles, was der deutsche Ur-Grüne Grzimek vertrat, würde allerdings in der heutigen Ökoszene nicht mehr gut ankommen. Er war kein Veganer (damals wussten die meisten Menschen noch gar nicht, was das ist), ja nicht einmal Vegetarier. Dass Menschen Tiere essen und anderweitig nutzen dürfen, war für ihn selbstverständlich. Sogar den Walfang lehnte er nicht grundsätzlich ab. Gegen eine maßvolle Nutzung der Meeressäuger hatte Grzimek nichts einzuwenden. Er kämpfte lediglich dagegen, dass die Walbestände damals durch Raubbau nahezu ausgerottet wurden. Als Naturwissenschaftler und Medientalent verstand er es, radikale Forderungen mit Pragmatismus zu verknüpfen. Teilerfolge waren ihm lieber als ein heldenhaftes, aber wirkungsloses Hochhalten einer edlen Gesinnung.

Dass Grzimek als Zoodirektor Zoos verteidigte, verwundert nicht weiter. »Zoos sind nun einmal für Menschen da«, bemerkte er lapidar. Aber auch die Notwendigkeit medizinischer Tierversuche zog der damals populärste Tierfreund Westdeutschlands nicht in Zweifel. »Unsere gesamte Medizin«, schrieb er, »die erfolgreiche Bekämpfung so vieler Krankheiten bei Menschen und Tieren ist durch Tierversuche erst ermöglicht worden.« Die Weltanschauung von Tierrechtlern, für die Menschen und Tiere den gleichen ethischen Wert besitzen, war dem Zoologen fremd. Er argumentierte wesentlich rationaler für den Schutz der Tiere, als es im heutigen Diskurs häufig üblich ist. Erst in den Neunzigerjahren gewannen Strömungen wie Veganer und Tierversuchsgegner an Bedeutung.

Die Mischung aus Mitgefühl, wissenschaftlichen Erkenntnissen und gesundem Menschenverstand, wie Grzimek sie vertrat, scheint heute aus der Mode gekommen zu sein. Deshalb erinnern wir gerne an den abenteuerlustigen Professor. Er hat uns gelehrt, dass Naturliebe und Vernunft durchaus vereinbar sind – ganz entgegen der deutschen romantischen Tradition. Heute, wo wir manches Mal meinen, eine Überbietungskultur zu beobachten, in der es darum geht, immer noch »grüner«, noch radikaler zu sein, indem man Zoos abschafft, Tierversuche generell verbietet oder die Menschen vegetarisch oder vegan zwangsernähren will, würde ein Gegenpol wie Grzimek als Autorität guttun.

Auch ökonomisches Denken war dem Ökologen Grzimek nicht fremd. Weil er voraussah, dass die geschützten Naturgebiete Afrikas auf Dauer verloren sein würden, wenn sie sich für die jungen Staaten nicht wirtschaftlich auszahlten, unterstützte er den aufkommenden Ferntourismus. So wurde die Serengeti ein Touristenziel und starb nicht. Die Einsicht, dass Naturschutz in Entwicklungsländern nur funktionieren kann, wenn er der Bevölkerung ökonomische Vorteile bietet, ist heute unter Umweltökonomen verbreitet. Auch die IUCN (International Union for Conservation of Nature), die Dachorganisation des internationalen Naturschutzes, plädiert seit den Achtzigerjahren dafür, die artenreichen Naturgebiete der Erde mit Hilfe marktwirtschaftlicher Anreize zu sichern. Denn in den ökologisch wertvollsten Regionen leben oft die ärmsten Menschen, die auf Brennholz und Wildtierfleisch angewiesen sind. Folglich – das hatte Grzimek bereits in den Sechzigerjahren erkannt – muss man ihnen wirtschaftliche Alternativen bieten, damit die Natur erhalten bleibt.

Leider hat sich diese einfache Erkenntnis bis heute nicht durchgesetzt. Eine Vermarktung der Natur darf nicht sein! Massentourismus gilt als Übel, Touristen gelten generell als »Landschaftsfresser«, ein Schlagwort, das der hauptberufliche Tourismuskritiker Jost Krippendorf einmal geprägt hat. Dabei ließ er außer Acht, dass die Alternative zum Tourismus in der Regel die Landwirtschaft ist, welche weitaus mehr Naturlandschaft frisst. Selbst ein überlaufenes Skigebiet kostet weniger Bergwald als die Almwirtschaft, auch wenn uns, rein ästhetisch betrachtet, Letztere besser gefällt.

Das mittlerweile am häufigsten vorgebrachte Argument gegen Fernreisen ist die Klimarettung. Die Reiselustigen sollen im Lande bleiben, weil Flugzeuge Kohlendioxid ausstoßen. An einigen Flughäfen stehen deshalb Automaten, an denen man Ablasszettel kaufen kann: Zertifikate, die versprechen, dass für das gespendete Geld Klimaschutzprojekte gefördert werden, die den Kohlendioxidausstoß des Flugzeugs kompensieren.

Dabei wird außer Acht gelassen, dass Ferntourismus oftmals

der wirksamste Naturschutz ist. Der Schutz biologischer Vielfalt in Schwellen- und Entwicklungsländern könnte ohne Einnahmen aus dem Fremdenverkehr nicht finanziert werden. Touristen sind die beste Versicherung für Wildtiere, Wälder, Savannen und Korallenriffe. Längst ist der Nachweis erbracht, dass viele schöne Naturlandschaften der Erde nur deswegen nicht in Ackerland, Plantagen oder Viehweiden umgewandelt werden, weil zahlende Besucher sie sehen wollen. Dass Grzimek Natur- und Tierliebe mit handfestem wirtschaftlichen Pragmatismus verbunden hat, war visionär.

Der Naturromantiker hingegen verteufelt das ökonomische Denken. Das führt häufig zu weltfremder Prinzipienreiterei. Die Folgen können an vielen Millionen Euro teuren Verzögerungen von Infrastrukturprojekten besichtigt werden, die wegen eines Tümpels mit Molchen oder einer Käferkolonie nicht vollendet werden dürfen. Für viele Bürger ist deshalb etwas so Wichtiges wie Artenschutz leider zum Synonym für endlose Genehmigungsverfahren und grüne Bürokratie geworden.

Gleichzeitig droht der Tierschutz, immer stärker in die Hände von lautstarken Fundamentalisten zu geraten, die sich »Tierrechtler« oder »Veganer« nennen. Sie lehnen jegliche Nutzung von Tieren ab und genießen für ihre Radikalität das Rampenlicht von Medien und Öffentlichkeit. Die praktische Verbesserung der landwirtschaftlichen Tierhaltung, die in vielen Fällen ja tatsächlich Tieren Qualen zufügt, gerät dadurch in den Hintergrund. Sie wird abgelöst durch die ethische Grundsatzfrage, ob der Mensch überhaupt Fleisch, Milch, Eier oder Honig zu sich nehmen darf.

Die geistigen Grundlagen des Tierrechtlertums und des Veganismus legte der australische Philosoph Peter Singer in den Siebzigerjahren. Der Begriff »vegan« als konsequent tierfreie Ernährungsform, die über den Vegetarismus hinausgeht, wurde sogar schon in den Vierzigerjahren in Großbritannien geprägt. Doch erst in den Achtzigerjahren fand diese Weltanschauung Anhänger in nennenswerter Zahl. Der wichtigste Schritt zur Popularisierung war die Gründung der Organisation PETA (People for the Ethical Treatment of Animals), die bald zur reichsten und mächtigsten Tierrechtsorganisation weltweit aufstieg. Daneben entstanden viele kleinere Gruppen, auch solche, die Gewalt gegen sogenannte »Tiernutzer« für gerechtfertigt halten und ausüben. Sie legen Bomben, zünden Häuser an, brechen ein, zertrümmern Einrichtungen und haben bei ihren Aktionen auch schon Menschen getötet. Ihre bevorzugten Ziele sind unter anderem Wissenschaftler, medizinische Forschungslabors, Pelztierfarmen und Jagdhütten.

Im Laufe der Achtzigerjahre gewann der Veganismus in Großbritannien und den USA immer mehr Anhänger und griff dann nach und nach auf die anderen reichen Industrieländer über. Veganer in Entwicklungsländern gibt es bisher kaum, dafür viele Menschen, die gern mehr Fleisch essen würden. Auffällig ist der hohe Anteil von Frauen, und dass bestimmte Berufsgruppen, die im Licht der Öffentlichkeit stehen, sich besonders stark zu dieser Lehre hingezogen fühlen. Keine andere Weltanschauung oder Religion hat proportional so viele Prominente in ihren Reihen. Auf der Website von PETA drängeln sich Schauspielerinnen, Popsängerinnen und Supermodels mit Statements gegen Zoos, Tierversuche oder Milch-Trinken.

In den letzten Jahren wuchs die Anhängerschaft nochmals, da Veganismus unter Studenten und der Boheme Mode wurde. In bürgerlichen Familien gehört es mittlerweile fast schon zur üblichen Entwicklung heranwachsender Töchter, eine vegane Phase zu durchlaufen. Interessant ist, dass die Veganismus-Welle der Gegenwart oft weniger von ethischen Überlegungen beflügelt wird als von diätischen. Hinzu kommt, dass es PETA gelungen ist, mehrere Falschbehauptungen in die Welt zu setzen, die seither die Runde machen: Veganismus sei gesund, mache schlank, fördere die Muskelbildung beim Mann und mache glücklich. Medizinisch ist dies alles ohne jegliche Evidenz. Die Deutsche Gesellschaft für Ernährung weist im Gegenteil darauf hin, dass es bei veganer Ernährung »zu einer Unterversorgung mit Energie, Protein, Eisen, Calcium, Jod, Zink, Vitamin B_2 (Riboflavin), Vitamin B_{12} (Cobalamin) und Vitamin D kommen« kann. Doch das Märchen vom gesunden

Veganismus wird gern geglaubt und verschafft den Tierrechtlern mehr Anhänger denn je.

Veganismus basiert auf der Annahme, dass Tiere unveräußerliche Rechte besitzen, analog zu den Menschenrechten. Dazu zählen beispielsweise die Rechte auf Leben, körperliche Unversehrtheit und Freizügigkeit. Veganer sind davon überzeugt, moralisch weit über allen Andersdenkenden zu stehen. Wer es falsch findet, Mensch und Tier als gleichwertig zu betrachten, sei ein »Speziesist«. »Speziesismus« wird als ein ethisches Grundübel betrachtet, ähnlich wie Rassismus, als eine reaktionäre Haltung, die aus purem Eigennutz Mitgeschöpfen Rechte vorenthält.

Über Vegetarier denken Veganer ähnlich wie Kommunisten über Sozialdemokraten: üble Kompromissler, die im Grunde schlimmer sind als jeder Fleischfresser, weil sie die reine Lehre besudeln und ständig inkonsequent handeln (wer Milch trinkt, unterstützt Kuhfolter). Noch schlimmer als laschen Vegetarismus finden Veganer ökologische Betrachtungsweisen. Aus ihrer Sicht sind Tiere Personen und nicht Teile von Ökosystemen. Sie sind als Individuen zu achten.

»Die Menschheit ist wie ein Krebsgeschwür gewachsen. Wir sind der größte Pesthauch auf diesem Planeten«, erklärte PETA-Gründerin und Vorsitzende Ingrid Newkirk. Einen Tierversuch würde sie nach eigenem Bekunden selbst dann nicht zulassen, wenn durch ihn ein Heilmittel gegen AIDS gefunden würde. Und zwischen Fleisch essen und Massenmord gebe es keinen Unterschied. »Sechs Millionen Juden sind in Konzentrationslagern gestorben, aber dieses Jahr werden sechs Milliarden Grillhähnchen in Schlachthäusern sterben«, sagte sie.

Die Ausbreitung der Tierrechtsidee signalisiert einen geistigen Umbruch. Tierrechtler wollen aus dem Wertesystem aussteigen, das sich von der griechischen Antike über Judentum und Christentum bis zur Aufklärung entwickelt hat. Es geht ihnen um die Abschaffung der in ihren Augen grundsätzlich unberechtigten menschlichen Vorherrschaft. »Es gibt keinen vernünftigen Grund zu glauben, dass ein menschliches Wesen besondere Rechte hat. Eine Ratte ist ein Schwein ist ein Hund ist ein Junge. Sie sind alle Säugetiere«, erklärte Ingrid Newkirk.

Für Tierrechtler ist es völlig unwichtig, ob Tiere denken können. Entscheidend ist ihre Fähigkeit, Leiden und Schmerzen zu empfinden. Davon ausgehend argumentiert Peter Singer: Die Befähigung eines Lebewesens, Gut und Böse zu unterscheiden, einen freien Willen zu entwickeln und Entscheidungen zu treffen, dürfe kein Maßstab für seine rechtliche Gleichbehandlung sein. Kleinkinder oder schwer geistig Behinderte besäßen – wie Tiere – kein moralisches Urteilsvermögen, so Singer. Trotzdem würden ihnen die Menschenrechte zuerkannt. Jeder erwachsene Hund sei jedoch höher entwickelt als ein neugeborenes Baby. Ergo müssten ihm die gleichen Grundrechte wie unmündigen Menschen zugebilligt werden.

Singer ist mit diesen Ansichten kein verrückter Außenseiter, sondern ein international angesehener Philosoph. 1999 wurde er auf den Lehrstuhl für Bioethik der amerikanischen Eliteuniversität Princeton berufen. In Schulbüchern für deutsche Gymnasien wird seine Tierrechtsphilosophie als vernünftige und ehrenwerte Position ausführlich gewürdigt. In seinem 1975 erschienenen Werk »Befreiung der Tiere« schrieb er unter anderem: »Es gibt mit Sicherheit einige Tiere, deren Leben, unter Berücksichtigung jeglicher Wertmaßstäbe, wertvoller ist als das Leben einiger Menschen.« All dies wird zumeist nicht erwähnt, wenn Modezeitschriften und trendige TV-Magazine über Veganismus und PETA positiv berichten.

Bis jetzt hat sich nur eine kleine Minderheit ernsthaft den Doktrinen der Tierrechtsbewegung verschrieben. Doch in den Trendvierteln der großen Städte ist es angesagt, Veganismus cool zu finden. So ist es gelungen, den Diskurs um praktischen Tierschutz in den Hintergrund zu drängen und den Veganismus als einzig moralische Alternative zum Fleischverzehr aufzubauen. Dabei klaffen öffentliche Wahrnehmung und reales Ernährungsverhalten weit auseinander. Nach der »Nationalen Verzehrstudie II« von 2008 ernährten sich in Deutschland zirka 0,1 Prozent der weiblichen Bevölkerung vegan und 0 Prozent der Männer, insgesamt also etwa 40 000 Menschen. Der Vegetarierbund Deutschland (VEBU) schätzte im Jahr 2014 die Zahl der Veganer auf 1,2 Millionen. Eine Studie der Universitäten Göttingen und Hohenheim zum Fleischkonsum in Deutschland kam 2013 zu dem Ergebnis, dass der Anteil vegan lebender Menschen in Deutschland unter 0,5 Prozent und damit vermutlich unter 400 000 liege. Doch viele Journalisten und Kulturschaffende präsentieren uns dieses Grüppchen unentwegt als eine moralische Avantgarde, die so lebt, wie alle es tun sollten.

Der weltkluge Pragmatismus eines Bernhard Grzimek jedenfalls scheint fürs Erste ausgedient zu haben. Schade, denn es ist zu befürchten, dass Tierschützer und Naturschützer bald wieder als weltfremde Spinner dastehen – wie in den Fünfzigerjahren.

Fazit: Bernhard Grzimeks Film »Serengeti darf nicht sterben« erinnerte die Menschen daran, dass die fortschreitende Erschließung der Welt traurige Nebenwirkungen hat. Und dass die Schönheit der Natur nicht minder wertvoll ist als bedeutende Kunstwerke. Der Zoologe war jedoch kein naiver Naturromantiker, weder fundamentalistisch noch dogmatisch. Ideologische Verbissenheit, wie sie heute Tierrechtler und Veganer an den Tag legen, war ihm fremd. Ein bisschen mehr Grzimek'scher Pragmatismus würde mancher Diskussion der Gegenwart guttun.

Kapitel 5
Wachsen und Gedeihen

Wie »öko« ist der Acker von morgen?

>»Alle wollen zurück zur Natur, aber keiner zu Fuß.«
>*Alois Glück*

Vielleicht war er der erfolgreichste Lebensretter aller Zeiten. Jedenfalls endeten durch seine Forschung die großen Hungersnöte, die Asien früher immer wieder heimgesucht hatten. Oftmals starben Zehntausende Menschen bei diesen durch Dürren oder Missernten ausgelösten Katastrophen. Der Amerikaner Norman Borlaug (1914–2009) gilt als Vater der Grünen Revolution, die heute fast vergessen ist. Der Begriff stammt aus einer Zeit, als »grün« noch für Landwirtschaft stand und nicht für eine Lebenshaltung oder eine politische Richtung. Als »Grüne Revolution« wurden in den Sechziger- und Siebzigerjahren die bahnbrechenden Erfolge der Agrarwissenschaft bezeichnet, die dazu führten, dass trotz rasant wachsender Menschheit genug Getreide für alle wächst. Denn, darin sind sich alle Experten einig, die Ursache für Hungerkatastrophen neuerer Zeit liegt nicht in mangelnder Nahrung. Sie sind politische Desaster, ausgelöst durch Kriege oder diktatorische Regime, die unliebsame Bevölkerungsgruppen gezielt aushungern.

Das war vor Borlaugs Grüner Revolution ganz anders. Viele glaubten, dass Thomas Malthus recht hatte (siehe S. 42). Hunger galt als Schicksal wie eine Naturkatastrophe. Alle paar Jahre wurden die bevölkerungsreichen Länder Indien und China davon heimgesucht, was Malthus zu bestätigen schien.

Borlaug und seine Pflanzenzuchtexperten entwickelten in den Fünfzigerjahren für das mexikanische »Kooperative Programm für Weizenforschung und Produktion« bessere Weizen-, Mais- und Bohnensorten. Der größte Durchbruch gelang ihnen mit dem sogenannten »Mexiko-Weizen«, dem sie ein Gen für Zwergwuchs anzüchteten. Seine Halme blieben kurz, dafür waren die Ähren stärker. In Indien konnten damit die Erträge innerhalb von zehn Jahren auf fast das Dreifache gesteigert werden. Mexiko erzeugte nur vier Jahre nach der Umstellung auf die neuen Sorten genügend Weizen für seine Bevölkerung und war nicht mehr auf Importe angewiesen. China entwickelte mit Borlaugs Zuchtmethoden bessere Reissorten, die schon bald einen Großteil der Menschheit ernährten. Auch in anderen Ländern Asiens und Lateinamerikas griffen die Bauern zu den neuen, ertragreicheren Varianten.

Nur auf dem afrikanischen Kontinent blieben viele Bauern von den Fortschritten der Pflanzenzucht ausgeschlossen. Kleine Selbstversorger in abgelegenen Gebieten konnten sich das bessere Saatgut nicht leisten oder wussten nicht einmal, dass es so etwas gibt. Deshalb konzentrierte sich Borlaug seit den Achtzigerjahren auf Afrika und reiste immer wieder in die Länder südlich der Sahara, um die Grüne Revolution auch dorthin zu tragen. »Wir müssen in randständige ländliche Gegenden investieren«, sagte er. »Besonders dringend werden Straßen, Wassermanagement und Agrarforschung benötigt.«

Sein zweites großes Anliegen war in den späteren Jahren die Gentechnik, von der er sich eine zweite Grüne Revolution versprach. Damit auch die etwa neun bis zehn Milliarden Menschen, die im Jahr 2050 auf der Erde leben werden, genügend zu essen haben. Dafür wären der Begriff »Nachhaltigkeit« und der Bezug auf kommende Generationen einmal wirklich angebracht.

Für viele, die sich mit Borlaugs Werk befasst haben, ist er einer der größten Wohltäter der Menschheit. Seine Gegner hingegen verbinden mit seinem Namen den Aufstieg der technisierten Landwirtschaft, den Strukturwandel hin zu größeren Einheiten, den Einsatz von chemischen Hilfsmitteln und den Niedergang der kleinbäuerlichen Subsistenzwirtschaft. Dass diese Entwicklungen sich als mächtigste Waffe gegen Hungerkatastrophen erwiesen haben, wird dabei leider ausgeblendet. Es stimmt allerdings, dass viele Kleinbauern bei dieser Effizienzrevolution nicht mithalten konnten. Doch die neuen

Sorten, Traktoren und Kunstdünger wirkten dabei nur als Katalysator. Grundsätzlich verläuft die Entwicklung in allen Ländern recht ähnlich, nur unterschiedlich schnell: von archaischen Agrargesellschaften, in denen 99 Prozent der Menschen Ackerbau und Viehzucht betreiben, hin zu Industriegesellschaften, in denen nur noch ein bis zwei Prozent der Bevölkerung Bauern sind. Je nachdem, wie klug eine Gesellschaft damit umgeht, kann dies mit mehr oder weniger sozialem Elend verbunden sein. Doch nirgends auf der Welt wollen Menschen zurück zur Subsistenzwirtschaft. Viele ziehen es sogar vor, in den Slums der Großstädte zu wohnen, um dem noch größeren Elend auf dem Land zu entfliehen.

Doch auch im reichen Europa ist dieser Prozess noch nicht gänzlich abgeschlossen, obwohl nur noch ein winziger Teil der Bevölkerung als Landwirte arbeitet. Die Antwort von Grünen und Konservativen auf diesen Prozess könnte man Illusionspolitik nennen. Man wettert gegen Agrarfabriken und preist den kleinbäuerlichen Familienbetrieb, der möglichst noch »bio« sein soll. Doch wer möchte wirklich unter den dort üblichen Bedingungen arbeiten? Mehr als zwei Drittel der selbstständigen Landwirte in Deutschland sind nicht mehr die Jüngsten. Den meisten davon fehlt ein Nachfolger. Es ist abzusehen, dass der Strukturwandel hin zur arbeitsteiligen, technisierten Landwirtschaft auch bei uns weiter voranschreiten wird, allen Medienberichten über einen gegenläufigen Trend hin zum kleinen Ökobetrieb zum Trotz.

Anstatt falsche Illusionen über Bauernhofidyllen zu wecken, wäre es angebracht, zu überlegen, wie Großbetriebe ökologisch sinnvoller und tierfreundlicher wirtschaften können. Leider helfen die Regularien der Bioverbände dabei nicht weiter. Denn wer sie anwendet, erntet erheblich weniger – was nur durch Erweitern der Anbaufläche kompensiert werden kann.

Intelligente Züchtung, Kunstdünger und Pflanzenschutz haben den Ertrag pro Hektar in der zweiten Hälfte des 20. Jahrhunderts verdreifacht. Trotz Bevölkerungswachstums musste deshalb die globale Ackerfläche kaum ausgedehnt werden. Mit den wenig effizienten Biomethoden würden die Bauern weltweit über eine Milliarde Hektar Fläche zusätzlich benötigen. Uns kommt es seltsam vor, dass eine Anbauform »ökologisch« genannt wird, für die man mehr Natur opfern muss.

Die Zukunft liegt unseres Erachtens weder in Kleinstrukturen noch in den starren Geboten der Bioverbände. Viel wahrscheinlicher ist, dass die stetige Weiterentwicklung der modernen Landwirtschaft neue, überraschende Lösungen hervorbringen wird – wie so oft in der Vergangenheit.

Doch die grüne Bewegung schießt sich immer heftiger auf das Feindbild moderne Landwirtschaft ein. »Bauernhöfe statt Agrarfabriken«, fordert der BUND, Greenpeace verlangt die »Abkehr von der industriellen Landwirtschaft« und die Grünen stellen die Forderung nach mehr »Bio« in den Mittelpunkt ihrer Wahlkämpfe. Seit 2011 demonstrieren in Berlin jeden Januar Tausende unter dem Motto »Wir haben es satt!« gegen die Agrarindustrie und für die Rückkehr zum guten alten Bauernhof. 2014 waren es 30 000 Teilnehmer.

Worum geht es den Verbänden an der Spitze der Anti-Agrar-Bewegung, wenn sie die modernen Landwirte unter den Generalverdacht stellen, allesamt Giftmischer und Tierquäler zu sein? Glauben sie wirklich, dass man die Welt mit der Agrartechnik des 19. Jahrhunderts ernähren könnte?

Wie konnte es den Vertretern des Ökolandbaus gelingen, konventionell erzeugte Lebensmittel als ungesünder hinzustellen, obwohl es dafür wissenschaftlich gesehen keine Belege gibt? Dabei waren mit Ehec-Bakterien verseuchte Biosalatsprossen 2011 die Ursache für die schlimmste Lebensmittelverseuchung in der Geschichte der Bundesrepublik. 53 Menschen starben daran, Hunderte erlitten ein akutes, lebensgefährliches Nierenversagen. Bei manchen blieben die Entgiftungsorgane auf Dauer geschädigt.

Doch die Verseuchung und ihre schrecklichen Folgen, änderten nichts am guten Ruf des Biolandbaus in Deutschland. Die Nachfrage nach Bioprodukten stieg nach der Ehec-Katastrophe sogar an.

Wie verzerrt die öffentliche Wahrnehmung ist, zeigte eine Umfrage im Herbst 2011. Die meisten Verbraucher schätzten die Bedrohung durch dioxin-belastete Eier (dies war ein Lebensmittelskandal im Januar 2011) schlimmer ein, als das Ehec-Desaster im Sommer desselben Jahres. Dabei war durch die Dioxin-Eier kein Mensch zu irgendeinem Zeitpunkt gesundheitlich gefährdet.

»Natur pur!« versprechen Biovermarkter. Sie übersehen, dass auch der Ehec-Erreger ein Teil der Natur ist. Und nicht nur der, sondern auch Salmonellen, Listerien, Campylobacterkeime und Schimmelpilze. Nach Angaben des Robert-Koch-Instituts erkranken jedes Jahr 150 000 bis 200 000 Menschen in Deutschland durch biologische Verunreinigungen auf Lebensmitteln. Wie viele daran sterben, dafür gibt es für Deutschland keine verlässlichen Zahlen. Doch aus den Vereinigten Staaten liegen Todesziffern vor: 5000 Amerikaner verlieren alljährlich durch Lebensmittelinfektionen ihr Leben. Eine Erhebung in England und Wales kam auf 700 Tote.

Dennoch wurden die natürlichen Risiken beim Essen selten ein großes Thema in der Öffentlichkeit. Ganz anders bei der bösen Chemie. »Pestizide«, sagt der Präsident des Bundesinstituts für Risikobewertung, Andreas Hensel, »sind nach Wahrnehmung der Verbraucher ›böse Chemie‹. Die oftmals viel höhere Gefährlichkeit natürlich vorhandener Gifte wird dagegen verharmlost.« Für Schlagzeilen sorgen selbst minimale Pestizidreste auf Obst oder Gemüse, obwohl erwiesen ist, dass die menschliche Gesundheit davon keinen Schaden nimmt. Noch fettere Schlagzeilen verursacht die Gentechnik, von der weltweit niemand auch nur einen Pickel bekommen hat.

Weil Bionahrungsmittel ohne chemische Pflanzenschutzmittel erzeugt werden, erscheinen sie in den Augen vieler Verbraucher als besonders sicher. Gegen alle Fakten glauben viele Menschen, Lebensmittel seien dann gesund, wenn sie naturbelassen sind. Das Gegenteil ist der Fall. Historisch betrachtet machten erst Züchtung und Verarbeitung aus nährwertarmen Gräsern Brotgetreide und aus unverdaulichen Wildfrüchten schmackhaftes Obst. Ohne die modernen Methoden der Konservierung wurden in früheren Zeiten ganze Dörfer durch verdorbene Nahrung dahingerafft.

Ehec-Erreger leben im Verdauungstrakt von Wiederkäuern und kommen beim Bioviehe nicht häufiger vor als bei anderen Rindern. Doch während konventionelle Landwirte nicht unbedingt auf Gülle angewiesen sind, da sie auch Kunstdünger benutzen dürfen, ist dieser Ausweg den Biobauern verboten. Sie haben keine Alternative zum Stallmist. Überzeugt von der eigenen Mission behauptet die Biolobby, Fäkalien aus dem Stall seien wertvoller als Kunstdünger. Das ist kein überzeugendes Argument, da die Pflanzen aus beiden Formen des Düngers die gleichen chemischen Stoffe aufnehmen.

Je weniger Menschen mit Ackerbau und Viehzucht beschäftigt sind, desto seltsamer werden die Vorstellungen davon. Städter, die in klimatisierten Büros arbeiten, erträumen sich eine romantische Gegenwelt. Doch Landwirtschaft ist der hartnäckige Versuch, der Natur etwas Essbares abzuringen. Je weiter sie sich dabei von der »reinen Natur« entfernte, desto reichhaltiger, vielfältiger und gesünder wurden unsere Lebensmittel. Die viel geschmähte Holland-Tomate kommt nicht mehr mit Gülle in Berührung. Sie wächst auf Steinwollequadern, wird per Schlauch mit perfekt dosierten Nährstoffen versorgt. Und im Gegensatz zu den Neunzigerjahren, als die Züchter nur auf makelloses Aussehen Wert legten und das Aroma vernachlässigten, schmecken die meisten Hollandsorten auch wieder richtig herzhaft nach Tomate.

Weil Biobetriebe auf manche Möglichkeiten der modernen Landwirtschaft verzichten, werden bei ihren Produkten immer wieder erhöhte biologische Kontaminationen festgestellt. Im April 2011 fanden Wissenschaftler in einem Amsterdamer Labor unter 120 Gemüseproben sieben, die mit gefährlichen resistenten Bakterien verseucht waren. Fünf der sieben stammten aus Biolandbau. Die Forscher vermuten, dass die Keime durch Dung auf das Gemüse kamen. Ende März 2011 entdeckte die Stiftung Warentest in zwei von fünf getesteten Spiralnudelmarken mit Biosiegel Schimmelpilzbelastungen, die den gesetzlichen Höchstwert massiv überschritten.

Im Jahr 2007 musste die Biofirma Hipp Säuglingsmilch zurückrufen, weil sie bakteriell belastet war.

In einer im Jahr 2007 veröffentlichten Auswertung von 54 Lebensmitteluntersuchungen der Stiftung Warentest heißt es: »In unseren Tests schnitten viele Bioprodukte bei der mikrobiologischen Prüfung schlecht ab. Viele unerwünschte Keime belagerten vor allem tierische Bioprodukte wie Fleisch-, Fisch- und Milcherzeugnisse. Das kann je nach Keimtyp und Keimzahl vor allem Kinder, Schwangere, geschwächte und ältere Menschen gesundheitlich gefährden.«

Insbesondere Pilzgifte (Mykotoxine) kosteten in früheren Zeiten (und in deutlich geringerem Maße auch heute noch) Menschen das Leben. Am bekanntesten ist Mutterkorn, ein Pilz, der auf Roggen gedeiht und dadurch häufig ins Brot gelangte. Wer sich daran vergiftete, starb oder verlor unter Schmerzen Finger und Zehen. Der Volksmund nannte diese Symptome »Antoniusfeuer«. Noch in den Vierzigerjahren des 20. Jahrhunderts starben Tausende Menschen in der Sowjetunion, weil sie Brot gegessen hatten, das von Pilzen der Gattung Fusarium befallen war. Durch Aufklärung und Qualitätskontrolle ist die Gefahr von Mykotoxinen im Essen heute weitaus geringer als früher – zumindest in den reichen Industrieländern. Doch die Gesundheitsgefahr, die von Schimmelpilzen ausgeht, ist immer noch wesentlich größer als das Risiko, das von Chemie in der Nahrung birgt.

Ein besonders tückisches Produkt ist ausgerechnet Rohmilch. Demeter-Biobauern, die der Weltanschauung des Anthroposophie-Gurus Rudolf Steiner anhängen, lehnen das keimtötende Kurzzeiterhitzen der Milch (Pasteurisieren) als unnatürlich ab. In den vergangenen Jahren kam es beim Genuss unbehandelter Milch immer wieder zu schweren Erkrankungen und sogar zu Todesfällen durch Ehec-Keime. 2008 wurden beispielsweise 30 niedersächsische Schüler bei einem Bauernhofbesuch durch Rohmilch infiziert. Zwei mussten auf die Intensivstation. 2006 erkrankten ebenfalls in Niedersachsen 59 Kinder und Betreuer eines Ferienlagers durch

Ehec-belastete Rohmilch. Jahr für Jahr registrieren die Statistiker des Robert-Koch-Instituts kleinere und größere Ausbrüche und immer wieder auch Todesfälle.

Die Natur hat uns leider nicht lieb. Bruce Ames, der langjährige Direktor des Nationalen Instituts für Umwelt und Gesundheit in Berkeley, Kalifornien, hat festgestellt, dass die Krebsgefahr, die von natürlichen Chemikalien in Obst und Gemüse ausgeht, 10 000 Mal höher ist als die von Pestizidrückständen. Doch wer denkt schon daran, dass selbst ungespritztes Obst nicht pestizidfrei ist. Die Pflanzen selbst produzieren Giftstoffe, die Raupen und andere Tiere davon abhalten sollen, sie aufzufressen. Daher sind die weitaus meisten Gifte, die wir mit der Nahrung aufnehmen, natürlichen Ursprungs. Manche davon sind so gefährlich, dass sie den Pflanzen einst mühsam abgezüchtet werden mussten, damit sie überhaupt essbar wurden. Der britische Molekularbiologe Anthony Trewavas weist darauf hin, dass jeder Mensch mit seiner ganz normalen Nahrung täglich mehrere Tausend natürliche toxische Substanzen zu sich nimmt. Er schätzt die Gesamtmenge dieser Stoffe auf einen Viertel Teelöffel am Tag.

So steckt etwa tödliches Solanin in den Knollen und Blättern von Kartoffeln. Chlorogensäure ist in Aprikosen und Perchlorethylen in kalt gepresstem Olivenöl enthalten. Allein der Kohl produziert zur Abwehr von Fressfeinden 49 giftige Stoffe. Die Menge natürlicher Pestizide, die eine Karotte, ein Apfel oder ein Pfirsich enthält, liegt weit über der Dosis, die der Bauer beim Spritzen von Pflanzenschutzmitteln anwenden darf. Würde man den Grenzwert für synthetische Pestizide anwenden, »dann dürfte ein Erwachsener am Tag nicht mehr als ein Milligramm Brokkoli zu sich nehmen«, errechnete der Chemiker Heinz Hug. Vertreter der Bioverbände behaupten dagegen, dass es sich bei vielen dieser natürlichen Giftstoffe um sogenannte »sekundäre Pflanzenstoffe« handle, die einen wichtigen Beitrag zur gesunden Ernährung leisteten.

Wenngleich man in den Trendvierteln der deutschen Groß- und Universitätsstädte sowie aus den Medien einen anderen Eindruck gewinnt, sind Bio-Erzeugnisse immer noch Nischenprodukte. Die Nachfrage nach ihnen bleibt weit hinter den einstigen Erwartungen zurück, obwohl selbst die Discounter »Bio« führen. Der Anteil von Bio am Gesamtumsatz von Lebensmitteln lag im Jahr 2014 noch immer bei knapp vier Prozent. 2001 hatte die damalige Verbraucherministerin Renate Künast die »Agrarwende« ausgerufen. 20 Prozent in zehn Jahren war damals das Ziel.

»Viele Verbraucher«, so schrieb die »taz« schon im Jahr 2007, »wissen nicht, was ›Bio‹ eigentlich konkret bedeutet – aber sie finden es gut.« Laut einer Umfrage von Ernst & Young glauben 81,9 Prozent, »Bio« sei gesünder, 60 Prozent, es sei besser für die Umwelt, und 69,9 Prozent meinen, Biolandwirtschaft sei »humaner« zu den Tieren. Doch was bedeutet die Bezeichnung »Bio« wirklich? Der wichtigste Unterschied zur modernen Landwirtschaft besteht darin, dass Biobetriebe auf Kunstdünger und bestimmte Pflanzenschutzmittel verzichten. Biobauern nützen Stallmist, Kompost und ausgeklügelte Fruchtfolgen, um die Fruchtbarkeit des Bodens zu erhalten. Gegen Schädlinge und Unkräuter setzen sie zwar ebenfalls Giftstoffe ein, allerdings nur solche, die nicht synthetisch (also in chemischen Fabriken) erzeugt wurden. Bei den Anhängern Rudolf Steiners (Demeter-Produkte) kommen noch esoterische Rituale hinzu, die dem Boden, den Pflanzen und Tieren spirituelle Kräfte zuführen sollen.

Wie im Biolandbau konkret gearbeitet wird, welche Methoden angewendet, welche Stoffe eingesetzt werden, interessiert die meisten Verbraucher nicht so genau. Sie möchten auf etwas Gutes und Reines vertrauen. Doch die Vermutung, dass »Bio« gesünder sei, ist unbewiesen. Und das, obwohl Anhänger verschiedener Biorichtungen und unabhängige Forscher seit fast 100 Jahren versuchen, endlich den Beweis zu erbringen. Bis heute vergeblich. Der gute Ruf ist Gefühlssache ohne Faktenbasis.

Wenn »Bio« nicht gesünder ist, ist es wenigstens besser für die Umwelt? Einzelne Biobauern engagieren sich oftmals vorbildlich für den Naturschutz. Sie bewahren Randstreifen mit Wildpflanzen,

pflanzen Hecken und Bäume. Doch grundsätzlich besitzt der Biolandbau einen gewaltigen ökologischen Nachteil. Da die Ernten geringer ausfallen, benötigt diese Form der Landwirtschaft mindestens ein Drittel bis doppelt so viel Fläche, um gleich viel zu produzieren.

Angenommen, alle Bauern der Welt würden auf »Bio« umstellen, wäre dies das Ende der Wälder, der Steppen, der Feuchtgebiete und der dort lebenden Wildtiere. Mehr Agrarfläche bedeutet weniger Natur. Diesem Argument widersprechen Anhänger des Biolandbaus mit dem Hinweis, die Menschheit könne auch vegetarisch leben. Dann müsste zwar kein Viehfutter mehr angebaut werden. Doch auch in einer vegetarischen Welt würden weiterhin Nutztiere gebraucht, um den Dünger für den Bio-Ackerbau zu liefern, da Kunstdünger ja verboten ist. Norman Borlaug errechnete, dass über fünf Milliarden Rinder notwendig wären, um den für den Getreideanbau notwendigen Stickstoff auf biologischem Wege zu erzeugen (derzeit umfasst die globale Rinderherde 1,3 Milliarden).

Der technische Fortschritt in der Landwirtschaft hat die Welt mindestens ebenso heftig verändert wie das Auto oder der Computer. Zu Beginn des 20. Jahrhunderts blieben einem Bauern kaum Überschüsse, nachdem er seine eigene Familie satt bekommen hatte. Heute kann ein einziger Landwirt Nahrung für Hunderte Menschen erzeugen. Die Lebensmittelpreise sanken in der zweiten Hälfte des 20. Jahrhunderts in einem nie dagewesenen Ausmaß. Die Deutschen geben mittlerweile mehr Geld für ihren Urlaub aus als fürs Essen. Eine eineinhalb Jahrhunderte während permanente Agrarrevolution füllte Supermärkte und brachte das Problem der Übergewichtigkeit hervor.

Nutznießer dieses Fortschritts waren in erster Linie die Konsumenten. Doch auch die Bauern selbst, die dank immer besserer Maschinen kaum noch zu harter körperlicher Arbeit gezwungen sind. Allerdings gerieten sie in eine ökonomische Falle, die man »landwirtschaftliche Tretmühle« nennt. Die Gewinnsteigerung, die sie durch höhere Produktion erzielten, wurde durch sinkende Lebensmittelpreise immer wieder aufgefressen.

Aus dieser Falle holte sie die Europäische Union mit ihren bereits angesprochenen Agrarsubventionen. Doch in jüngster Zeit sinken die Agrarrohstoffpreise nicht mehr, der Trend wendet sich und die Begründungen für Fördermittel werden immer fadenscheiniger. Ein OECD-Bericht vom Herbst 2012 konstatiert, dass der Anteil von Transferleistungen im Gesamteinkommen der europäischen Bauern im Jahr 2011 gesunken ist, auf nunmehr 20 Prozent. Vorwiegend in Nord- und Ostdeutschland arbeiten heute bereits viele effiziente Agrarbetriebe, die auch ganz ohne Subventionen auskommen könnten.

Vieles spricht dafür, dass die Preise für Lebensmittel in den kommenden Jahrzehnten weiter ansteigen werden. Die weltweite Nachfrage wächst rasant. Bis zur Mitte des 21. Jahrhunderts wird sich der globale Nahrungsbedarf zirka verdoppeln. Denn trotz weltweit sinkender Geburtenraten steigt die Zahl der Menschen bis dahin weiter an.

Zusätzlich wächst der Verbrauch in den aufstrebenden Entwicklungs- und Schwellenländern, wo sich die Einwohner nicht mehr mit einer Schale Reis zufriedengeben. Sobald Menschen der schlimmsten Armut entkommen, beginnen sie mehr tierische Produkte zu essen. Um Milch, Eier und Fleisch zu erzeugen, müssen Futtermittel angebaut werden. Es gibt aber kaum zusätzliches Ackerland. 40 Prozent der eisfreien Landfläche der Erde wird bereits landwirtschaftlich genutzt. Ein Drittel davon als Acker und zwei Drittel als Weide.

In dieser globalen Entwicklung liegt eine große Chance für die deutsche Landwirtschaft. Es ist durchaus nicht utopisch, dass sie sich zur Zukunftsindustrie des 21. Jahrhunderts entwickeln wird. Früher oder später werden die Schwellenländer den Technologievorsprung Europas und Nordamerikas aufgeholt haben. Koreanische Autos und chinesische Computer sind heute schon konkurrenzfähig. Und kluge Köpfe gibt es in Indien und Brasilien mehr als im kinderarmen Deutschland, allein schon weil es dort insgesamt mehr Köpfe gibt. Welchen Vorsprung haben wir Deutsche dann noch? Welche natürlichen Ressourcen werden 2050 entscheidend sein? Mit der Antwort auf diese Frage befassen wir uns im nächsten Kapitel.

Fazit: Die moderne Landwirtschaft hat einen denkbar schlechten Ruf. Doch die pauschale Verdammung der Agrarindustrie und der Großbetriebe geht an der Realität vorbei. Denn sie bieten verglichen mit Opas Bauernhof vielfach bessere Bedingungen für die dort arbeitenden Menschen, aber auch ökologische Vorteile. Gerade für die Landwirtschaft in Deutschland ist das eine Chance.

Landwirtschaft – eine Zukunftsindustrie für Deutschland?

> »Ungeachtet der apokalyptischen Töne mancher Umweltschützer ist unsere Art im Begriff, sich besser in das globale Funktionieren zu integrieren. Aus einer grünen Perspektive ist es durchaus sinnvoll, sich für Hightech zu interessieren.«
>
> *Lynn Margulis*

Wir trafen den indischen Unternehmensberater Arun Gairola, um mit ihm einmal aus einem anderen Blickwinkel über Landwirtschaft zu diskutieren. Er stammt aus einem kleinen Bergdorf im Norden Delhis, in dem fast alle Bewohner Gairola heißen. Einige Jahre unterrichtete er als Professor an der Fachhochschule Würzburg-Schweinfurt. Unsere Unterhaltung fand im Gewächshaus von Christian Geyer statt, wo es schon im April schön warm ist. Der Landwirt ist Inhaber des landwirtschaftlichen Betriebes »Schweizerhof« im Schweinfurter Stadtteil Sennfeld.

Auf dem fruchtbaren Land unten am Schweinfurter Mainufer reiht sich ein Gewächshaus an das andere. Elektronisch geregelte Klappen im Glasdach regulieren die Temperatur, damit Artischocken, Bohnen und Salatköpfe optimal gedeihen. Der Professor für Betriebswirtschaft, Unternehmensführung und International Management und der Bauer mit dem Spezialgebiet Gemüseanbau verstehen sich auf Anhieb. »Die Deutschen behaupten immer, sie besäßen keine Bodenschätze«, sagt Gairola, »aber das ist ein riesiger Irrtum.« Und dann fügt er nach einer Kunstpause hinzu: »Deutschland hat Wasser im Überfluss, also einen der entscheidenden Rohstoffe des 21. Jahrhunderts.« Manager internationaler Anlagefonds beschwören längst den »Megatrend Wasser«, denn das »Blaue Gold« wird vielerorts knapp und entsprechend teuer.

Bauer Christian Geyer sitzt insofern nicht weit von einer Goldmine. Die Gemüseproduzenten der Region beziehen ihr Wasser für die Felder aus dem sogenannten »Sennfelder Seenkranz«. »Durch unterirdische Kalkschichten fließen alleine hier vor unserer Haustür jeden Tag über zwölf Millionen Liter erstklassiges Wasser aus dem höher gelegenen Steigerwald nach«, rechnet der Gemüseanbauer vor, »das entspricht einem Liter für jeden Bayern pro Tag.«

Arun Gairola verblüfft seine Studenten ab und zu mit der Frage: »Kann man Wasser eigentlich exportieren?« Nach einigem Nachdenken werden dann Vorschläge gemacht, Tankschiffe etwa. Dabei geht es auch einfacher: Über den Daumen gepeilt kostet jede pflanzliche Kalorie in der Herstellung einen Liter Wasser, jede Kalorie aus tierischen Produkten sogar das Zehnfache. Wenn Bauer Geyer also eine Möhre nach Indien exportieren würde, dann exportiert er Wasser gleichsam in einem anderen Aggregatzustand.

Je höher veredelt ein Nahrungsmittel ist, desto mehr Wasser hat es im Gepäck. Eine Scheibe Brot kostet 40 Liter Wasser und in einer Scheibe Käse stecken 50 Liter. Für die Produktion eines Frühstückseis werden 135 Liter Wasser verbraucht, für eine Tüte Kartoffelchips 185 Liter – das ist mehr, als in eine Badewanne passt. Ein Kilo Geflügelfleisch schlägt dann mit etwa 3500 Litern zu Buche. Wird es gleich zu Chickencurry verarbeitet und tiefgefroren sind es noch mehr, denn die Produktion von Fastfood und Fertiggerichten braucht zusätzliches Wasser. Ein Mensch mit gutem Appetit kann pro Tag bis zu 8000 Liter Wasser verspeisen.

Wobei man grundsätzlich wissen muss: Wasser kann im eigentlichen Sinn nicht »verbraucht« werden, es bleibt dem Wasserkreislauf insgesamt erhalten, die Summe allen Wassers bleibt immer gleich. Wasser kann aber durch Gebrauch verschmutzt werden. Nach der Reinigung (Aufbereitung/Filterung) durch die Natur oder durch technische Anlagen kann man es dann wieder gebrauchen. Problematisch wird der Wasserbedarf der Landwirtschaft, wenn er in Konkurrenz zum Trinkwasserangebot für die Bevölkerung tritt oder aus fossilem Grundwasser gespeist wird, das sich nicht regeneriert.

Dennoch sollte man wasserarmen Ländern nicht grundsätzlich vorwerfen, wenn sie Agrargüter zu uns exportieren. Es gibt beispielsweise trockene Länder wie Israel, die einerseits mit dem wertvollen Nass ungeheuer effizient umgehen und andererseits wegen des vielen Sonnenscheins exzellente klimatische Bedingungen bieten. Es kommt also immer auf den Einzelfall an, dennoch ist es natürlich sinnvoll, eine wasserintensive Produktion dort anzusiedeln, wo es besonders preiswert und reichlich zur Verfügung steht.

In Indien herrscht in vielen Regionen akute Wasserknappheit. Fast alle Oberflächengewässer werden bereits für Bewässerungszwecke genutzt. Es kann nur noch auf eine beschränkte Menge Grundwasser zugegriffen werden. Nimmt die Bevölkerung bis ins Jahr 2025 weiterhin wie bisher zu, so dürfte der Wasserbedarf sich fast verdoppeln. In Delhi, Bangalore, Mumbai, Chennai und Kalkutta ist es schon gang und gäbe, dass Wasser nur für ein paar Stunden am Tag geliefert wird. Der Wasserspiegel sinkt ständig, und die Verschmutzung steigt: Indien nimmt bei der Wasserqualität den drittletzten Platz im Weltwasserbericht ein.

Im Gegensatz zu Indien ist Deutschland ein wasserreiches Land. Insgesamt werden nur etwa 17 Prozent des jährlichen Wasserangebotes dem Wasserkreislauf entnommen und diesem nach Gebrauch wieder zugeführt. Der Rest steht als stille Reserve zur Verfügung. »Wasser ist das Öl des 21. Jahrhunderts«, glaubt Arun Gairola. Wassermangel macht erfinderisch. Das beweisen beispielsweise die Israelis, die die Welt mit immer neuen ausgeklügelten Wasserspar- und Bewässerungstechniken verblüffen. Und er fügt hinzu: »Öl macht faul und korrupt.« Außer Norwegen sei kaum ein ölexportierendes Land demokratisch regiert. Wasser sei im Gegensatz zum Öl ein Segen.

»Das könnte eure Zukunft sein«, versucht Gairola, seine Studenten für unkonventionelles Denken zu begeistern, »Deutschland könnte führender Wasserexporteur und eine landwirtschaftliche Großmacht werden.« Die Studenten sind dann ein wenig erschrocken, so hatten sie sich ihre Zukunft eigentlich nicht vorgestellt.

Bei der Vorstellung von Deutschland als Agrarland schwingt immer noch der Gedanke an den berüchtigten Morgenthau-Plan mit, der vom amerikanischen Finanzministerium für die Zukunft nach dem Zweiten Weltkrieg ersonnen wurde. Er sah eine Deindustrialisierung und Umwandlung des Landes in ein Agrarland vor. Damit wollte Finanzminister Henry M. Morgenthau jr. verhindern, dass vom deutschen Boden jemals wieder ein Angriffskrieg ausginge.

Und jetzt kommt 70 Jahre später ein indischer Professor mit der gleichen Idee? Nur unter anderen Vorzeichen? Arun Gairola legt zunächst einmal Wert auf die Feststellung, dass er kein Landwirtschaftsexperte sei, dafür aber einer für unkonventionelles Denken. Nach einem Physikstudium an der Universität von Meerut verschlug es ihn 1970 nach Deutschland, wo er in Stuttgart Maschinenbau studierte und später in Darmstadt im Fachgebiet »Montageautomation und fertigungsgerechtes Konstruieren« promovierte. Nach einer steilen Karriere als Top-Manager unter anderem bei ABB in Mannheim und Alstom in Paris berät er heute indische und deutsche Firmen bei ihren Zukunftsstrategien.

»Die Schwellenländer werden Autos in absehbarer Zeit genauso gut bauen wie die Deutschen«, ist sich Gairola sicher. Der Technologie- und Knowhow-Transfer aus den in der Autoindustrie führenden Ländern wie Deutschland nach Indien sei in vollem Gange und werde auch nicht zu stoppen sein. Während die Automobilindustrie sich in einem beinharten Verdrängungswettbewerb befindet, tun sich in der Landwirtschaft gewaltige neue Zukunftschancen auf. »Alles spricht dafür, dass die Nahrungsmittelpreise in den kommenden Jahrzehnten weiter steigen, weil die weltweite Nachfrage nach Agrargütern schneller wächst, als das Angebot gesteigert werden kann«, beschreibt der deutsche Agrarökonom und Vorsitzende des Humboldt Forum for Food and Agriculture Harald von Witzke die Situation. »Mittelfristig ist Wasser das wichtigste Thema«, bestätigt auch Joachim von Braun, Landwirtschaftsexperte und ehemaliger Leiter des Internationalen Instituts für Ernährungspolitik (International Food Policy Research Institute, IFPRI) in Washington.

»Ein Land wie Deutschland könnte sich in diesem Kontext unter anderem auch als ein zukünftiges Hightech-Agrarland sehen, das mit anderen europäischen Ländern sowie USA und Kanada aufgrund der hochentwickelten Kompetenzen in der Landwirtschaft und Lebensmittelverarbeitung die weltweite Nahrungssicherung zu einem wichtigen Teil sicherstellt«, erklärt Gairola, »abgesehen davon, hat Agrarwirtschaft genauso viel Potenzial wie die Autoindustrie, Maschinenbau, Chemie oder der Dienstleistungssektor, Millionen von neuen Arbeitsplätzen zu schaffen.« Henry M. Morgenthau habe aus Deutschland ein Agrarland ohne Industrie machen wollen, er meine genau das Gegenteil: »Die Fokussierung auf die hervorragenden Kernkompetenzen, die Deutschland in der Agrarwirtschaft hat, aber auch auf die hoch technologisierten industriellen Kernkompetenzen, die das Land bei Nahrungsmittelproduktion, -verarbeitung und -transport besitzt.«

Arun Gairola versteht seinen Vorschlag also nicht als rückwärts gewandte Empfehlung, sondern als einen großen Schritt vorwärts. »Mit Agrarwirtschaft verbinden wir die Vorstellung, es sei eine minderwertige und archaische Tätigkeit, dem ist nicht mehr so.« Agrarwirtschaft habe sich zu einem hoch technologisierten Arbeitsfeld mit komplexer Wissenschaft entwickelt. Deutschland habe eine hocheffiziente Landwirtschaft, lobt der Inder, das Land habe seine Kompetenz durch enorme Produktivitätssteigerung demonstriert. 1950 ernährte ein Landwirt in Deutschland zehn Menschen, im Jahr 2007 waren es 133. »Wenn die deutsche Landwirtschaft die Herausforderungen rechtzeitig annimmt, kann sie zu einer Schlüsselindustrie des 21. Jahrhunderts werden«, meint Gairola, »ihr habt Flächenreserven, Wasser im Überfluss, eine hervorragende Infrastruktur, die besten Lebensmittel- und Umweltgesetze der Welt.«

Eine wachsende Weltbevölkerung muss ihre Nahrungsmittel zwangsläufig auf kleinerem Raum pro Kopf erzeugen, da nicht unbegrenzt Ackerland zur Verfügung steht und die letzten Naturreservate bewahrt werden müssen. Der wachsende Anbau von Energiepflanzen steigert den Druck zusätzlich. Das Anlageverhalten großer internationaler Finanzinvestoren spricht eine deutliche Sprache: Statt Agrarprodukte nur als Derivate zu handeln, kaufen sie rund um den Globus Ackerflächen oder Schweine- und Geflügelfarmen. »Getreide ist das neue Gold«, überschrieb die »Welt« einen entsprechenden Bericht, es sei ein »Wettlauf um Ackerböden« entbrannt. Von Landflächen in der Ukraine bis zu Schweinefarmen in China ist das ein weltweites Phänomen. Flächen in Russland, Ukraine, China, Argentinien, Brasilien, aber auch in Rumänien sind gefragt. Das ist nicht nur ökonomisch, sondern oft auch ökologisch sinnvoll.»Wenn zum Beispiel Saudi-Arabien in der Ukraine investiert, um sich Weizenernten zu sichern, ist das nachhaltiger, als wenn der Staat fossiles Wasser aus Vorräten unter der Wüste zur Weizenproduktion nutzt«, sagt Agrarexperte Joachim von Braun. Und er fügt hinzu: »Eine Welt, in der Lebensmittel knapp sind, muss mehr handeln, nicht weniger, damit da produziert werden kann, wo es ökonomisch und ökologisch am sinnvollsten ist.«

Der Bedarf an Nahrungsmitteln nimmt nicht nur quantitativ, sondern auch qualitativ zu. Eine wachsende Zahl von Menschen geht von einer rein pflanzlichen Nahrung zu mehr Fleisch und Milchprodukten über. »Bisher war neben religiöser Überzeugung der hohe Preis des Fleischs der Grund für den geringen Verbrauch«, weiß Gairola, »seit es den Indern zunehmend besser geht und zunehmend ihre Kaufkraft steigt, wächst auch der Fleischbedarf und die Zahl derjenigen, die gerne Fleisch essen.«

Die Herausforderung, diese Nachfrage auf eine umweltverträgliche Art zu befriedigen, ist enorm. Neben den direkten Agrarbereichen wie Lebensmittelerzeugung mit nachhaltiger Landwirtschaft, Fischzucht, Tierhaltung und Recycling wird eine Vielzahl von Wissenschafts- und Hochtechnologiebereichen benötigt: »Landwirtschaftliche Maschinen und Transportmittel, Lebensmittelverarbeitung und Verpackungsindustrie, Materialflusssysteme, Lagertechnik und Logistik, Agrarchemie, Bioenergie, etwa aus landwirtschaftlichen Abfällen, intelligente Softwareentwicklung, geografische Beobachtungssatelliten, Mikro- und Sensortechnik.« (Gairola) Hinzu kommt die grüne Gentechnik.

Um die Erträge nachhaltig zu steigern, bedarf es aber auch lokal angepasster Lösungen, besserer Pflanzenernährung und Bodenpflege. Auch Indiens Bauern haben ihre Produktivität erstaunlich erhöht. »Ich war neulich in Gujarat, einer Region Indiens, die jedes Jahr zehn Prozent Ertragssteigerung aufweist, die höchste Rate weltweit«, berichtet Joachim von Braun, »die Bauern nutzten ihr Wasser optimal und das beste Saatgut.« Sie hätten aus dem Fernsehen davon gehört und würden mit ihren Mopeds bis zu 300 Kilometer weit fahren, um das beste Saatgut zu bekommen. Der Landwirtschaftsexperte resümiert: »Bauern gehören zu den weltweit am meisten unterschätzten Innovatoren.«

»Deutschland als Agrarland bedeutet nicht, dass es sich um alle Arten von Lebensmitteln kümmern muss, sondern nur um die, die hier mit hoher Leistung und Qualität produziert werden können, etwa Getreide, Tierhaltung, Fleischproduktion und Verarbeitung, Milchwirtschaft, aber auch andere spezialisierte Bereiche«, zählt Arun Gairola auf. Dass dies möglich sei, zeige beispielsweise Bayern. »Bayern ist Hightech-Land, aber auch das wichtigste Agrarland und der größte Nahrungsmittelproduzent in Deutschland«, weiß Gairoila und betont als bekennender Bierliebhaber, dass ein Viertel des weltweiten Bedarfs an Hopfen aus Bayern komme.

Ein noch besseres Beispiel liefern die niederländischen Landwirte. Das kleine Land an der Nordsee ist nach den USA der zweitgrößte Agrarexporteur der Welt. Und dies, obwohl die Niederlande mit 484 Einwohnern pro Quadratkilometer zu den am dichtesten besiedelten Ländern der Welt gehören (Indien kommt »nur« auf 368 Einwohner pro Quadratkilometer). In den Niederlanden findet eine rasante Entkopplung von Produktion und Fläche statt. Hollandtomaten wachsen, wie gesagt, auf Steinwollquadern, die per Schlauchsystem mit Wasser und Dünger versorgt werden. Außerdem sind die modernen Gewächshäuser klimaneutral, weil Kohlendioxid als Dünger hineingepumpt und von den Pflanzen zum

Wachstum genutzt wird. Nutztiere sollen künftig in klimakontrollierten Hochhäusern gehalten werden, die nach den Bedürfnissen der Tiere konzipiert sind. Methanemissionen können aus den Exkrementen der Tiere wie aus deren Verdauungsgasen aufgefangen und in erneuerbare Energie umgewandelt werden. Gleichzeitig könnte man Wirtschaftsdünger daraus herstellen.

In vielleicht gar nicht allzu ferner Zukunft könnte die moderne Biotechnologie das Schlachten von Tieren teilweise sogar ganz überflüssig machen. Auch daran wird in den Niederlanden und den USA intensiv geforscht. Agronomen und Biotechniker arbeiten an verschiedenen Verfahren, das Tier in unserer Nahrungskette schlichtweg zu überspringen. Das Fleisch soll mit Hilfe von Bioreaktoren aus Stammzellen gezüchtet werden, anstatt es in Tieren heranwachsen zu lassen.

Frank van Tongeren, Agrar- und Handelsexperte der OECD in Paris, lobt die herausragende Innovationsfähigkeit der Niederländer auf diesen Gebieten: »Die Zusammenarbeit von Produzenten, Forschung und Staat ist wesentlich enger und funktioniert besser als in Deutschland.« Die Exportpalette der Holländer umfasst fast ausschließlich Produkte mit hohem Verarbeitungsgrad und intensiver Produktionsweise wie Gemüseanbau und Viehzucht. Von den Niederländern lernen heißt für Bauern auch wieder mehr unternehmerisch denken, anstatt auf staatliche Subventionen zu schielen. Und sollte für Morgenthau 2.0 der deutsche Nachwuchs fehlen, weiß Arun Gairola ebenfalls Rat: »Es gibt eigentlich nur ein Land, in dem entsprechend motivierte Fachleute und potenzielle Unternehmer millionenfach heranwachsen und ausgebildet werden. Und dieses Land heißt Indien.«

Solche Szenarien sind dazu angetan, uns zu erschrecken. Aber sind sie wirklich abwegig, wenn wir bedenken, wie stark die Nachfrage nach qualitativ hochwertigen landwirtschaftlichen Produkten steigern wird? Ist eine solch arbeitsteilige Welt, wie sie der indische Professor vorschlägt, nicht vielleicht tatsächlich »grüner« und ökologisch sinnvoller als ein Zurück zum kleinen Ökobetrieb?

Und wäre in Bioreaktoren gezüchtetes Fleisch, so absurd es uns Feinschmeckern dünkt, nicht der beste Tierschutz, den es je gegeben hat?

Fazit: Die Debatte um Bio- oder konventionelle Landwirtschaft ist ziemlich festgefahren. Wer auf neue Gedanken kommen will, sollte sich mit Vertretern unkonventionellen Denkens unterhalten. Vielleicht liegt unsere Zukunft auch auf Gebieten, an die wir selten denken.

Wie grün ist Gentechnik?

»Wer bewirken könnte, dass auf demselben Fleck Erde zwei Ähren Korn oder zwei Halme Gras wachsen, wo vorher nur eines gedieh, der diente der Menschheit besser und leistete seinem Vaterland wesentlichere Dienste als die Gesamtheit aller Politiker.«

Jonathan Swift

»Gegemüse in Biobabybrei gefunden«. Solche und ähnliche Schlagzeilen überraschten im Herbst 2013 deutsche Zeitungsleser. Testlabore hatten unter anderem Sonnenblumengene im Chicorée und Rettichgene im Blumenkohl entdeckt, und das in Biomärkten, die schon an der Tür mit großen Schildern darauf hinweisen, sie seien »gentechnikfrei«.

Der Biolandbau hatte ein Erklärungsproblem. Denn was da gefunden wurde, kam nicht etwa zufällig hinein. Es handelt sich um Spuren von CMS-Pflanzen. Die Abkürzung steht für »cytoplasmatisch-männliche Sterilität«, darunter verstehen Biologen die Eigenschaft von Pflanzen, keine fortpflanzungsfähigen Pollen ausbilden zu können.

Arten, die dieses Merkmal aufweisen, sind nicht in der Lage, sich selbst zu bestäuben. Das Phänomen kommt bei etwa 150 Pflanzen natürlicherweise vor und ist bei Züchtern sehr beliebt, weil sich diese Gewächse besonders leicht kreuzen lassen. Auch für Hybridzüchtung ist diese Eigenschaft sehr nützlich. Hybride sind besonders leistungsfähige und ertragsstarke Pflanzen, die durch Kreuzung zweier vollständig reinerbiger Eltern entstehen.

Nutzpflanzen, bei denen CMS nicht vorkommt, können diese Eigenschaft aus einer nahe verwandten Art übertragen bekommen. Diese Möglichkeit ist in den Achtzigerjahren entwickelt worden. Die entsprechenden Hybridsorten sind seit den späten Neunzigerjahren im Handel. Laut Gentechnikgesetz gelten sie nicht als gentechnisch verändert und sind nach der geltenden EU-Öko-Verordnung auch im Biolandbau erlaubt.

Und dort werden sie auch gern eingesetzt, etwa bei Karotten, Blumenkohl oder Brokkoli. Darf das sein? Ist es für Gentechnikgegner akzeptabel, wenn durch CMS-Technik Sonnenblumengene in Chicorée übertragen werden? Ist es noch im Rahmen der reinen Lehre, wenn man statt Sorten verschiedene Arten kreuzt? Darüber ist ein Glaubenskrieg in der Biogemeinde entbrannt.

Die Kundschaft war durch die Nachricht vom Gengemüse im Biomarkt verunsichert. Schließlich hatte man jahrelang gelernt, dass Pflanzen durch Gentechnik »verseucht«, »kontaminiert« und »manipuliert« würden. Gentechnikgegner hatten immer behauptet, sobald Artgrenzen überschritten würden, drohe der Super-GAU. Und nun sollen Sonnenblumenallergiker sich auf einmal nicht mehr fürchten müssen, wenn Sonnenblumengene im Chicorée versteckt sind?

Die Bioverbände mussten zähneknirschend klarstellen, dass CMS-Hybriden keine Gentechnik »und nach Biorecht für den ökologischen Landbau erlaubt« sind. In einem Informationspapier des Bundesverbandes Naturkost Naturwaren (BNN) heißt es: »Das Verfahren bildet ein Ergebnis nach, das über (teils aufwändige) Brückenkreuzungen ebenfalls möglich wäre – ähnlich einer Pflanzenkreuzung. Die Methode findet somit auf zellulärer – nicht manipulativ-genetischer – Ebene statt.« Und: »Es besteht keine gesundheitliche Gefährdung durch die CMS-Technik.«

Was ist Gentechnik überhaupt? Was bedeutet »natürlich kreuzbar«? Fängt die Gentechnik da an, wo Zellen nicht kreuzbarer Arten verschmolzen werden? Darf man als Gentechnikgegner Triticale essen, ein bei Biobauern sehr beliebter Hybrid, bei dem zwei Arten (Weizen und Roggen) miteinander verschmolzen wurden?

Nicht nur die CMS-Technik, auch andere Fortschritte in der Pflanzenzucht, bringen die Biogemeinde ins Grübeln. Wie die klassische Gentechnik haben neue Verfahren gegenüber den früheren

Zuchtmethoden den Vorteil, dass die gewünschten Eigenschaften nicht zufällig entstehen, sondern gezielt hervorgebracht werden können. Einige dieser neuen Verfahren lösen an einer bestimmten Stelle eines vorher identifizierten Gens punktuelle Mutationen aus. Andere können einzelne Gensequenzen und damit die Ausprägung unerwünschter Eigenschaften blockieren. So können Gene, die für die Produktion von schädlichen Inhaltsstoffen oder Allergenen verantwortlich sind, »punktgenau« ausgeschaltet werden.

Von Biopuristen werden die neuen Züchtungstechniken allerdings als »versteckte Gentechnik« bezeichnet. Vielleicht hat dieser Disput ja etwas Gutes: Womöglich beginnen manche am Biodogma zu zweifeln. Der eine oder andere kommt vielleicht auf den Gedanken, dass Gentechnik und Biolandbau sich gar nicht zwangsläufig ausschließen müssen. Alle Züchtungstechniken, die heute etabliert sind, waren irgendwann einmal »neu«. Inzwischen haben sie sich in der Züchtungspraxis bewährt.

Als wir seinerzeit für das damals größte europäische Umweltmagazins »natur« gearbeitet haben, zeigte eines der Titelbilder einen Bauern, der staunend vor einer riesigen Tomate steht. »Größer, schöner, gesünder?«, fragt die Titelzeile und thematisiert die »fantastischen Versprechungen der Gentechniker«. Der Bericht erschien im Februar 1991 und behandelt bereits so ziemlich alle Fragen, um die es in der Diskussion um »grüne Gentechnik« heute immer noch geht. Die Vorbehalte sind größtenteils die gleichen geblieben. Und mittlerweile ist eine ganze Menge passiert: 2013 wurden weltweit transgene Pflanzen auf einer Fläche von 175 Millionen Hektar angebaut (das ist in etwa die Fläche Alaskas). 18 Millionen Landwirte (90 Prozent davon Kleinbauern) in 27 Ländern bedienten sich gentechnisch entwickelter Sorten.

Während früher neu gezüchtete Pflanzensorten oder solche aus fernen Ländern (wie die Erdnuss oder die Kiwi) schlichtweg am Verbraucher ausprobiert wurden, kommt heute – zumindest was die grüne Gentechnik anbelangt – nichts mehr auf den Teller, was nicht in jahrelangen Versuchen aufwändig auf eventuelle Gefährdungen getestet worden wäre. Mehr Vorsicht war nie. Obwohl Millionen von Menschen Lebensmittel zu sich nehmen, die aus gentechnisch verändertem Mais und Soja hergestellt wurden, ist kein einziger Fall bekannt, in dem jemand gesundheitlichen Schaden genommen hätte. Auch die ökologische Begleitforschung hat keine Erkenntnisse hervorgebracht, die eine pauschale Ablehnung grüner Gentechnik auf dem Acker begründen könnten. Die Fakten sprechen dafür, dass diese Technik sicherer anwendbar ist als manche herkömmliche landwirtschaftliche Methode und zum Nutzen der Menschheit gehandhabt werden kann. Es wird Zeit, die Debatte um grüne Gentechnik diesen über Jahrzehnte gewonnenen Erkenntnissen anzupassen. Viele der Projekte, an denen die Wissenschaftler derzeit arbeiten, könnten drängende Umwelt- und Gesundheitsprobleme lösen.

Der Goldene Reis (siehe S. 205) ist dabei nur das bekannteste Beispiel für die Bemühungen von Biologen um den Erhalt und die Verbesserung der Nahrungsgrundlagen. Überall auf der Welt versuchen Forscher, mit Hilfe der Gentechnik bedrohliche Pflanzenseuchen zu besiegen. Zum Beispiel in Uganda: Dort geht es um nichts weniger als die Rettung der Banane.

Matoke, ein fester Brei aus Bananen, ist das Grundnahrungsmittel Ugandas. Matoke wird aus Matoke gemacht, die Frucht heißt genauso wie die Speise. Solche Kochbananen sind jedoch kein süßes Obst, sondern ein mehliges Gemüse, das man, ähnlich wie die Kartoffel, kochen muss, um es genießbar zu machen.

Rund 30 Prozent der Kalorien, die die 34 Millionen Einwohner Ugandas zu sich nehmen, stammen aus Kochbananen. Im Durchschnitt isst jeder Ugander etwa 200 Kilo im Jahr. »Wir sind«, sagt James A. Ogwang mit schelmischem Grinsen, »eine Bananenrepublik.« Ogwang ist Direktor des nationalen Forschungsinstituts für Pflanzenbau (NACRRI). Er und seine Mitarbeiter haben sich zum Ziel gesetzt, Matoke durch Gentechnik zu retten. »Gentechnik«, davon ist er überzeugt, »ist ein wichtiges Werkzeug, um Nahrungssicherheit zu erreichen.«

Das Wort »Nahrungssicherheit« hat in Afrika einen anderen Klang als in Europa. In Deutschland denkt man dabei an Dioxin-Eier und Pestizidrückstände auf Erdbeeren. In Afrika bedeutet Nahrungssicherheit: satt werden. Dass in Uganda die Nahrung nicht mehr sicher ist, liegt hauptsächlich an Bakterien und Pilzkrankheiten, die die Bananenpflanzen verdorren lassen. Ernteverluste durch die Seuchen belaufen sich bereits auf Hunderte Millionen Euro im Jahr. In manchen Regionen sind 80 Prozent der Plantagen infiziert.

Aber nicht nur in Uganda sind Bananen in Gefahr. In fast allen Anbaugebieten der Welt breiten sich Bananenkrankheiten aus, die zu Ernteausfällen und dem Einsatz von immer mehr Spritzmitteln führen. Aufgrund ihrer speziellen biologischen Eigenheiten sind Bananen besonders empfindlich gegenüber Krankheitserregern. Und die Züchtung widerstandsfähiger Sorten ist sehr aufwändig und kostet viel Zeit. Eine Alternative wäre das Einschleusen von Resistenzgenen in die Pflanzen.

Bakterien und Pilze haben auf den Feldern Ugandas leichtes Spiel, denn die meisten Bananenpflanzer sind Kleinbauern, die sich keine Pflanzenschutzmittel leisten können. Knapp 70 Prozent der Ugander leben von einem winzigen Stück Land, durchschnittliche Anbaufläche 1,3 Hektar.

Obendrein erleichtert eine besondere Eigenschaft der Banane Schädlingen das Leben: Bananen haben keinen Sex. Anders als bei den Wildformen sind bei kultivierten Sorten alle männlichen Blüten steril und die Früchte samenlos. Zucht mittels Bestäubung ist deshalb unmöglich. Eine Vermischung männlicher und weiblicher Gene, die die Abwehrkraft der Pflanzen steigern könnte, findet nicht statt.

Statt durch Bestäubung werden Bananenpflanzen durch Schösslinge vermehrt – also »geklont«. Es gibt für die ugandischen Wissenschaftler kein Entweder-oder zwischen herkömmlichen Zuchtmethoden und Gentechnik. Will man die Bananen in absehbarer Zeit gegen die gefürchteten Krankheiten immunisieren, scheint Gentechnik die aussichtsreichste Methode. Das bestreitet Dirk Zimmermann, Agrar-Campaigner bei Greenpeace: »Die Züchtung von Bananen mag schwierig sein, aber sie ist nicht unmöglich.« Er empfiehlt Uganda, stattdessen auf Biolandbau zu setzen. Dieser biete »große und ungenutzte Potenziale«. »Die sitzen in ihren Hamburger Büros«, kontert Andrew Kiggundu, Forschungsleiter bei der Nationalen Agrarforschungsorganisation (NARO), die Greenpeace-Ratschläge, »und haben keine Ahnung, wie afrikanische Bauern ums Überleben kämpfen.«

Schon einmal hatte eine Bananenseuche weltweit verheerende Folgen. Bis in die Sechzigerjahre war die »Gros Michel« die weltweit am häufigsten angebaute süße Bananensorte. Wegen ihres köstlichen Geschmacks gilt sie bis heute als Königin der Bananen. Dann kam die Panama-Krankheit und raffte die Pflanzen dahin. Heute wird deshalb fast überall die »Cavendish« angebaut. Seit den Neunzigerjahren geht eine neue Variante der Panama-Krankheit um, die auch die »Cavendish« befällt. Deshalb versuchen Pflanzenforscher, transgene Linien der Frucht zu entwickeln. Stirbt die »Cavendish«, müssen Europäer auf eine von vielen Obstsorten verzichten. In Uganda jedoch geht es um mehr als den süßen Nachtisch, es geht ums Hauptgericht.

Die ugandischen Forscher wissen, dass die Anti-Gentechnik-Lobby in Europa stark ist, und machen sich deshalb Sorgen, dass Wissenschafts- und Entwicklungsinstitutionen aus Europa von Aktivisten unter Druck gesetzt und ihre Forschungsförderung gekappt werden. »Schon heute«, sagt Andrew Kiggundu, »fördern EU-Institutionen keine Wissenschaft mit starker Gentechnik-Komponente.« Solche Sorgen sind durchaus begründet. Auf Rat europäischer Gentechnikgegner stoppte die Regierung Sambias die Verteilung amerikanischer Lebensmittelhilfe während einer Hungersnot im Jahr 2002, weil der Mais von den in Amerika üblichen Gentechniksorten stammte.

Werden die Gentechnikgegner jetzt gegen die Weiterentwicklung der ugandischen Bananen Front machen? Campaigner Zimmermann hält sich das offen und will sich nicht dazu äußern, ob Greenpeace gegen die afrikanischen Wissenschaftler vorgehen wird. Wenn die Forscher weiterarbeiten dürfen, bestehen Chancen, die Pflanzenseuchen einzudämmen. Ein entscheidender Durchbruch fand bereits 2007 statt, als es gelang, Paprikagene ins Bananenerbgut einzuschleusen und sie damit resistent gegen das schädliche Bakterium zu machen. Seither werden die optimierten Pflanzen im Labor vermehrt und auf eingezäunten Versuchsplantagen angebaut – mit viel versprechenden Ergebnissen.

Während an verschiedenen Orten der Welt Gentechnik den Menschen hilft, ihre Nahrung und ihre wirtschaftlichen Grundlagen zu sichern, wird Deutschland zur gentechnikfreien Zone. Firmen flüchten, Spitzenforschern wird die Arbeit schwergemacht. 2013 und 2014 wurde keine einzige gentechnisch veränderte Pflanze auf deutschen Feldern ausgesät. Von den 190 in Deutschland entwickelten transgenen Pflanzen wird nicht eine angebaut. Obwohl manche davon, wie etwa eine optimierte Zuckerrübe, im Ausland höchst gefragt sind. Die BASF verlagerte 2012 ihre Sparte Pflanzenbiotechnologie komplett nach Amerika. Und Monsanto kündigte 2013 an, alle sieben seit Jahren anhängigen Zulassungsanträge bei der EU zurückzuziehen. Der US-Saatgutkonzern sieht für sich auf dem europäischen Markt keine Zukunft.

Der Rückzug der Agrarindustrie wurde begleitet vom unermüdlichen Protest der Aktivisten. Eines ihrer Angriffsziele ist die Rostocker Biologieprofessorin Inge Broer. Gentechnikgegner blockierten Zufahrten zu den Versuchsfeldern der Universität, rissen nachts Pflanzen aus und schrien auf dem Campus Biologiestudenten nieder, die sich mit Gentechnik befassen wollten. In Pamphleten wurde die Forscherin als gekaufte Handlangerin von Monsanto & Co. dargestellt – dies, obwohl sie strikt darauf achtet, ihre Projekte aus staatlichen Programmen zu finanzieren, um jedem Verdacht der Beeinflussung durch die Unternehmen entgegenzutreten. »Wenn ich nicht so eine Frohnatur wäre«, sagt sie, »dann wäre ich schon längst ausgewandert.«

Broer konnte 2013 keinen einzigen Freilandversuch durchführen. Nicht weil der Dauerprotest von Anti-Gentechnik-Aktivisten sie davon abhält. Es ist die Verzögerung der staatlichen Förderprogramme, die die Forschung auf dem Acker ausbremst. Doch im Schutz der Glashäuser geht es weiter. Ihre Modellpflanze ist der Tabak. Was sich an diesem pflegeleichten Gewächs bewährt, kann anschließend auf andere Nutzpflanzen wie Erbsen oder Kartoffeln übertragen werden. Einige ihrer Tabakpflanzen stellen beispielsweise Biopolymere her, die Phosphat in Waschpulver ersetzen können. Andere produzieren Medikamente für die Tiermedizin oder sind weniger empfindlich gegen Umweltstress. Zurzeit arbeitet Broer an Pflanzen, die Östrogen aus dem Trinkwasser aufnehmen können. Denn durch die Verbreitung östrogenhaltiger Medikamente ist dieses Hormon zu einer Belastung für Fische und andere Wasserlebewesen geworden.

Die staatliche Förderung ihrer Versuche, auf die die Professorin angewiesen ist, wurde immer weiter reduziert. In ihrem Projekt »AgroBio Technikum« in Groß Lüsewitz wird jetzt konventionelle Pflanzenzüchtung betrieben. Seit sie keine Feldversuche mehr durchführt, wurde es etwas ruhiger an der Rostocker Uni. Der Altersabstand zwischen den Aktivisten und den jungen Biologiestudenten wird größer. Die Anti-Gentechnik-Front scheint Nachwuchsprobleme zu bekommen. »Die heutigen Jugendlichen«, sagt Inge Broer, »sind viel neugieriger und unideologischer.«

Wie schnell sich die Einstellung zu diesem Thema verändern kann, zeigt ein aktuelles Beispiel aus dem Sommer 2014. Einem Ausbruch der Ebola in Westafrika, von dem auch westliche Helfer betroffen waren, folgte rasch die Forderung, auch offiziell noch nicht zugelassene neue Medikamente zur Verfügung zu stellen. Die dafür benötigten Antikörper werden in gentechnisch veränderten Tabakpflanzen produziert. Doch Medien und Öffentlichkeit zuckten darüber nicht einmal mit den Schultern, es schien plötzlich vollkommen selbstverständlich.

Der Fanatismus mancher Gentechnikgegner ist aus noch einem weiteren Grund aus der Zeit gefallen, auch wenn in Bayern viele

Schilder einen »genfreien Landkreis« versprechen. Gentechnik ist auch in Deutschland längst auf dem Teller. Dennoch tun die Aktivisten so, als wären unsere Lebensmittel gentechnikfrei. »Wir haben beim Bundesforschungsinstitut für Ernährung und Lebensmittel bereits Ende der Neunzigerjahre festgestellt«, sagt Klaus-Dieter Jany, Ehrenvorsitzender des Wissenschaftlerkreises Grüne Gentechnik, »dass etwa 60 Prozent aller Produkte im Supermarkt mit Hilfe von Gentechnik hergestellt werden. Heute dürften es 80 Prozent sein.« Denn damals ging es nur um Prozessstoffe, Hilfsstoffe und Zusatzstoffe. Eier, Milch und Fleisch von Tieren, die Gentechnikfutter erhalten, wurden nicht einbezogen. Dennoch ist die Zahl der Lebensmittel auf dem deutschen Markt, die gekennzeichnet sind, verschwindend gering.

Fleisch, Eier und Milchprodukte von Tieren, die mit Gentechnikfutter gemästet werden, müssen nicht kenntlich gemacht werden. Doch die Mehrzahl der Stalltiere frisst seit Jahren Futter, das gentechnisch verbesserte Sojabohnen aus den USA, Brasilien oder Argentinien enthält. Ungekennzeichnet bleiben auch Lebensmittel mit Zusatzstoffen, Aromen oder Vitaminen, die aus gentechnisch veränderten Mikroorganismen hergestellt werden. Ebenso sind technische Hilfsstoffe ausgeklammert, wie zum Beispiel Enzyme. Selbst Produkte, auf denen das Logo »Ohne Gentechnik« klebt, dürfen mit solchen Hilfsmitteln erzeugt werden.

»Ohne Gentechnik heißt realistisch mit ein bisschen Gentechnik, denn die heutige Nahrungsmittelindustrie kann ohne diese Verfahren nicht mehr auskommen«, sagt Gerd Spelsberg, Redaktionsleiter der Website »transgen.de«, die von Saatgutunternehmen bezahlt wird, um über wissenschaftliche Hintergründe der Gentechnik zu informieren.

In Backmitteln beispielsweise steckt die Aminosäure Cystein, die verhindern soll, dass die Teigwaren zusammensacken. Früher wurde sie aus Menschenhaaren oder Schweineborsten gewonnen. Heute aus genveränderten Kolibakterien. Vitamine wie B_2 und B_{12} werden fast ausschließlich in Reaktoren durch Gentechnik-Bakterien erzeugt. Auch bei der Vitamin-C-Herstellung spielen gentechnische Verfahren eine Rolle. Zum Eindicken der Milch bei der Käseherstellung wurden früher die Mägen von Lämmern und Kälbern benutzt, die Chymosin enthalten. Heute erzeugen Schimmelpilze und Hefen dieses Enzym mit Hilfe von Gentechnik.

»Wenn ich mit Gentechnikgegnern diskutiere, biete ich gern einen französischen Rotwein an«, sagt Klaus-Dieter Jany, »und sage ihnen, dass gentechnisch erzeugte Enzyme für die Farbstabilität sorgen. Bisher hat noch keiner abgelehnt.« Das ist kein Widerspruch, denn die Herkunft solcher Substanzen sollte nach dem Willen der meisten Anti-Gentechnik-Organisationen besser nicht auf den Flaschen stehen. Während Greenpeace & Co. gegen die Gentechnik in Futtermitteln protestieren und in Supermärkten Warnhinweise auf Milch kleben, bleiben die Aktivisten zum Thema Enzyme, Vitamine und Aminosäuren seltsam still. Ihr Argument: Diese Stoffe sind im Endprodukt nicht mehr nachweisbar. Doch auch für Produkte, die gekennzeichnet werden müssen, gibt es so einen Nachweis nicht. So kann zum Beispiel kein Labor feststellen, ob Zucker aus einer Gentechnikrübe stammt. Die chemische Struktur ist dieselbe. Auch bei Sojaöl gibt es keinen Unterschied. Man muss auf die Angabe des Herstellers vertrauen, woher das Soja stammt. »Die Grenze ist politisch, nicht wissenschaftlich«, kritisiert Marcus Girnau vom Bund für Lebensmittelrecht und Lebensmittelkunde.

Die Gentechnikgegner brauchen die Illusion vom gentechnikfreien Deutschland, weil ihr Kampf ansonsten absurd wirken würde. Sie wissen eine Mehrheit der Bevölkerung hinter sich. Doch wie lange es eine Mehrheit bleibt, ist offen. In den Neunzigerjahren wurde die medizinische Gentechnik von vielen ähnlich heftig verdammt wie heute die Gentechnik auf dem Acker. Inzwischen gehören Insulin, Blutgerinnungsmittel, Impfstoffe und andere Medikamente, die gentechnisch erzeugt werden, zum Alltag von Millionen Patienten. Auch interessiert die wenigsten Kunden, dass 70 Prozent der weltweit erzeugten Baumwolle gentechnisch verändert sind. T-Shirts, Tampons und Geldscheine enthalten Gentechnikbaumwolle, ohne dass jemand sich darüber groß aufregt. Manche Kartoffelchips werden mit Baumwollsamenöl geröstet – unwahrscheinlich, dass es frei von Gentechnik ist. In einem einzigen Jahr reisen 1,8 Millionen Deutsche in die Vereinigten Staaten, wo Essen aus Gentechnikmais und -soja selbstverständlich ist. Das Gleiche gilt für Reiseländer wie Kanada und Brasilien. Bisher hat sich noch keiner bei der Rückkehr darüber beklagt.

Fazit: Die Gentechnik eröffnet Möglichkeiten, Landwirtschaft ökologischer zu gestalten. Doch statt Risiken und Chancen abzuwägen, macht die grüne Bewegung den Menschen Angst und verbreitet Gerüchte. Dabei nutzen auch Biozüchter inzwischen gern gentechnische Methoden. Neue Verfahren verkürzen und präzisieren den langwierigen Züchtungsprozess, indem sie direkt beim Erbgut ansetzen. Es wird immer schwieriger, zu erklären, worin der Unterschied zur klassischen Gentechnik überhaupt noch besteht.

Kapitel 6
Leben und leben lassen

Ist Umweltaktivismus der neue Kolonialismus?

> »Fanatismus ist Inhumanität im Namen großer Ideale –
> und deshalb mit bestem Gewissen.«
>
> *Hubert Schleichert*

»Es war einmal eine Stadt im Herzen Amerikas, in der alle Geschöpfe in Harmonie mit ihrer Umwelt zu leben schienen … Selbst im Winter waren die Plätze am Wegesrand von eigenartiger Schönheit. Zahllose Vögel kamen dorthin, um sich Beeren als Futter zu holen.« So beginnt das erste Kapitel von Rachel Carsons Buch »Der stumme Frühling« (»Silent Spring«), das 1962 in Amerika Furore machte und bei vielen als der Nukleus der modernen Umweltbewegung gilt. Die harmlose Szenerie einer fiktiven Kleinstadtidylle könnte auch von Steven King oder Alfred Hitchcock beschrieben sein, denn sie verwandelt sich in eine Hölle: »Dann tauchte überall in der Gegend eine seltsame schleichende Seuche auf, und unter ihrem Pesthauch begann sich alles zu verwandeln … Es herrschte eine ungewöhnliche Stille. Wohin waren die Vögel verschwunden? … Es war ein Frühling ohne Stimmen.«

Rachel Carson war nicht nur eine begabte Autorin, sondern auch eine Biologin, die 15 Jahre im US Bureau of Fisheries, der amerikanischen Natur- und Artenschutzbehörde, gearbeitet hatte. Und während dieser Zeit hatte sie Einblick in den flächendeckenden und hemmungslosen Gebrauch von Pestiziden erhalten, die damals als neue Wundermittel galten. Die Schattenseiten stellten sich erst allmählich heraus: Carson machte darauf aufmerksam, dass chlorhaltige Verbindungen wie das DDT langlebig sind und sich im Körperfett anreichern. Die Gifte sammelten sich in Vögeln, deren Eiern, in Fischen und Würmern an und gelangten über die Nahrungskette schließlich auch in den menschlichen Organismus. »Silent Spring«

veränderte den Blick der Menschen auf Pestizide grundlegend, das »Time«-Magazin verglich das Buch wegen seiner umstürzenden Botschaft gar mit Charles Darwins »Entstehung der Arten«. Die Stoffe wurden in entlegendsten Gebieten im Körperfett von Robben oder Eisbären gefunden und gelangten auch in die Mägen von Raubvögeln. Die Schalen ihrer Eier wurden zerbrechlich, und die Brut kam um. In den USA geriet der Weißkopfseeadler deshalb auf die Liste der bedrohten Arten. Das amerikanische Wappentier ziert die Rückseite der Dollarmünzen und liegt der Nation ganz besonders am Herzen. Der Aufschrei einer besorgten Öffentlichkeit fiel entsprechend aus. Carson, die ein gutes Gespür dafür hatte, wie Medien funktionieren, beschränkte sich in ihrem Kampf plakativ vor allem auf Dichlordiphenyltrichlorethan, kurz DDT. Und sie verknüpfte das Thema auf geschickte Weise mit der zu Zeiten der Kuba-Krise herrschenden Angst vor nuklearer Bedrohung und Radioaktivität. Chemikalien, so sagte Carson, seien die unheimlichen und kaum erkannten Helfershelfer der Strahlung.

Nicht alles, was Carson behauptete, hat sich als richtig herausgestellt, aber in ihrer grundsätzlichen Kritik am ungezügelten Pestizideinsatz in der Landwirtschaft und deren Folgen für die Tierwelt lag sie richtig. Eine Gefährdung für Menschen bei sachgerechter Benutzung von DDT konnte bis heute (nach 50 Jahren eingehender Studien) nicht eindeutig nachgewiesen werden; dennoch ist ein Verbot des Mittels in der landwirtschaftlichen Nutzung sinnvoll, zumal es dort in exorbitanten Mengen in die Umwelt gebracht wurde. Für die Landwirtschaft gibt es zudem preiswerte Alternativen.

Das Problem liegt ganz woanders und ziemlich weit weg von Amerika: DDT ist das wirksamste und preiswerteste Mittel gegen die Anophelesmücke, welche die Malaria überträgt. Weltweit hat das Insektizid nach Angaben der U.S. Academy of Sciences alleine zwischen 1945 und 1970 mindestens 500 Millionen Leben gerettet und noch einmal die gleiche Anzahl von Menschen vor Ansteckung geschützt. Die Malaria stand einmal kurz vor der Ausrottung. Nicht nur die Anwendung von DDT birgt also Risiken, sondern auch seine

Nicht-Anwendung. Anstatt DDT sinnvollerweise nur im Agrarbereich – wie es auch geschehen ist – gesetzlich aus dem Verkehr zu ziehen, arbeiteten die Chemiegegner weiterhin auf ein absolutes Verbot hin. DDT galt als reines Werk des Teufels, und dieser musste mit allen Mitteln ausgetrieben werden – ohne Rücksicht auf Verluste. Von Entwicklungshilfe abhängige Länder wurden von den Industrienationen genötigt, auch dort auf DDT zu verzichten, wo es gegen das krankheitsübertragende Ungeziefer eingesetzt wurde, selbst in Wohnbereichen, in denen das Mittel ausschließlich und direkt zur Malariaprävention verwendet wurde. Da half es auch nicht, dass die dafür notwendigen Mengen im Vergleich zum landwirtschaftlichen Einsatz verschwindend gering und ökologisch verkraftbar sind. »Was in der Landwirtschaft einst auf einer einzigen Baumwollplantage ausgebracht wurde, genügt, um sämtliche Häuser in Guyana vor der Malariamücke zu schützen«, rechnet der Anwalt und Biologe Dr. Amir Attaran (University of Ottawa) vor. Weltweit leiden heute wieder rund 500 Millionen Menschen an Malaria, alle 30 Sekunden stirbt jemand daran. Mitverantwortung dafür tragen sture Öko-Eliten und ihnen hörige Regierungsvertreter, die gegen jede Vernunft und gegen jedes soziale Gewissen eine kurzsichtige Totalächtung des Spritzmittels durchgesetzt haben.

Die Vogelwelt hat sich inzwischen erholt. Doch aus dem »stummen Frühling« wurden vielerorts stumme Hütten und Dörfer. In Südafrika beispielsweise stiegen die Malariaraten um 1000 Prozent an. Die Mücken kehrten massenweise zurück und entwickelten nun auch Resistenzen gegen die Medikamente, die sich viele Betroffene ohnehin nicht leisten können. Die Krankheit zerstört ganze Familien und zwingt sie in Armut, sie können ihre Felder nicht mehr bestellen und das Vieh nicht mehr betreuen. Für die betroffenen Länder kommt dadurch ein Teufelskreis in Gang. Eine Untersuchung der Harvard-Universität kommt zu dem Ergebnis, dass Afrika heute über ein um ein Drittel höheres Sozialprodukt verfügen würde, wenn die Malaria 1965 ausgerottet worden wäre.

Malariaexperten gingen auf die Barrikaden, um das Schlimmste zu verhindern. Hunderte von Wissenschaftlern, einschließlich mehrerer Nobelpreisträger wie Bischof Desmond Tutu und Norman Borlaug, unterschrieben eine Petition, DDT nicht abrupt aus dem Verkehr zu ziehen. Es sei unethisch, in den ärmsten Ländern das Risiko von tödlichen Infektionskrankheiten noch weiter zu erhöhen. Selbst einigen ausgewiesenen Grünen wie dem amerikanischen Verbraucheranwalt Ralph Nader ging die Hutschnur hoch. Nader sprach sich für den Einsatz von DDT aus.

Im Jahr 2001 wurde dann die Stockholmer Konvention zur Ächtung der sogenannten POPs (Persistent Organic Pollutants) unterzeichnet, darunter fällt auch DDT. Auf Drängen der Malariaexperten gab es für das Insektizid aber einen Kompromiss, einigen Ländern wurden Ausnahmeregelungen zugestanden. Doch in der Praxis heißt das nicht viel. Auch dort, wo die Ausnahmeregelung gilt, sind viele Staaten von Seiten internationaler Gesundheits- und Umweltorganisationen unter Druck gesetzt worden. Sie werden aufgefordert, kein DDT mehr einzusetzen, wenn sie nicht auf Entwicklungshilfe verzichten möchten.

Ein besonders zynisches Beispiel: Im Verein mit grünen Umweltaktivisten versuchte 2006 ein Konsortium von Konzernen, darunter der internationale Tabakkonzern British American Tobacco (BAT), den Einsatz von DDT in Uganda zu verhindern. Der Konzern produziert dort Tabak und bangte um seine Exporte. Obwohl ein Einsatz des Pestizids in der Landwirtschaft überhaupt nicht zur Debatte stand, befürchteten die Zigarettenhersteller einen Imageschaden bei westlichen Rauchern. Motto: Wo kommen wir denn hin, wenn mein gesunder Tabak in einer Gegend angebaut wird, wo irgendwelche Afrikaner in ihren Hütten mit DDT hantieren.

So etwas verschlägt uns auch ohne Lungenzug den Atem. Die amerikanische Bürgerrechtsorganisation Congress of Racial Equality (CORE) warf BAT vor, die WHO-Malaria-Politik mit Lobbyarbeit gezielt zu unterminieren und falsche Ängste zu schüren: »BAT macht Milliarden von Dollar, indem es Afrikanern, Europäern und Amerikanern krebserregende Produkte verkauft. Dann behauptet man, eine lebensrettende Chemikalie könnte zu Untergewicht bei Neugeborenen führen – was nicht stimmt. Fest steht hingegen: Der Nicht-Einsatz von DDT wird viele afrikanische Mütter und Kinder das Leben kosten.«

Nur 13 Länder weltweit, darunter Südafrika, haben eine Ausnahmegenehmigung beantragt. Andere Staaten fürchten wirtschaftliche Nachteile. 2007 hat sich die amerikanische Behörde für Entwicklungshilfe deshalb dafür ausgesprochen, DDT im Kampf gegen die Malaria wieder zu verwenden. Auch der Direktor des Malaria-Programms der WHO plädierte dafür, wieder DDT zu versprühen: »Das Mittel stellt kein Gesundheitsrisiko dar, wenn es in Innenräumen vorschriftsmäßig angewendet wird.« In Südafrika ging die Zahl der Malarianeuerkrankungen seit dem erneuten Einsatz von DDT um 75 Prozent zurück.

Man hätte den Weißkopfseeadler retten können, ohne Millionen Menschen sterben zu lassen. Voraussetzung dafür wären Menschlichkeit und Augenmaß gewesen. Stattdessen folgten die Industrienationen einer von Umweltaktivisten geschürten irrationalen Chemophobie. Einem ideologischen Reinheitsgebot folgend, nahmen sie eine Explosion der Malariaerkrankungen in Kauf. Auch wenn das DDT-Beispiel besonders markant ist, steht es doch für eine oft fundamentalistische Tendenz grünen Denkens. Ein ursprünglich gutes Anliegen ist in vielen Bereichen in Unmenschlichkeit umgeschlagen, ohne dass dies vielen der Beteiligten bewusst wäre.

Die meisten mit einer grünen Einstellung haben keinerlei Zweifel oder gar ein Unrechtsbewusstsein. Durch seine vermeintliche Unschuld besitzt das grüne Denken im Wettbewerb um die Gunst der Öffentlichkeit einen erheblichen Vorteil. Alle anderen politischen Ideen stehen unter Rechtfertigungsdruck, weil im Laufe der Geschichte in ihrem Namen schwere Verfehlungen oder gar Verbrechen begangen wurden. Wer sich heute noch öffentlich Kommunist nennt, kriegt sofort den Gulag, die Genickschüsse in der Lubjanka und vieles mehr vorgehalten. Es nützt ihm wenig, wenn er sich auf die reine Lehre von Karl Marx beruft. Man kann sich als Kommunist nicht mehr an Stalin und Mao, an Honecker und Stasi vorbeimogeln. Das ist ein moralischer Fortschritt gegenüber der Verdrängung früherer Jahre. Meldet sich ein Katholik zu Wort, muss er immer damit rechnen, dass ihn jemand an Inquisition und Hexenverfolgung, an die Verbote für Pille und Kondom erinnert. Liberale werden von den Geistern rachitischer Arbeiterkinder des 19. Jahrhunderts verfolgt. Deutsche Konservative leiden bis heute an der Schande, Hitler zur Macht verholfen zu haben. Und Sozialdemokraten schütten immer noch Asche auf ihr Haupt, weil SPD-Abgeordnete einst für Kaiser Wilhelms Kriegskredite stimmten. Es gibt keine Unschuld im politischen Raum. Jede Richtung hat ihre Leichen im Keller, und alle Keller werden hin und wieder von großen Bühnenscheinwerfern ausgeleuchtet. Alle, bis auf einen. Das grüne Denken und die dazugehörige Partei haben es geschafft, im Status der Reinheit zu verbleiben.

Bei genauerem Hinsehen geht es seinen Exponenten aber nicht um ein Denken in globalen Zusammenhängen, sondern um einen gnostischen Reinheitskult vor der Tür des Eigenheims. Die nüchterne Abwägung zwischen den Vor- und Nachteilen eines Verfahrens oder einer Substanz wird bereits von vielen als Zumutung empfunden und die Entscheidung für das geringere Übel als Kapitulation. Abstrakte Gebote wie »chlorfrei«, »chemiefrei«, »atomfrei« oder neuerdings »gentechnikfrei« werden gegen den technischen Fortschritt als solchen in Stellung gebracht. Dass die Regierung von Sambia im Jahr 2002 keine amerikanischen Mais-Hilfslieferungen an ihre hungernde Bevölkerung verteilte, weil US-Mais gentechnisch verändert ist, wurde ebenfalls aus der Mitte der grünen Bewegung ermuntert und unterstützt.

Selbst wenn Grüne inhuman handeln, betrachten sie sich als Vertreter einer höheren Moral, der schlimmstenfalls Opfer gebracht werden müssen. So betrachtet, rechtfertigt das Ziel einer DDT-freien oder gentechnikfreien Welt die Toten. Ein Denken, das an die moralischen Verbiegungen vieler Kommunisten erinnert, die bis zuletzt jede verbrecherische Handlung mit dem Hinweis auf eine leuchtende Zukunft rechtfertigen.

Die Gentechnik hat die Chlorchemie mittlerweile als Feindbild Nummer eins abgelöst. Mit genau den gleichen Mechanismen und Seilschaften, mit denen DDT geächtet wurde, soll jetzt der Anbau von gentechnisch optimierten Pflanzen in Entwicklungsländern verhindert werden. Es ist den Verbrauchern in den westlichen Ländern unbenommen, auf gentechnisch erzeugte Lebensmittel zu verzichten. Sollen sie. Alle sind satt und werden immer älter, dem Westen geht's auch ohne gentechnisch veränderten Mais oder Antimatschtomaten prima. Ganz anders sieht dies in vielen Entwicklungsländern aus.

Der von den Forschern Ingo Potrykus und Peter Beyer entwickelte »Goldene Reis« hat beispielsweise das Potenzial, vielen Millionen mangelernährten Menschen in Asien zu helfen. Weltweit leiden bis zu 250 Millionen Kinder an schwerem Vitamin-A-Mangel, über eine halbe Million sterben daran, viele bekommen davon schwere Sehstörungen. Die neue Reissorte, wegen ihrer gelblichen Farbe »Goldener Reis« genannt, kann dieses Elend lindern, denn sie enthält besonders viel Vitamin A und Eisen. Die beiden Wissenschaftler aus Deutschland und der Schweiz haben von vornherein drauf geachtet, dass der Goldene Reis denen zugutekommt, die ihn brauchen. Im internationalen Reisforschungsinstitut auf den Philippinen verschenkten sie in einem symbolischen Akt ihre Erfindung an die Kleinbauern in den Entwicklungsländern. Die Züchtung entstand mit Hilfe gentechnischer Methoden, seine goldgelbe Färbung stammt von dem darin enthaltenen Betacarotin.

Der Fortschritt gelang also ausgerechnet mit Hilfe der Gentechnik – dem Schreckgespenst vieler Öko-Aktivisten. Sie lassen deshalb nichts unversucht, um die Erfindung zu diskreditieren oder den Versuchsanbau durch Feldzerstörungen zu sabotieren. Sie werfen dem nahrhaften Reis vor, ein »Trojanisches Pferd« der Agroindustrie zu sein, das die Akzeptanz der neuen Pflanzen auch in Europa einleiten könnte. Geht es in Wahrheit vielleicht gar nicht um die Menschen in den armen Ländern, sondern um die Klientel in den Industrieländern, von denen Greenpeace und andere ihre Spenden erhalten?

Potrykus und Beyer sind übrigens so ziemlich das Gegenteil von kalten Profitmaximierern. »Unsere Reissorte wurde weder von der Industrie noch für sie entwickelt«, betonen sie. »Ihr Nutzen liegt ganz bei den armen Bevölkerungsschichten, sie wird kostenlos und ohne Beschränkung an bäuerliche Selbstversorger abgegeben. Jede Ernte kann zur Wiederaussaat verwendet werden. Sie schafft keinerlei neue Abhängigkeiten, und sie bietet reichen Landbesitzern keine Vorteile. Ebenso wenig beeinträchtigt sie die natürliche Artenvielfalt. Und sie hat, soweit erkennbar, weder negative Auswirkungen auf die Umwelt, noch birgt sie gesundheitliche Gefahren für die Verbraucher.«

Zahlreiche für die Menschen segensreiche neue Pflanzen werden aufgrund der westlichen Anti-Gentechnik-Kampagnen erst viel später – wenn überhaupt – fertig entwickelt und zugelassen. Es geht ja nicht nur um den Goldenen Reis, dürretolerantes oder salztolerantes Getreide etwa wäre für viele trockene Regionen auf dem Globus ein wahrer Segen. Der Kampf gegen solche Lösungen kommt, so finden wir, dem Tatbestand der unterlassenen Hilfeleistung nahe.

Die Anti-Gentechnik-Kampagne von Greenpeace, deren Bestandteil der verbitterte Kampf gegen den »Goldenen Reis« ist, hat über 20 Millionen Dollar gekostet. Das ist dreimal so viel wie Potrykus und Beyer insgesamt für die Entwicklung des »Golden Rice« zur Verfügung hatten. Patrick Moore, einem der Gründer von Greenpeace, ist der Kragen geplatzt, und er organisiert überall auf der Welt Demonstrationen vor Greenpeace-Einrichtungen wegen »Verbrechens gegen die Menschheit«. Der Kanadier Moore, der sich mit Anti-Gen-Kampagnen auf der ganzen Welt auskennt, weiß auch, wo das Herz der Finsternis schlägt: »Das ist eindeutig Deutschland. Diese Ideologie kommt aus Deutschland.«

Aber vielleicht gibt es in Deutschland ja doch noch gesellschaftliche Kräfte, die einen Kontrapunkt setzen wollen. Die noblen Stifter und Institutionen unseres Landes sind eigentlich immer ganz vorne mit dabei, wenn es darum geht, Menschen zu ehren, die etwas gegen die Armut in Entwicklungsländern und Schwellenländern tun. Davon lebt eine ganze Charityszene. Da fragt man sich, warum Ingo Potrykus und Peter Beyer nicht längst mit einem der zahlreichen Preise geehrt wurden. Norman Borlaug bekam für sein bahnbrechendes Engagement noch den Friedensnobelpreis. Wo bleibt das Bundesverdienstkreuz für Ingo Potrykus und Peter Beyer?

Oder wie wäre es, wenn der mit einer halben Million dotierte Deutsche Umweltpreis der Deutschen Bundesstiftung Umwelt (DBU) an die beiden Genforscher ginge? In der Ausschreibung heißt es: »Die DBU will mit dem Deutschen Umweltpreis nicht nur ehren, sondern vor allem motivieren: Einzelpersonen genauso wie Kooperationen. Denn vielfach bieten heute nur noch interdisziplinäre Lösungsansätze Antworten für die großen Herausforderungen: Klima- und Umweltschutz, Ressourcenschonung, Effizienzsteigerung, nachhaltige Entwicklung.« Der Goldene Reis würde punktgenau zu dieser Beschreibung passen. Undenkbar? Es wäre eine heilsame Provokation und vielleicht Anlass für eine Diskussion, wie aufgeklärtes grünes Denken mit einem solchen Thema umgehen sollte. Dafür ist es nämlich höchste Zeit.

Fazit: Rachel Carson hat mit ihrem Buch »Silent Spring« zu recht auf die Schattenseiten von Pestiziden aufmerksam gemacht. Doch Prinzipienreiterei hat zu einer totalen Ächtung von DDT auch in der Malariabekämpfung geführt. Wo DDT zuvor Millionen von Menschenleben gerettet hat, kommt es jetzt zu Abertausenden von Toten. Anstatt aus dieser Katastrophe zu lernen, wird aktuell die Kampagne gegen den lebensrettenden Vitamin-A-Reis genauso gnadenlos durchgezogen – auf Kosten der Menschen in armen Ländern. So entsteht durch grünen Fundamentalismus eine neue Form des Kolonialismus. Wir im Westen wissen schon, was für die anderen Menschen und den Planeten gut ist.

Wer kontrolliert eigentlich die NGOs?

»Das Wichtigste ist, allen jenen großen Propheten zu misstrauen, die eine Patentlösung in der Tasche haben.«
Karl Popper

Wenn es ums Klima oder die Umwelt geht, verwandeln sich viele Politiker in Priester. Sie schlagen einen weihevollen Ton an und predigen, statt zu argumentieren. Heiliger Ernst ist angesagt, schließlich geht es bei diesen Themen stets um nichts weniger als die Rettung der Welt. Zweifel gelten da als pietätlos. Man darf bestenfalls darüber debattieren, wie schnell und wie einschneidend die Rettung erfolgen soll. Ob das jeweilige Bedrohungsszenario überhaupt realistisch ist, ob die Ursachen vielleicht ganz woanders liegen, oder das ganze Problem eine Erfindung von Interessengruppen ist, wagt niemand zu fragen.

Alle Parteien schielten dabei lange auf die Grünen. Sie stehen im Ruf, die Umweltkompetenz quasi bei ihrer Gründung fest eingebaut zu haben, und sie liefern die moralpolitischen Blaupausen, die alle anderen leicht abgewandelt übernehmen. Die SPD fordert, dass alles möglichst sozialverträglich sein soll, die FDP rät zu marktwirtschaftlichen Lösungsansätzen und die CDU übernimmt die grünen Forderungen ein wenig später und erklärt sie dann für alternativlos. Es gibt in Deutschland keine Partei, die es wagt, intelligente Gegenvorschläge in der Umwelt- und Klimapolitik selbstbewusst zu vertreten.

Die Grünen ihrerseits erhalten ihre Vorlagen von den großen Nichtregierungsorganisationen (NGOs), die im Ruf stehen, Anwälte des planetaren Guten zu sein. Die Bewertungen und Ziele grüner NGOs übernehmen fast alle Medien als objektive Wahrheit. Wissenschaftler, die zu anderen Ergebnissen wie Greenpeace,

BUND und Co. kommen, werden nur von wenigen Journalisten gefragt. Das gilt auch, wenn, wie im Falle der grünen Gentechnik, fast alle wissenschaftlichen Experten die NGO-Politik für falsch halten.

Etwas Gutes braucht der Mensch. Früher war dafür die Kirche zuständig, dann der Sozialismus. Religion und Ersatzreligion sorgten für Seelenheil, gaben Hoffnung, überstrahlten die Mühen des Alltags. Der Sozialismus hatte das Pech, dass er real wurde. Es zeigte sich, er war bei Weitem nicht so schön wie in der Utopie. Die Kirchen verloren Überzeugungskraft, weil ihr Trost für immer mehr Menschen zu irreal klang. Bei vielen Gläubigen blieb eine Leerstelle im Gemüt zurück. Der Kampf gegen Atomkraft und Kohlendioxid kam da genau zur richtigen Zeit.

NGOs gelten als selbstlos und interessenlos, allein einer hohen Moral verpflichtet. Doch einige von ihnen sind inzwischen wohlhabend wie große Firmen und beschäftigen international Tausende Mitarbeiter. So wie kommerzielle Unternehmen Seife oder Bier verkaufen, handeln sie mit Ängsten und Befürchtungen. Die Macht der grünen Zivilorganisationen wird oft unterschätzt. Sie zählen heute zu den einflussreichsten Lobbys in Deutschland und Europa. Wer sie gegen sich hat, hat ein Problem.

Ihre Anfänge waren recht bescheiden. Greenpeace wurde 1971 von ein paar Hippies in Vancouver gegründet, der WWF 1961 von einem Grüppchen Großwildjägern, die sich Sorgen machten, weil ihr Wild immer seltener wurde. Schon häufiger in der Geschichte wurden neue Kräfte, die die politische Bühne betraten, unterschätzt. Ein paar Jahre später waren sie dann Machtfaktoren, an denen niemand mehr vorbeikam. Als 1865 in Leipzig unter dem Namen »Allgemeiner Deutscher Cigarettenarbeiter Verein« die erste zentral organisierte deutsche Gewerkschaft gegründet wurde, hätte wohl kaum ein Beobachter prophezeit, dass dies der Beginn einer mächtigen Bewegung sein würde. Auch als sich in der zweiten Hälfte des 17. Jahrhunderts im englischen Parlament entlang von politischen Vorlieben Gruppen bildeten, die sich »Whigs« und »Tories« nannten, ahnte kein Mensch, dass politische Parteien einmal maßgeblich die Staatsgeschäfte beeinflussen würden.

Im letzten Viertel des 20. Jahrhunderts geschah etwas ganz Ähnliches: Eine neue Macht im Staat entstand – sogar eine Weltmacht. Sie setzt sich aus vielen Tausend heterogenen Gruppen zusammen, die unter dem englischen Begriff »Non-governmental Organizations« zusammengefasst werden. NGOs sind mittlerweile fester Bestandteil der Zivilgesellschaft, sie gelten als Musterbeispiele für bürgerschaftliches Engagement in einer partizipativen Demokratie.

In einer Zeit, in der die Staaten immer mehr Macht an internationale Gremien abgeben, verlieren die klassischen national gebundenen Organisationen wie Parteien, Gewerkschaften und Kirchen an Einfluss. NGOs dagegen gewinnen, weil sie in den supranationalen Institutionen wie UN und EU besser vernetzt sind. Der ehemalige UN-Generalsekretär Kofi Annan sprach von einer »NGO-Revolution«. Beim Wirtschafts- und Sozialrat der Vereinten Nationen ist die Zahl der NGOs mit Beraterstatus zwischen 2005 und 2013 von 2719 auf 3900 angewachsen. Auf allen wichtigen globalen Konferenzen stellen sie einen Großteil der Teilnehmer. Egal ob Klima, Meeresschutz oder Biodiversität, die NGOs sind immer dabei und haben die Kameras und Mikrofone auf ihrer Seite. Oft bringen sie wertvolle Vorschläge ein und vertreten vermutlich die Meinung vieler Bürger aus den Industrieländern, die für NGOs spenden.

Dieses erfreuliche Engagement für Umwelt und Natur lenkt jedoch von einem gravierenden Mangel in der Verfassung der meisten dieser Organisationen ab: Es fehlt ihnen eine Legitimation. Wer prüft, ob eine NGO überhaupt eine Basis hat oder eine Briefkastenfirma ist? Bei den alten gesellschaftlichen Institutionen weiß man, für wie viele Mitglieder sie sprechen. Die Position des Bauernverbandes wird umso unwichtiger, je dünner seine Mitgliederkartei wird. Eine Kirche mit geringer Mitgliederzahl wird als Sekte betrachtet.

Auch bei den klassischen Lobbyisten weiß man deutlicher, woran man ist, als bei NGOs. Der nette Siemens-Mann, der den Politiker zum Essen einlädt, vertritt die Interessen von Siemens. Das weiß der Politiker, und der Lobbyist weiß, dass der Politiker es weiß. Aber wen vertritt eigentlich Greenpeace? Die Entscheidungen des Vereins werden von 40 stimmberechtigten Mitgliedern gefällt. »Der Einfluss der NGOs hat keine demokratische Legitimation«, sagt der Spendenexperte Stefan Loipfinger. »Wir vertrauen den Guten blind.« Der Journalist und Buchautor betrieb bis 2012 das Webportal »Charitywatch.de«, auf dem er versuchte, unseriösen Organisationen auf die Finger zu schauen. Nach zahlreichen juristischen Auseinandersetzungen gab er auf.

Ein ideales Biotop für NGOs ist Brüssel, wo die europäische Union eine besondere Zuneigung zu diesen Organisationen entwickelt hat. So unterstützt die EU-Kommission Organisationen wie Friends of the Earth seit Jahren mit vielen Millionen Euro (deren deutscher Zweig ist der BUND). Das Brüsseler Lobby-Büro der Friends of the Earth organisiert dafür Kampagnen gegen Gentechnik und Atomkraftwerke. Das ist ihr gutes Recht, die Frage lautet allerdings, warum die europäischen Steuerzahler dafür aufkommen sollen? Und warum heißen Organisationen, die von Regierungen ausgehalten werden, Nicht-Regierungsorganisationen?

Wie soll man die demokratische Legitimation von Organisationen einschätzen, die behaupten, sie sprächen im Auftrag von Tieren, Bäumen oder der gesamten Erde? Also im Namen einer Klientel, die nichts von der Existenz ihrer Fürsprecher weiß. Tiere, Pflanzen und die Umwelt als Ganzes haben einen hohen ideellen Wert, aber keine Interessen, die unabhängig von den Menschen existieren. Letztlich vertreten die Umwelt-NGOs die Interessen von Menschen, die sich besseren Schutz für die Natur wünschen. Eine ehrenwerte Interessengruppe, aber im Prinzip eben auch eine Interessengruppe.

Es gibt bis heute keine demokratisch institutionalisierten Verfahren, keine »Checks and Balances« im Umgang mit NGOs. Sie sind einfach da und beziehen Macht und Einfluss aus ihrem guten Ruf in der Öffentlichkeit. Nicht mal so etwas wie ein NGO-TÜV existiert, der eine sachliche Einschätzung liefern könnte, ob eine Gruppe tatsächlich für viele Bürger spricht oder sich nur trickreich in Szene setzt. Und noch ein anderer Faktor unterscheidet NGOs von klassischen Interessengruppen, die um mehr Sonderrechte und Vorteile innerhalb des Staates konkurrieren. Während beispielsweise streikende Arbeiter ein gewisses Risiko eingehen müssen, fungieren manche NGOs quasi als Service-Agenturen für Zivilcourage. Man spendet ein bisschen und hat das Gefühl moralisch mit dabei zu sein, wenn die Aktivisten den Kameras ihre Stunts darbieten.

Zur Selbstlegitimierung holt man sich gern Gäste aus fernen Ländern mit ins Boot. Ob Gentechnik, Regenwald oder Klima: Von den NGOs ausgesuchte Vertreter Afrikas, Asiens oder Lateinamerikas schmücken die Podien und sorgen für Aufmerksamkeit. Sie berichten das, was ihren Gastgebern gefällt, und kaum ein westlicher Journalist prüft einmal nach, ob es auch stimmt. So werden NGO-Gesandte von den Malediven oder von Südseeinseln immer wieder völlig kritiklos mit der Behauptung zitiert, ihre Eilande würden durch den klimabedingten Anstieg des Meeresspiegels untergehen. Allerdings gibt es keine messbaren Daten, dass die Küsten tatsächlich aufgrund eines steigenden Meeresspiegels schmaler werden. Im Gegenteil: Vergleiche mit Luftbildern früherer Jahrzehnte ergaben, dass die meisten dieser Inseln wachsen. Ein besonderer Liebling grüner NGOs ist die indische Anti-Gentechnik-Aktivistin Vandana Shiva, die das westliche Publikum mit krassen Falschbehauptungen füttert. So berichtet sie, dass mehr Kleinbauern Selbstmord begehen würden, seitdem in Indien gentechnisch veränderte Baumwolle zugelassen wurde. Diese Behauptung wurde von Experten geprüft und für falsch befunden (zuletzt 2014 in dem wissenschaftlichen Statistik-Magazin »Significance«). Was Frau Shiva nicht abhält, sie weiterhin zu wiederholen. Auch macht sich selten jemand die Mühe, einmal nachzuforschen, wie bedeutend Frau Shiva in ihrer Heimat ist. Als die Stimme der indischen Kleinbauern gilt sie nur in Europa und Nordamerika, nicht in Indien.

Auch wenn sie über keine Staatsmacht verfügen, so sind die neuen Eliten des globalen NGO-Jetsets inzwischen einflussreicher als national gebundene Gewerkschaftsbosse oder Kirchenführer. Erfolgreiche Umweltschützer sitzen nicht mehr im gelben Ölzeug im Schlauchboot, sie reisen Businessklasse. Sie treffen sich alle auf dem globalen Parkett, man kennt sich, man sieht sich. Die NGOs sind immer dabei. Spätestens seit dem Erdgipfel in Rio 1992, zu dem 35 000 Teilnehmer kamen, entsteht eine besondere Form von »neuer Klasse«. Dieser Begriff wurde von dem jugoslawischen Kommunisten und späteren Dissidenten Milovan Djilas Ende der Fünfzigerjahre in die Welt gesetzt. Er sollte deutlich machen, dass die Partei-Elite in den kommunistischen Ländern mehr war als nur eine Nomenklatura etablierter Ex-Revolutionäre. Die Apparatschiks bildeten eine »neue Klasse«, die ihre ökonomische Vormachtstellung und ihre Privilegien sicherte und ausbaute.

Diese neue, weltweite Klasse, die sich auf endlosen Kettenkonferenzen trifft, ist noch nicht so weit. Doch in Aussehen und Habitus haben sie es bereits zu bemerkenswerter Uniformität gebracht. Ihr gemeinsames Motto lautet: Egal was ich mache, ich mache es professionell. Und so wechseln sie im Zweijahresrhythmus vom WWF zur Weltbank oder zu Eurosolar und zurück. Wer jung ist, Fremdsprachen spricht, gute Abschlüsse und eine wohlfeile Gesinnung vorweisen kann, versucht, auf dieses Karussell aufzuspringen. Man sieht die Welt und genießt weitaus mehr soziales Renommee als der Studienkollege, der sich in der Industrie verdingen muss. Doch so losgelöst die neue Klasse auch wirkt, ihre ökonomische Ausstattung wird von den Steuerzahlern der Nationalstaaten bestritten. »Sie sind«, sagte der Publizist Josef Joffe einmal, »keine staatstragende, aber eine vom Staat getragene Klasse.«

Auch in der großen Koalition aus CDU/CSU und SPD, die im Herbst 2013 die Regierungsgeschäfte übernahm, sind die grünen NGO-Funktionäre in hohen Positionen vertreten. Jochen Flasbarth, einst Vorsitzender des Naturschutzbundes Deutschland (NABU) und später Chef des Umweltbundesamtes, wurde Staatssekretär im Umweltministerium. Im Bundesministerium der Justiz und für Verbraucherschutz sitzt Staatssekretär Gerd Billen, einst Vorstand des Verbraucherzentrale Bundesverbands (VZBV) und davor Bundesgeschäftsführer des NABU.

Der frühere Chef der Deutschen Umwelthilfe (DUH), Rainer Baake, wurde Staatssekretär im Wirtschaftsressort und ist dort für die Energiewende zuständig. Baake war es, der für den früheren Umweltminister Jürgen Trittin das Erneuerbare-Energien-Gesetz (EEG) entworfen hat. Auf seiner letzten Station vor dem Staatssekretärsposten fungierte Baake als Geschäftsführer der Organisation Agora Energiewende, die sich nach eigenen Angaben mit der Suche nach »Korridoren« für den Ausbau von Solar- und Windkraftwirtschaft befasst. Man stelle sich einmal vor, herausragende Vertreter anderer Lobbygruppen würden in derartige Positionen befördert, zu Recht ginge ein Aufschrei durchs Land.

Die Deutsche Umwelthilfe (DUH) ist zwar weniger bekannt als Greenpeace und WWF, gehört aber zu den erfolgreichsten grünen Lobbygruppen und hat mit geschickten Kampagnen mehrere Gesetze auf den Weg gebracht. Die Organisation nimmt 7,5 Millionen Euro im Jahr ein. Zu den größten Spendern zählen genau jene Firmen, die das verkaufen, was die DUH in gezielten Kampagnen als Hilfe für die Umwelt propagiert: Wind- und Solarkonzerne, Hersteller von Dieselrußpartikelfiltern und Dosenpfandautomaten. Die Stiftung Warentest bescheinigt der DUH niedrige Transparenz bei den Finanzen.

80 Prozent der Spendeneinnahmen der DUH stammen von Firmen. Im Jahr 2010 unterstützten zum Beispiel die Telekom, Toyota, First Solar, JUWI und die Lufthansa den Verein mit Sitz am Bodensee. Jedes dieser Unternehmen hat zwischen 10 000 und knapp über 100 000 Euro gespendet, verrät ein DUH-Sprecher, möchte sich jedoch zu den konkreten Summen nicht äußern.

Im Jahr 2011 rückten Großspenden aus der Industrie den BUND in den Verdacht, käuflich zu sein. Der Umweltverband hatte jahrelang gegen den Windpark Norderngründe im Wattenmeer gekämpft. Die Rotoren seien eine Gefahr für Zugvögel. Doch dann stimmte der BUND überraschend einem Vergleich zu und zog seine Klage zurück. Im Gegenzug kassierte die BUND-Stiftung Naturlandschaft 800 000 Euro.

In seinem »Schwarzbuch WWF« warf der Autor Wilfried Huismann der internationalen Umweltorganisation vor, Naturzerstörungen einiger Konzerne zu bemänteln, weil diese großzügig spenden würden. Der niederländische Journalist Rypke Zeilmaker kam bei Recherchen über die WWF-Filiale seines Landes zu dem Resultat, dass die Organisation fast die Hälfte ihrer Einnahmen für Marketing und Spendenkampagnen ausgibt. Gut zwei Drittel der Beschäftigten seien im Bereich Marketing und Finanzen beschäftigt, doppelt so viele wie im Bereich Umweltschutz.

Die Zeiten sind vorbei, als Öko-Aktivisten und Tierschützer belächelte Außenseiter waren, die in den Fußgängerzonen Passanten Flugblätter in die Hand drückten. Heute gehört es bei prominenten Schauspielern und Popmusikern zum guten Ton, sich für das Gute auf der Welt einzusetzen. Wer ein bekanntes Gesicht vorweisen kann, leiht es PETA, WWF oder Greenpeace, um nicht als oberflächlich und unsozial zu gelten. Charity ist zum Bestandteil des Glamours geworden. Und wo die Schönen sind, da sind die Reichen nicht weit und statten die Weltretter mit stattlichen Beträgen aus.

Und auch bei den meisten Medien kommen die NGOs und ihre Vertreter wesentlich besser weg als gewöhnliche Politiker. Grüne Aktivisten haben es besonders leicht, hat der Medienforscher Hans Mathias Kepplinger von der Universität Mainz festgestellt. »Dass NGOs Eigeninteressen vertreten«, sagt er, »übersehen Journalisten häufig, weil sie mit deren Zielen sympathisieren.«

Ob Gentechnik, Mobilfunk oder moderne Medizin: Kaum ist ein technischer Fortschritt in Sicht, gehen NGOs in Stellung, die ihn verhindern wollen. Manchmal dient es der menschlichen Gesundheit und der Umwelt, wenn neue Techniken eine Weile ausgebremst werden, damit nochmals geprüft werden kann, ob sie wirklich sicher sind. Immer öfter aber sind die Folgen solcher Blockaden weitaus schlimmer als die unerwünschten Nebenwirkungen der Anwendung (siehe S. 256). Vor einigen Jahren machte der britische

Brustkrebsexperte Michael Baum darauf aufmerksam, dass die Aktionen von Tierschutz-NGOs die medizinische Forschung mittlerweile erheblich behindern. Der Kampf gegen Tierversuche, sagte er, koste Menschenleben. Sein Beispiel: Angenommen durch Proteste, Gerichtsverfahren oder gar Laborzerstörungen wird ein neues Medikament um nur ein Jahr verzögert. Wenn dieses Medikament die Sterblichkeit bei Krebs nur um ein paar Prozent verringert, kostet die Verzögerung bereits mehreren Hundert Menschen das Leben.

Bisher wurde der Glorienschein der NGOs kaum angekratzt. In Umfragen zum Thema Glaubwürdigkeit rangieren sie vor Politikern, den Medien und den traditionellen Massenorganisationen. Darin drückt sich die Empörung darüber aus, dass »die da oben« es nicht schaffen, die Welt in Ordnung zu bringen. Man kann nur hoffen, dass dies den neuen Global Playern tatsächlich besser gelingt. Ein bisschen mehr Transparenz und öffentliche Kontrolle könnte dabei nicht schaden.

Fazit: Das Vertrauen in staatliche Institutionen sinkt, wie Umfragen immer wieder bestätigen. Vertrauensgewinner sind grüne Nichtregierungsorganisationen (NGOs) wie Greenpeace, WWF und BUND. Sie werden als kompromisslose Verfechter des Allgemeinwohls und Schützer der Umwelt wahrgenommen, die nicht auf Wahltermine schielen müssen und hartnäckig für die gute Sache streiten. Dass viele NGOs nicht demokratisch verfasst sind und auch profane finanzielle Ziele verfolgen, wird von ihren Unterstützern und den meisten Journalisten erstaunlich kritiklos hingenommen.

Im Bionade-Biedermeier

>»Nicht das Proletariat erweist sich am Ende des 20. Jahrhunderts als siegreiche Klasse, sondern die Boheme.«
>
>*Michael Rutschky*

Neulich an einem Samstagvormittag in einer gut besuchten Metzgerei in München Schwabing: Die Frage nach vier Rinderrouladen führt zur Gegenfrage des Verkaufsmetzgers: bio oder ...? Die Blicke aller Miteinkäufer sind auf den Rouladen-Kunden gerichtet. In dessen Kopf formt sich ein »Danke nein, ich nehme das ...«, doch es kommt ihm nicht über die Lippen. Schon der Gegenbegriff zu »bio« fehlt ihm auf einmal. »Konventionell«? Will er im Kreis seiner Nachbarn »konventionell« sein, will er gar »billig« einkaufen? Hat er kein Umweltbewusstsein, kein Herz für Tiere, kann er sich »bio« nicht leisten? Er unterwirft sich instinktiv dem sozialen Druck und weiß es erst auf der Straße besser. Er hätte den Metzger fragen sollen, ob denn das Nichtbiofleisch etwa minderwertig sei und warum der Laden es denn dann überhaupt anbiete.

Das Distinktionsbemühen der urbanen Mittelschichten beschreibt die Journalistin Ellen Daniel anhand der Esskultur. »Ich habe nichts gegen Familien mit Migrationshintergrund«, zitiert sie eine Münchner Mutter, »aber ich will nicht, dass Joshua dauernd mit McDonald's-Kindern herumhängt.« Kein Mensch mit Abitur würde heutzutage sagen: »Wir sind etwas Besseres«, schreibt Daniel. Stattdessen sagt man: »Wir kaufen nur bio. » Das klingt ganz anders, hat aber manchmal dieselbe Funktion. Die Abgrenzung via Speiseplan bringt sie auf den schönen Begriff »Klassenmampf«.

Weshalb hat sich die berechtigte Kritik an den Auswüchsen der Industriegesellschaft zu einer elitären Gesinnung entwickelt? Das hat wohl vor allem mit sozialem Wandel zu tun. Die Erfolge der Sozialdemokratie und der Gewerkschaften in den Sechziger- und Siebzigerjahren führten zu einem massenhaften Aufstieg durch Bildung. Alte Privilegien fielen. Begabte Töchter und Söhne aller Schichten bekamen Zugang zu Gymnasien und Universitäten. Gleichzeitig wurde der öffentliche Dienst massiv ausgebaut, damit entstanden zusätzliche Karrieremöglichkeiten. Automatisierung und Computerisierung führten dazu, dass die Zahl der Industriearbeiter immer weiter sank. Arbeiterkultur wurde zu einem Nischenphänomen. Der Klassenkampf war so gut wie gewonnen, Facharbeiter hatten Reihenhäuser, Autos, Urlaubsreisen, die Gewerkschaften Tarifkartell und Mitbestimmung.

Die jungen Aufsteiger interessierten sich immer weniger für soziale Fragen. Wer es geschafft hat, neigt zumeist zu einer konservativeren Weltsicht. Als der Nachkriegsboom endete, begann eine kulturelle Desillusionierung, die die Ideale von Fortschritt und Wachstum in Frage stellte. Grünes Denken lieferte die passenden Muster dazu. Nicht mehr die Umwälzung war das Ziel, sondern das Bewahren der Welt, die nun als hoch bedroht empfunden wurde. Hatte die akademische Jugend kurz zuvor noch mit revolutionärer Geste in eine viel versprechende Zukunft geblickt, so lauschte sie nun Mahnern und Warnern, die den drohenden Weltuntergang beschworen und als Utopie kein besseres Leben, sondern bestenfalls das Überleben versprachen. Wie zu allen Zeiten verstanden sich die jungen Akademiker als Avantgarde. Die Arbeiterklasse war als zu betreuendes Klientel ausgefallen. Bäume, Tiere, das Klima und die Erde als Ganzes waren ihre neuen Schutzbefohlenen.

Die durch Bildung Aufgestiegenen eroberten in den Neunzigerjahren die Chefetagen in Behörden, Schulen, Verlagen, Kirchen, Rundfunkanstalten, Theatern, in der Filmbranche und anderen kulturellen Institutionen. Dort formten sie, so der Soziologe Gerhard Schulze, eine »Priesterkaste hauptberuflicher Einschätzer«. In dieser Kaste herrscht Konsens, dass sich in der westlichen Konsumgesellschaft alles radikal ändern muss – außer den eigenen Privilegien. Aus dem gemeinsamen edlen Ziel der Weltrettung wurde ein

Ausweis der Dazugehörigkeit. Insbesondere den Akademikern, die nicht die bestbezahlten Jobs abbekommen haben, dient grünes Denken als moralische Distinktion gegenüber dem schnöden Materialismus ärmerer Schichten.

Die Intellektuellen des 20. Jahrhunderts idealisierten den »Proletarier« noch als Edelmenschen und Bannerträger der Revolution. Heute bestaunen die Bio-Eliten verfettete »Prolls« in den Freakshows der Privatsender und sorgen dafür, dass ihr Nachwuchs nicht mit deren Kindern in Berührung kommt. Gesundheitsbewusstsein, Schlankheit, Biokost und sündhaft teure Fahrräder zeigen auch äußerlich, wer wohin gehört. Dünkel ist wieder erlaubt. Man redet über die Unterschicht genauso herablassend wie einst der Gutsherr übers Gesinde. Beim Lamento über die Unkultur der »bildungsfernen Schichten« feiert man die eigene Überlegenheit und zeigt mit ausgestrecktem Finger auf die da unten. Dabei sind es gerade die arrivierten Kreise, die regelmäßig den größten Unsinn nachbeten und sich von jeder medialen Hysterie ins Bockshorn jagen lassen. Um kalte Winter als Zeichen globaler Erwärmung zu deuten, muss man dialektisch geschult sein. Erst dann leuchtet einem auch ein, warum hohe Benzinpreise gut und billige Lebensmittel schlecht sein sollen.

Es riecht nach moralischer Überheblichkeit. Das grüne Milieu blickt auf die unbekehrten Normalbürger herab, im festen Glauben, im Besitz der Wahrheit zu sein und damit das Recht zu haben, andere zu erziehen und zu maßregeln. Der Verdacht, dass die Wasserprediger Wein trinken, ist durchaus berechtigt. Zwischen tadelloser Gesinnung und dem persönlichen Verhalten klafft oftmals eine Lücke, die die Psychologen »kognitive Dissonanz« nennen. In den Publikationen der Ökoverbände wird unentwegt Verzicht gefordert. Immer mehr Annehmlichkeiten der Industriegesellschaft gelten gemäß diesem grünen Denken als umweltschädlicher Luxus: warmes Wasser, ausgiebiges Duschen, wohlige Raumtemperatur, Autofahren, Flugreisen, Obst und Gemüse aus Übersee.

In jenen Kreisen jedoch, in denen es zum guten Ton gehört, beim Biobauern zu kaufen, für Greenpeace zu spenden und alles durch eine grüne Brille zu sehen, kann von Bescheidenheit und Verzicht keine Rede sein. Während die Normalverdiener schon aus Kostengründen bei Sprit und Heizung sparen müssen, verbraucht die moralisch aufgerüstete Mittelschicht reichlich Ressourcen, um die Welt zu retten. Ist es ein Zufall, dass die proletarische Bierdose verteufelt wird, die Einwegflasche für Wein jedoch als Kulturgut gilt? Das schicke Energiesparhaus im Grünen hat eine deutlich schlechtere Ökobilanz als die städtische Mietwohnung, besonders wenn die Bewohner täglich mit zwei Autos zu ihren Arbeitsplätzen pendeln. Als schlimmste Feinstaubschleuder haben sich die modischen Kaminfeuer herausgestellt, an denen Bildungsbürger gern die Seele wärmen.

Schon seit den Neunzigerjahren haben Konsumforscher immer wieder nachgewiesen: Je grüner das Gerede, desto umweltbelastender der Lebensstil. Der Politikwissenschaftler Franz Walter nennt die grünen Eliten ein »Status- und Relativierungsmilieu«. Man parliert beim »Green Talk« über den drohenden Weltuntergang, investiert in Windkraftfonds und leistet sich ein Hybridauto als Zweitwagen. Ansonsten genießt man den gehobenen Konsum mit allem, was dazugehört. Ganz genau so wie die profanen Geldprotze von nebenan, die keine Ideale haben.

Wirklich ökologisch lebt laut Göttinger Institut für Demokratieforschung dagegen das »traditionsorientierte Milieu«. So bezeichnen Sozialwissenschaftler die Leute, die das Ökomilieu gemeinhin »Spießer« nennt. Es sind in der Regel ältere Menschen, die beim Wort »Nachhaltigkeit« eher an selbstgemachte Marmelade denken als an den Weltklimarat. Sie wirken durch ihre Sparsamkeit und ihren Widerwillen gegen das Wegwerfen überaus umweltschonend. Solche Menschen sind keine Spießer, sie sind die wahren Grünen.

Unterhalb des vermeintlich »postmateriellen« Universums existiert weiterhin ein materielles, in dem sich der Alltag großer Teile der Bevölkerung abspielt. Die Bio-Elite hatte nie die emotionale Erdung, die in der Vergangenheit Sozialdemokraten und Gewerkschafter auszeichnete. Arbeitslose und Sozialhilfeempfänger, aber auch Facharbeiter, Handwerker, Ingenieure und mittelständische Unternehmer sind selten in diesem Milieu. Sie haben andere Sorgen. Oder keine Zeit.

Es gehört zur grünen Folklore, für die Armen und Schwachen zu sprechen, für David gegen Goliath. Doch grüne Politik sorgt, wir haben es im Energiekapitel beispielhaft gezeigt, dafür, dass die Reichen reicher werden. Eine massive Umverteilung von unten nach oben fördert die ideologisch erwünschten Technologien wie Solar- und Windkraft. Dafür gibt es Applaus aus dem Kulturbetrieb, den Kirchen, von gut situierten Beamten und den Managern des öko-industriellen Komplexes. Die großen Stromkonzerne übrigens sind, was die Art der Energieproduktion angeht, völlig unideologisch. Ob Kernenergie, Solar oder was auch immer, Hauptsache der Subventionseuro rollt und sichert hohe Gewinne.

Die grünen Eliten erscheinen uns in ihrem Denken so konformistisch wie die christlich-konservativen Eliten der Fünfzigerjahre, die unsere Generation doch so heftig bekämpft hat. In einer Art kollektiver Selbstgleichschaltung erfreut sich das Milieu der Meinungsbildner, also Medienleute, Lehrer, Pfarrer, Kulturschaffende und Politiker, an der wechselseitigen Bestätigung ihrer Normen und Meinungsstandards. Zweifel an ihren Prämissen kommen leider kaum noch vor. Laut Umfragen bekennen sich mehr Journalisten zur Partei Die Grünen als zu CDU/CSU und SPD zusammen.

Was gehört zu diesem Konsens? Zum Beispiel der feste Glaube daran, dass es der Umwelt noch nie so schlecht ging wie heute. Jeder, der sich ein bisschen damit befasst, weiß, das Gegenteil ist richtig. Nirgends war Umweltpolitik so schnell so erfolgreich wie im deutschsprachigen Raum. Luft und Wasser sind weitaus sauberer als zu Großmutters Zeiten. Die Schadstoffablagerungen im menschlichen Körper nehmen seit Jahrzehnten ab. Der Wald wächst und nimmt mehr Fläche ein als vor 100 oder 200 Jahren. Dutzende verloren geglaubte Tierarten kehren zurück. Die Zahl der geschützten Naturgebiete hat sich vervielfacht. Dies wäre eigentlich ein Grund, stolz auf diese Erfolge zu sein. Doch stattdessen werden immer neue Gefahren präsentiert.

Die größte Gefahr momentan ist der Klimawandel. Das Thema ist bisweilen so dominant, dass es beinahe als die große Metapher, als das Synonym für »Umweltzerstörung« überhaupt gelten kann – so wie seinerzeit das Waldsterben. Und auch beim Klima gilt: Alles, was vom Weltbild der Bio-Elite abweicht, ist dumm oder Propaganda irgendeiner Lobby von Öl über Kohle bis zum Atom. Besonders unangenehm ist uns, dass der Glaube an die nahende Klima-Apokalypse häufig einhergeht mit nationalem Avantgardebewusstsein. Man ist davon überzeugt, Deutschland sei das große Vorbild für die Welt in Sachen Klimaschutz oder sollte es zumindest sein.

Alle Umweltthemen umgibt ein »protestantisch geprägter Medien-Alarmismus« (Reinhard Mohr). Der Untergang steht immer unmittelbar bevor, es ist stets fünf vor zwölf. Totales Umsteuern ist das Mindeste, was geschehen muss, und zwar sofort. Es gibt kein Innehalten, keine Reflektion, nur das anschwellende Sirenengeheul des Großalarms. Sachlichkeit und sprachliche Mäßigung gelten schnell als unmoralisch, Skepsis als kriminell.

Es gilt als ausgemacht, dass der technische Fortschritt das größte Risiko unserer Zeit darstellt und den Planeten zerstört. Atomkraft und grüne Gentechnik sind gemäß dieses Weltbilds indiskutabel. Die Chemieindustrie wird mit Argwohn betrachtet. Wer an diesem Paradigma zweifelt, gilt als Vertreter des »Machbarkeitswahns«, einer vergangenen Geisteshaltung, die vom Untergang der Titanic bis zum Atomunfall von Fukushima nichts als Not und Zerstörung gebracht habe.

Der liebenswerte Antagonist der verhassten Technik ist die Natur. Was aus der Natur stammt, wird als rein und ungefährlich betrachtet. Man soll sich die Natur zum Vorbild nehmen. Naturstoffe, Naturmedizin und natürliche Nahrungsmittel gelten als ganz besonders wertvoll.

Die Vereinigung der ehemals neuen grünen Elite mit dem traditionell konservativen Milieu ist in vollem Gange. Man sieht sich beim Kauf der Biobrötchen, beim Feng-Shui-Kurs in der Volkshochschule und beim Homöopathen. Die immer noch Grün wählenden Ökobewegten der Achtzigerjahre stehen kurz vor ihrer Frühpensionierung und wollen in Ruhe in ihrem Manufactum-Katalog blättern, den auch der CDU wählende Nachbar abonniert hat. Und mit der Zeit entdecken sie immer mehr Gemeinsamkeiten. Man kann über Designerfahrräder fachsimpeln und beim Italiener über die Klimaerwärmung. Die Kinder beziehungsweise Enkel gehen zusammen in die Waldorfschule. Und beim Mülltrennen übertrifft man sich gegenseitig. Immer häufiger ist man sich einig, wenn auch aus unterschiedlichen Motiven. Für den CSU-Konservativen ist grüne Gentechnik ein Frevel gegen Gottes Schöpfungsplan, für den Grünen wider die Natur. Gemeinsam ist man dagegen. Das Zueinanderfinden der beiden Milieus ist im Grunde eine späte Heimholung. Der Abgeordnete Herbert Gruhl verließ 1978 frustriert die CDU und wurde zu einem der Gründerväter der grünen Partei. Keine seiner düsteren Prognosen traf ein. Doch sie haben das Lebensgefühl vieler Menschen in Deutschland geprägt.

Wir konstatieren: Die Bio-Elite gedeiht überall dort, wo bevorzugte materielle Bedingungen herrschen und ein Dioxin-Ei die größtmögliche existenzielle Bedrohung darstellt. Solche Bedingungen sind in Westdeutschland in den Sechziger- und Siebzigerjahren entstanden. Sozialer Aufstieg, Sicherheit und Massenwohlstand erlaubten einem erheblichen Teil der jungen Bildungselite, sich in den neuen sozialen Bewegungen zu engagieren. Das Ende des Kalten Krieges verstärkte ihr Sicherheitsgefühl noch einmal, da nun auch die äußere Bedrohung wegfiel. Sogenannte »postmaterielle Werte« wurden mehrheitsfähig.

Daraus resultiert ein Zeitgeist, der gekennzeichnet ist durch niedrige Erwartungen an die Zukunft, stetige Betonung der Grenzen des Machbaren, Idealisierung der Natur, Misstrauen gegenüber der Freiheit und dem technischen Fortschritt. Herausforderungen werden nicht gesucht, sondern möglichst vermieden. Die geistige Landschaft des grün-konservativen Bürgertums ist inzwischen leider ebenso von Verboten durchzogen wie die kleinkarierte Idylle der Adenauerzeit. Nur was von den Kontrollinstanzen der herrschenden Normen durchgelassen wird, hat eine Chance auf öffentliche Beachtung. Ob Biokarotten beliebt sind oder Atomkraftwerke verpönt, wird von einer sozialen Schicht bestimmt, die der amerikanische Journalist David Brooks »Bobos« getauft hat: Bourgeoise-Bohemiens, die geglückte Verbindung von Biedermann und Rebell. Das hat es in der Geschichte noch nie gegeben. Früher musste man sich entscheiden: Revolution oder Bausparvertrag. Heute geht beides zusammen und hat eine neue Mittelschichtkultur entstehen lassen, die larmoyante Unzufriedenheit mit Risikoscheu und materieller Sicherheit verbindet. Demonstranten, die sich gegen Bahnhöfe oder Stromtrassen empören, so kam bei einer Studie des Göttinger Instituts für Demokratieforschung im Jahr 2011 heraus, sind zu 84 Prozent mit ihrer eigenen Situation zufrieden.

Den besten grünen Slogan aller Zeiten erfand übrigens der Werbeberater Hubert Strauf: »Keine Experimente!« Zwei Worte, die wie ein semantischer Schutzwall gegen die Risiken des Fortschritts stehen – eine Weltanschauung in Kurzform. Allerdings kam Strauf auf diese geniale Idee, lange bevor es grüne Parteien gab – im Wahlkampf 1957 für Konrad Adenauer.

Fazit: Grünes Denken ist zum Bestandteil eines gehobenen Lebensstils geworden, ein geistiges Statussymbol, ähnlich wie das Latinum, Weinkennerschaft oder Opernabonnement. Die Weltanschauung der Eliten ist erstaunlich konform. Eigene Gedanken und kritische Reflexion fallen unangenehm auf. Vielleicht geht es weniger um Umweltschutz als um soziale Distinktion und um das Wiedererkennen bestimmter Meinungsstandards.

Was ist das eigentlich: »nachhaltig«?

»Starrheit unterbindet Wachstum. Starre Gesellschaften sind natürlich Polizeistaaten, und das ist nicht ihr einziger Nachteil.«
William H. Calvin

Manchmal glauben wir, uns in einer intellektuellen Endlosschleife zu befinden und dass uns deshalb immer wieder die gleichen alten Mythen begegnen. Jedenfalls beschlich uns vor einiger Zeit bei der Lektüre von »Spiegel Online« ein echtes Déjà-vu-Gefühl. Dort wurde allen Ernstes geschildert, wie Kuba »zum nachhaltigsten Land der Welt« geworden sei. Voller Begeisterung beschreibt der Bericht (der zuvor in der Zeitschrift »natur« veröffentlicht worden ist), wie Castro seine Untertanen zum Energiesparen »erzogen« habe. Ein kubanischer Haushalt verbrauche nur etwa ein Achtel der Energie eines US-Haushaltes, heißt es weiter, weil man mit der »Revolución Energética« aus der Not eine Tugend gemacht habe. Der Text wimmelt nur so von lachenden, klatschenden und sich im Rhythmus wiegenden Menschen, die einige Parolen »sogar mitsingen«. Ganz besonders eindrucksvoll wird das Provinzstädtchen Cárdenas geschildert, in dem das Fahrrad als »Symbol des ökologischen Fortschritts« mit einem Denkmal geehrt worden sei. »Wir haben Hunderte Pferdekutschen, die feste Routen fahren und jeweils zwölf Personen fassen, dazu Ochsenkarren, die Lasten transportieren und schätzungsweise 100 000 Fahrräder«, wird ein vom kubanischen Fortschritt hingerissener Bürger der Stadt zitiert.

Die geistigen Grundlagen für Einschätzungen dieser Art liefern seit Jahrzehnten die sogenannten »Wachstumskritiker«. Gerade ist der Oldenburger Ökonom Niko Paech en vogue. Sein Buch mit dem verheißungsvollen Titel »Befreiung vom Überfluss. Auf dem Weg in die Postwachstumsökonomie« ist ein Bestseller unter Kapitalismus- und Wachstumskritikern. Paech, der dem wissenschaftlichen Beirat von Attac angehört, schwebt darin eine Welt mit einer »Postwachstumsökonomie« vor, die zum Tauschhandel zurückkehrt und, statt neue Waren zu produzieren, alte Produkte repariert. »An genügsameren und sesshafteren Lebensstilen führt kein Weg vorbei«, sagt Paech und entwirft eine Gesellschaft, in der alle nur noch 20 Stunden in ihrem alten Beruf arbeiten und den Rest der Zeit damit verbringen, gemeinsam Gemüse anzubauen und Löcher in den Socken zu stopfen.

Er begründet dies mit Katastrophenfloskeln wie der vom »Klimawandel, den nur noch Wahnsinnige bestreiten«. Nicht fehlen darf die vermeintliche Gezeitenwende durch »Peak Oil«, die das endgültige Ende der fossilen Brennstoffe ankündige. Dieses Argument führt Paech ausgerechnet in einer Zeit an, in der die fossilen Brennstoffe der Welt durch neue Gasfunde und neue Fördermethoden wie Fracking geradezu explodieren. (Siehe S. 115)

»Ich glaube nicht an den technischen Fortschritt«, sagt Paech, das Wohlstandsmodell sei aufgrund seiner chronischen Wachstumsabhängigkeit »unrettbar verloren«. Er will jede zweite Autobahn dichtmachen, drei von vier Flughäfen schließen und die Freiheit der Menschen – selbstverständlich zu ihrem Wohle – radikal einschränken, er nennt das »vom Überfluss befreien«. Wer sich so etwas probehalber einmal ansehen will, der kann von Kuba weiter nach Nordkorea reisen, wo sogar energiesparend gehungert wird. Dass dort ebenfalls gütige Führer mit der nachhaltigen Ertüchtigung des Volkes beschäftigt sind, wissen wir von der 2002 verstorbenen Schriftstellerin Luise Rinser, die 1984 Kandidatin der Grünen für das Amt des Bundespräsidenten war. Rinser beschrieb vor einem Vierteljahrhundert (in der Zeitschrift »natur«) den damaligen Diktator Kim Il-Sung, neben Stalin und Pol Pot wohl einer der grausamsten kommunistischen Diktatoren des 20. Jahrhunderts, als nachhaltiges Vorbild: »Ein halbes Jahrhundert Erziehung des koreanischen Volkes müsste ein international wirksames Beispiel werden.«

Demokratie, Wachstum und Wohlstand stehen ökologisch sinnvollem Handeln im Weg, lernen wir aus solchen Beiträgen. Der bekannte konservative Sozialwissenschaftler und Publizist Meinhard Miegel, der den Nachhaltigkeitsdiskurs in Deutschland ebenfalls stark prägt, erkennt zumindest gewisse Fortschritte an: »Umweltverwüstungen, wie sie noch vor wenigen Jahrzehnten an der Tagesordnung waren, sind zumindest in den entwickelten Ländern heute kaum noch möglich«. Ansonsten vertritt er – nur in etwas geringeren Dosen – die gleiche Haltung wie Paech: »Zum anderen wirtschaften alle, die es wie wir geschafft haben, die satt, gekleidet und behaust sind und Zugang zu den Kulturgütern der Menschheit haben, weit außerhalb der Belastungsgrenzen der Erde.« (Siehe S. 42 ff.). Woraus Miegel den Schluss zieht: »Es wird noch großer Forschungsanstrengungen und spürbarer Einschränkungen bedürfen, ehe eine Form des Wirtschaftens erreicht ist, die das Prädikat ›nachhaltig‹ verdient.«

Der Begriff »Nachhaltigkeit«, oder international »Sustainable Development«, der vor 30 Jahren allenfalls Fachleuten bekannt war, hat eine ganz erstaunliche Karriere hingelegt. Alle politischen Parteien machen sich den Begriff zu eigen, desgleichen Wirtschaftsunternehmen von A wie ABB über B wie Bayer bis Z wie ZF. Die Pop-Version der Nachhaltigkeit liefert die Formulierung: »Wir haben die Welt nur von unseren Kindern geborgt.« Motto: Wer sich etwas borgt, sollte es möglichst unverändert zurückgeben. Wäre das auch schon immer die Maxime unserer Vorfahren gewesen, verliert die Sentenz schnell ihren Reiz. Denn Hand aufs Herz: Wer möchte die Welt von vor 150 Jahren schon zurücknehmen? Ohne Penicillin, Kühlschrank und Internet?

Dennoch werden die Floskeln der Technik- und Wachstumskritiker fröhlich und gern übernommen. So tat das beispielsweise auch der 2013 geschasste Ex-Siemenschef Peter Löscher. Wer seine Hauptversammlungsrede von 2010 liest, entdeckt das gesamte einschlägige Vokabular. »Es hat sich eine Kasinomentalität breitgemacht … die Welt braucht eine Zivilisation der Nachhaltigkeit …

wir überfordern die Natur ... wir nehmen künftigen Generationen eigene Entwicklungschancen.«

Der Technologiekonzern Siemens setzte »nachhaltig« auf die mit staatlichen Subventionen gepäppelten »erneuerbaren« Energien, die sich inzwischen aber als industriepolitisches Debakel entpuppt haben. Die Siemens-Solarspalte ging mit einem Gesamtverlust von 1 Milliarde Euro pleite, nur mit Verzögerung und unter großen Schwierigkeiten in Betrieb genommene Offshore-Windparks und brechende Windradflügel in den USA verursachten hohe Schäden. Aus dem einst gehypten Solarkonsortium Desertec, das Strom aus der Sahara liefern sollte, hat sich das Unternehmen verabschiedet. Im Energiebereich, dem umsatzstärksten Teil des Konzerns, regierte überall das Minus-Zeichen. Löschers Nachfolger beweist derweil politisch korrekte Kontinuität: Joschka Fischer wird Siemens künftig in »Nachhaltigkeitsfragen« beraten. »Nachhaltigkeit klingt so natürlich, so biologisch, so ökologisch«, schrieb vor einiger Zeit Hubert Markl, der ehemalige Präsident der Max-Planck-Gesellschaft: »Da unklar genug ist, was es eigentlich bedeuten soll, können sich von Wirtschaft und Wissenschaft bis zu Politik und Kirchentagen alle darauf einigen.«

Doch was ist das denn für eine mitreißende Idee, die lokal und global befördert werden soll? Uns scheint, mit der Nachhaltigkeit ist es wie mit dem lieben Gott: Keiner weiß so genau, was er sich darunter vorzustellen hat, aber alle sind sich einig, dass man nicht darauf verzichten sollte. So ähnlich war das ja auch mit der Idee der »sozialen Marktwirtschaft«, die in ähnlicher Weise eine sinnstiftende Funktion erfüllte – und mit der das Land gut gefahren ist.

In beiden Begriffen steckt das Ausgleichende, das Konsensuale, das Maßvolle und Dauerhafte, das dem deutschen Wesen offenbar besonders entgegenkommt. Und das nicht erst seit heute: »Für augenblicklichen Gewinn verkaufe ich die Zukunft nicht«, wusste schon im 19. Jahrhundert der deutsche Technikpionier und Unternehmer Werner von Siemens, ohne dafür Joschka Fischer oder Niko Paech zu benötigen. In Zeiten der Finanzkrise, in denen Schulden mit noch mehr Schulden bekämpft werden, erscheint solch kluge Selbstbeschränkung plötzlich wieder sehr modern.

Deutschland war ja sehr lange Zeit erfolgreich mit solcher Zurückhaltung: Man denke nur an das Wirtschaftswunder. Während andernorts jedes Jahr neue Straßenkreuzer mit immer protzigeren Heckflossen von den Produktionsbändern liefen, blieben die Deutschen dem bescheidenen Volkswagen-Käfer treu: für alle gleich, kaum Extras, ein bisschen unbequem, aber sparsam und zuverlässig. Käfer fahren war ungefähr so, wie sich inzwischen viele einen nachhaltigen Lebensstil vorstellen. Und der dazugehörige Werbeslogan hieß: Er läuft und läuft und läuft … Da schwingt ein bisschen Bescheidenheit mit und die Vorstellung von einem Perpetuum mobile. Das klingt sympathisch, doch eines kann auch die Allzweckwaffe »Nachhaltigkeit« nicht leisten: Es wird auf der Welt keinen hypothetischen paradiesischen Endzustand geben, also ein Weltwochenende, an dem alles getan ist.

Der Begriff »Nachhaltigkeit« – und das ist die andere Seite der Medaille – transportiert für viele wohl auch die Sehnsucht, alles möge bleiben, wie es ist. Die Angst vor Veränderung und ein tiefes Misstrauen gegen das Neue erscheinen uns ebenfalls in diesem Gewand. Nachhaltigkeit wird dann beispielsweise gegen neue Technologien und Globalisierung in Stellung gebracht. Doch das Festhalten am Althergebrachten ist auf Dauer überhaupt nicht nachhaltig. Das mussten übrigens auch die Hersteller des Käfer irgendwann einsehen: Sie hielten an seinem Konzept so lange fest, bis es völlig veraltet und das gesamte Unternehmen in seiner Existenz gefährdet war.

Um die Ambivalenz des Begriffs zu verstehen, ist es hilfreich, sich seine Entstehungsgeschichte in Erinnerung zu rufen. Den Begriff »nachhaltende Nutzung« benutzte der Oberberghauptmann Hans Carl von Carlowitz erstmals 1713 in einem Buch über die Forstwirtschaft. Er meinte damit, dass man nicht mehr Holz einschlagen solle, als nachwächst oder aufgeforstet wird. Dies ist – um einem verbreiteten Missverständnis vorzubeugen – kein natürliches, sondern ein unnatürliches Prinzip. Preußische Forstmeister verhalfen ihm im 18. Jahrhundert erstmals zur Geltung. Es ist schlicht ein Prinzip der Bestandswahrung, das auch für Naturschutzgebiete oder die Fischbestände der Weltmeere sinnvoll ist. So war es denn auch die Weltnaturschutzunion IUCN, die den Begriff der »nachhaltigen Entwicklung« als Konzept für einen fortschrittlichen Naturschutz adaptierte. Statt einen Zaun um Schutzgebiete zu ziehen und die Menschen auszusperren (was lediglich die Wilderei befördert), sollte im nachhaltigen Sinne Holzeinschlag und Jagd möglich sein. Denn wer einen Nutzen aus der Natur zieht, ist eher bereit, seine Einkommensgrundlage dauerhaft zu erhalten.

Der Gedanke, dass man Elefanten oder Löwen nachhaltig bejagen dürfte, kam anfangs bei den westlichen Tierschützern gar nicht gut an. Erst als man die Chance witterte, das Konzept auch auf die Industriegesellschaft selbst anzuwenden, erkannte man dessen Potenzial. Was für das Management von Tierherden oder des Regenwalds gedacht war, sollte plötzlich auch für die Produktion von Autos oder Computern gelten. Anno 2014 soll eigentlich alles »nachhaltig« sein, vom Aktienfonds über die Müllabfuhr bis zur Urlaubsreise – und unsere sozialen Beziehungen sowieso. Ein progressives Bewirtschaftungs- und dann Naturschutzkonzept wurde so zu einem nebulösen Weltbeglückungsmodell.

Die von der UNO beauftragte Brundtland-Kommission ersann folgende Definition, die seit dem Erdgipfel von 1992 gewissermaßen zur politischen Raison d'être des Westens zählt: »Entwicklung ist nachhaltig, wenn sie die Bedürfnisse der gegenwärtig lebenden Menschen befriedigt, ohne die Fähigkeit künftiger Generationen in Frage zu stellen, ihre eigenen Bedürfnisse zu befriedigen.« Da wird man schon ein wenig neugierig, welche Bedürfnisse noch gerechtfertigt sind und wer das festlegt. Eine vollwertige Mahlzeit pro Tag oder drei? Balearen oder Balkonien? Fahrrad oder Mercedes?

Die Natur selbst versteht übrigens nichts von Nachhaltigkeit. Sie setzt auf ein anderes Erfolgsprinzip: die Evolution, also die permanente Veränderung. Wald dehnte sich im Verlauf der Erdgeschichte immer wieder aus oder schrumpfte, die meisten aller jemals auf der Erde existenten Arten sind ausgestorben, bevor der Mensch überhaupt auf der Bildfläche erschienen ist. Hätte sich die Natur zu Zeiten der Dinosaurier entschieden, nachhaltig zu sein, dann dominierten heute noch die Dinosaurier den Planeten, und der Mensch hätte wohl nie eine Chance bekommen.

Die Krisen, in denen die Menschen an die »Grenzen des Wachstums« stießen, konnten bislang immer nur durch Veränderung, menschlichen Erfindungsgeist und neuartigen Einsatz von Technik gelöst werden. Doch oft herrscht die Vorstellung: Man muss die vorhandenen Ressourcen nur gleichmäßig verteilen und ihren Verbrauch reduzieren, dann wird alles gut. Aber Ressourcen sind entweder endlich oder sie sind es nicht. Erdöl lässt sich nicht nachhaltig verbrennen. Grenzen ziehen genügt eben nicht, es müssen auch die Spielräume erweitert werden. Alte Ressourcen werden irgendwann überflüssig, an ihre Stelle treten neue, die wir möglicherweise noch gar nicht kennen. Als die New Yorker Ende des 19. Jahrhunderts fürchteten, die Pferdeäpfel würden sich bald bis zum ersten Stock der Gebäude türmen, wurde das Auto erfunden und ersetzte die Pferde. Ganz nebenbei wurde dabei ihr Mist entsorgt.

Hubert Markl formulierte einmal so: »Wer wirklich für mehr Nachhaltigkeit sorgen will, muss vor allem dafür Sorge tragen, dass – und zwar nachhaltig – der sich schnell globalisierenden Wirtschaft in unseren hochentwickelten Volkswirtschaften genügend forschende Naturwissenschaftler und entwicklungsfähige Ingenieure zur Verfügung stehen werden.« Und er fügte hinzu: »Denn der wichtigste, der tatsächlich völlig unentbehrliche nachwachsende Rohstoff ist der vernünftige Mensch selbst.«

Wie einst nach Öl und Bodenschätzen sucht die Wirtschaft heute nach der Ressource »Köpfchen«. Der »War for Talents« ist weltweit entbrannt, qualifizierte Kandidaten werden schon auf Hochschulen und Universitäten umgarnt und mit hohen Gehältern und Prämien geködert. Und auch das ist eigentlich gar nicht so neu. So tobte schon im 18. Jahrhundert ein »War for Talents«, der die ökonomischen Gewichte im damaligen Europa verschob. Das überlegene technische Knowhow der Briten sicherte die Vorherrschaft des Empire auf vielen Gebieten. Frankreich machte daraufhin systematisch Jagd auf britische Uhrmacher, Woll- und Metallfacharbeiter, Glasbläser und Schiffszimmerleute. Frankreich importierte aber auch deutsche Facharbeiter, Russland holte Holländer, Deutsche und Schweden. Die Briten erließen schließlich sogar ein Gesetz, das den Exodus britischer Talente in Richtung Kontinent stoppen sollte und vielen Handwerkern und technischen Wissensträgern die Ausreise verbot.

Doch Wissen hat die Tendenz, sich wie Wasser gleichmäßig zu verteilen: Die britische Überlegenheit bröckelte trotz protektionistischer Gesetze. Die zunehmende Verbreitung technisch-wissenschaftlicher Literatur etwa ließ sich nicht verhindern. Vor allem erkannten die Franzosen die überragende Bedeutung des Bildungssystems und gründeten Eliteschulen wie die École Polytechnique (1794). In seinem Klassiker »Wohlstand und Armut der Nationen« schreibt der ehemalige Harvard-Ökonom David Landes: »So kam es, dass der Spitzenreiter und Neuerer eingeholt und überholt wurde. Und so kam es auch, dass alle alten Vorteile – Ressourcen, Reichtum, Macht – entwertet wurden und der Geist einen höheren Rang zugewiesen erhielt als die Materie. Von nun an stand die Zukunft allen offen, die über Anlage, Geschick und Intelligenz verfügten.«

Im 19. Jahrhundert profitierte davon zum Beispiel die chemische Industrie in Deutschland. In nur einer Generation wanderte fast die gesamte Produktion aus Großbritannien ab. Nicht zuletzt aus England heimkehrende deutsche »Gastarbeiter« legten den Grundstein für die deutsche Weltmarktführung. Um 1900 produzierte Deutschland fast 90 Prozent aller synthetischen Farbstoffe.

Was damals galt, gilt heute umso mehr: Talente, die das Land verlassen oder – noch schlimmer – die gar nicht erst entdeckt und gefördert werden, sind ein herber volkswirtschaftlicher Verlust. Momentan wandern beispielsweise Gentechniker aus Deutschland ab und Atomphysiker werden kaum noch ausgebildet. Ein Land, das aufhört zu lernen, wird Probleme kriegen. Das Wissen verdoppelt sich in vielen Disziplinen innerhalb weniger Jahre und schlägt schubweise in gleichsam neue Aggregatzustände um. Wer bei diesem Zug den Anschluss verpasst, kann auch später wohl nicht mehr aufspringen.

Eine besonders wichtige Rolle für die Innovations- und Wettbewerbsfähigkeit spielen naturwissenschaftliche Fächer. Alleine auf dem indischen Subkontinent absolvieren jedes Jahr rund eine Million englischsprachige Graduierte eine wissenschaftlich-technische Ausbildung. Damit formiert sich die zweitgrößte Gemeinschaft englischsprachiger Wissenschaftler außerhalb der Vereinigten Staaten. Viele Hundert Millionen Menschen warten nur darauf, Zugang zu Bildung und Information zu erhalten. Das durchdringende Medium »Brainpower« überwindet alle Grenzen. Fortschritt, Wissenschaft und Technik werden in den aufstrebenden Ländern des Südens und Ostens für positive und erstrebenswerte Attribute einer Gesellschaft gehalten, mit Erfindungsreichtum, Kreativität und Motivation haben die Menschen dort begonnen, die Zukunft zu erobern.

Außer politischen Reformen und Geld braucht ein nachhaltig(!) funktionierendes Gemeinwesen eine ausgeprägte Wissenskultur. »Wenn eine Gesellschaft Bildung nicht wertschätzt, kann auch die Schule kein hohes Niveau erreichen«, analysiert Ranga Yogeshwar, Sohn eines indischen Wissenschaftlers und einer luxemburgischen Kunsthistorikerin. Er moderiert im deutschen Fernsehen erfolgreiche naturwissenschaftliche Sendungen und gibt Gastunterricht in Schulen. Mindestens genauso wichtig ist nach seiner Ansicht eine wieder positivere gesellschaftliche Einstellung zu Wissenschaft, Technik und Fortschritt: »Wir haben verpasst, das Signal auszusenden: ›Macht weiter, wir brauchen mehr Innovationen.‹« Und zu denen kommt man nicht unbedingt, indem man junge Menschen mit totem Wissen vollstopft und so schnell wie möglich für den Arbeitsmarkt kompatibel macht. »Universitäten müssen vielmehr die bevorzugten Orte des Fragens sein, des kritischen Prüfens, des Zweifelns am hergebrachten Wissen«, sagt Hubert Markl.

So wäre es sicherlich wohltuend, wenn mehr junge Menschen einen (siehe S. 312) weit verbreiteten Zeitgeist in Frage stellen würden, der die Geschichte der Wissenschaft und der Industrialisierung als Verfallsgeschichte darstellt. Trotz drastisch gestiegenem Wohlstand und einer seit dem 19. Jahrhundert verdoppelten Lebenserwartung gelten Technik und Wissenschaft vielen Menschen nicht mehr als Lösung, sondern als Ursache vieler Probleme. Ein kollektiver Irrtum, denn Lebenserwartung, Kindersterblichkeit, Alphabetisierung, Nahrungskalorien pro Kopf, Durchschnittseinkommen und viele andere Indikatoren sehen heute viel besser aus als vor 25, 50 oder vor 100 Jahren.

»Schon die bloße Darstellung der westlichen Fortschrittsgeschichte ist heute in den Augen vieler ein aggressiver Akt«, schreibt David Landes, »die Gründe dafür liegen in dem Vorzug, der dem Fühlen gegenüber dem Wissen gegeben wird; sie reichen von der Enttäuschung über das verlorene Paradies bis hin zu Furcht und Verdruss, die eine unverständlich gewordene wissenschaftliche Erkenntnis bei Laien auslöst.« Nichts gegen Landromantik, auch wir waren in den Siebzigerjahren fasziniert von John Seymours »Großem Buch vom Leben auf dem Lande«, in dem mit wunderschönen Zeichnungen die Welt ländlicher Selbstversorger vorgestellt wurde, »für Realisten und Träumer«. Die meisten ließen es dann doch beim Träumen, weil das Reale eine mühsame Schufterei bedeutet. Heute ist es trotzdem wieder en vogue, zumindest in vielen Medien. Nur klingt alles viel schicker und weltläufiger, die Land-Hippies nennen sich jetzt »Transition-Town-Bewegung«, es soll weltweit 3000 bis 4000 Gruppen geben, die ihr Tun systemisch mit »Resilienz« (in etwa »Widerstandsfähigkeit«) begründen. »Sauerkrautherstellung verstehen wir auch als Re-Skilling«, sagt einer ihrer Protagonisten in einem Beitrag der »Frankfurter Allgemeinen Zeitung«. »Wir eignen uns alte Techniken wieder an, die wir in einer Zeit brauchen, wenn es weniger Öl gibt.«

Der amerikanische Wissenschaftsjournalist Gregg Easterbrook nennt so etwas das »Fortschritts-Paradox«: Je mehr Wissenschaft und Technik unser Leben erleichtern und verlängern, desto größer wird das Misstrauen ihnen gegenüber. Wer die Technik lobt und den Fortschritt befürwortet, muss sich oft belehren lassen, dass er einem naiven Fortschrittsglauben huldige und einer unkritischen Technikgläubigkeit verfallen sei. Entsprechend gelten Biotechnologen, Atomphysiker oder Pharmaforscher in Deutschland vielen als Zauberlehrlinge.

Diese Haltung erscheint uns fatal, da sie zunehmend Freude am Forschen und Erfinden überlagert hat, die eigentlich jedem Kind eigen ist. »Die Evolution hat uns mit einer unstillbaren Wissensbegierde ausgestattet, so dass wir nie aufhören, neue Möglichkeiten auszuloten, nie aufhören, neue Lösungen zu finden«, sagt der Zoologe Desmond Morris und fügt hinzu: »Dies und unsere Fähigkeit, das Gefundene zu unserem Vorteil zu nutzen, ist es, was uns Menschen ausmacht.« Es wird in Deutschland darum gehen müssen, den Nachwuchs an Schulen und Universitäten wieder mit der Tatsache vertraut zu machen, dass wissenschaftlich-technischer Fortschritt eben nicht nur ökonomisch, sondern auch ethisch erstrebenswert ist. Von Mitteln gegen Malaria oder Aids bis hin zu Techniken der Trinkwasseraufbereitung in Entwicklungsländern, von intelligenten Werkstoffen bis zu sparsameren Anlagen und Verkehrsmitteln: Innovationen retten Menschenleben und helfen, die Umwelt zu bewahren.

Wer sich ein bisschen in den hippen Vierteln der Großstädte umschaut, kommt nicht zwangsläufig auf diesen Gedanken. Etwa in einem Café in Berlin, das wir des Öfteren aufsuchen. Es liegt in einem Viertel, das aus meist hübsch herausgeputzten Gründerzeithäusern besteht. Meist ziehen junge Vertreter der Mittelschicht ein, er öffentlicher Dienst, sie kreativ tätig – oder umgekehrt. Wo einst Schuster, Maler und Installateure ihre Dienste und Waren anboten, befinden sich jetzt Töpferwerkstätten und andere kunsthandwerkliche Ateliers. Alle Läden eint, dass wir nur selten einen Kunden darin gesehen haben. Einzig der Bioladen, die neue Tierärztin und die verbliebenen Kneipen erfreuen sich eines gewissen Publikumszuspruchs. Am Nebentisch unterhalten sich ein Mann und eine Frau ziemlich laut über ein Theaterprojekt. Wir bekommen mit, dass die Volkshochschule involviert ist und Förderanträge auf öffentliche Gelder positiv beschieden worden sind. Das Schwarze Brett an der Wand ist ein Schaukasten der Alternativökonomie. Abrisszettel mit Telefonnummern offerieren Klavier- und Yogakurse, Geigen- und Gesangsunterricht, Homöopathie für Katzen und Konfliktberatung für Ehepaare.

Wir sind keine Ökonomen und deshalb ziemlich ratlos angesichts der Fragen, die sich in unserem Berliner Biotop aufdrängen. Kann eine Ökonomie funktionieren, in der der eine Gesangsunterricht gibt und der andere dafür die Katze homöopathisch betreut? Wir wissen es nicht, haben aber den Verdacht, dass das Geld letztlich woanders herkommen muss. Beispielsweise vom Partner, der schlimmstenfalls Algorithmen programmiert. Oder die Mittel kommen vom Staat, der es jenen abnimmt, die eine klassische Wertschöpfung im produktiven Kern unserer Volkswirtschaft betreiben. Bitte nicht missverstehen: Wir wollen Deutschlands Kleinkreative und alternative Ich-AGs hier nicht als Schmarotzer geißeln, da gibt es wirklich Schlimmere in den Chefetagen großer Konzerne. Wir wollen nur die Frage stellen, ob eine solche Wohlfühlökonomie auch wirklich nachhaltig ist. Wie lange würde sie – alleine auf sich gestellt – wohl überleben? Möglicherweise ist sie eine zwar hübsche – und für die Anwohner durchaus angenehme – Illusionswirtschaft, die Geschäftigkeit im Grunde nur um ihrer selbst willen betreibt. Die Frage, die sich für unseren Kiez stellt, lässt sich erweitern. Man kann den Kreis beispielsweise auch um ganz Berlin ziehen. Da fällt die Antwort schon klarer aus: Allein auf sich gestellt, müsste Berlin morgen dichtmachen.

Soziotope, in denen sich die gebildeten Schichten selbst verwirklichen können, machen Spaß und sind auch eine Touristenattraktion. Aber man muss dennoch etwas Wasser in den Wein gießen. Selbstgenügsamkeit und Selbstversorgung sind nur dann kein Problem, wenn die Mittel für Krankenhäuser und Schulen, Kanalisation und U-Bahn woanders erarbeitet werden. Ohne eine gut funktionierende Wachstumsgesellschaft sind auch die Infrastruktur und die Gesundheitsversorgung schnell am Ende. Was Postwachstumsstrategen wie Niko Paech nicht irritiert: »Selbst wenn ich nur Krankenpfleger, Lehrer, Altenpfleger einstelle, klingt das erst einmal nach rein qualitativem Wachstum. Aber was machen die Krankenschwestern, Lehrer, Altenpfleger dann mit ihrem Geld? Sie kaufen Autos, reisen in die Karibik, wollen das neue iPhone.« Der logische Schluss daraus lautet wohl, dass eine Welt ohne Krankenschwestern etc. eine bessere Welt wäre, da keiner mehr »unnötige« Dienstleistungen oder Produkte konsumieren könnte. Was »unnötig« ist regelt Niko Paech oder Vater Staat. Oder?

Ein weiterer verführerischer Glaubenssatz im Kontext von Nachhaltigkeit ist »Small is Beautiful«. Das gleichnamige Buch des deutsch-britischen Ökonomen Ernst Friedrich Schumacher gehörte zur Standardausstattung unserer alternativen Wohngemeinschaften der Siebzigerjahre und hatte ähnlich viel Einfluss wie »Die Grenzen des Wachstums« und »Global 2000«. Schumachers Vermächtnis wirkt weiterhin. Wenn Margot Käßmann oder Richard David Precht die Konsumgesellschaft geißeln, schwingen seine Ideen immer mit. Kein Wunder, dass erst 2013 wieder eine Neuausgabe erschienen ist – mit einem Vorwort von Niko Paech.

Die These von »Small is Beautiful« lautet: Großfabriken, Großkraftwerke und sonstige unbescheidene Unternehmungen sind schlecht. Wir müssen zurück zu kleineren Einheiten, dann geht es auch der Umwelt besser. Das klingt sympathisch. Die Frage ist nur, stimmt es auch? Gehen wir der Frage doch einmal anhand eines praktischen Beispiels nach. Nehmen wir eine Betriebsform von der nicht nur Schumacher-Jünger, sondern fast alle glauben, sie sei schlecht, weil sie groß ist: die Massentierhaltung. Der Begriff »Massentierhaltung« ist bei vielen ein Synonym für Umweltzerstörung und Tierquälerei.

Ist sie wirklich tierquälerisch? Die Antwort, die Verhaltensforscher darauf geben, lautet: Nicht prinzipiell, es kommt auf die Tierart an. Rinder schließen sich auch in freier Wildbahn zu riesigen Herden zusammen, wie man an den Bisons der nordamerikanischen Prärie oder den afrikanischen Kaffernbüffeln sehen kann. Aber nehmen wir mal Schweine, deren wilde Verwandtschaft normalerweise Rotten aus maximal einigen Dutzend Artgenossen bildet. In großen wie in kleinen Ställen werden Schweine in Gruppen von etwa zwölf bis 45 Tieren gehalten. Wie viele solcher durch Wände abgetrennter Gruppen im gleichen Betrieb leben, spielt für das einzelne Tier eine geringe Rolle.

Und was ist mit der Umwelt? Ist ein Stall mit 100 Mastschweinen umweltfreundlicher als einer mit 1000? Ganz im Gegenteil. Um die gleiche Menge Fleisch zu erzeugen, müssten zehn Grundstücke erschlossen werden, zehnmal die Logistik für Fütterung, Wasserversorgung, Lüftung, Reinigung, Fäkalienbeseitigung. Die Wege für die Versorgung der Tiere würden länger. Für diese einfache Rechnung braucht man nichts als ein wenig gesunden Menschenverstand und lernt: Schumachers These ist alles andere als allgemeinverbindlich, und das Nähere regelt der Einzelfall. Garantiert auch bei der Sauerkrautherstellung (siehe oben, Re-Skilling).

Aber wir haben auch Stimmen gefunden, die uns optimistisch sein lassen: Auf der von Gewerkschaftlern betriebenen Website »labourNet.de« findet sich eine bemerkenswerte Kritik an diesem Weltbild und Niko Paechs »Befreiung vom Überfluss«. Unter der Überschrift »Fragwürdige Wachstumskritik« heißt es: »Dezentrale Betriebe sind Paech zufolge per se transparenter und demokratischer zu kontrollieren als Großunternehmen. Empirisch fundiert ist diese Einschätzung nicht. Es zeigt sich immer wieder, dass viele Kleinunternehmen durch besonders prekäre Arbeitsbedingungen gekennzeichnet sind. Auch um die Umweltbilanz dezentraler Produktionskapazitäten ist es oft nicht zum Besten bestellt. Und außerdem weisen kleinere und mittlere Betriebe allzu oft noch weniger demokratische und autoritärere Entscheidungs- und Organisationsstrukturen auf als die Großunternehmen.« Die Attraktion, die Paech auf linke Kreise ausübe, habe vermutlich damit zu tun,

»dass auch Linke bisweilen zur Idealisierung des Kleinwirtschaftlichen neigen«. Die Gewerkschafter bescheinigen Paech eine Nähe zu ökonomisch-politischen Ordnungsvorstellungen mit »geringem emanzipatorischen Gehalt«. Er echauffiere sich über eine »konsumgierige Masse« mit sozialmoralisch defizitären Lebensstilen. Seine Thesen zur ökologischen Krise gehe davon aus, der Mensch habe in grenzenlosem Hedonismus »über seine Verhältnisse« gelebt. Mit derlei »Herrschaftsideologie« befinde er sich in guter Nachbarschaft zu »konservativen und rechtsliberalen Kreisen«.

Was müssen wir also tun, um zukunftsfähig und nachhaltig zu leben? Die Antworten auf diese Frage sind meist stereotyp: Kohlendioxid reduzieren, Energie sparen, Müll recyceln, Fahrrad fahren und viele andere Dinge werden aufgeführt, die alle mit Sparen, Reduzieren, Beschränken und Begrenzen zu tun haben. Ein Wert wird so gut wie nie genannt: Freiheit. Freiheit wird von den meisten Menschen zwar geschätzt, aber nicht in Zusammenhang mit den globalen Problemen von Umwelt und Armut gebracht.

Früher hörte man häufig den Spruch: Freiheit kann man nicht essen. Das sollte heißen, sie sei ein Luxus für die Wohlhabenden in Europa und Nordamerika. Der Rest der Welt habe andere Sorgen. Das widerlegte Amartya Sen, der 1998 dafür den Wirtschaftsnobelpreis erhielt. Ihm verdanken wir die Erkenntnis, dass man Freiheit durchaus »essen« kann. Denn er machte publik, dass es in Ländern mit demokratischer Verfassung und freier Presse noch nie zu Hungersnöten gekommen war. Wo Freiheit herrscht, werden Regierungen von der Bevölkerung gezwungen, im Falle von Dürren oder Missernten frühzeitig zu reagieren. Heute wundert man sich, dass vor Sen niemand darauf gekommen ist, diesen Zusammenhang einmal zu beleuchten.

Bei einem Blick in »Titel«, einem Fachmagazin für Geologie, stießen wir auf einen Artikel des Umweltwissenschaftlers Gregory van der Vink, der einen weiteren Zusammenhang gefunden hat, der auf den ersten Blick ziemlich verwegen erscheint. Der Grad der Freiheit in einem Land habe, so van der Vink, erheblichen Einfluss auf die

Opferzahlen von Naturkatastrophen wie Wirbelstürme, Vulkanausbrüche oder Hochwasser. Die Zahl der Toten nach solch einem Desaster hänge stärker mit Demokratie zusammen als mit Indikatoren, die zunächst viel plausibler erscheinen, beispielsweise die Bevölkerungsdichte der betroffenen Gegend oder die Größe der Fläche, auf der die Katastrophe stattfand. Ein zweiter starker Zusammenhang bestehe zum Bruttoinlandsprodukt: je höher, desto weniger Tote. Da freie Länder fast immer auch reicher sind, liegt das nahe.

Wir alle kennen das Phänomen, wenn über Hurrikans in der Karibik berichtet wird. Ein Sturm, der in Haiti Hunderte Leben fordert, tötet in Florida kein Dutzend Menschen. Weil die Bürger Floridas in der Regel feste Häuser haben und einen besser organisierten Katastrophenschutz – Folgen von Wohlstand und Freiheit. Doch niemand hatte sich bisher die Mühe gemacht, diesen Unterschieden weltweit nachzuforschen und sie statistisch auszuwerten. Die Zahlen van der Vinks sind nicht nur interessant, sie enthalten auch eine frohe Botschaft: Demokratisierung und Wirtschaftswachstums, die im vergangenen Vierteljahrhundert den Globus erfassten, retteten viele Menschenleben. Obwohl Naturkatastrophen zugenommen haben und mehr Menschen in Risikoregionen leben, ging die Zahl der Toten zurück – und zwar sowohl prozentual auf die Weltbevölkerung gerechnet als auch in absoluten Zahlen. Freiheit ist also kein Luxus, sondern existenziell. Sie ist nachhaltiger als alles Sparen, Reduzieren, Beschränken und Begrenzen zusammen.

Fazit: Der Begriff »Nachhaltigkeit«, der eigentlich aus der preußischen Forstwirtschaft stammt, hat eine erstaunliche Karriere gemacht. Auf dem sogenannten »Erdgipfel von Rio« wurde die »nachhaltige Entwicklung« zur globalen Leitidee. Mittlerweile ist eine Anti-Wachstums-Ideologie daraus geworden. Viel sinnvoller wäre es, sich den erwünschten Zielen durch Versuch und Irrtum zu nähern – so wie es die Evolution seit Millionen von Jahren vormacht.

Der Zusammenhang von Freiheit und sauberer Luft

»Die Wahrheit hat noch keinem geschadet –
außer dem, der sie sagt.«
Claude Adrien Helvétius

Die Geschichte der Umweltbewegung in der ehemaligen DDR unterscheidet sich stark von der in Westdeutschland. Grünes Denken war dort aus Erfahrung antitotalitär. Bis 1989 hatten wir kaum Einblick in die Entwicklung dort. Nach der Wende in den Neunzigerjahren trafen wir dann erstmals Vera Lengsfeld, eine DDR-Grüne der ersten Stunde. Dieses Buch wäre unvollständig ohne einen kleinen Ausflug in die östliche Hälfte Deutschlands – und dessen Umweltgeschichte. Wir sprachen mit Vera Lengsfeld über die Geschichte der ostdeutschen Umweltbewegung.

Wie hast du persönlich die Umweltsituation in der DDR vor 1989 empfunden?

Die DDR war das umweltverschmutzteste Land in Mitteleuropa. Das habe nicht nur ich so empfunden, sondern das sah, roch, schmeckte man. Seit den Siebzigerjahren nahm die Smoghäufigkeit zu, weil auf vielen Industrieschornsteinen die Rauchgasfilter immer häufiger ausgeschaltet wurden, um die Produktion zu erhöhen. Als die Luft immer dicker wurde, ging man zur Politik der hohen Schornsteine über, um die Schadstoffe großflächiger zu verteilen. Trotzdem lag über den Industriegebieten im Winter ein dichter, grau-gelblicher Nebel. Wenn er zu dick wurde, war in den Zeitungen von »Inversionswetterlagen« die Rede, die sich irgendwann auflösen würden. Über Smog durfte nicht gesprochen werden. Selbst wenn in Westberlin Smogalarm ausgelöst wurde und wir das über den RIAS (Rundfunk im amerikanischen Sektor) erfuhren, durfte in der Hauptstadt der DDR das Wort nicht in den Mund genommen werden.

Ein Problem war auch die hohe Schadstoffbelastung des Trinkwassers. In den ländlichen Gegenden war es vor allem Nitrat aus der Landwirtschaft, in den Industriegegenden unbekannte Cocktails. In Halle-Neustadt, Ortsteil Silberhöhe, floss sogar Quecksilber aus dem Wasserhahn. Hier durften Kinder kein Leitungswasser trinken. Den Familien mit Kindern wurde abgefülltes Trinkwasser zur Verfügung gestellt. Nach mehreren Todesfällen, die von der Bevölkerung auf das schlechte Wasser zurückgeführt wurden, hieß dieser Teil der Stadt im Volksmund »Silberhölle«.

Im Halle-Bitterfelder Industrierevier, wo im Winter grauschwarzer Schnee fiel, durften die Kleingärtner ihre Erzeugnisse nicht verzehren. Obst und Gemüse wurde aufgekauft und vernichtet. Ein schöner, sicherer Nebenverdienst für die Arbeiter, denen etwas geboten werden musste, damit sie blieben. Weil es Wohnungen gab, die anderswo in der DDR knapp waren, kamen sogar Familien mit Kindern hierher. Eine Entscheidung, die ich nicht nachvollziehen konnte, denn selbst wenn man mit dem Zug im geschlossenen Abteil vorbeifuhr, trieb es einem die Tränen in die Augen.

Das Getreide, das man neben den Chemiefabriken anbaute, wurde mit Getreide aus niedrig belasteten Gebieten verschnitten. So verteilten sich die Schadstoffe mit den Nahrungsmitteln über die ganze Republik. Die Flüsse der DDR waren größtenteils biologisch tot, auch viele Seen und Teiche, die als Deponien für ungeklärte Abwässer benutzt wurden. Kläranlagen gab es kaum.

Was hat die Umweltbewegung der DDR von jener in Westdeutschland unterschieden?

Die Umweltbewegung der DDR, die in den Achtzigerjahren innerhalb der in kirchlichen Gemeinden angesiedelten Friedensbewegung entstand, war weitgehend pragmatisch und unideologisch. Da das

Sammeln und Veröffentlichen von Umweltdaten seit 1982 unter Strafe stand – eine Reaktion der Machthaber auf die sich stetig verschlechternde Situation – musste in kleinen Schritten vorgegangen werden. Es begann mit Wandzeitungen in Kirchen, in denen Tipps veröffentlicht wurden, wie man sich etwas vor den schlimmsten Folgen der Umweltverschmutzung schützen konnte.

Der von mir 1982 gegründete Umweltkreis, Untergruppe des Friedenskreises Pankow, den ich im Herbst 1981 ebenfalls mit aus der Taufe gehoben hatte, entwickelte mit Hilfe zweier Studenten der Kunsthochschule Weißensee eine kleine Wanderausstellung, die in verschiedenen Kirchen des Landes gezeigt wurde, bis sie so verbraucht war, dass die Exponate auseinanderfielen.

Bald erweiterte sich unser Aktionsradius. Es entstanden kleine Studien zu speziellen Problemen, etwa denen des Uranbergbaus (»Pechblende«), des Braunkohletagebaus oder der Auswirkungen der Luftverschmutzung auf Kinder. Als 1986 das Reaktorunglück in Tschernobyl stattfand, gab es innerhalb weniger Tage einen Appell gegen die Nutzung von Atomkraft: »Tschernobyl wirkt überall«. Ich fuhr damals mit meinem Trabbi durch die DDR und sammelte Unterschriften. Jeder Unterzeichner nannte noch zwei, drei andere Leute, die eventuell bereit sein würden, ihren Namen unter einen Appell zu setzen, der öffentlich war, weil er beim Kirchentag offen ausgelegt wurde und auch im »Samisdat« (eine Publikation des Arbeitskreises Umwelt, benannt nach oppositionellen Blattsammlungen in der Sowjetunion) erschien.

Die Umweltbewegung, obwohl etwas später als die Friedensbewegung entstanden, übernahm bald so etwas wie eine führende Rolle. Im Jahr 1986 wurde die Umweltbibliothek in der Zionskirche zu Berlin gegründet, wo es nicht nur verbotene Bücher gab, sondern auch die meisten »Samisdat«-Publikationen der DDR. Die »Umweltblätter«, die von der Umweltbibliothek herausgegeben wurden, waren bald das Leitmedium der DDR-Opposition. Das blieb auch so, nachdem sie in »telegraph« umbenannt wurden. Als Mitarbeiter der Umweltbibliothek verhaftet wurden, entwickelte sich die erste offene Kraftprobe zwischen Staatssicherheit und Opposition, die mit Mahnwachen vor der Zionskirche reagierte und nach wenigen Tagen die Entlassung der Aktivisten erreichte. In diesen Tagen wurde die Umweltbibliothek schlagartig international bekannt. Viele Menschen im Westen nahmen zum ersten Mal wahr, dass es eine Opposition in der DDR gab.

War die Umweltdebatte in der DDR auch so eine Art Katalysator für andere politische Forderungen?

Natürlich waren die Forderungen nach Verbesserung der Umwelt hochpolitisch, denn sie berührten alle Bereiche des Systems. Die DDR konnte zunehmend nur noch existieren, weil sie ihre Substanz auffraß, auch und vor allem die ökologische. Wenn sie gezwungen gewesen wäre, internationale Standards einzuhalten, wäre sie schon viel früher pleite gewesen. Der SED-Staat betrieb schlicht Umweltdumping. Es gibt einen Zusammenhang zwischen Freiheit und sauberer Luft oder sauberem Wasser. Die DDR nahm für Westgeld auch Giftmüll entgegen und deponierte diesen Giftmüll, ohne besondere Vorkehrungen zu treffen. Bei der Giftmülldeponie in Schönberg nahe der schleswig-holsteinischen Grenze hatte das zur Folge, dass die giftigen Abwässer unterirdisch in den Westen zurückflossen.

Empfindest du die Wende von 1989 auch als eine Umweltwende? Wie sieht's heute in Berlin oder Sondershausen im Vergleich zu 1980 aus?

Die Friedliche Revolution von 1989 hat nicht nur den SED-Staat zum Verschwinden gebracht, sondern auch die meisten der von ihm verursachten ökologischen Probleme. Wer heute durch die neuen Länder fährt, kann sich nicht mehr vorstellen, dass die DDR auch kurz vor dem ökologischen Kollaps stand. Schulkinder haben sogar das Gefühl, es müsse mit der Umwelt hier schon immer alles zum Besten gestanden haben. Man muss heute bis nach Bulgarien fahren, um noch mal den bleiernen Geschmack auf der Zunge zu haben, der damals in der DDR gang und gäbe war. In der damals auf ganzer Strecke biologisch toten Elbe gibt es heute wieder Elbe-Badetage. Besonders viele Schwimmer gehen auf dem Gelände der Chemiefabrik Nünchritz ins Wasser, weil das Abwasser, das dort in die Elbe geleitet wird, sauberer ist als der Fluss. In allen Flüssen kann wieder geangelt werden und die Fische sind essbar und bekömmlich, wenn auch noch nicht wieder für Gaststätten zugelassen. Es wurden viele Kläranlagen gebaut, die dafür gesorgt haben, dass der Schadstoffgehalt im Oberflächen- und Grundwasser zurückgegangen ist.

An manchen Stellen hat sich die Situation regelrecht revolutioniert: Wo sich der Braunkohletagebau bis an den Stadtrand von Leipzig rangefressen hatte, befindet sich heute ein Wassersportparadies, samt Wildwasseranlage. Bei Görlitz, in der ökologisch am meisten verheerten Lausitz, ist die ehemalige Grube Bernsdorf, der größte Tagebau der DDR, heute ein See. Das Schloss, das auf einer Halbinsel mitten im Abbaugebiet stand, ist heute ein Wasserschloss mit einer Marina am Ufer. Nur noch das Kraftwerk auf der polnischen Seite und ein paar alte Industriehallen erinnern daran, dass hier vor 25 Jahren keineswegs ein Naturparadies war. Inzwischen ziehen selbst betuchte Rentnerpaare aus dem Westen hierher.

Zum ökologischen Tafelsilber gehören die sieben Nationalparks, die auf Druck von Umweltschützern der Noch-DDR am letzten Sitzungstag der Volkskammer beschlossen worden waren. Berlin hat profitiert, weil die von Lenné konzipierte Naturparklandschaft zwischen Berlin und Potsdam nicht mehr von der Mauer durchschnitten ist. Darüber hinaus ist der ehemalige Todesstreifen heute ein beliebtes Gebiet für Wanderer.

Du bist damals zu den Grünen gegangen. Warum? Und wie war das bei denen? Was hast du gelernt, was hat dich letztendlich bewogen, diese Partei wieder zu verlassen?

Als eine der ersten Umweltaktivistinnen der DDR war es für mich ein selbstverständlicher Schritt, der Grünen Partei beizutreten. Ich war für diese Partei in der Verfassungskommission des Runden Tisches und dann Spitzenkandidatin bei der Volkskammerwahl. Dort habe ich gegen den Widerstand fast des gesamten Parteivorstandes durchgesetzt, dass sich die bei der Wahl getrennt angetretenen Bürgerrechtsparteien zum Bündnis 90/ Grüne zusammenschlossen. Bei der ersten gemeinsamen Bundestagswahl ist das Wahlbündnis mit den West-Grünen beschlossen worden, das später in eine gemeinsame Partei überführt wurde.

Obwohl die Beitrittsverhandlungen länger dauerten als beim Einigungsvertrag, nämlich ein Jahr, haben sich zwei zusammengetan, die nicht zueinander gehörten und nie zusammengewachsen sind. Bündnis 90/Grüne waren traditionell gegen die SED eingestellt. Als die Grünen 1996 beschlossen, Koalitionen mit der PDS, so hieß die SED damals, eingehen zu können, verließ ich die Partei gemeinsam mit anderen Bürgerrechtlern. Viele folgten uns. Heute sind nur noch eine Handvoll Gründungsmitglieder von Bündnis 90/ Grüne bei den Grünen.

Du bist in die CDU eingetreten. Wie grün ist heute die CDU? Ist das nicht wie das Rennen Hase gegen Igel? Egal wo man hinkommt, die Grünen sind schon da ...

Ich habe heute tatsächlich das Gefühl, ich wurde in der CDU von den Grünen eingeholt. Die ideologiegesteuerte Energiewende ist ein Coup d'État, wie ich ihn mir bei der Partei der wirtschaftlichen Vernunft, die die CDU mal war, nicht hätte vorstellen können. Die grüne Ideologie legt sich wie Mehltau über das Land.

Viele westdeutsche Umwelt-»Aktivisten« liebäugeln bis heute mit staatlicher Bevormundung und Planwirtschaft. Wie wirkt das auf dich?

Zum grünen Mehltau gehört für mich die Vorstellung, planwirtschaftlich verfahren zu müssen. Das ist mehr als erstaunlich, nachdem die Planwirtschaft so kläglich gescheitert ist.

Erinnert dich die Energiewende – man spricht jetzt schon ganz offen über mögliche Abschaltungen ganzer Städte und Betriebe – an die Verhältnisse in der DDR?

Spätestens seit dem »Katastrophenwinter« 1978/79 in der DDR, wo ich Energieabschaltungen und ihre schrecklichen Folgen live erlebt habe, ist mein Bedarf an Planwirtschaft gedeckt. Damals hatte man aber noch Öfen und konnte notfalls mit Holz aus dem Wald die Bude warm halten und, falls ein Ofenfach vorhanden war, sogar kochen. Dazu gab es romantisches Kerzenlicht, von denen die DDR-Menschen immer einen Vorrat angelegt hatten. So konnte man die Abschaltungen überstehen. Heute träfe es alle viel, viel härter, denn die wenigsten Wohnungen haben noch einen Ofen und die Heizungen fallen bei Stromabschaltungen unweigerlich aus. Die Kerzenwärme wird da kaum helfen. Die Betroffenen werden sich wie bei einer Belagerung fühlen.

Das Schlimmste aber ist, die Leute werden vergessen, dass es so etwas wie durchgehende Energieversorgung mal ganz selbstverständlich gegeben hat, so wie man in der DDR vergessen hat, was es bedeutete, nicht in einer Mangelgesellschaft zu leben. Nur die politisch Verantwortlichen werden dafür sorgen, dass bei ihnen, egal wie es im übrigen Land aussieht, nie das Licht ausgeht. Die DDR-Parteibonzen haben den Mangel, den ihre Planwirtschaft im Land erzeugt hat, auch nicht zu spüren bekommen.

Was ist schiefgelaufen, dass es in Sachen Umweltschutz zu so vielen absurden und kontraproduktiven Maßnahmen und Entscheidungen gekommen ist?

Wir haben geglaubt, mit der friedlichen Revolution dem Zeitalter der Ideologien entkommen zu sein. Wir haben dabei übersehen, dass die Ideologie ein Chamäleon ist, das in den unterschiedlichsten Farben auftritt. Im Augenblick ist sie grün.

Fazit: Die DDR war in großen Teilen ein ökologisches Katastrophengebiet. Seine Sanierung erfolgte in Rekordzeit, weil nach der Wende 1989 genügend Mittel und neuste Technologien dafür zur Verfügung standen. Dies ist eine große Erfolgsgeschichte der deutschen Wiedervereinigung und geradezu eine Blaupause für die Möglichkeiten reicher Industrieländer, ökonomisches Wachstum und ökologische Verantwortung in Einklang zu bringen. Auf der anderen Seite zeigt das Beispiel DDR, dass politische Zwangssysteme und Planwirtschaft keineswegs besonders »nachhaltig« mit ihrer Umwelt umgehen.

Kapitel 7
Die alltägliche Angst

Unser täglich Risiko

>»Die Tür zum Paradies bleibt versiegelt.
>Durch das Wort Risiko.«
>
>*Niklas Luhmann*

Der amerikanische Fernsehjournalist John Stossel hält gelegentlich Vorträge zum Thema Risiko. Dabei macht er gern ein kleines Experiment. »Stellen Sie sich einmal vor«, bittet er seine Zuhörer, »ein neuer Kraftstoff wird erfunden, endlich die gesuchte Alternative zu Öl und Kohle.« Die Substanz, erklärt er, sei unsichtbar, geruchlos und hochexplosiv. Sie soll direkt in private Haushalte geleitet werden. »Wären Sie für die Einführung dieses neuen Energieträgers?«, fragt er dann in den Saal. Nur wenige heben den Arm. »Wie viele Tote pro Jahr dürfte man hinnehmen?« Natürlich keinen einzigen, ist die einhellige Meinung des Publikums. Und dann verrät er, dass es den von ihm beschriebenen Stoff längst gibt: Erdgas. Bei Gasunfällen kommen weltweit viele Hundert Menschen pro Jahr ums Leben. Die meisten durch Explosionen in Wohnhäusern, die alljährlich dutzendfach stattfinden: drei Tote hier, zehn Tote dort. Diese Unfälle werden meist nur regional bekannt und lösen kein weltweites Entsetzen aus. Aber es gab auch große Gaskatastrophen: 1978 verbrannten nach einer Explosion eines Gastankwagens 216 Menschen auf einem spanischen Campingplatz, 1989 kostete die Explosion einer sibirischen Flüssiggasleitung zirka 600 Menschen das Leben.

Diese Ereignisse sind längst vergessen. Sicherheitsmaßnahmen wurden verbessert. Die Forderung nach einem Ausstieg aus der Gas-Technologie gab es zu keinem Zeitpunkt. Unvergessen ist dagegen der Atomunfall von Tschernobyl. Millionen Deutsche halten Atomenergie seither für das Böse an sich. Diese Sichtweise wurde durch das Desaster von Fukushima nochmals zementiert. Dabei war Tschernobyl zwar eine große Katastrophe, jedoch verglichen mit anderen Industrieunfällen bei Weitem nicht so überdimensional, wie sie sich ins kollektive Gedächtnis der Deutschen eingeprägt hat.

Wer die Risiken verschiedener Energieträger miteinander vergleicht, lernt, dass keiner ungefährlich ist. Die meisten Todesopfer fordern der Kohlebergbau und die Luftverschmutzung durch Kohlekraftwerke. Geborstene Staudämme verursachten die Katastrophen mit den höchsten Totenzahlen. Unfälle mit Öltankern führen immer wieder zur Verseuchung weiter Meeresgebiete. Die saubere, umweltfreundliche, unfallfreie und effiziente Energiegewinnung wurde noch nicht erfunden. So wird für die Magnete in vielen Windrotoren das Metall Neodym verwendet. Es stammt aus chinesischen Minen, die Grundwasser und Luft vergiften. Im Jahr 2011 protestierten Dorfbewohner im Osten Chinas gegen eine Fabrik für Solarpaneele, nachdem es durch die Abwässer der Firma zu einem Fischsterben gekommen war. Die Anwohner machten die Umweltverschmutzungen des Unternehmens für Krebserkrankungen verantwortlich.

Wer darauf hinweist, dass Atomkraft zu den sichersten Energieformen gehört, der muss mit dem Vorwurf rechnen, er wolle »relativieren«, »verharmlosen« und sei »zynisch«. Als wir vor Jahren in unserem »Lexikon der Öko-Irrtümer« schrieben, dass bei der Tschernobyl-Katastrophe nach Angaben der Experten weitaus weniger Menschen an den Folgen der Verstrahlung starben, als man in Deutschland glaubt, schrieb die »Süddeutsche Zeitung«, wir würden die Opfer verhöhnen. Dabei hatten wir lediglich unabhängige Untersuchungsberichte zitiert. Doch bereits das ist hierzulande eine Tabuverletzung. Als Mahnmal gegen die Atomenergie wirkt Tschernobyl in Deutschland bis heute stärker nach als irgendwo sonst auf der Welt, inklusive den betroffenen Staaten Ukraine, Weißrussland und Russland.

Im Jahr 2006, 20 Jahre nach dem Reaktorunfall, legte das Tschernobyl-Forum der UN eine Bilanz vor. Zu dem Forum gehörten unter anderem Wissenschaftler der IAEA (Internationale Atomenergiebehörde), der WHO (Weltgesundheitsorganisation), UNDP (Entwicklungsprogramm der Vereinten Nationen) und der UNEP (Umweltprogramm der Vereinten Nationen). Sie hatten die Folgen in den drei betroffenen Ländern über viele Jahre untersucht. Bilanz des Tschernobyl-Forums: Beim Reaktorunfall kamen 47 Helfer der Aufräumtruppe durch tödliche Strahlendosen ums Leben. Von den vielen an Schilddrüsenkrebs erkrankten Kindern starben neun. Statistisch gesehen soll die Zahl zusätzlicher Krebsfälle in den folgenden Jahrzehnten zirka 9000 betragen. Das haben Strahlenmediziner hochgerechnet. Allerdings unterscheiden sich die Tumore nicht von anderen Krebserkrankungen. Man kann nicht feststellen, ob erhöhte Strahlung die Ursache war, andere Umweltfaktoren, Rauchen, Alkohol, Ernährung oder eine ererbte genetische Disposition. Statistisch werden in den betroffenen Gebieten in den nächsten 70 Jahren rund 650 Millionen Menschen an Krebs sterben. Das ist der Normalwert.

Wesentlich schlimmer als die gesundheitlichen Schäden durch Strahlung waren nach dem UN-Bericht die sozialen Verwerfungen. Menschen wurden massenhaft umgesiedelt. Sie fanden in ihrer neuen Umgebung keine Perspektive. Zerrüttete Familien, Alkoholismus und Selbstmorde waren die Folge. Doch im kollektiven Gedächtnis der Deutschen, das so liebend gern Äpfel mit Birnen vergleicht und dem gefühlte Gefahren oft vor reale gehen, übersteigt die Katastrophe von Tschernobyl alle anderen großen Industriedesaster der Geschichte. Ein Beispiel: Bei dem Chemieunfall in Bhopal (1984), der heute in Europa fast vergessen ist, starben weitaus mehr Menschen. Nach unterschiedlichen Schätzungen kamen 3800 bis 25 000 Einwohner der nordindischen Stadt durch die Giftwolke ums Leben, Hunderttausende erlitten schwere gesundheitliche Schäden.

Über die Studie des Tschernobyl-Forums, die umfassendste, die es gibt, wurde von einigen deutschen Zeitungen berichtet. Das hatte allerdings keinerlei Auswirkungen auf die öffentliche Wahrnehmung. Als ob das Feststellbare nicht schlimm genug wäre, kursieren weiterhin Schätzungen über ein gewaltiges Massensterben durch die Tschernobyl-Katastrophe. Greenpeace spricht von 93 000 Toten, die Anti-Atom-Organisation IPPNW (Internationale Ärzte für die Verhütung des Atomkrieges) nennt 264 000 Tote. Das Magazin »Focus« schrieb 15 Jahre nach dem Reaktorunfall, es habe 500 000 Todesopfer gegeben. Tschernobyl ist zum Synonym für das unkalkulierbare Risiko der Kernkraft geworden.

Auch nach dem Desaster von Fukushima 2011 kam in Deutschland sofort die Erwartung auf, dass ein nuklearer Unfall dieser Größenordnung unweigerlich Hunderte oder Tausende Menschen das Leben kosten würde. Die 16 000 Opfer des Tsunamis und des Erdbebens waren nur kurz ein Thema, dann konzentrierte sich die öffentliche Aufmerksamkeit auf die zerstörten Reaktoren. Typisch für diese Reaktion ist die Aussage der Schauspielerin Renan Demirkan in einer Talkshow: »Fukushima ist Völkermord, und ich bin gottfroh, das ist eine der Freuden, dass die Bundesrepublik aussteigen wird aus der Kernenergie. Ich bin gottfroh darüber, trauere natürlich um die Verstrahlung, sinnlose Verstrahlung von Menschen.«

Die WHO stellte im Jahr 2012 fest, dass durch die Strahlung nach der AKW-Katastrophe kein einziger Mensch zu Tode kam und kaum gesundheitliche Spätfolgen zu erwarten sind. Doch wer diese Fakten in Deutschland ausspricht, zieht allgemeine Empörung auf sich. Wer gar die Strahlungswerte mit den vielerorts natürlicherweise vorhandenen oder mit denen, die wir bei medizinischen Untersuchungen in Kauf nehmen, vergleicht, gilt als zynischer Verharmloser.

Die Folgen von Fukushima werden durch Einordnung nicht größer oder kleiner. Vergleiche mit Risiken, die wir gewohnt sind, in Kauf zu nehmen, machen es Laien jedoch leichter, sich selbst ein Urteil zu bilden. Statt die möglichen Gefahren abzuwägen, wurde in Deutschland innerhalb weniger Wochen ein Anti-Atom-Konsens konstruiert. Eine von der Kanzlerin eingesetzte Kommission, der Bischöfe und Philosophen angehörten, aber keine Kernkraftexperten, empfahl die Stilllegung aller Atomkraftwerke. Was die Regierung dann auch beschloss. Der damalige Umweltminister Norbert Röttgen erklärte: »Parteien wie auch Unternehmen, die sich außerhalb dieses Konsenses stellen, werden das Schicksal der Dinosaurier teilen und aussterben.«

Es geht bei der Auseinandersetzung um das Ausmaß von Atomunfällen um Definitionsmacht. War Tschernobyl wirklich eine Katastrophe von apokalyptischer Dimension, ein »Pompeji des Atomzeitalters« (»Der Spiegel«)? Oder handelte es sich um eine schwere, aber keineswegs einmalige Industriekatastrophe? Im ersteren Fall erübrigt sich jede weitere Diskussion über die Atomkraft. Im zweiten Fall sollte man, um zu einer vernünftigen Energiepolitik zu kommen, die Risiken verschiedener Technologien abwägen. Dies würde bedeuten, auch über die schrecklichen Folgen anderer Formen der Energiegewinnung nachzudenken. Beispielsweise über die rund 10 000 Grubenarbeiter, die weltweit jährlich im Kohlebergbau umkommen. Von den langfristigen gesundheitlichen Folgen der staubigen Arbeit ganz abgesehen. Laut WHO sterben sieben Millionen Menschen pro Jahr an Luftverschmutzung, an der Kohlekraftwerke einen erheblichen Anteil haben.

1979, im Jahr der Kernschmelze von Harrisburg, bei der niemand zu Tode kam, brach der Machhu-II-Staudamm in Indien und überflutete die Stadt Morvi. Die Zahl der Ertrunkenen wird mit über 2000 angegeben. Dennoch ist Morvi vergessen und Harrisburg prägt sich ins Gedächtnis ein. Der Ruf der Wasserkraft blieb tadellos. Wer erinnert sich an jene 26 000 bis 85 000 Menschen (die Angaben schwanken), die 1975 in der chinesischen Provinz Henan bei mehreren Staudammbrüchen umkamen? Insgesamt sind im vergangenen halben Jahrhundert Zehntausende durch Staudammbrüche ertrunken.

Damit kein falscher Eindruck entsteht: Auch wir können durchaus verstehen, dass einer Mehrheit in Deutschland Atomkraft unheimlich ist. Für einen Ausstieg gibt es durchaus auch vernünftige Gründe, zum Beispiel die schwierige Lagerung von Atomabfällen.

Wir plädieren jedoch dafür, eine Entscheidung nicht auf falschen Prämissen aufzubauen. Denn nur, wer versucht, wirkliche Vergleiche zu ziehen, kann Gefahren vernünftig bewerten. Es gibt kein Risiko an sich. Die Vermeidung eines Risikos kann ein wesentlich größeres Risiko mit sich bringen.

Zwei Beispiele für solche Nebenwirkungen: 1995 erschreckte in England eine Nachricht die Frauen, wonach Verhütungspillen der dritten Generation das Thromboserisiko um 100 Prozent erhöhten. Absolut gesehen war das Risiko noch immer gering: Von 20 000 Frauen, die das Medikament einnahmen, erlitten sechs eine Thrombose. Bei der vorherigen Pillengeneration waren es drei von 20 000 gewesen. Doch diese zum Verständnis des Risikos so wichtige Relation wurde von den meisten Medien nicht erwähnt. Viele Frauen setzten die neue Pillen sofort ab. Im folgenden Jahr gab es in England 26 000 zusätzliche Schwangerschaften, viele davon ungewollt – und 14 000 Abtreibungen mehr.

Die peruanische Regierung lehnte es Anfang der Neunzigerjahre ab, das Trinkwasser mit Chlor zu desinfizieren. Sie begründete dies mit Studien zur krebserzeugenden Wirkung von Chlor. Doch Chlor ist auch eine der wirksamsten Waffen im Kampf gegen Infektionskrankheiten wie Cholera. Eine Cholera-Epidemie kostete dann etwa 7000 Peruaner das Leben. Die Vermeidung eines Risikos erwies sich als wesentlich größeres Risiko.

Teilt man die Welt in schwarz und weiß ein, wird sie übersichtlicher. Für ein Kind reicht diese Einteilung völlig aus: Die Mama ist gut, der Nachbarshund böse, Kasperle ist gut, das Krokodil nicht. Auch unsere Urahnen konnten damit erfolgreich überleben: Wir sind die Guten, der Stamm auf der anderen Seite des Flusses ist böse. In einer komplexen Umwelt kommt man mit solchen Kategorien nicht weit. Dennoch können wir es kaum unterlassen, die Realität binär zu vereinfachen.

Das absolute Gegenbild zur Atomkraft ist in Deutschland der Biolandbau. So wie radioaktive Strahlung als durch und durch böse betrachtet wird, sind Biolebensmittel für die meisten Deutschen einfach nur gut. Alles, wo »Bio« draufsteht, gilt als gesund und umweltfreundlich. Das änderte sich nicht einmal dann, als 2011, im Jahr der Fukushima-Katastrophe, knapp 4000 Menschen durch Biosalatsprossen krank wurden, Hunderte Nierenschaden, erlitten und 53 starben. Das mit Ehec-Bakterien verseuchte Gemüse kam aus einer bioveganen Gärtnerei. Die Samen aus denen sie keimten, stammten aus einer ägyptischen Biofarm. Es war die schlimmste Lebensmittelkatastrophe in der Geschichte der Bundesrepublik, doch es blieb verblüffend ruhig in den Medien, Proteste und politische Initiativen gegen die Subventionierung der Biolandwirtschaft blieben aus. Denn der todbringende Keim hatte den falschen Ursprung. Hätte man die verseuchten Sprossen bei der Firma Nestlé oder im McDonald's-Salat gefunden, wären die Reaktionen anders ausgefallen. (Siehe S. 168)

Dagegen werden chemische Verunreinigungen von Lebensmitteln in Deutschland gern als exorbitantes Risiko wahrgenommen. Seit Jahren skandalisieren Greenpeace, Foodwatch und ähnliche Organisationen höchst erfolgreich das Thema Pestizidreste auf Obst und Gemüse. Spielen wir beim Obstessen Russisches Roulette? Schließlich sind Pestizide potente Gifte. Sie werden eingesetzt, um Unkräuter, schädliche Insekten oder Schimmelpilze abzutöten. In Entwicklungsländern sterben jedes Jahr Landarbeiter, die auf Plantagen schutzlos durch Giftnebel laufen. Analphabeten ruinieren ihre Gesundheit, weil sie bedauerlicherweise die Gebrauchsanweisungen auf den Kanistern nicht lesen können. Statt Verboten würde hier Bildung helfen.

Aber was ist mit den Pestizidresten auf Obst und Gemüse? Erkranken Menschen davon? Nein. Denn es gilt die Regel des Paracelsus (1493–1541): »Alle Dinge sind Gift, und nichts ist ohne Gift – allein die Dosis macht, dass ein Ding kein Gift ist.« Und für die Dosis sorgen gesetzliche Höchstgehalte, die so niedrig angesetzt sind, dass selbst eine mehrfache Überschreitung immer noch keine Gefahr bedeutet. In Tierversuchen wird geprüft, welche Menge bei lebenslanger täglicher Aufnahme keinerlei gesundheitlich nachteilige Wirkung zeigt. Dies rechnen die Toxikologen auf den Menschen um. Die so ermittelte Dosis wird zur Sicherheit mindestens um den Faktor 100 vermindert.

Andreas Hensel, der Präsident des deutschen Bundesinstituts für Risikobewertung (BfR), sagte: »In Deutschland kennen wir keine Fälle, bei denen Verbraucher durch Rückstände von Pflanzenschutzmitteln auf Lebensmitteln wie Obst und Gemüse gesundheitlich beeinträchtigt wurden.« Bruce Ames, einer der weltweit führenden Experten für Umweltgifte und Erfinder des Ames-Tests, mit dem man feststellt, ob Stoffe das Erbgut schädigen, schrieb, dass die Gefahr durch natürliche, pflanzliche Giftstoffe in Obst und Gemüse 10 000 Mal höher ist als die durch Pestizidrückstände.

Die Fehleinschätzung von Risiken bringt Menschen unentwegt zu Fehlentscheidungen, ob beim Essen oder in der Energieversorgung. Die Folgen sind erheblich. Blindes Vertrauen in Biokost kann die Gesundheit ruinieren, wie die Ehec-Katastrophe gezeigt hat. Und panische Angst vor Atomkraftwerken kann sehr teuer werden und die Volkswirtschaft an den Rand der Belastbarkeit bringen, wie die deutsche Energiewende beweist. Und die Nachteile für Umwelt und Natur sind auch beträchtlicher, als Atomkraftgegner sich dies vorgestellt hatten.

Fazit: Was jeder Arzt, jeder Investor und jeder Autofahrer ständig machen muss, ist in der Umweltpolitik tabu: das Abwägen von Risiken. Es existiert eine auffällige Scheu, Gefahren anhand von Statistiken und Evidenzen einzuschätzen. Ein Atomunfall ohne Todesopfer wird schlimmer eingeschätzt als der Kohlebergbau, der jährlich viele Tote fordert, oder eine Verseuchung durch Biogemüse, an der zahlreiche Menschen sterben.

Wo die Untergangspropheten irrten

>»Seltsam ist Propheten Lied,
doppelt seltsam, was geschieht.«
>*Johann Wolfgang von Goethe*

In unserem Alter hat man eine gewisse Routine für angekündigte Weltuntergänge entwickelt. Von der Bevölkerungsexplosion bis zum Atomtod, vom Waldsterben bis zum Massentod durch Rinderwahnsinn haben wir schon einiges mitgemacht. Die Endzeitprognosen erlitten alle ein ähnliches Schicksal. Nach einer Phase hysterischer Erregtheit und hektischer politischer Aktivitäten, gerieten sie in Vergessenheit und wurden in aller Stille von der Realität widerlegt. Seltsam, ausgerechnet die erste Generation von Deutschen, die ihr ganzes Leben in Frieden, Wohlstand und – sofern sie in Westdeutschland aufwuchs – auch in Freiheit verbracht hat, erwartet andauernd die Apokalypse. Eine Generation, die so alt wird, wie noch keine vor ihr, glaubt unentwegt, in Lebensgefahr zu schweben.

Wohlmeinende Freunde fragen uns immer wieder, warum wir nicht auch auf den Alarmismus-Zug aufspringen, denn die Nachfrage nach schlechten Nachrichten sei in Deutschland einfach unersättlich. Der Versuch eines Weckrufs à la »Achtung, passen Sie auf, Ihr Haus brennt nicht!« sei nun wirklich nicht dazu angetan, breite Aufmerksamkeit und Quoten zu erzielen.

Auch Dennis Meadows war überaus erfolgreich mit Prognosen. In seinem 1972 im Auftrag des Club of Rome veröffentlichten Weltbestseller »Die Grenzen des Wachstums« sagte er voraus, dass alle wichtigen Rohstoffe bis zum Jahr 2000 aufgebraucht oder extrem knapp und teuer sein werden. So ziemlich das Gegenteil trat ein, die Preise der meisten Ressourcen sanken. Die Industrienationen erstickten auch nicht im Schmutz, wie er vorhergesagt hatte, sondern sorgten dafür, dass die Umwelt sauberer wurde. Die globale Getreideernte konnte verdreifacht werden. Mehr Menschen denn je haben ihr Auskommen, leben länger und können ihre Kinder auf Schulen schicken.

Auch wir wurden seinerzeit von den »Grenzen des Wachstums« aufgerüttelt und hielten die Prognosen für die Wahrheit, beriefen uns darauf und argumentierten damit. Doch mit der Zeit kamen die Zweifel, weil viele der vorausgesagten Entwicklungen genau gegenteilig verliefen. Mehr und mehr bemerkten wir, dass da etwas nicht stimmen konnte, dass man genauer hinsehen musste, und entdeckten die Bücher des Ökonomen Julian L. Simon, der schon in den Siebzigerjahren die prognostischen Fehlschlüsse der Untergangspropheten haarscharf analysiert und widerlegt hatte. Wie die meisten ausländischen Anti-Apokalyptiker wurde auch Simon nie ins Deutsche übersetzt, während alle alarmistische Literatur aus Amerika, von Paul R. Ehrlich bis Al Gore, stets auch in Deutschland Verbreitung fand.

Und was ist aus Meadows geworden? Er verbreitet seine alten Thesen in neuem Gewand, tritt erfolgreich als Redner auf, wird von Politikern und Wirtschaftsbossen hofiert. 2012 meldete sich der Club of Rome erneut zu Wort. Die Tonlage ist die gleiche geblieben: Alles wird schlechter. Neue Computermodelle dienen als Beleg. Jetzt sind nicht mehr Ressourcenknappheit und Überbevölkerung die größten Bedrohungen, sondern die Klimaerwärmung. 1972 wäre dies als freudige Nachricht aufgenommen worden, denn, Sie erinnern sich, damals warnten die Klimaexperten vor globaler Abkühlung und die Zeitungen malten Schreckensszenarien einer neuen Eiszeit.

Wie kann es sein, dass eine Vereinigung, die immer exakt das Falsche vorausgesagt und die aberwitzigsten Rezepte empfohlen hat, dennoch einen tadellosen Ruf genießt? Dass der Club of Rome es geschafft hat, so einflussreich zu werden, hat mit Fiat, VW und dem Zeitgeist zu tun. Der Club ist ein klassisches »One Hit Wonder«.

Er wurde durch seinen ersten Report schlagartig weltberühmt und ist es geblieben. Keiner der folgenden Reports schaffte es, so bekannt zu werden wie Nummer eins. Wer Club of Rome hört, denkt bis heute automatisch an »Die Grenzen des Wachstums« (Auflage zwölf Millionen, in 37 Sprachen übersetzt).

Alles begann 1968, als der italienische Industrielle Aurelio Peccei und der britische OECD-Funktionär Alexander King eine Runde angesehener Naturwissenschaftler und Ökonomen in der Accademia Nazionale dei Lincei in Rom versammelten. Peccei war Spitzenmanager bei Fiat und hatte seinen Chef Giovanni Agnelli davon überzeugt, die Versammlung zu finanzieren. Doch das Treffen war ein Flop, die Koryphäen diskutierten wild durcheinander und konnten sich auf nichts einigen. Peccei und King blieben hartnäckig, bei einem zweiten Treffen konnte sich die Runde darauf verständigen, ein computergestütztes Weltmodell in Auftrag zu geben, das die Zukunft des Planeten berechnen sollte. Wieder bezahlte ein Autokonzern die Rechnung. Die nötige Million Deutsche Mark besorgte Club-Mitglied Eduard Pestel, der später Wissenschaftsminister von Niedersachsen (CDU) wurde und über gute Kontakte zur Volkswagenstiftung verfügte.

Vier Jahre später wurde das »Weltmodell« veröffentlicht. »Die Grenzen des Wachstums« war bald einer der bekanntesten Buchtitel des 20. Jahrhunderts. Junge Wissenschaftler des Massachusetts Institute of Technology (MIT) hatten den Bericht unter Leitung von Dennis Meadows erarbeitet. Die zugrunde liegende Computersimulation hieß »World3-Modell«. Für damalige Verhältnisse war die Rechnerleistung sensationell, gemessen an heutigen Möglichkeiten sehr bescheiden.

Um dem globalen Desaster, das die Studie voraussagte, zu entgehen, empfahlen Meadows und der Club of Rome, die Industrieproduktion auf dem Stand der Siebzigerjahre anzuhalten, um einen Zustand weltweiten Gleichgewichts herzustellen. Die Realität bewies das Gegenteil: Überall, wo durch Wirtschaftswachstum die materielle Not überwunden wurde, ist die Umwelt heute sauberer und die Natur besser geschützt. Nicht Wohlstand, sondern Armut zerstört die Natur.

Dass die Modelle des Club of Rome von der Wirklichkeit widerlegt wurden, lag daran, dass die Grundannahmen sich viel schneller änderten als gedacht. Meadows hatte die Folgen des technischen Fortschritts bei Weitem unterschätzt. Computer erhöhten in fast allen Industrien die Effizienz, dadurch reduzierte sich der Rohstoff- und Energieverbrauch.

Doch ein Eingeständnis, dass man falsch gelegen hatte, kam nie, auch keine Revision der Prognosemethoden. 2006 brachte Meadows mit Gleichgesinnten ein 30-Jahre-Update der »Grenzen des Wachstums« heraus. Darin wird weiterhin das Lied vom Untergang gesungen, allerdings zeitlich weiter in die Zukunft verschoben. Sie seien »weitaus pessimistischer bezüglich der Zukunft der Erde, als wir es noch 1972 waren«, schreiben die Autoren. Bezüglich ihres Computermodells heißt es im Update, »dass World3 nicht völlig absurd war; die Annahmen dieses Modells und unsere Schlussfolgerungen verdienen heute noch Beachtung«. So kann man es auch ausdrücken.

Die zweite Studie des Clubs, »Menschheit am Scheideweg«, fand 1974 ebenfalls viel Beachtung. Autoren waren Eduard Pestel, der Mechanikprofessor aus Hannover, der wiederum bei VW das Geld besorgt hatte, und der Mathematiker Mihajlo Mesarovic von der Universität Cleveland. Ihr Report strotzte ebenfalls vor apokalyptischer Prosa. So sagten die beiden Verfasser eine Milliarde Hungertote in Südasien voraus (Malthus lässt grüßen!). Die asiatische Megahungerkatastrophe sollte in den Achtzigerjahren beginnen und im Jahr 2010 ihren Höhepunkt erreichen: »Für diese Art langsamer, unerbittlicher Zerstörung der Bevölkerung einer ganzen Weltregion gibt es keinen historischen Präzedenzfall.« Stattdessen erlebten die Länder Südasiens einen gewaltigen ökonomischen Aufschwung. Doch Wirtschaftswachstum war gemäß Club of Rome der völlig falsche Weg. »Das undifferenzierte, krebsartige Wachstum ist die eigentliche Ursache der Probleme.« Pestel und

Mesarovic forderten die Abkehr von der »Wachstums-Ideologie«, eine Umorientierung der Wirtschaft auf die realen Bedürfnisse der Menschen und eine neue »Konsum-Ethik«. In einem späteren Buch schrieb Pestel, man müsse auf die Einsicht hinwirken, »dass materielles Wachstum und somit das Wachstum des Bruttosozialprodukts auf die Dauer unmöglich ist«. Als Ausweg aus der Misere empfahl er ein »System zukunftsbezogener Zielvorstellungen« und »langfristiger Planungsinstrumente«.

Auch Club-Gründer Peccei hieb mit einem weiteren Buch, »Die Zukunft in unserer Hand«, in die gleiche Kerbe. Er verdammte die »anarchische wissenschaftlich-technische Entwicklung« und »das Nicht-Vorhandensein von Plänen«. »Für den Anfang«, schrieb er, »bräuchte es einen globalen Bebauungsplan für die großen Regionen der Erde.« Tief beeindruckt von den Prognosen des Clubs forderte der Wirtschaftskommissar der damaligen EWG, der niederländische Sozialdemokrat Sicco Mansholt, eine »strenge Planwirtschaft«, »Rationierung« und den Aufbau eines »sauberen Produktionssystems auf der Grundlage eines geschlossenen Wirtschaftskreislaufs«.

Liest man solche Traktate aus heutiger Sicht, gewinnt man den Eindruck, hier seien asketische Bußprediger am Werk gewesen. Doch die Mitglieder des handverlesenen Clubs – es dürfen laut Satzung nicht mehr als 100 sein – waren und sind alles andere als Sandalen tragende Ökomönche. Es ist der internationale Geld-Adel, der so vehement gegen Wachstum und Wohlstand und für Planwirtschaft eintritt. Bei Peccei zuhause servierten Diener mit weißen Handschuhen. Die Rezepte dieser Öko-Elite sind bis heute die gleichen geblieben. Jørgen Randers, Ökonom aus Norwegen und Hauptautor des Berichts von 2012, lobt ausdrücklich Chinas zentrale Planung, die das Land handlungsfähiger mache als die westlichen Demokratien.

Vier Jahre vor »Die Grenzen des Wachstums« hatte breits ein anderes Buch die Welt erschüttert: »Die Bevölkerungsbombe« des Biologen Paul R. Ehrlich, dessen fatale Irrtümer wir bereits behandelt haben (siehe S. 40). Um das Gespenst der Überbevölkerung ist es etwas stiller geworden, seit die UN-Experten davon ausgehen, dass etwa im Jahr 2050 das Wachstum der Menschheit enden wird und sich die globale Population irgendwo zwischen neun und zehn Milliarden einpendelt. Frauenrechte, Bildung, wachsender Wohlstand und bessere Verhütungsmittel haben dazu geführt, dass sich die durchschnittliche Kinderzahl pro Frau seit Ehrlichs Untergangsprognose halbiert hat.

In den Achtzigerjahren zogen die Vorhersagen zum Waldsterben die deutsche Öffentlichkeit in Bann (siehe S. 268 ff.). Der hoch angesehene Naturschutzfunktionär Hubert Weinzierl (BUND) sagte damals voraus: »Das Sterben der Wälder wird unsere Länder stärker verändern als der Zweite Weltkrieg.« Noch während man in Deutschland fest an das Waldsterben glaubte, sorgte die nächste Prognose für Angst und Schrecken: das Ozonloch. Tausende Menschen und Tiere würden erblinden und Hautkrebs zur Pandemie werden. Tatsächlich breitet sich Hautkrebs immer mehr aus, doch als Folge des exzessiven Sonnenbadens, das in den Sechzigerjahren aufgekommen und bis heute in Mode geblieben ist. Als Ursache für die Ausdünnung der schützenden Schicht gelten die FCKW (Fluorchlorkohlenwasserstoffe). FCKW-haltige Treib- und Kühlmittel wurden durch einen internationalen Vertrag verboten. Die Konzentration der FCKW in der Atmosphäre sinkt stetig. Die Ozonlöcher über der Arktis und Antarktis gibt es noch immer, ihre Ausdehnung schwankt von Jahr zu Jahr. Auf längere Sicht glaubt die Mehrzahl der Experten, dass die Ozonlöcher in der zweiten Hälfte des Jahrhunderts wieder geschlossen sein werden. Über das Ozonloch redet fast niemand mehr, denn es wurde ja von der Mutter aller Apokalypsen, der Klimakatastrophe, abgelöst. Die Propheten des 21. Jahrhunderts sagen uns steigende Meeresspiegel, Unwetter, Hitze und Dürre voraus. Ihre Computer haben es errechnet.

»Schon die jetzigen Kinder und Jugendlichen werden pausenlos Katastropheneinsätze jahraus und jahrein erleben.« Das sagte Herbert Gruhl, CDU-Politiker und später Mitbegründer der Grünen im Jahre 1976, als Klimaforscher noch vor globaler Abkühlung warnten. Immer wieder formten Zukunftsprognosen den grünen Zeitgeist. Obwohl die meisten sich als haltlos erwiesen, wurde ihr Nicht-Eintreffen selten thematisiert. Nie fanden ein Umweltverband oder die grüne Partei die Größe, sich ihren Fehlprognosen von gestern zu stellen. Eigentlich müsste es doch die Grünen und die Öko-Organisationen brennend interessieren, warum es nicht zum Waldsterben kam, warum die Ressourcen nicht ausgegangen sind und die globale Abkühlung sich wieder verflüchtigt hat. Doch die Vorhersageflops der Vergangenheit werden schweigend übergangen. Es ist ein bisschen so wie in Orwells »1984« oder im Stalinismus, wenn die Parteilinie sich ändert, tut man so, als sei es schon immer so gewesen und hätte nie eine andere Linie existiert. Stattdessen lösen neue düstere Warnungen die alten ab. Doch langsam kommen auch bei Grün-Denkenden Zweifel auf, ob der Blick in die Zukunft wirklich so klar ist, wie manche Klimaforscher und andere Experten vorgeben. (Siehe S. 293 ff.)

Die wahrhaft großen Veränderungen wurden von fast niemandem vorhergesehen. Oft begannen sie kaum bemerkt in aller Stille. Doch nach und nach veränderten sie die Welt von Grund auf. Automobil, Passagierflugzeug, Verhütungspille, Computer und Internet prägten das 20. Jahrhundert. Kein Parteitag hat sie je beschlossen, keine Regierung verordnet. Und niemand sah voraus, was sie bewirken werden. Die ungeheure Macht der Pille hat wohl Papst Paul VI. noch am ehesten erkannt, der sie prompt verboten hat (eines der erfolglosesten Verbote der Geschichte). Den Siegeszug des Automobils ahnten nicht mal seine Erfinder. »Es werden höchstens 5000 Fahrzeuge gebaut werden«, sprach Gottlieb Daimler, »denn es gibt nicht mehr Chauffeure, um sie zu steuern.«

Und auch der Computer überforderte die Vorstellungskraft seiner Entwickler. »Die Computer der Zukunft werden vielleicht nur noch 1,5 Tonnen wiegen«, spekulierte die amerikanische Zeitschrift »Popular Mechanics« 1949. Der damalige IBM-Chef prognostizierte: »Ich glaube, es gibt einen weltweiten Bedarf von vielleicht fünf

Computern.« »640 Kilobyte Arbeitsspeicher«, davon war Bill Gates noch 1981 überzeugt, »sind genug für jeden.« Und im Jahr 2001 schrieb die »Welt«: »Das Internet wird kein Massenmedium, weil es in seiner Seele keines ist.«

Karl Popper erklärte das Prognosedilemma so: »Über die Zukunft können wir nichts wissen, denn sonst wüssten wir es ja.« Heute heißt die Allzweckwaffe der Prognostiker »Szenario«. Das Szenario ist eine demütige Form der Prognose, das macht es sympathisch. Endgültige Voraussagen werden gar nicht erst angestrebt. Stattdessen denkt sich der Forscher wie ein Dramaturg im Theater eine bestimmte Szene aus. Danach versucht er mit Hilfe von Rechenmodellen herauszufinden, in welche Richtung sich die Handlung selbst weiterorganisiert. Die Zahl der möglichen Handlungsketten explodiert rasch. Kurzfristig können die Computer zwar den Überblick bewahren und beispielsweise das Wetter vom nächsten Tag mit großer Annäherung vorhersagen. Langfristig geben uns die Modelle aber keinerlei Gewissheit. Schon durch die Umbesetzung eines Statisten in der Ausgangsszene kann die Handlung in eine völlig unerwartete Richtung kippen.

Es ist zum Verzweifeln: Öko-Apokalyptik liefert seit einem halben Jahrhundert den Treibstoff für den Alarmjournalismus, der bis heute durch alle Medien geistert. Er richtet seine Aufmerksamkeit stets auf den Experten, der die düstersten Vorhersagen abgibt. Dass diese zumeist von der Realität widerlegt werden, kümmert kaum – solange genügend Nachschub vorhanden ist. In den Achtzigerjahren schwoll das mediale Donnergrollen gewaltig an. Nach und nach eroberte es den gesamten Kulturbetrieb und die Politik. Die Maßlosigkeit von Ökoprognosen erweist sich seit Jahrzehnten als Erfolgsrezept. Immer stand der Weltuntergang unmittelbar bevor. Selten ging es eine Nummer kleiner. Im Jahr 2001, auf dem Gipfel der BSE-Hysterie, war in Zeitungen und elektronischen Medien von 250 000 Menschen die Rede, die durch infiziertes Rindfleisch sterben werden. Bis heute sind in England und Kontinentaleuropa weniger als 0,1 Prozent davon an der Variante der Creutzfeld-Jakob-

Krankheit gestorben, die vermutlich durch infiziertes Rindfleisch ausgelöst wird. Schlimm genug, aber doch eine andere Dimension.

Während Klimakonferenzen überbieten sich Aktivisten und Journalisten mit wildesten Vorhersagen. Die Experten, die das Schlimmste verkünden, werden am häufigsten interviewt. Düstere Prognosen zahlen sich durch Medienaufmerksamkeit und staatliche Forschungsförderung aus. Kaum noch jemand traut sich zu fragen, ob es wirklich seriös ist, das Weltklima für 100 Jahre vorherzusagen.

Bei jedem dieser Hypes gibt es immer auch skeptische Wissenschaftler, deren Einschätzungen vorsichtiger und besser begründet sind. Doch sie wurden selten gehört. Und das Verrückte ist: Die Untergangspropheten blieben die Stars, auch nachdem sich ihre Prophezeiungen als falsch herausstellten. Und die Realisten waren stets die Aschenputtel. Paul R. Ehrlich und Dennis Meadows und andere, die sich bis auf die Knochen blamierten, sind bis heute als Experten hoch angesehen, werden auf Podien und in Talkrunden gefeiert. Skeptiker, die sich an die Fakten halten, geraten in Vergessenheit. Julian L. Simon hatte den Apokalyptikern bereits in den Siebzigerjahren tapfer widersprochen, obwohl der Zeitgeist gegen ihn war. Er lag mit seinen Voraussagen zumeist richtig. Aber wer kann sich noch an seinen Namen erinnern?

Fazit: Wir finden: Wirklich grüne Politik sollte sich um die Umweltprobleme im Hier und Jetzt kümmern, statt sich nach Prognosen auszurichten, die potenzielle Gefahren für die Welt in 100 Jahren beschwören. Apokalyptische Rhetorik genügt heute nicht mehr, um politische und wirtschaftliche Richtungsentscheidungen zu begründen. Gefährlich wird dieser Alarmismus dann, wenn er das Publikum abstumpfen lässt, denn dann hört vielleicht keiner mehr zu, wenn es tatsächlich einmal ernst wird.

Der Wald wächst unverdrossen

>»Das Publikum wird eher die einfache Lüge
>als die komplizierte Wahrheit glauben.«
>*Alexis de Tocqueville*

Wer das Gegenteil deutscher Waldromantik erleben möchte, muss nach Island reisen. Die Isländer sind ein Volk ohne Baum. Isländische Grüne sind entschieden gegen Wälder, weil sie sie für unnatürlich halten. Ein Häuflein Wissenschaftler versucht dennoch, Bäume zu pflanzen, stößt aber bei manchen Landsleuten auf heftige Ablehnung.

Wer sagt, früher hätten die Menschen im Einklang mit der Natur gelebt, dem antwortet Aðalsteinn Sigurgeirsson mit zwei Worten: »Rousseau-Bullshit«. Als Chef des isländischen Waldforschungsinstituts ist er ziemlich gut darüber informiert, wie die ersten Siedler vor über 1100 Jahren mit der Natur umgingen. Sie hausten wie die Axt im Walde. Eigentlich noch schlimmer, denn um Weideflächen für ihr Vieh zu gewinnen, benutzten sie nicht nur Äxte, sondern auch Fackeln, was wesentlich gravierendere Folgen hatte. Die Insel, die vor dem Eintreffen der Menschen zu etwa einem Drittel bewaldet war, wandelte sich im Laufe der Jahrhunderte in eine Heide-, Moos- und Steinlandschaft.

Viehzüchter mögen keinen Wald. Sie brauchen Grasland. Wald bietet Schafen und Rindern zu wenig Futter. Und man findet die Tiere nicht mehr, wenn sie sich von der Herde entfernen. Das ökologisch Verheerende an der Kombination von Brandrodung und Weidewirtschaft war, dass der Wald nie eine Chance bekam, zurückzukehren. Schafe fressen Baumkeimlinge, sobald sie ihr erstes Blättchen aus dem Boden recken.

Neben der Viehzucht war die Eisenherstellung der zweite große

Baumkiller. Erst im 19. Jahrhundert begannen die Isländer, Eisenwaren zu importieren. Bis dahin schmolz man sie selbst. Dafür benötigten die Menschen große Mengen Holzkohle. Mit Holzkohle heizten und kochten sie auch. Nach einigen Jahrhunderten Raubbau waren nur noch winzige Waldreste übrig.

Sigurgeirsson und die anderen Mitarbeiter der Isländischen Forstbehörde (IFS), zu der sein Forschungsinstitut gehört, würden Island gern zurück in ein Waldland verwandeln. Doch manche ihrer Landsleute lehnen das vehement ab. »Deutsche Grüne«, sagt Sigurgeirsson, »wollen am liebsten überall Wald. Isländische Grüne halten Wald für unnatürlich.« Wald, so argumentieren die Gegner der Aufforstung, zerstöre die weiten offenen Landschaften, die so typisch für die Insel sind. Baumlosigkeit sei der Naturzustand. Dieser schlecht informierte Ökoglaube sei »zu einer Art Ersatzreligion geworden«, sagt Sigurgeirsson. Anders als in Deutschland hat diese »Ersatzreligion« in Island nicht allzu viele Anhänger. Doch diese sind überaus aktiv und beeinflussen erfolgreich die Sichtweise der politischen Eliten. »Früher«, sagt Sigurgeirsson, »glaubte ich, die begrenzenden Faktoren für den Wald sind das kalte Klima und die Schafe. Heute denke ich, die größte Hürde sind Vorurteile.«

Wer verstehen will, wie sich die deutsche Liebe zum Wald in den Achtzigerjahren in eine kollektive Angst verwandelte, fragt am besten Rudi Holzberger. Der studierte Medien- und Agrarwissenschaftler glaubte seine Heimat, die Wälder des Allgäus, Anfang der Achtzigerjahre verloren. Doch zehn Jahre später wandelte sich seine Angst in Skepsis. Er begann, die Horrorszenarien zu hinterfragen, und sah sich die Berichterstattung genauer an, analysierte und verglich 150 Artikel überregionaler Printmedien.

Im November 1981 lieferte »Der Spiegel« die erste große Titelzeile: »Der Wald stirbt«. Wenig später folgte der »Stern« mit noch drastischeren Worten und Bildern. Das Waldsterben wurde für viele Jahre zum Dauerbrenner in der deutschen Presselandschaft. Die Artikel überboten sich gegenseitig. »Süddeutsche Zeitung«, 1982: »Der deutsche Wald stirbt. Wissenschaftler zweifeln, ob auch nur fünf Jahre Zeit bleibt, dies zu verhindern.« »Der Spiegel«, 1983: »Wir stehen vor einem ökologischen Hiroshima.« »Die Zeit«, 1984: »An der Diagnose gibt es nichts mehr zu deuten. Am Ausmaß des Waldsterbens könnte heute nicht einmal der ungläubige Thomas zweifeln, allenfalls ein Ignorant.« »Stern«, 1986: »Die Reihen der Bäume lichten sich, wie Armeen unterm Trommelfeuer.«

»Die überboten sich gegenseitig, wie beim Kartenspiel«, sagt Holzberger. In seiner Dissertation (»Das sogenannte Waldsterben: Zur Karriere eines Klischees«, 1995) wies er nach, dass die Journalisten voneinander abgeschrieben hatten und die immer gleichen Experten zitierten. Die wissenschaftliche Basis der panischen Prognosen war dünn. Zwei Wissenschaftler dienten den Medien als Kronzeugen: Bernhard Ulrich, Bodenkundler an der Universität Göttingen, und Peter Schütt, Forstbotaniker an der Ludwig-Maximilians-Universität München. Fernsehen, Hörfunk, Zeitungen und Zeitschriften befragten immer wieder diese beiden und kaum je einen anderen Experten. Wissenschaftler, die Zweifel an der Theorie vom Waldsterben anmeldeten, wie der Botaniker Otto Kandler, wurden ignoriert oder auch verleumdet.

»Es besteht kein Zweifel«, verkündete Ulrich in einem Fernsehinterview, »eigentlich bei allen, die mit der Materie befasst sind, dass Luftverunreinigungen, saurer Regen und was alles dazugehört, die letztendliche Ursache für diese Schäden sind.« Seine Theorie ging so: Abgase aus Industrie und Verkehr enthalten Stickoxide und Schwefeldioxid, die sich mit Wasser zu schwefliger und salpetriger Säure verbinden und mit dem Regen in den Boden gelangen. Dort setzen die Säuren Metallionen frei, die die Feinwurzeln der Bäume zerstören und diese verdorren lassen.

Die Fotos und Fernsehbilder, mit denen die dramatischen Prognosen illustriert wurden, stammten größtenteils aus dem Erzgebirge in der damaligen DDR. Dort waren tatsächlich ganze Hänge abgestorben; wo Fichten zuvor grünten, ragten nur noch graue Stangen in den Himmel. Die Ursache dieses ökologischen Desasters lag jedoch nicht in einem allgemeinen Absterben der Wälder, sondern fand sich ganz in der Nähe. Die Braunkohlekraftwerke der damaligen ČSSR bliesen riesige Mengen Schwefeldioxid in die Luft, das auf die Wälder niederregnete.

Die massiven Waldschäden, die in den Achtzigerjahren im Erzgebirge und einigen anderen Mittelgebirgen sichtbar wurden, waren, historisch betrachtet, nichts Neues. So starben beispielsweise 1947 und in den Folgejahren mehr Bäume als drei Jahrzehnte später in der Zeit der Waldsterbensangst. Doch nach dem Krieg hatten die Menschen andere Sorgen und das Phänomen blieb unbeachtet.

Neben dem Schwefeldioxid aus Braunkohlekraftwerken hatte in den Siebzigerjahren Trockenheit den Wäldern zugesetzt. In der Zeit davor, einer besonders regenreichen kühlen Periode, waren tote Bäume ein seltener Anblick, den Wäldern ging es ausgesprochen gut. Und die vielen Förster hatten sich daran gewöhnt, dass dies der Normalzustand sei.

Das von Ulrich und Schütt verkündete Horrorszenario und seine mediale Verstärkung führten dazu, dass erstmals in der Geschichte der Bundesrepublik quer durch die gesamte Bevölkerung Einigkeit über ein wichtiges Thema herrsche. Es war Konsens: Der Wald stirbt, und die Politik muss endlich handeln. »Der Wald ist in Not. Er ist in großer Not. Das erkennen wir alle jetzt in Klarheit«, verkündete der damalige Landwirtschaftsminister Ignaz Kiechle (CSU) im Bundestag. Auch Helmut Kohl erkannte die Zeichen der Zeit und griff das Thema Waldsterben in seiner Regierungserklärung auf: »Die Schäden an unseren Wäldern sind alarmierend. Die Bürger erwarten zu Recht wirksame Gegenmaßnahmen.« Der große politische Gewinner des Waldsterbens waren jedoch die Grünen. Die allgemeine Angst vor der Versteppung Deutschlands brachte sie 1983 in den Bundestag.

»Das ist ein wunderbares Thema«, sagt Helmut Schulz, damals Leiter des Referats Ökologische Forschung im Bundesforschungsministerium, »wenn in der Öffentlichkeit ein Horrorszenario aufgebaut wird, das man dann nutzen kann für seine eigene Politik.«

Die Bundesregierung handelte und forcierte ab 1983 die Rauchgasentschwefelung. Die Betreiber von Stein- und Braunkohlekraftwerken in Deutschland müssen Filteranlagen einbauen, die schädliche Schwefelverbindungen aus den Abgasen entfernen. Die Propheten von damals behaupten immer wieder, dieses wichtige Umweltgesetz sei durch ihre Prognosen zustande gekommen. Ihr Alarm hätte demnach zu etwas Gutem geführt. Doch die Verordnung über Großfeuerungsanlagen war keineswegs Ergebnis der Waldsterbensdebatte, wie immer wieder behauptet wird. Sie stammte aus den Siebzigerjahren und war nur noch nicht in Kraft getreten.

Eine wirklich neue Idee der Regierung Kohl war dagegen der »Waldschadensbericht«. Ab 1983 wurden überall in Deutschland Förster in den Wald geschickt, um anhand der Kronenverlichtung festzustellen, wie krank der Wald ist. Die Kriterien: der Blatt- oder Nadelverlust eines Baumes und die Verfärbung von Blättern oder Nadeln. Die Häufigkeit der Symptome entscheidet über den Krankheitsgrad der Bäume. Doch Fachleute halten diese Methode für völlig ungeeignet. Denn es gibt zahlreiche natürliche Gründe für solche Veränderungen. Eine längere Trockenperiode genügt, und schon werfen Bäume einen Großteil ihrer Blätter oder Nadeln ab. Doch die Öffentlichkeit bekommt Jahr um Jahr diese Statistik vorgestellt, die scheinbar genau belegt, wie krank der Wald ist.

»Wenn der Baum seine Benadelung nicht ändern könnte«, sagt Heinrich Spiecker, Direktor am Institut für Waldwachstum der Universität Freiburg, »hätte er keine Überlebenschance. Es ist biologisch sinnvoll, dass der Baum reagieren kann. Wenn es trocken ist, dann wirft er seine Nadeln ab, damit er nicht mehr transpiriert. Das ist aber kein Zeichen von Krankheit. Das ist ein ganz normaler Vorgang.«

Wissenschaftler sollten für das Bundesforschungsministerium herausfinden, wie groß der Einfluss verschiedener Luftschadstoffe aus Industrie und Verkehr auf die Kronenverlichtung ist. Doch es zeigte sich kein nachweisbarer Zusammenhang, außer dem direkten Einfluss ungefilterter Braunkohlekraftwerke auf die Wälder in ihrer Umgebung. »Da, wo sehr hohe Belastungen waren, wie beim Schwefel im Erzgebirge, da konnte man das nachweisen«, sagt Helmut Schulz, »aber generell, für ganz Deutschland, konnte man diese Aussage nicht machen und man kann sie auch heute noch nicht machen.«

Eine Langzeitstudie des bayerischen Umweltministeriums über den alpinen Bergwald, die 2002 abgeschlossen wurde, kam zu dem Resümee, dass Luftschadstoffe keinen großen Effekt auf die Baumgesundheit haben. Ausgedünnte Kronen stellten kein Krankheitsbild dar, sondern spiegelten die natürlichen Einflüsse von Temperatur, Niederschlag und Bodenbeschaffenheit. Ein Laubbaum kann je nach Witterung und Standort bis zu 75 Prozent weniger Blätter tragen als ein gleich alter Artgenosse. Bei Nadelbäumen beträgt die Schwankungsbreite 66 Prozent. Der jährliche Waldschadensbericht (heute heißt er offiziell »Bericht über den Zustand des Waldes«), der sich an Blätter- und Nadeldichte orientiert, ist nach Ansicht der Experten längst ein vollkommen sinnloses Ritual einer Bürokratie, die sich verselbstständigt hat.

1993 veröffentlichte das Bundesforschungsministerium eine Zwischenbilanz aus zehn Jahren Waldschadensforschung. Das Expertengremium der Bundesregierung kam zu einem eindeutigen Ergebnis: »Das großflächige Absterben ganzer Waldregionen, wie es der Begriff Waldsterben unterstellt, wird heute von der Wissenschaft auch für die Zukunft nicht befürchtet.« Ein Jahrzehnt nach dem ersten Alarm war den Fachleuten also klar, dass das Waldsterben nicht existiert.

Und wie wurde diese frohe Kunde aufgenommen? »Die Wissenschaftler haben verkündet, der Wald stirbt nicht«, berichtet Helmut Schulz, »und dann haben wir eine Analyse der Presse gemacht. Und von 54 Tageszeitungen haben nur vier die positiven Signale aufgenommen. Alle anderen 50 Tageszeitungen haben negativ berichtet.« Deutsche Medien lassen sich vom wissenschaftlichen Tod des Waldsterbens nicht im Geringsten beeinflussen. 1994 verkündete der »Stern«: »So sterben unsere Wälder.« Auf 32 Farbseiten zeigte die größte Illustrierte des Landes »den Todeskampf der Bäume«.

Auch die Umweltverbände kämpfen unbeirrt weiter gegen das Waldsterben. Wer ihnen widersprach, wurde denunziert. Der Forstwissenschaftler Heinrich Spiecker veröffentlichte 1996 gemeinsam mit Kollegen aus Europa und Skandinavien eine Studie für das in Finnland beheimatete Europäische Forstinstitut. Die Wissenschaftler kommen zu dem Schluss: Der Wald in Europa wächst, und zwar schneller als in früheren Jahrzehnten. »Wir haben eindeutig festgestellt, die Bäume wachsen schneller. Und schnell wachsende Bäume sind auch gesünder.« Das Echo in den Medien war vernichtend. Die »Süddeutsche Zeitung« bezeichnete die Verfasser als »Wunderheiler und Grünschnäbel«. Besonders perfide trieb es der BUND. Er wies in einer Pressemitteilung darauf hin, dass die Studie zur Hälfte durch die finnische Regierung finanziert worden sei, und klärte den Leser darüber auf, dass Spiecker mit einer Finnin verheiratet sei.

Die Daten des Statistischen Bundesamtes belegen: Als alle den Wald für sterbenskrank hielten, nahm die Waldfläche jährlich um 100 Quadratkilometer zu. Zu Beginn des 21. Jahrhunderts sind es sogar über 170 Quadratkilometer pro Jahr. Und in den Medien liest, hört und sieht man nichts mehr über das Waldsterben. Die Umweltverbände haben ihre Semantik korrigiert und reden nur noch von »Waldschäden«. Und im Jahr 2003, zehn Jahre nachdem wissenschaftlich nachgewiesen war, dass es sich beim Waldsterben um Hysterie gehandelt hat, verkündete die damalige grüne Ministerin Renate Künast: »Ja, wir haben den Trend umgekehrt. Ich kann nur dringend empfehlen, am Sonntag einen Waldspaziergang zu unternehmen.« So kann man es auch sehen: Die Grünen haben den deutschen Wald gerettet.

Fazit: Das Waldsterben war die Mutter aller Öko-Ängste. Wer Klimapanik und Atomhysterie verstehen will, sollte sich vor Augen führen, zu welchem Grad an Selbsttäuschung viele von uns damals fähig waren. Andere solche Wellen sollten folgen. Bis heute haben

die Umweltverbände und die Grünen ihren damaligen Wahn nicht selbstkritisch reflektiert. Nicht Fehleinschätzungen sind das Problem, sondern dass man sich weigert, sie zu korrigieren, wenn bessere Erkenntnisse vorliegen. Dies schadet am Ende einem sinnvollen Umwelt- und Naturschutz.

Kapitel 8
Nebel der Vergangenheit

Verdrängte Traditionslinien grünen Denkens

> »Wer aber vor der Vergangenheit die Augen verschließt, wird blind für die Gegenwart. Wer sich der Unmenschlichkeit nicht erinnern will, der wird wieder anfällig für neue Ansteckungsgefahren.«
>
> *Richard von Weizsäcker*

1945 gab es plötzlich keine Nazis mehr. Die cleveren und auf Karriere erpichten wandelten sich über Nacht in Demokraten (in den drei Westzonen) oder Kommunisten (in der SBZ). Die Kontinuität des Führungspersonals wurde erst viele Jahre später zu einem öffentlichen Thema. Funktionseliten werden in jedem Staat gebraucht, und so ist es historisch betrachtet nichts Besonderes, dass in allen Institutionen der Bundesrepublik Menschen hohe Posten bekamen, die zuvor den Nazis gedient hatten oder selbst überzeugte Nationalsozialisten waren. Viele waren schnell wieder ganz obenauf, als Juristen, Mediziner, Unternehmer, Politiker, Journalisten. Die Reihe der größeren und kleineren Skandale, die die »Enttarnung« der NS-Täter und Mitläufer jeweils auslöste, reicht von Globke, Kiesinger und Filbinger über Höfer und Nannen bis hin zu Grass und Jens.

Die Frage ist also nicht, wie es sein kann, dass dieser oder jener vermeintliche oder tatsächliche Nazi später in irgendeiner bundesrepublikanischen Institution Karriere machte, sondern wie sowohl diese Täter als auch die jeweiligen Institutionen, seien es Verbände oder Parteien, Behörden oder große Wirtschaftsunternehmen, mit ihrer Vergangenheit umgehen, ob und wie sie zu ihr stehen.

Unser Herz schlug für die Linke – damit ist nicht die Partei gemeint, die sich später so nannte – und die in den Siebzigerjahren aufkommenden grünen Ideen. Damit wähnten wir uns immer auf der Seite der Guten, derer, die frei waren von braunen Verstrickungen. Wer wie Kiesinger oder Filbinger vertuschte und leugnete, war nach unserer Vorstellung eine Schande für die Demokratie. Und dieser Maßstab gilt, so meinen wir, natürlich auch für uns selbst und jene, die uns politisch nahestehen. Und deshalb halten wir es auch für gegeben, gerade hier einmal genauer hinzuschauen und zu überprüfen, wie es jene mit der Transparenz halten, die sie bei anderen sehr zu Recht immer eingefordert haben.

Als die verschiedenen Ökoverbände und die Partei »Die Grünen« in den späten Siebzigerjahren entstanden, präsentierten sie sich als eine völlig neue politische Strömung. Die Kritik an Fortschritt, Technik und Industrie jenseits von Arbeit und Kapital, sollte ein dritter Weg sein, doch im Zweifel eher links.

Wie viele andere Akteure auch, waren wir uns damals kaum bewusst, wie sehr die Idealisierung der Natur und Argwohn gegenüber der Moderne zur deutschen Tradition gehört, beginnend spätestens in der Romantik, über die Lebensreformbewegungen um das Jahr 1900 bis hin zur Volksverklärung und der instrumentalisierten »Blut- und Boden«-Propaganda im »Dritten Reich«. Wer genauer hinschaut, lernt: Die hochemotionale Aufladung von Natur, ihre Überhöhung und Mystifizierung ist ein Kontinuum der deutschen Geistesgeschichte.

»Opa, warum sind die Fische tot?«, fragt das kleine Mädchen. Und Opa antwortet: »Weil die Industrie das Rheinwasser vergiftet hat.« Dieser Dialog stammt aus einem Fernseh-Wahlspot der Grünen von 1983, dem Jahr, als die Partei erstmals in den Bundestag einzog. Für die Rolle des freundlichen Großvaters heuerten die Werbefilmer nicht irgendeinen Statisten an, sondern Werner Vogel, Spitzenkandidat der nordrhein-westfälischen Liste. Nach der Wahl und dem Erfolg der Grünen war Vogel der älteste Abgeordnete, damit stand ihm in der Tradition des Bundestags die Eröffnungsrede zu. Doch dazu kommt es nicht. Denn kurz vorher wird seine Vergangenheit bekannt: SA-Sturmführer und NSDAP-Mitglied. Er tritt zurück. Danach wurde es still um Werner Vogel. Er blieb der Partei noch einige Jahre treu und engagierte sich in der Kommunalpolitik. 2013, über 20 Jahre nach seinem Tod, gerät er noch einmal in die Schlagzeilen. Nicht wegen seiner NS-Vergangenheit, sondern weil herauskommt, dass Vogel pädophile Gruppen unterstützte, die versuchten bei den Grünen Einfluss zu gewinnen.

Der NRW-Spitzenkandidat von 1983 war keine Ausnahmeerscheinung. Mehrere Ex-Nazis gehörten zu den Gründervätern der Grünen und zur Führungsspitze der großen Umweltverbände. Sie sind tot und in Vergessenheit geraten. War es ein Zufall, dass sie als Geburtshelfer einer angeblich völlig neuartigen Bewegung fungierten? Passte nicht vieles vom grünen Weltbild in die Weltanschauung ihrer Jugend: die Natur als geistiger Bezugspunkt, das Unbehagen an der Moderne, die Zurückweisung des Fortschritts, das Misstrauen gegen die Technik und der alte deutsche Wunsch nach einer Erziehungsdiktatur?

Wie gesagt: Auch und vor allem bei CDU und FDP schlüpften alte Nazis unter, einige sogar in der SPD, und in der offiziell antifaschistischen DDR stiegen etliche in der SED auf. Doch in diesen Parteien eroberten die braunen Seilschaften ihre Posten unmittelbar nach dem Krieg. Dass 30 Jahre später bei Gründung der Grünen alte Nazis mitmischten, widerspricht einem zentralen Mythos der Partei: Man sei 1980 in aller Unschuld als völlig neue politische Bewegung angetreten.

Zur Verteidigung muss gesagt werden, Vogel und andere Mitbegründer mit brauner Vergangenheit wurden später aus der Partei gedrängt. Einer der wenigen, die sich offensiv mit den ideengeschichtlichen Gemeinsamkeiten von Braun und Grün befasste, ist Jürgen Trittin. Er hat einen Beitrag auf seine Website gestellt, in dem er von »erheblichen Schnittmengen« und »zahlreichen Berührungspunkten« schreibt. Der Naturschutz sei »in mehrfacher Beziehung anschlussfähig an das Ideologienkonglomerat der Nazis« gewesen. »All das mag für einen Naturschützer unangenehm sein – aber es ist die historische Wahrheit.«

Doch Trittins Initiative – er unterstütze als Umweltminister ein wissenschaftliches Symposium zu dem Thema – blieb ein singuläres Ereignis. Anders als die alten Parteien und Institutionen mussten sich die Grünen und die Umweltverbände bis heute kaum kritische Fragen in der Öffentlichkeit gefallen lassen. Ärzteschaft, Justiz, Banken, Konzerne, nahezu alle Institutionen der westdeutschen Gesellschaft wurden in den Achtziger- und Neunzigerjahren über ihre NS-Verstrickungen ausgefragt. Hatten sie wirklich, wie zuvor gern behauptet, nur ganz normale Geschäfte gemacht? Oder doch die Nazis aktiv unterstützt? Hatten sie die Arisierung ausgenutzt, von Sklavenarbeit profitiert? Schnell kapierten die Schlaueren im Führungspersonal, dass man diesen Fragen nicht mehr ausweichen konnte, schütteten sich Asche aufs Haupt und bezahlten Historikerkommissionen, die dann dicke Bände erstellten, die keiner liest. Jeder Bereich der Gesellschaft wurde so ausgeleuchtet und der Fünfzigerjahre-Unschuldsmythos (»Ich war's nicht, der Hitler war's gewesen«) beerdigt. Der rasant wachsenden grünen Bewegung hingegen gelang es, sich als jungfräulich darzustellen.

»Ihr lieben grünen Freunde! Wir stehen mit unserer Partei vor einer kopernikanischen Wende! Chaos herrscht, wo ein Stern geboren wird!« Mit diesen Sätzen vereinte August Haußleiter den bunten Haufen Umwelt- und Friedensbewegter, der sich 1980 zur Grünen Partei zusammenschloss. Die Versammelten wählten den damals 75-jährigen Politveteran zu einem der drei gleichberechtigten Sprecher. Dass er seine pathetische Ausdrucksweise als Kriegsberichterstatter für antisemitische Kampfblätter erlernt hatte, machten verschiedene Medien bald publik. Haußleiter trat als Sprecher zurück, doch noch 1986 zog er für die bayerischen Grünen in den Landtag ein. Auf die Mitbegründer Werner Vogel und August Haußleiter angesprochen, beruhigte Michael Schroeren, Pressesprecher der Grünen-Bundestagsfraktion im Jahr 2012, dass die beiden doch ohnedies Nazis waren, ohne »explizite Bezüge zu einer nazistischen Naturschutzideologie«.

Der Kunsthistoriker Beat Wyss deckte auf, dass Joseph Beuys, hoch dotierter Künstler und prominentes Aushängeschild der jungen Grünen, einst zum Dunstkreis der völkischen Nationalrevolutionäre gehört hatte. Vor seinem Eintritt in die Grünen unterstützte er Haußleiters Partei »Aktionsgemeinschaft Unabhängiger Deutscher« (AUD). Bernhard Grzimek, der über Jahrzehnte prominenteste deutsche Naturschützer, kandidierte für die »Grüne Aktion Zukunft«, eine Vorläuferpartei der Grünen. Jahrzehnte nach seinem Tod enthüllte die Biografin Claudia Sewig, dass auch er NSDAP-Mitglied war. Sie stuft den Zoologen nicht als ideologisch motiviert, sondern als einen ehrgeizigen Opportunisten ein, der sich ein Parteibuch zulegte, um besser Karriere machen zu können.

Baldur Springmann, der gern in einem Russen-Kittel auftrat, war in der Gründungszeit eines der bekanntesten Gesichter der Partei. Frühere Mitgliedschaften des knorzigen Biobauern umfassten SA, SS und NSDAP. Doch schon bald verließ er die Grünen und wurde Vize der neuen Ökologisch-Demokratischen Partei. Nur ein Jahr nach dem Fall Werner Vogel stellte die Partei Luise Rinser als Kandidatin fürs Bundespräsidentenamt auf, die einst hymnische Gedichte auf Hitler verfasst hatte und noch 1981 in ihrem »Nordkoreanischen Reisetagebuch« Diktator Kim Il-Sung rühmte. Ein anderer Grüner der ersten Stunde war Alfred Mechtersheimer. Er nahm den umgekehrten Weg, trat von der CSU zu den Grünen über und wurde erst danach immer brauner. Der Friedensaktivist saß bis 1990 für die Partei im Bundestag. In einem Bericht des bayerischen Verfassungsschutzes von 1997 heißt es, Mechtersheimer habe sich »zu einem der wichtigsten Protagonisten rechtsextremistischer Bestrebungen entwickelt«.

Die braunen Jahre in der Biografie mancher Grüner aus der Gründergeneration waren in der Öffentlichkeit nie mehr als ein Randthema, das gelegentlich aufflackerte. Die konservative Presse stürzte sich lieber auf die rote Vergangenheit bekannter grüner Politiker. Auch davon gibt es etliche: Reinhard Bütikofer, Winfried Kretschmann, Joscha Schmierer, Jürgen Trittin, Antje Vollmer und viele, viele andere. Geht man die Namen der grünen Spitzenfunktionäre mit kommunistischer Vergangenheit durch, fällt eines auf:

Von den vielen linken Strömungen der Nach-68-Zeit waren die Anhänger der sogenannten K-Gruppen, die Stalin und Mao verehrten, offenbar ganz besonders durchsetzungsstark. Ausnahme: Joschka Fischer, der der undogmatischen, antiautoritären Sponti-Bewegung entstammte.

Anfang der Achtzigerjahre liefen den K-Gruppen die Mitglieder weg. Viele Kader fanden daraufhin ein warmes Plätzchen bei den Grünen. Selbstreflexion – die man von den Nazi-Vätern immer eingefordert hatte – fand nie statt. Man tauschte nur ein paar Formeln aus. »Proletariat« wurde zu »Umwelt«, »Kapitalismus« zu »Industriegesellschaft« und schon konnte die Karriere weitergehen. »Die neurotische Grundstruktur der K-Gruppen«, schreibt Götz Warnke in seinem Buch »Die grüne Ideologie«, »wurde als hysterische Form des Marxismus beim Übertritt zu den damaligen Grünen teilweise mittransportiert. Die neue Partei ermöglichte den K-Leuten, ihren eigenen Anspruch, etwas Besonderes, eine Art Elite zu sein, selbst nach dem Scheitern ihrer Ideologie aufrechtzuerhalten.«

Die totalitäre Geisteshaltung hat sich beim Übertritt von den K-Gruppen zu den Grünen nicht in Luft aufgelöst. Viele Lieblingsprojekte der Grünen und ihres Umfeldes riechen nach Erziehungsdiktatur. Wenn das Volk nicht erkennen will, was gut ist, dann muss das Gute eben von oben vorgeschrieben werden. Seien es Lampen, Duschköpfe oder Rauchverbote.

Doch zurück zu den braunen Wurzeln, die so lange in Vergessenheit geraten sind. Nicht nur die grüne Partei hat blinde Flecken in ihrer Geschichte, auch die großen Umweltverbände. Lina Hähnle, Vorsitzende des »Reichsbunds für Vogelschutz«, Vorläufer des heutigen NABU, bot einst Hitler »freudige Gefolgschaft« an. Dafür wurde der Reichsbund mit einer Monopolstellung belohnt, andere Vogelschutzverbände mussten zwangsbeitreten. Dies ließ die Umsätze des Vereins von 45 000 Reichsmark (1932) auf 85 000 Reichsmark (1941/42) hochschnellen.

Auch der Bund Naturschutz (die bayerische Stammorganisation, aus der später der BUND entstand) frohlockte 1933: »Keine

Zeit war für unsere Arbeit so günstig wie die jetzige unter dem Hakenkreuzbanner der nationalen Regierung.« Noch lange nach dem Krieg wurde der Bund Naturschutz von einem Ex-Nationalsozialisten geführt. Von 1958 bis 1963 hatte Alwin Seifert die Position des »Bundesleiters« inne. Zuvor, im »Dritten Reich«, gehörte Seifert zum inneren Kreis der NS-Hierarchie. In seiner Funktion als »Reichslandschaftsanwalt« sorgte er dafür, dass die Ränder der Autobahnen mit deutschen Gehölzen bepflanzt wurden. Außerdem befasste er sich mit der Umgestaltung der eroberten »Lebensräume« im Osten. Denn dort hatten sich, aus Sicht der NS-Ideologen, die »Grausamkeiten der ostischen Völker« in die »Fratze ihrer Herkommenslandschaft eingefurcht«. Gemäß der Anweisung Himmlers sollte das eroberte Land so umgestaltet werden, dass »der germanisch-deutsche Mensch« sich dort zu Hause fühlte. Dass dafür Millionen Russen vertrieben oder getötet werden sollten, war Seifert wohl bewusst. Offenbar hatte er bei diesem Job genau so wenig Skrupel, wie bei seinen Kontakten zum biologisch-dynamischen Kräutergarten im Konzentrationslager Dachau, in dem Häftlinge zu Tode geschunden wurden. Ein Vierteljahrhundert später schrieb Seifert das Buch »Gärtner, Ackern – ohne Gift«, bis heute ein Bestseller und laut Amazon »eine Bibel der ökologischen Bewegung«.

Die Weltanschauung des »Dritten Reiches« war grüner, als vielen Grünen heute lieb ist. Zur »Blut und Boden«-Ideologie gehörte gesunde Ernährung, die Idealisierung des bäuerlichen Lebens und deutsche Waldromantik. »Es geht gegenüber der deutschen Natur und Heimat«, schrieb Hans Schwenkel, Mitinitiator des Reichsnaturschutzgesetzes von 1935, »um Weltanschauung, um amerikanisch-jüdische oder um deutsche Lebensauffassung und Lebensgestaltung. Es geht jetzt um letzte Entscheidungen zwischen Ehrfurcht oder Ausbeutung, Einfühlung oder Vergewaltigung, Geist oder Stoff.«

Für den Kulturwissenschaftler Friedemann Schmoll liegen grüne und braune Denkmuster gar nicht so weit auseinander. »Antisemitismus und Naturschutz«, schreibt er, »finden sich beide in Abwehrhaltung zu ihrer Zeit. Und beide teilen eine Reihe konstitutiver Muster und Grundwerte. Die Verklärung ländlicher Daseinsformen ging einher mit tiefer Ablehnung urbaner Kulturen und eines entfesselten Kapitalismus. Das Pochen auf Gemüt und Intuition verband sich mit borniertem Anti-Intellektualismus ... Die Utopie einer ›reinen‹ Umwelt findet ihre Entsprechung in der Vorstellung einer judenreinen Welt.«

Autarkie war eines der wichtigsten Ziele des NS-Regimes, deshalb war auch das Interesse an nachwachsenden Rohstoffen und alternativen Energien groß. Der »Völkische Beobachter« schwärmte, die Windenergie würde »eine völlige Umwälzung unserer wirtschaftlichen Verhältnisse herbeiführen«. »Reichskrafttürme« hießen die Propelleranlagen damals. Die erste Windkraftfirma »Ventimotor« gründeten der Thüringer Gauleiter Fritz Sauckel und das Mitglied des Freundeskreises Reichsführer SS Walther Schieber.

Die Gefahr einer durch Menschen verursachten Klimaerwärmung wurde 1959 in dem Roman »Der Tanz mit dem Teufel« erstmals beschworen. Autor war der Österreicher Günther Schwab, der es als Nazi zum SA-Sturmführer gebracht hatte. Im späteren Leben galt er als grüner Visionär, erhielt Orden und das »Ehrenzeichen in Gold des Naturschutzbunds Österreich«.

Die braunen Ökos hatten ein Herz für Käfer und Bäume und waren gleichzeitig glühende Antisemiten. »Judentum und deutsche Natur«, hieß es 1939 in der Zeitschrift des Vereins Naturschutzpark, »sind unvereinbare Begriffe.« Das von den Nationalsozialisten geschaffene Naturschutzgesetz blieb ebenso wie das Tierschutzgesetz noch bis in die Siebzigerjahre in Kraft.

Hitler war bekanntermaßen Tierversuchsgegner und Vegetarier. Weniger bekannt dürfte sein, dass Reichsbauernführer Walther Darré persönlich dafür sorgte, dass der Führer immer frisches Biogemüse bekam. Himmler pries in einer Rede die alten Germanen, die »von der göttlichen Ordnung der ganzen Pflanzen- und der ganzen Tierwelt überzeugt waren«. Er schwadronierte über die Rechte von Mäusen und Ratten und warnte davor, über solche Betrachtungen zu lachen. »Es wäre besser«, meinte er, »wir pietätlosen Menschen würden unser Haupt neigen vor der Tiefe und Größe dieser Weltanschauung.«

Der SS-Führer wird von einigen Historikern zum »grünen Flügel« der NSDAP-Leitung gezählt, ebenso wie Walther Darré, Rudolf Heß, Fritz Todt und Alwin Seifert. Die Grünbraunen schwärmten für alternative Heilkunst und Biolandwirtschaft. Manche von ihnen sympathisierten zeitweise mit der Steiner'schen Anthroposophie. Allerdings hatte der grüne Flügel der Nazis zwar großen ideologischen Einfluss, konnte aber nur geringe praktische Erfolge verbuchen. Denn es gab auch technophile und fortschrittsbegeisterte Nazis, die mit den Grünen im Clinch lagen. Oftmals blockierten sich die verschiedenen Strömungen gegenseitig. Am Ende fegten die Zwänge der Kriegswirtschaft ohnehin jeden Gedanken an Ressourcenschonung und Naturschutz hinweg.

Die grüne Seite des Nationalsozialismus ist ein äußerst peinliches Thema. Zu ähnlich sind manche Schlagworte und Denkmuster. Doch wer den Hinweis auf solche Gemeinsamkeiten reflexhaft als anti-grüne Polemik beiseiteschiebt, tut sich keinen Gefallen. Wir meinen, dass wir gerade aus einer selbstkritischen Betrachtung der braunen Wurzeln des Umwelt- und Naturschutzes nützliche Erkenntnisse ziehen könnten. Es hilft nicht weiter, einfach so zu tun, als wäre grünes Denken per se emanzipatorisch und menschenfreundlich.

Bis heute wabert in der grünen Bewegung ein Kult um das Autochthone, vom regionalen Essen bis zur Ablehnung »fremder« Tier- und Pflanzenarten. Biologisch ist das ziemlich unsinnig. So wie die deutsche Bevölkerung kaum »germanisch« ist, sondern einem sich über die Jahrhunderte immer wieder verändernden Völkergemisch entstammt, so war auch die »heimische« Tier- und Pflanzenwelt nie statisch. Die heute von manchen Naturschützern vertretene Einschätzung, dass alle Arten fremd seien, die nach 1500 eingewandert sind oder vom Menschen angesiedelt wurden, ist offensichtlich willkürlich. »Nur ein totalitärer Staat kann wissen, welche statische Natur er schützen und einrichten will«, kritisiert der Ökologe Hansjörg Küster. Im Übrigen dürfte man dann bei uns auch keine Kartoffeln und Tomaten anpflanzen, die beide aus Südamerika »eingewandert« sind.

»Invasive Arten« nennt das Bundesnaturschutzgesetz die Einwanderer. Sie sollen in ihrer Ausbreitung gestoppt oder am besten gleich vernichtet werden. In Brüssel wird 2014 eine EU-Verordnung zur Eindämmung und Bekämpfung invasiver Arten diskutiert. Einige Dogmatiker haben schon mal vorgeschlagen, die westdeutschen Biber auszurotten, weil sie von skandinavischen Bibern abstammen, die in den Sechzigerjahren ausgesetzt wurden.

Als Musterbeispiel einer schädlichen eingeschleppten Spezies wird immer wieder die Spanische Wegschnecke genannt, ein lästiges Weichtier, das sich an feuchten Sommertagen über Gemüsebeete hermacht und daher bei Gartenbesitzern verhasst ist. Angeblich wurde sie nach dem Zweiten Weltkrieg durch Lebensmittelimporte nach Deutschland verfrachtet. Doch Forscher der Frankfurter Goethe-Universität fanden heraus, was die aufgeräumte Welt der Artenordner schwer erschüttert: Die Wegschnecke ist urdeutsch. Es ist, als müsste die NPD erkennen, dass die germanischen Wälder einst von afrikanischen Juden bevölkert waren. Bei ihrer aufwändigen Suche fanden die Biologen keine Spanischen Wegschnecken in Spanien und Frankreich. »Diese Art ist definitiv nicht dort heimisch, sondern bei uns«, sagt der Erstautor der Studie Markus Pfenninger. Die Wissenschaftler vermuten, dass die auffällige Zunahme dieser Nacktschnecken an veränderten landwirtschaftlichen Anbaumethoden liegt.

Auch das Beharren auf bestimmten, gewohnten Landschaftsbildern hat nichts mit Ökologie zu tun. In den Anfängen der grünen Bewegung, im 19. Jahrhundert, sprach man ehrlicherweise mehr von »Heimatschutz« als von »Naturschutz«. Man wollte – und viele wollen es auch heute noch – gewohnte Zustände konservieren. Doch Natur ist dynamisch. Ihr Erfolgskonzept heißt Evolution, stetige Veränderung. Ein evolutionäres, die Dynamik alles Lebendigen einbeziehendes Naturbild würde den Umweltverbänden und den Grünen guttun. Doch mit den gewohnten Denk-Kategorien, in denen Veränderung stets Risiko bedeutet, lebt es sich bequemer.

Wie man totalitäre Gesinnung, Antisemitismus und Rassismus schön grün verpacken kann, haben mittlerweile auch die neuen Nazis kapiert. »Der Materialismus der letzten Jahrzehnte hat die Zerstörung der natürlichen Lebensgrundlagen in unverantwortlicher Weise vorangetrieben«, heißt es im Parteiprogramm der NPD. Auch sonst klingt es darin ziemlich grün. Man kämpft für Biolandwirtschaft, ist gegen Atomkraft und Gentechnik. »Die NPD«, warnt der Leipziger Historiker Nils Franke, »hat über die letzten Jahre ihre Bemühungen zur Unterwanderung der Naturschutzszene verstärkt.« »Hinter dem Anliegen, das vielen Menschen als links erscheint«, bestätigt die »taz«, »stecken oft ›braune Ökologen‹, die mit ihrer Umweltfreundlichkeit rechtsextreme Ideen verbreiten.« Sie können auf eine lange Tradition zurückblicken.

Fazit: Die Ökoverbände, die Grüne Partei und alle, die ihr frischen Mutes und reinen Gewissens folgten, präsentierten sich in den Siebzigerjahren als eine völlig neue politische Strömung. Die Kritik an den Schattenseiten und Auswüchsen der Industriegesellschaft verstand sich eher links. Vielen Akteuren war dabei nicht bewusst, dass in dem vermeintlich neuen Gedankengut viel alte deutsche Tradition steckte, die schon einmal im »Dritten Reich« Teil der offiziellen Ideologie war. Wer Transparenz fordert, sollte bei sich selbst anfangen und die Auseinandersetzung mit den Wurzeln der eigenen Weltanschauung ohne Denkverbote betreiben. Denn wir müssen uns immer wieder aufs Neue fragen, ob sich hinter grünen Ideen nicht auch Bevormundung und totalitäre Tendenzen verstecken.

Kapitel 9
Neugierig bleiben

Vom Wert der Dissidenten für das ökologische Denken

»Kritik mag unangenehm sein, aber sie ist notwendig. Sie hat dieselbe Aufgabe wie der Schmerz im menschlichen Körper – die Aufmerksamkeit auf einen ungesunden Zustand zu lenken.«

Winston Churchill

Julian Simon wollte zunächst die These von der katastrophalen »Bevölkerungsexplosion« untermauern und scheiterte. Bjørn Lomborg hatte zufällig ein Buch von Simon in die Hand bekommen, regte sich darüber auf, wollte es widerlegen – und scheiterte. Wir stolperten bei der Recherche für Umweltzeitschriften immer häufiger über eigene Vorurteile und Irrtümer. Wir sind stärker mit Schadstoffen belastet als unsere Eltern? Stimmt nicht, das Gegenteil ist der Fall. Naturvölker gehen rücksichtsvoller mit der Natur um? Leider so auch nicht wahr, sie plünderten die Natur oft rücksichtslos. Auf dem Land fühlen sich Tiere wohler als in der Stadt? Weit gefehlt, immer mehr Tiere fliehen vor den landwirtschaftlichen Monokulturen in die Städte. Erst ist man verunsichert, dann kommt die Freude über den Erkenntnisgewinn, schließlich folgen Zweifel am Gesamtgebäude. Wenn man diese äußert, noch dazu öffentlich, kriegt man die soziale Ausgrenzung aus der Gemeinschaft zu spüren – man gehört von nun an nicht mehr dazu.

Es scheint so eine Art Naturgesetz zu sein: Jede soziale Bewegung bringt mit der Zeit Zweifler hervor. Zunächst fangen sie an, manche Methoden zu kritisieren, dann setzen sie sich nach und nach von den Dogmen ab, und manchmal stellen sie sogar die Ziele in Frage. Daraufhin herrscht bei den Hütern der Lehre helle Aufregung. Die Ketzer werden verbrannt oder verbannt. Und bald darauf hat man die Hälfte ihrer Ideen übernommen. In der 2000-Jährigen

Kirchengeschichte war das eher die Regel als die Ausnahme. Manche große christliche Kirche entstand als Abspaltung, manche als Abspaltung von der Abspaltung. Speziell im protestantischen Amerika sind sogar Abspaltungen fünften Grades nicht selten. Bereits die ersten Christen waren nichts anderes als ein Häuflein jüdischer Renegaten, und schon ganz am Anfang der biblischen Geschichte wird heftig gezweifelt. Von Eva über Abraham bis zu Christus am Kreuz hadern die Hauptpersonen mit ihrem Glauben.

Das Christentum brauchte noch etliche Jahrhunderte, bis die Einheit zerfiel – die sozialistische Weltbewegung schaffte es auf Anhieb. Ständig verwarf irgendein führender Genosse die jeweilige Parteilinie, und die Orthodoxen fühlten sich dadurch aufs Blut provoziert. Die Renegaten wurden eingesperrt oder ermordet. Ihre Geister saßen jedoch immer mit am ZK-Tisch. 60 Jahre lang durfte im Machtbereich des Kremls – immerhin ein Drittel der Erde – kein Bild und kein Wort des Erzrenegaten Trotzki veröffentlicht werden. Auf seine Existenz konnte man nur ex negativo schließen: aus Beschimpfungen und Anschuldigungen.

In den Siebzigerjahren blühten die neuen sozialen Bewegungen auf und vollzogen die Aufstiegsgeschichte des Sozialismus im Schnelldurchlauf. Die neuen Kampffelder drehten sich um Frauen, Frieden und Umwelt (plus einige Spezialthemen wie Schwulenemanzipation). Binnen zweier Jahrzehnte entwickelten sie sich von Randerscheinungen aus dem Studentenmilieu zum kritiklos akzeptieren gesellschaftlichen Konsens. Im heutigen Deutschland sind Anti-Feministen, Anti-Pazifisten und erklärte Gegner des Umweltschutzes rare Exzentriker.

Doch auch aus diesen Bewegungen entwickelten sich Renegaten. Katharina Rutschky, Cora Stephan und andere Intellektuelle kritisierten die irrationalen Wallungen des deutschen Feminismus. Im ersten Golfkrieg und im Kosovokrieg desertierten prominente Köpfe aus den Reihen des reinen Pazifismus. Und die Ökobewegung musste uns beide ertragen (was ihr ziemlich unbeschadet gelungen ist).

Renegaten haben nicht den besten Ruf, besonders wenn sie sich von einer Idee absetzen, die für viele Menschen das Gute in der Welt repräsentiert. Als unser erstes gemeinsames Buch, »Öko-Optimismus«, 1996 erschien, begann ein Kritiker seine Rezension mit folgenden Worten: »Die intellektuelle Masche ist bekannt. Man marschiert eine Zeit lang für irgendeine gute Sache, drängelt sich unter die Mutigsten in der vordersten Reihe, macht dann bei erstbester Gelegenheit kehrt und kritisiert mit viel Getöse die Marschrichtung. Dieses profilierungssüchtige Renegatentum findet überall Nachahmer.« Seither reißt die Kette von Briefen nicht ab, die uns »Zeitgeist-Surfen«, »Anpassung an den Mainstream« und »Opportunismus« vorwerfen. Oftmals flankiert von Bemerkungen wie »Sie wollen doch nur abkassieren« oder »Wie viel Dollar zahl man Ihnen denn dafür?« (jawohl, Dollar, nicht Euro, weil Geld für so etwas Mieses nur aus den USA kommen kann). Grund dieses Umgangs ist die Tatsache, dass viele Umweltschutz als Sinnstiftung und moralisches Fundament ihrer Biografie sehen – und nicht als eine nüchterne Aufgabe, bei der es schlicht darum geht, Probleme zu lösen.

Wir freuen uns übrigens über jeden Nachahmer, müssen ihn aber warnen: Reich werden kann man nicht, wenn man den Zeitgeist in Frage stellt. Wer beispielsweise den Kapitalismus lobt, wird von den meisten Kapitalisten peinlich gemieden. Um zum Weltwirtschaftsgipfel nach Davos eingeladen zu werden, sollte man besser eine NGO gegen Freihandel, Gentechnik oder Pharmaforschung gründen.

Der Vorwurf des »Opportunismus« gegenüber Dissidenten verdient daher genauer betrachtet zu werden, denn dabei tauchen erneut Parallelen zur sowjetischen Geschichte auf. Bei den Schauprozessen gegen die Verlierer der jeweiligen Linienkämpfe wurde den Angeklagten außer diversen von der Partei verbotenen »Ismen« stets auch »Opportunismus« vorgeworfen. Der Ausgeschlossene als Anpasser: ein Bilderbuchbeispiel freudscher Projektion.

Bemerkenswert ist auch, dass unsere Kritik am Mainstream der

Umweltbewegung wesentlich vehementer angegriffen wurde als andere Bücher, die etwa im gleichen Zeitraum erschienen sind. Die Autoren Hans Hug, Gunnar Sohn und Götz Warnke argumentierten damals ähnlich wie wir. Sie wurden jedoch als Kritiker von außen wahrgenommen und nicht als Renegaten. »Es ist das erste umfassende Werk bekennender Renegaten unter den Ökopaxen der Achtzigerjahre«, schrieb damals der »Spiegel« in seiner Rezension, »zwei Autoren aus dem Herzen der Bewegung«. Weiter hieß es: »Die frisch bekehrten Optimisten verletzten das Basis-Tabu deutscher Umweltbesorgnis: ›Die Apokalypse‹, sagen sie, ›kommt jetzt doch nicht.‹«

Im angelsächsischen Kulturraum gab und gibt es eine wesentlich größere Zahl abtrünniger Umweltbewegter, die dort teilweise hohe Auflagen erreicht haben: unter anderen Gwyneth Cravens, Ronald Bailey, Gregg Easterbrook, Peter Huber, Mark Lynas, Patrick Moore, John Stossel. Die meisten von ihnen wurden nicht ins Deutsche übersetzt (im Gegensatz zu den zahlreichen amerikanischen Öko-Alarm-Büchern). Ebenso erging es dem verstorbenen Julian L. Simon, der als Altmeister aller Ökoskeptiker gelten kann, da er bereits in den späten Siebzigerjahren die Prognosen des grünen Untergangspropheten Paul R. Ehrlich widerlegte. Der erste ausländische Renegat, der es wahrnehmbar auf den deutschen Buchmarkt schaffte, war der Däne Bjørn Lomborg im Jahr 2002. 2005 folgte dann Michael Crichton, der allerdings als Thrillerautor mit Millionenauflagen kaum ignoriert werden konnte.

Wer das Label »Renegat« angeheftet bekommt, erlebt eine Kette von Reaktionen, die nach dem immer gleichen Muster ablaufen. Phase eins: Ignorieren und totschweigen. Phase zwei: Wütende Angriffe und der Versuch, die Kritiker lächerlich zu machen. Phase drei: Nach und nach werden Positionen übernommen und von den ehemaligen Anklägern als die eigenen ausgegeben.

Längst wurden – wie bei allen anderen erfolgreichen sozialen Bewegungen – die in diesem Fall grünen Inhalte von der Gesellschaft integriert und Forderungen erfüllt. Im gleichen Zug integrierte sich ein Großteil der Bewegung in die Gesellschaft. Aus Revolutionären wurden Reformisten und schließlich Besitzstandswahrer. Der grüne Zeitgeist ist konservativ, vorgeblich geht es um die Bewahrung der Schöpfung, tatsächlich um die Bewahrung eigener Privilegien und sei es der überhöhten Einspeisevergütung für die Solarzellen auf der Datsche.

So wie sich die Reaktionen der Gesinnungshüter ähneln, so tun dies auch die Beweggründe und Entwicklungen der Renegaten. Die meisten Skeptiker, denen wir begegnen, sind ehemalige Umweltbewegte wie wir, die sich an irgendeinem Punkt ihres Werdegangs in ein Thema vertieft haben. Bei einem war es der Walfang, beim nächsten die Gentechnik, beim dritten die Müllentsorgung – ganz egal. Zu diesem Zeitpunkt ahnten sie noch nicht, dass sie an der Tapete einer Weltanschauung kratzten. Und als sie weiter kratzten, kam ihnen die ganze Wand entgegen. Was man für eine wissenschaftlich fundierte Kritik an den Auswirkungen der Industriegesellschaft gehalten hatte, entpuppte sich nach und nach als eine Mischung aus wenigen Fakten und viel Meinung und Gefühl. Und je mehr die Industriegesellschaften ihre ökologischen Hausaufgaben erledigt haben, desto mehr überwiegt die Ideologie – bis sie bei manchen Themen als Einzige übrig geblieben ist.

»Der Erfolg der Umweltbewegung«, schreibt Stewart Brand, Initiator des ersten Earth Days und ein geschickter Vermittler zwischen Renegaten und grünem Establishment, »wird von zwei starken Kräften getrieben – Romantik und Wissenschaft. Oft stehen sie in Opposition zueinander.« Die einen möchten ökologische Probleme lösen, die anderen eine Gesinnung konservieren, mit der sie sich wohl fühlen. Er glaubt, dass die wissenschaftlichen Erkenntnisse auf Dauer stärker sein werden und dass die Ökobewegung bei einigen ihrer großen Themen umschwenken wird – ganz im Sinne der heutigen Renegaten.

Wenn sich die Theorie von der antropogenen Klimakatastrophe tatsächlich weiter bestätigen sollte, ist eine Neubewertung der Atomenergie ziemlich wahrscheinlich (zumindest außerhalb

Deutschlands). Zumal in den letzten Jahren weitere Fortschritte in Sachen Sicherheit und Effizienz gemacht wurden. Wenn die Gentechniker weitere Pflanzensorten entwickeln, deren Vorteile dem Umweltschutz und der Ernährung in armen Ländern zugutekommen, wird auch die Anti-Gentechnik-Front bröckeln.

Ein weiterer Linienschwenk könnte die Neubewertung der Verstädterung werden. Während die meisten Ökoromantiker das ländliche Leben idealisieren, weisen Wissenschaftler mehr und mehr auf die ökologischen Vorteile der weltweiten Landflucht hin: Erstens lässt eine Konzentration der Menschen in Ballungszentren mehr Raum für die Natur. Und zweitens ist es der Verstädterung zu danken, dass die Geburtenraten überall gesunken sind und die einst befürchtete Bevölkerungsexplosion ausbleibt. Aus verfemter Kritik wird langweilige Normalität. Das Urheberrecht am Wandlungsprozess interessiert schon bald niemanden mehr. Diese narzisstische Kränkung kommt auf alle Renegaten zu. Irgendwann sitzen wir weißhaarig auf einer Parkbank, füttern die Spatzen und murmeln: »Wir haben es doch schon damals gesagt ...«

Stewart Brand ist in Europa wenig bekannt, gehört aber zum Urgestein der amerikanischen Umweltbewegung. Er ist grün, steht nichtsdestotrotz für einen kreativen und offenen Umgang mit der Zukunft. In den frühen Sechzigerjahren organisierte er das erste Hippiefestival in San Francisco, kämpfte für die Rettung der Erde, als »Umweltschutz« noch ein unbekanntes Wort war, und erkannte als Erster, wie die NASA-Fotos vom blauen Planeten das Bewusstsein der Menschen verändern würden. In der amerikanischen Gegenkultur ist Stewart Brand eine Legende. Als Vater der Landkommunenbewegung stellte er alles, was Aussteiger 1968 brauchten, im »Whole Earth Catalog« zusammen, der den Untertitel »Access to Tools« trug.

Mit dem Katalog lieferte Brand der aufkommenden Hippie- und Alternativszene das praktische und philosophische Rüstzeug für ein selbstbestimmtes und autarkes Leben, wie es damals unter »Aussteigern« als Gegenentwurf zur konsumorientierten Wirtschaftswunderwelt populär wurde. »Die Idee dazu entstand durch einen Trip, als ich mit 200 Mikrogramm LSD auf einem Hausdach herumhing und über eine Vorlesung von Buckminster Fuller nachdachte« (Fuller wirkte als Designer, Wissenschaftler, Forscher, Entwickler und Schriftsteller und propagierte schon frühzeitig globale Sichtweisen, etwa in seiner »Bedienungsanleitung für das Raumschiff Erde«). Die ersten Leser und Kunden des »Whole Earth Catalog« waren Kommunen, die eine neue Gesellschaft aufbauen wollten. »Und ich versuchte, dafür das Werkzeug bereitzustellen«, sagt Brand. Doch der Rückzug auf ein romantisiertes Landleben entpuppte sich als Irrweg: »Es führte nicht weit, es war im Grunde eine Sackgasse wie Drogen.«

Brand setzte stattdessen auf dezentrale und für jedermann offene Techniken, die genau wie die Hippiebewegung Außenseiter in ihren Bann zogen. Dazu gehörten die Solarenergie und besonders die Computertechnologie. Sein jüngstes Werk, »Whole Earth Discipline: An Ecopragmatist Manifesto« erschien 2009 und wagte es gar, die grüne Gentechnik und Atomkraft in die Liste der zukunftsträchtigen Technologien aufzunehmen. Brand kreierte als Erster den Begriff »Personal Computer«. Er erinnert sich: »Computerwissenschaft war um 1968 ein cooles, neues Gebiet, und Networking war funky.« Und er fügt hinzu: »Die Hacker gewannen, und die Hippies verloren. Sie gehörten zur gleichen Gruppe von Leuten. Dieselbe Haarlänge. Nur dass die Hacker anstelle von Drogen Computer hatten.«

Brand gehörte zum Freundeskreis des Apple-Gründers Steve Jobs, der geradezu prototypisch zu seiner Beschreibung passt. Diverse Indien-Reisen machten Jobs zum bekennenden Vegetarier und passionierten Barfußläufer – eine Marotte, die er selbst als schwerreicher Geschäftsmann noch lange beibehielt. In dessen Biografie heißt es: »In ihm tobten sich alle Widersprüche aus, die ein zum Geschäftsmann gewordener Hippierebell erlebt, jemand, der von sich selbst glauben wollte, er sei, wie Timothy Leary sagte, turned on and tuned in, aber ohne sich dabei verraten und verkauft zu haben.«

Die Verschmelzung der kulturellen Boheme aus San Francisco mit den Hightech-Industrien des Silicon Valley nahm ihren Lauf. Stewart Brand startete die Online-Community »The WELL«, deren Server auf einem Hausboot in Sausalito beheimatet war. Er gründete das »Global Business Network« und schließlich die gemeinnützige »Long Now Foundation«. Die hat sich zur Aufgabe gemacht, die Menschen für das Denken in langen Zeiträumen zu sensibilisieren. »Ich glaube, dass die Menschen Angst vor der Beschleunigung haben«, sagt Brand, »die Zivilisation steuert auf pathologisch kurze Aufmerksamkeitsspannen zu.« Als Beispiele für langfristiges Denken nennt er die Formulierung der amerikanischen Verfassung oder den Aufbau des Eisenbahnnetzes zur Erschließung der USA. Solche auf einer langfristigen Sichtweise basierenden Projekte und Konzepte seien immer mehr auf dem Rückzug. Brand ist überzeugt: »Ich sehe kein Problem darin, schnell zu leben. Es wird allerdings zum Problem, wenn es uns davon abhält, uns um die wirklich wichtigen, die langsamen Dinge zu kümmern.«

Die Herausforderung ist dabei: Es gibt eine Hierarchie von Schichten in unserer Zivilisation, die sich unterschiedlich schnell verändern. Mode und Business verändern sich ständig, Natur und Kultur nur sehr gemächlich. Das menschliche Individuum denkt in einem Horizont von Jahren, die Familie in Jahrzehnten, Volksstämme oder Nationen wollen sich über Jahrhunderte durchsetzen, Kulturen über Jahrtausende. Als Spezies strebt die menschliche Existenz über Zehntausende von Jahren nach Erfolg, als Bestandteil der Biosphäre sind Millionen von Jahren die Einheit. Jedes menschliche Wesen ist ein Produkt der Anpassung an diese verschiedenen Zeitskalen, deshalb stecken Zielkonflikte so tief in unserem Naturell. Was für die nächsten 20 Jahre sinnvoll erscheint, kann für 200 Jahre eine Katastrophe sein – und umgekehrt.

Stewart Brand hält es deshalb für entscheidend, dass wir auch sehr lange Zeiträume als Gegenwart begreifen. Die menschliche Zivilisation entstand in etwa im Verlauf der letzten 10 000 Jahre. »Wenn man 25 Jahre pro Generation veranschlagt, sind dies

400 Generationen«, sagt er, »die Pyramiden wurden vor 200 Generationen errichtet.« Für den Zukunftssucher gehört dies genauso zur Gegenwart wie die nächsten 10 000 Jahre. Er nennt diesen Zeitraum »langes Jetzt« (long now). Zusammen mit Mitgliedern der Cyberelite wie dem Erfinder paralleler Computer (»Connection Machine«) Danny Hillis sowie dem Rock-Avantgardisten Brian Eno hat er deshalb die oben genannte Long Now Foundation gegründet.

Sie möchte der aktuellen Kurzsichtigkeit ein ausgleichendes Korrektiv entgegensetzen. »Wir brauchen einen Mechanismus oder Mythos, der zur Übernahme langfristiger Verantwortung ermutigt«, sagt Stewart Brand. Das spektakulärste Ergebnis dieser Überlegungen ist die langsamste Uhr der Welt, auch »Clock of the Long Now« genannt. Ähnlich wie die kreisrunde Steinformation von Stonehenge soll sie Jahrtausende überstehen. Die Uhr soll einmal zum Jahreswechsel ticken, zu einem neuen Jahrhundert jeweils läuten und zum Jahrtausend »Kuckuck!« rufen. Die Uhr wurde tief in einer trockenen Wüstenhöhle in Texas installiert. Das Uhrwerk besteht aus einem neuartigen binären digitalmechanischen System, das über 10 000 Jahre funktionieren soll.

Doch können Stewart Brand und seine Mitstreiter das überhaupt sicherstellen? »Wenn jemand diese Frage stellt«, sagt Brand, »haben wir schon erreicht, was wir wollen – die Menschen fangen an, langfristig zu denken.« Und so liegt die nächste Frage auf der Hand: Welche gesellschaftliche Einrichtung könnte 10 000 Jahre lang die Verantwortung für die Uhr übernehmen? Keine Institution hat bislang eine so lange Zeit überdauert, selbst die katholische Kirche erscheint da als Youngster. Weder Königreiche noch Supermächte vermochten 10 000 Jahre zu überleben.

»Wir nehmen gerade erst Anlauf, um irgendwann die Dynamik des Lebens auf der Erde zu verstehen«, schrieb Stewart Brand im Vorwort zu unserem Buch »Life Counts« – eine Bestandsaufnahme der Biodiversität des Planeten, erschienen im Jahr 2000. »Das Leben auf der Erde ist 3,5 Milliarden Jahre alt, moderne Menschen bevölkern sie erst seit 50 000 Jahren, das ist ein Siebzigtausendstel der Zeitspanne.« Und er fügt hinzu: »Wenn wir weitere 50 000 Jahre dabei sein wollen, werden wir lernen müssen, wie das Leben wirklich funktioniert, weil wir jetzt das ganze System beeinflussen – im Guten wie im Schlechten.«

Wer sich auf die Gedankenwelt eines Stewart Brand einlässt, dem wird auch bewusst, um wie viel spannender, anregender und tiefgründiger die ökologische Debatte sein könnte. Leute wie Brand stellen sich gleichsam dem ganzen Leben und betrachten die Zukunft nicht einfach nur als eine Energiesparvariante der Gegenwart. Heute ist Brand Mitte 70, lebt auf seinem Hausboot und umgibt sich mit Indianerkunst. Seine Ansichten sind mittlerweile für viele der alten Freunde aus der Ökobewegung reinste Ketzerei. Dennoch behauptet Brand: »Ich bin ein grüner Aktivist, heute mehr als je zuvor.« Wenn er für Atomkraft und Gentechnik streitet, argumentiert er nicht mit Wirtschaftswachstum oder Arbeitsplätzen, sondern mit den Vorteilen für die Umwelt. Was zunächst ziemlich anti-grün klingt, erscheint in seinen Vorträgen ökologisch vernünftig. Und er ist nicht der einzige Amerikaner, der ganz anders grünt, als man das hierzulande gewohnt ist, und der für eine pragmatische und entideologisierte Umweltpolitik eintritt.

Ähnliche Thesen wie Brand vertritt auch ein Urgestein der Bewegung im benachbarten Kanada: Patrick Moore. 1971 gehörte er zum Gründungszirkel von Greenpeace. Sieben Jahre lang war er Direktor von Greenpeace International und davor Präsident des kanadischen Zweigs. Die Gründungsurkunde von Greenpeace Deutschland trägt seine Unterschrift. Heute sagt Moore: »Greenpeace hat sich von Logik und Wissenschaft verabschiedet.« Mit Optimismus und Enthusiasmus wie in den Siebzigerjahren kämpft er zusammen mit seinem Bruder Michael dafür, dass Greenpeace die Kampagne gegen Goldenen Reis einstellt. »Greenpeace verbreitet gezielt Fehlinformationen«, sagt Moore, »zieht über die Wissenschaftler her und hat die mutwillige Zerstörung von Versuchsfeldern unterstützt. Greenpeace ist nicht in der Lage, ein einziges spezifisches Gesundheitsrisiko zu nennen, das von dem Verzehr von Goldenem Reis ausgeht.« (Siehe S. 87 ff.)

Zum Club der grünen Dissidenten gehört auch der bereits oben genannte Däne Bjørn Lomborg, einst ebenfalls Greenpeace-Anhänger und heute Kritiker des Klima-Alarmismus. Er trägt immer und grundsätzlich T-Shirt und Jeans, ist Vegetarier und bekennend homosexuell. Er passt durch nichts ins Schema vom betonköpfigen Anti-Umweltschützer. Sein Buch »The Sceptical Environmentalist«, das die Lage der Umwelt jenseits grüner Apokalyptik beschreibt, sorgte weltweit für Aufsehen.

In Deutschland sind die Abweichler von der grünen Orthodoxie eine kleine Minderheit. Der Zukunftsforscher Matthias Horx zählt dazu, der Chemiker Fritz Vahrenholt und der Pflanzenökologe Hansjörg Küster. Durch seine erfolgreichen populärwissenschaftlichen Bücher wurde der Biologe Josef H. Reichholf einem größeren Publikum bekannt. Auch er ist ein Grüner der ersten Stunde. Zusammen mit Bernhard Grzimek gründete er einst die »Gruppe Ökologie«, eine der Keimzellen des späteren Bund für Umwelt und Naturschutz (BUND). Lange Zeit war er Präsidiumsmitglied des WWF Deutschland. In seinem Buch »Die falschen Propheten« (2002) stritt er gegen grüne Dogmatiker. Mit dem Bestseller »Eine kurze Naturgeschichte des letzten Jahrtausends« (2007) erläuterte er seine wissenschaftlichen Zweifel an den Voraussagen einer kommenden Klimakatastrophe.

Dass ausgerechnet grüne Gründerväter die heutige Ökoszene kritisch betrachten, wundert ihn nicht. »Wir können«, sagt er, »viel besser als Außenstehende beurteilen, was abgelaufen ist. Wir erlebten mit, wie sich die guten und gut gemeinten Anfänge zur Ideologie veränderten. Wir sahen, wie es zunehmend schwieriger wurde, einmal festgelegte Positionen aufgrund von besseren Daten und neuen Einsichten zu ändern. Ein typisches Beispiel für eine solche erstarrte Position ist das Beharren auf Biotreibstoffen. Es ist Irrsinn, Wälder zu roden, um Energiepflanzen anzubauen.«

Eine gemeinsame Linie haben die Abtrünnigen nicht. So zweifelt

Reichholf an den Katastrophenszenarien des Weltklimarates IPCC. Brand dagegen glaubt, dass eine globale Erwärmung droht. Lomborg ist ebenfalls von der kommenden Erderwärmung überzeugt, kritisiert jedoch die politischen und ökonomischen Empfehlungen der Klimawarner. Statt für viel Geld den CO_2-Ausstoß zu reduzieren, rät er, die Mittel besser in die Armutsbekämpfung zu stecken und intelligente Anpassung an den Klimawandel zu fördern.

Gemeinsam ist allen, dass sie das Alles-wird-immer-schlimmer-Mantra nicht mehr mitbeten wollen. »Insbesondere«, sagt Reichholf, »stören mich die düsteren Szenarien, die Zukunftsängste schüren und den jungen Leuten ihren Optimismus nehmen; auch den Optimismus, es besser zu machen und die Probleme lösen zu können.« »Die Apokalypse ist zum zentralen Motiv des Ökologismus geworden«, findet Moore, »vieles davon ist eine kollektive Neurose.« Er und die anderen Abweichler halten den Fortschritt nicht für einen Fluch, sondern glauben, dass intelligente Technik dabei hilft, die Herausforderungen der Umwelt zu meistern. Kopfschüttelnd beobachten sie, wie Ökoverbände und die Grünen in allen Parteien immer mehr Technologien zum Tabu erklären.

»Wissenschaftler ändern gern ihre Meinung«, sagt Stewart Brand, »im Gegensatz zu Romantikern und Ideologen. Es ist Teil jeder Ideologie, dass ein Sinneswandel etwas Böses ist.« »Mich stört diese Ideologisierung des Natur- und Umweltschutzes, die sich mit wissenschaftlicher Redlichkeit vielfach nicht vereinbaren lässt«, sagt Reichholf. Er ist wie die anderen Dissidenten davon überzeugt, dass die Politik der großen Umweltverbände und ergrünten Parteien dem Umweltschutz mittlerweile mehr schadet als nützt. Nachdem sie in den Siebziger- und Achtzigerjahren erfolgreich dafür kämpften, Parlamente und Regierungen für ökologische Fragen zu gewinnen, kleben sie heute an althergebrachten Dogmen, die oftmals gar nicht so ökologisch sind, wie sie scheinen.

»Die schärfsten Kritiker der Elche, waren früher selber welche«, reimte einst der Lyriker und Satiriker F.W. Bernstein und brachte damit ein Phänomen auf den Punkt, das die Ideengeschichte der

Menschheit seit jeher begleitet. Jede Bewegung bringt ihre Zweifler hervor. Grünes Renegatentum, sagt Benny Peiser, sei »in vielerlei Hinsicht das historische Spiegelbild der Sozialismus-Kritik. Auch diese wurde ja vor allem und am überzeugendsten von ehemaligen linken Intellektuellen entwickelt.« Wie Matthias Horx gehörte Peiser in der Gründungzeit der Grünen zum Frankfurter Kreis um Daniel Cohn-Bendit und Joschka Fischer. Heute leitet er in London die Stiftung Global Warming Policy Foundation (GWPF), die sich kritisch mit Klimapolitik befasst.

Anders als bei den Kommunisten müssen Abweichler vom grünen Konsens jedoch nicht um ihr Leben fürchten. Nur um ihren guten Ruf und ihren Anzug, respektive das T-Shirt: So schleuderten Klimaaktivisten Bjørn Lomborg in einer Oxforder Buchhandlung eine Torte ins Gesicht, mit dem Schlachtruf »pies for lies« (Torten für Lügen). Patrick Moore wird von seinen alten Mitstreitern als »Öko-Judas« beschimpft. »Sie haben versucht, mich aus ihrer Geschichte zu tilgen. 2007 strichen sie meinen Namen aus der Liste der Greenpeace-Gründer.«

Seit Fritz Vahrenholt den Vorhersagen des Weltklimarats (IPCC) nicht mehr traut und ein Buch darüber geschrieben hat (»Die kalte Sonne«, gemeinsam mit dem Geologen und Paläontologen Sebastian Lüning), weht ihm der Wind hart ins Gesicht. Kein Vorwurf ist zu absurd, um den Kritiker aus den eigenen Reihen abzuwehren. Er stehe im Sold der Kohle- und Öl-Lobby, sei eitel und wolle nur Aufmerksamkeit auf sich ziehen und hätte im Übrigen als Chemiker keine Ahnung von Klimaforschung. Die Hüter der reinen Lehre reagieren besonders empört, weil der heutige Vorsitzende der Deutschen Wildtierstiftung zu den Pionieren der Umweltbewegung in der Bundesrepublik gehört.

»Bis zum Jahr 2010«, sagt Vahrenholt, »glaubte ich dem Weltklimarat und vertrat seine Empfehlungen.« Zweifel kamen ihm, als er als Gutachter den IPCC-Report über erneuerbare Energien überprüfen sollte. »Ich entdeckte zahlreiche Fehler und fragte mich, ob die anderen IPCC-Berichte wohl ähnlich unzulänglich sind.«

Gleichzeitig brachte ihn ins Grübeln, dass entgegen den Vorhersagen die globale Durchschnittstemperatur seit Ende der Neunzigerjahre nicht weiter angestiegen ist. Vahrenholt fragte sich, ob die vom Menschen erzeugten Treibhausgase tatsächlich die entscheidende Kraft im Klimageschehen darstellen. Nach Gesprächen mit Dutzenden Wissenschaftlern hält er den Einfluss der Sonne für unterschätzt. Außerdem hält es Vahrenholt – wie Reichholf – für wenig plausibel, dass eine Erwärmung grundsätzlich schlecht für Mensch und Natur sei.

Ein politisches Schwergewicht wie Vahrenholt kann nicht so leicht überhört werden. Jahrzehntelang war er der prominenteste Umweltschützer in der SPD neben Erhard Eppler, der einst das Vorwort zu seinem ersten großen Bestseller schrieb: »Seveso ist überall«. Ein Titel, der vielen Grünen noch heute im Gedächtnis haftet. Das Buch über »die tödlichen Risiken der Chemie« erschien 1978. Es war eines der Werke, die der aufstrebenden grünen Bewegung ihre Argumente lieferten. Vahrenholt avancierte dadurch zum bekanntesten Kritiker der Chemieindustrie. In den Neunzigerjahren machte ihn die SPD zum Umweltsenator von Hamburg. Von 2001 bis 2012 arbeitete er für Konzerne, die ihr Geld mit regenerativer Energie verdienen, zunächst für REpower Systems (heute Senvion), einen führenden Hersteller von Windenergieanlagen, danach für die RWE-Tochter Innogy, den größten deutschen Investor in erneuerbare Energien. Es hätte also viel eher in seinem Interesse gelegen, die Energiewende der Bundesregierung nach Kräften zu bejubeln.

Nicht nur die Dissidenten, auch die Vertreter der grünen Mehrheit wandelten sich im Laufe der Jahrzehnte – zumindest äußerlich. Verglichen mit den strickenden Zauselbärten von einst, sehen Cem Özdemir und Winfried Kretschmann wie das personifizierte Establishment aus. Während der Umweltschützer früherer Tage im Schlauchboot Giftmüllschiffe attackierte oder bedrohte Lurche beim Überqueren von Schnellstraßen unterstützte, steigt der moderne Ökolobbyist mit Anzug und Aktenkoffer ins Flugzeug, um in Brüssel die Sache der Solar- oder einer anderen Öko-Industrie zu vertreten. Sonne und Wind sind ein globales Milliardengeschäft geworden, ebenso wie der Markt für Bionahrung oder Müllrecycling. Richtige Gegner gibt es schon lange nicht mehr. Konzerne brüsten sich damit, wie viel Kohlendioxid sie einsparen, und in Wahlkämpfen will jede Partei die grünste sein. Das Thema ist eigentlich durch. Man streitet nur noch darum, wie schnell, wie radikal und wie konsequent grüne Politik umgesetzt werden soll. Die Richtung stellt niemand mehr in Frage. Alle sind auf den Zug aufgesprungen. Nur Stewart Brand, Patrick Moore und ihre Freunde finden, dass der Zug schon eine Weile in die falsche Richtung fährt.

Doch der Zweifel nagt auch an den Frömmsten. »Häufig begegnet mir im Gespräch mit Funktionären der Umweltverbände große Zustimmung«, sagt Reichholf, »wenngleich hinter der vorgehaltenen Hand. Deshalb bin ich zuversichtlich, dass die notwendigen Änderungen und Anpassungen möglich sind und kommen werden. Man braucht einfach Zeit und Geduld.« Stewart Brand beschreibt es so: »Das ist wie bei Software. Zuerst ist der Prozess eher schleppend, und plötzlich geht alles ganz schnell.« Er könnte damit durchaus recht behalten. Denn auch in der Vergangenheit wurden zunächst verteufelte Techniken plötzlich stillschweigend akzeptiert. Über medizinische Gentechnik regt sich kein Grüner mehr auf, obwohl man einmal stolz darauf war, die gentechnische Herstellung von Insulin in Deutschland zu verhindern. Auch Mobiltelefone und das Internet gehören heute zum Alltag von Öko-Aktivisten. Wer erinnert sich noch daran, dass die erste grüne Bundestagsfraktion Computer noch kategorisch ablehnte?

Eine vom ideologischen Muff befreite, rationale Debatte über den Schutz der menschlichen Gesundheit und den Erhalt der Natur wäre ein Schritt in Richtung eines zukunftsfähigen Deutschlands. Aufgeklärte grüne Kritiker werden weiterhin gebraucht, denn es sind längst nicht alle Probleme erledigt, und aus der Lösung der alten entstehen neue.

Fazit: Wie alle Weltanschauungen hat auch das grüne Denken Abweichler und Dissidenten hervorgebracht. Es lohnt sich, ihnen zuzuhören. Denn vieles, was inzwischen falsch gelaufen ist, haben sie frühzeitig vorausgesagt. Offenheit für neue Gedanken wird dringend gebraucht.

Schulen zwischen Bildung und Propaganda

»Beim Himmel! Der weiß nicht, was er sündigt,
der den Staat zur Sittenschule machen will.«
Friedrich Hölderlin

Beim Aufräumen fiel uns kürzlich ein kleines Taschenbüchlein von 1989 in die Hände: »So soll die Welt nicht werden – Kinder schreiben über ihre Zukunft.« Einige damals prominente Weltdeuter kommentierten die Kinderaufsätze, darunter Gudrun Pausewang. Fast jeder aus der Generation der heute 35- bis 50-Jährigen kennt eine Pausewang-Geschichte und erinnert sich, wie er in der Schule mit Pausewang in Berührung kam. Die Werke der Lehrerin aus dem hessischen Schlitz gehörten in den Achtzigern zur Schulausstattung wie der Diercke-Weltatlas. Sie handeln vom kommenden Ost-West-Krieg, dem baldigen Atomtod, der verseuchten Umwelt und der Verelendung der Dritten Welt.

»Wir haben unsere Umwelt ja jetzt schon so gut wie vernichtet.« »Es wird sicher keine gute Zukunft geben.« »Nichts als Müll und Abgase.« Dieser Ton zieht sich 143 Seiten durch die Texte und Bilder unseres Büchleins. Die beklemmende Sammlung kindlicher Zukunftsangst stammt nicht etwa aus einer Ökopostille oder von grünen Aktivisten. Sie entstand durch einen Schreibwettbewerb der IG Metall. Man kann also davon ausgehen, dass die Beiträge nicht irgendwie grün gefiltert wurden, sondern einen realistischen Querschnitt kindlicher Weltwahrnehmung im Jahr 1989 darstellen: Das Resultat eines Jahrzehnts Pausewang'scher Erziehung. Zur Erinnerung: 1989 war das freudigste Jahr in der deutschen Geschichte! Und was erzählte man den Kindern: Die Welt geht unter.

Liebe Schüler von damals. Wir danken euch, dass ihr größtenteils völlig normal geworden seid. Dass ihr arbeitet, inzwischen Verantwortung trägt und Kinder in die Welt gesetzt habt – und oft bessere Laune habt als die Generation vor euch. Gegen all den Pessimismus, den man euch eintrichtern wollte. Ihr seid Helden. Wir haben diese kleine Danksagung mit Absicht an den Anfang dieses Bildungskapitels gesetzt, weil wir auch künftig auf die Renitenz junger Leute bauen. So viel zum Trost. Denn es ist erschreckend, wie Kinder und Jugendliche mehr denn je mit rabenschwarzer Öko-Ideologie infiltriert werden.

Zum Beispiel vom World Future Council (WFC). Dieser »Weltzukunftsrat« ist nach eigenem Bekunden ein internationales Forum aus 50 »angesehenen Visionären«, die diesen Verein gegründet haben, um »das Leben auf der Erde in seiner Vielfalt und Schönheit zu erhalten«. Und da sie sich als »Stimme künftiger Generationen« verstehen, veröffentlichen sie auf ihrer Internetseite unter anderem Kindergedichte. Eines davon ist uns besonders aufgefallen. Es ist, nachdem wir eine Kolumne darüber geschrieben hatten, inzwischen gelöscht worden. Der Text stammte angeblich von Ilker aus Schweinfurt, 14 Jahre alt und in der Klasse 7b. Das Gedicht hieß: »Unsere Erde«. Und die Reime lauten so: »Dieser Planet ist noch jung, doch kippt er uns bald um / dieser Planet stirbt in kurzer Zeit, denn er trägt ein Virenkleid / Dieser Virus, die Weltbevölkerung, bringt den Planeten um / Atombomben, Waldrodung und CO_2, wirkt bei ihm wie bei uns Blei / Wenn nicht bald das Armageddon naht, verbreitet sich der Mensch, die tödliche Saat.« Von selbst kommt ein Kind nicht auf solche Worte und Gedanken, meinen wir. Beides hat man ihm wohl beigebracht. Es hat mittlerweile schon Tradition, den Menschen als parasitären Störenfried oder Seuche anzuprangern. Zu den »angesehenen Visionären« gehören unter anderen Bianca Jagger und Vandana Shiva, Anti-Gentechnik-Agitatorin aus Indien.

Und was ist von Pädagogen zu halten, die Schulbücher mit derartigen Botschaften versehen? So werden Grundschüler in einem Rechtschreibheft (»Schreib richtig 4«, Westermann-Verlag) mit der Botschaft indoktriniert: »Die Luft ist nicht mehr so sauber wie zu

Zeiten unserer Großeltern, besonders in den Städten ist sie dreckig …« Wir fragen uns, was das soll. Warum schreitet kein Lehrer gegen diesen Unsinn ein. Müssen wir wirklich begründen, dass der Satz erwiesenermaßen falsch ist? Die Luft ist durch Umweltgesetze und neue Technologien seit den Sechzigerjahren des 20. Jahrhunderts immer sauberer geworden. Die Großeltern heutiger Kinder atmeten in ihrer Kindheit deutlich mehr Abgase aus Industrie, Autos und privaten Heizungen ein, in den Industrieregionen natürlich in stärkerem Maße als auf dem Land.

Im Übungsbuch »Einfach klasse in Deutsch« aus dem Dudenverlag steigt in einem Übungstext die Temperatur bis zum Jahr 2100 gleich um sechs (!) Grad, und es wird weiter mitgeteilt: »Wir können diese Entwicklung nicht mehr verhindern.« Wohin solch pädagogischer Furor führt, verraten Untersuchungen aus den USA und Großbritannien: Zwischen einem Drittel und der Hälfte aller Kinder glauben mittlerweile, dass die Erde nicht mehr existiert, wenn sie erwachsen sind.

In Großbritannien hat die Global Warming Policy Foundation eine Studie über die Beeinflussung des Schulunterrichts durch grüne Aktivisten und ihre Ideologien untersucht. Das Ergebnis war leider so niederschmetternd, dass sich selbst der ehemalige britische Erziehungsminister besorgt über die Beeinflussung der Schulen durch politischen Lobbyismus zeigte. »Schulen sollten nicht lehren, dass eine bestimmte Ideologie oder Weltsicht richtig ist – es verstößt sogar gegen unsere Gesetze, wenn sie dies tun«, ließ er ausrichten, »es ist unerlässlich, dass Materialien, die im Unterricht verwendet werden, auf wissenschaftlichen Fakten basieren und nicht auf Zielen von politischen Kampagnen.«

Eine entsprechende systematische Untersuchung für Deutschland gibt es nicht, es wäre aber höchste Zeit, angesichts der hier zitierten Beispiele, auf die wir nur zufällig stießen oder aufmerksam gemacht wurden. Während in britischen Regierungskreisen zumindest ein Restwiderstand gegen solche Tendenzen spürbar ist, machen deutsche Behörden und Ministerien an vorderster Linie dabei mit. Das aus dem Bundesumweltministerium stammende »Bildungsmaterial für Schüler und Schülerinnen ab der Jahrgangsstufe 3« soll junge Menschen Schritt für Schritt von einer akuten menschengemachten Klimakatastrophe überzeugen, um ihnen dann am Ende nur die Entscheidung zu überlassen, in welcher Weise sie die Welt retten oder dem Klima »helfen« wollen. Beispielsweise wird die Aufgabe formuliert: »Stell dir vor, du bist der Regierungschef. Was würdest du tun, woran muss man denken?« Und dann: »Entwickelt aus euren Überlegungen ein eigenes Kyoto-Protokoll für eure Klasse.«

Die ständige Aufforderung an junge Menschen, bei einer Sache mitzumachen und sich zu »engagieren«, ist eigentlich ein untrügliches Zeichen für totalitäre Systeme. Demokratien lassen ihre Bürger normalerweise mit Anpack- und Mitmachphrasen und -Appellen in Ruhe – die Kinder sowieso. Es wird jungen Menschen ein Notstand vermittelt, der weder Verzug noch Widerspruch duldet. Über die Gefahr als solche darf nicht mehr diskutiert werden, lediglich darüber, mit welchen Mitteln sie denn am besten abzuwenden sei. Wer da nicht mitmacht, hat das falsche Bewusstsein, wie einstmals jene, die am wissenschaftlichen Sozialismus Zweifel anmeldeten. Widerspruchs- und Erfindungsgeist kommen als Leitgedanken nicht vor. Wenn der Schüler fein aufgepasst hat, dann weiß er am Schluss, dass es besser ist, kalt zu duschen oder einen Pullover anzuziehen, statt die Heizung hochzudrehen. Sollten seine Eltern ihn mit dem Auto zur Schule bringen, dann muss er ein ganz schlechtes Gewissen haben. Überhaupt ist der Wohlstand, in dem der junge Mensch lebt, an allem schuld. Der Wunsch danach muss ihm folglich ausgetrieben werden.

Anlässlich des Umweltgipfels »Rio + 20« (Konferenz der Vereinten Nationen über nachhaltige Entwicklung) im Jahre 2012 wurde den Deutschen im öffentlich-rechtlichen Fernsehen nachdrücklich vorgeführt, wie bedenkenlos man Kinder für die vermeintlich gute Sache einspannt. In der Talkshow »Gottschalk live« hatte beispielsweise der damals 14-jährige Felix Finkbeiner, »Gründer« der Schülerinitiative Plant-for-the-Planet einen großen Auftritt. Felix, Sohn eines Funktionsträgers des Club of Rome, pflanzt Bäume, »weil die Erwachsenen so viel CO_2 in die Luft pusten«. Felix ist so eine Art Ökokinderstar, der sogar schon vor der UN-Vollversammlung sprechen durfte.

Nun ist Bäume pflanzen keine schlechte Sache, und doch hat dieser Fernsehauftritt, den jedermann bei Youtube anschauen kann, etwas Verstörendes. Wie eine aufgezogene Puppe rattert Felix seine einstudierten Botschaften herunter und gestikuliert dabei so gekonnt mit den Händen, als wäre er gerade einem Kurs für Berufspolitiker entsprungen. Nichts an diesem Auftritt ist kindlich. Dazu passt die Werbung für ein neues Buch für Erzieher und Lehrer, die uns aus dem Oekom-Verlag erreichte. Titel: »Wie wollen wir leben? Kinder philosophieren über Nachhaltigkeit«. Da die Mehrheit der deutschen Erwachsenen keinen Schimmer hat, was »Nachhaltigkeit« eigentlich ist, sollen jetzt stattdessen Kinder darüber philosophieren.

Anstatt Fragen zu stellen, sollen die Kinder den angeblichen Rettern des Planeten bedingungslos vertrauen. Erkenntnisse des UN-Klimarates sind sakrosankt und das Umweltbundesamt so unfehlbar wie der Vatikan. Motto: Andere denken für dich – und das ist auch besser so. Selbst die Kleinsten im Vorschulalter werden bereits eingestimmt, beispielsweise von der Firma Kosmos durch eine Experimentieranleitung mit dem vielsagenden Titel »Professor Ein-Os Experimentierbox KLIMA-KOLLAPS«.

In die gleiche Kerbe haut man mittlerweile in den Sea-Life-Aquarien. Dort wird Fünfjährigen Propagandamaterial der »Whale and Dolphin Conservation Society in die Hände gedrückt. Sie sollen sich als »Walfang-Detektive« und »Spione« verdingen und melden, ob und wo Mama, Papa, Opa oder Oma isländischen Fisch gekauft haben. Die Isländer, so wird suggeriert, sind nämlich fiese Walmörder. Eine sachliche Begründung für den subtilen Boykottaufruf gibt es mit keinem Wort. Was auch schwerfallen würde, denn in Island gibt es noch genau einen Walfänger, dessen Harpunenaktivitäten nicht den geringsten Einfluss auf die munter wachsenden Walbestände haben (siehe S. 143). Dies sind nur drei Beispiele von Hunderten, wie in Deutschland Kinder mittlerweile einer Art ökologistischen Gehirnwäsche unterzogen werden. Diese Art von Indoktrination ist das genaue Gegenteil von einer Erziehung zum selbstständigen und kritischen Denken. In George Orwells Roman »1984« hieß die Jugendorganisation übrigens ebenfalls »Spies« (Spione, Spitzel). Noch nicht einmal das bemerken die Verantwortlichen in ihrem Weltrettungsfuror.

Um so etwas einmal live zu erleben, besuchten wir eine Veranstaltung eines Gymnasiums in einem Vorort von München. Die Abiturklassen versammelten sich im Musiksaal. Während der regulären Schulzeit führten Aktivisten von Germanwatch ihre Roadshow »Klimaexpedition« vor. Germanwatch setzt sich nach eigenen Worten für eine »soziale und ökologische Gestaltung der Globalisierung« ein.

Martin, der bärtige Germanwatch-Frontmann mit Holzfällerhemd, spricht seine Zuhörer gerne mit »Leutchen« an und vermittelt den 17-Jährigen ihre Mitschuld am Klimafrevel, den er mit dem austrocknenden Tschadsee illustriert. Schuld an dessen Schrumpfen ist zwar in erster Linie die Ableitung von immer mehr Wasser für die Landwirtschaft an seinen Zuflüssen, aber dieser Hinweis wäre für Martins pädagogische Botschaft kontraproduktiv. Martin macht gerne Witzchen, spricht von »McDoofnald's«, fordert mehr Subventionen für Biolandwirte, warnt vor der Gentechnik und natürlich den Amerikanern. Die beiden anwesenden »Leutchen« von der Münchener-Rückversicherung fordert er auf, den Amis endlich die Prämien zu erhöhen. Die Versicherungsvertreter klopfen sich auf die Schenkel, schließlich bezahlen sie diese Form der Jugendbildung.

Es sind ja nicht nur staatliche Stellen oder Umweltaktivisten, die von grünen Pionieren träumen, auch der öko-industrielle Komplex will die Konsumenten von morgen nach seiner Fasson zurichten. Das geht von Versicherern, die mit Katastrophenszenarien auf erhöhte Prämien hinarbeiten, bis hin zu Glühbirnenherstellern, die auf das große Geschäft mit staatlich vorgeschriebenen Energiesparlampen setzen. Als ein Beispiel von vielen sei hier die »s'cooltour« genannt, eine Initiative der von den Lampenherstellern gegründeten Lightcycle Retourlogistik und Service GmbH, München, mit der Schüler ab der dritten Klasse malträtiert werden dürfen. Die zuständige Bundesbildungsministerin fungierte als Schirmherrin und lobte: »Fachlich fundiert, altersgerecht und pädagogisch reflektiert mobilisiert die ›s'cooltour‹ Entdeckergeist und Kreativität und befördert den verantwortungsvollen Umgang mit unseren Lebensgrundlagen.« Und das sieht laut Beschreibung in der Praxis dann so aus: »Die Kinder dürfen weiße Forscherkittel anziehen und starten mit den drei Wissenschaftlern des Klimamobil-Teams in die Erdumlaufbahn. Doch plötzlich geht der Alarm im Raumschiff Klassenzimmer los. ›Die Erde hat Fieber‹, leuchtete in großen roten Buchstaben die Warnung auf dem ›Bordcomputer‹. Anhand eines beleuchteten Globus wird die Klimaerwärmung verdeutlicht. Die Farbe wechselt von ›Blau‹ für kalt bis zu ›Rot‹ für heiß.«

Der Ökopropaganda-Film »Eine unbequeme Wahrheit« (»An Inconvenient Truth«) von Al Gore ist inzwischen einer ganzen Reihe von Falschdarstellungen überführt. Ein britisches Gericht untersagte sogar seine Vorführung in Schulen, wenn im Unterricht nicht auf diese Fehler hingewiesen werde. Beispielsweise kritisierte der Richter eine Passage, die vor einem möglichen Anstieg der Meeresspiegel um rund sechs Meter warnte – es sei verschwiegen worden, dass dieser Anstieg erst über lange Zeiträume zu erwarten sei. Auch hieß es im Film, dass bereits Einwohner von tiefliegenden Pazifikinseln nach Neuseeland geflüchtet seien – tatsächlich sei das nicht geschehen. Insgesamt zählte Richter Burton in seinem Urteil zahlreiche Stellen auf, an denen sich seiner Ansicht nach unkorrekte, spekulative oder übertriebene Formulierungen im Film finden.

Die deutsche Politik hielt das nicht davon ab, Schüler und junge Leute geradezu enthusiastisch dieser Katastrophenpropaganda auszusetzen. Und zwar quer durch alle Parteien. Der ehemalige Hamburger Oberbürgermeister Ole von Beust (CDU) bezahlte Schülern den Kinobesuch aus der Steuerkasse, der damalige Umweltminister und heutige Vizekanzler Siegmar Gabriel (SPD) kaufte gleich 6000 DVDs und ließ sie kostenlos an Schulen verteilen. Die Aktion Menschheitsrettung muss einfach »rein in die Birne«, wie Martin von Germanwatch zu sagen pflegt. Und dies funktioniert am besten mit ständiger Wiederholung, moralischer Aufladung und Schuldzuweisung: den typischen Elementen der klassischen Propaganda eben.

Es wäre für Mensch und Umwelt wirklich besser, diese Propaganda wieder durch Bildung zu ersetzen. Das mag folgendes Beispiel verdeutlichen. Das Aussterben von Tier- und Pflanzenarten ist beispielsweise kein Ökohype, sondern eine traurige und vielfach bewiesene Tatsache. Das Schlimmste daran ist: Aussterben lässt sich nicht rückgängig machen. Umwelttechnik kann die Luftverschmutzung abstellen und Flüsse sanieren – doch keine verlorene Art zurückholen.

Aber vielleicht vermisst ja auch keiner etwas, wenn Tiere oder Pflanzen verschwinden. Das legt zumindest eine Umfrage nahe, die Wissenschaftler der Hochschule für angewandte Wissenschaften Weihenstephan-Triesdorf 2008 mit dem Bayerischen Landesbund für Vogelschutz durchgeführt haben. Sie befragten 3228 bayerische Schüler aller Schulformen nach den zwölf häufigsten Vogelarten des Landes. Das Ergebnis stimmt nicht gerade öko-optimistisch. Den Buchfinken, die häufigste Vogelart Bayerns, die obendrein durch buntes Gefieder und prägnanten Gesang auffällt, kann nur jeder Zwanzigste identifizieren. Im Durchschnitt kennen die Kinder vier Vogelarten. Selbst der Spatz ist nur noch einem Drittel bekannt und acht Prozent können nicht einen einzigen Vogel richtig bestimmen.

Das Bild passt zu dem, was uns Wissenschaftler aus biologischen Forschungseinrichtungen berichten: Ihre Studenten verfügen in der Regel über mangelhafte Artenkenntnisse. Die Identifikation mancher Insekten in den naturkundlichen Sammlungen obliegt engagierten Laien, die sich die Kenntnisse autodidaktisch erworben haben. Leider sind diese Laien fast ausnahmslos im Rentenalter.

Wie kommt es, dass in einer Gesellschaft, die dauernd Öko-Alarm ruft und die die Natur zum Paradies verkitscht, sich kaum mehr jemand in der Natur auskennen mag? Wenn die Natur so etwas Schönes ist, wie alle behaupten, warum interessiert sich niemand für sie? Die Weihenstephaner Wissenschaftler sagen, dass das praktische Naturwissen früher hauptsächlich vom Großvater auf die Enkel übertragen wurde – was heute immer seltener stattfindet. Die Schulen schließen diese Wissenslücke nicht. Im Gegenteil: Die Biologie – von der alle sagen, sie sei die Leitwissenschaft des 21. Jahrhunderts – führt ein Schattendasein. Bayerische Realschüler der sechsten Klasse bekommen nur eine Stunde Biologie pro Woche. Für die heimischen Vögel kann der Lehrer nicht mehr als ein bis zwei Stunden im Jahr verwenden.

Wir glauben, noch zwei weitere Gründe zu kennen: Übertriebene Naturschutzbestimmungen verbieten den sinnlichen Zugang, der die Aufmerksamkeit nicht nur von Kindern am besten weckt und uns Menschen emotional mit der Natur verbindet. Es ist heute verboten, Kaulquappen zu fangen, um ihre Wandlung zum Frosch zu Hause zu beobachten. Auch tragen die Umweltverbände selbst eine Mitschuld: Vor lauter Apokalypse haben sie vergessen, den Menschen die Natur nahezubringen. Vielleicht wollen sie es aber auch gar nicht.

»Bios« ist das griechische Wort für Leben. Die Kunde vom Leben heißt Biologie. Nachdem im 20. Jahrhundert Physik und Chemie die Welt verändert haben, durchdringt der Mensch nun Schritt für Schritt die Textur des Lebendigen. Der gemeinsame genetische Code aller Organismen wird immer weiter entschlüsselt. Die Vielfalt und Vielgestaltigkeit der Organismen fasziniert Forscher und Laien. Neue Möglichkeiten, das Erbgut von Nahrungspflanzen zu verbessern, erleichtern die Landwirtschaft. Technische Eingriffe in die menschliche Fortpflanzung werfen ungeahnte Möglichkeiten, aber auch ungeahnte ethische Fragen auf.

All dies, sollte man meinen, müsste auch in Schulen vermittelt und erklärt werden. Doch es gibt Menschen, die das für unnötig halten. Leider sitzen diese Wissensverächter in Kultusministerien oder stehen ihnen sogar vor. So hielt die rot-grüne Regierung Niedersachsens im Koalitionsvertrag fest: »Das Projekt Hannover-GEN wird beendet.« Labore, die den Schulen die Möglichkeit gaben, praktische Einblicke in die Pflanzengenetik zu vermitteln, waren nicht mehr gewünscht. Der Protest vieler Schüler nützte nichts.

Baden-Württembergs grün-rote Regierung geht einen Schritt weiter und möchte den Biologie-Unterricht ganz abschaffen. Das Fach soll in einem Gemischtwarenladen namens »Naturphänomene und Technik« aufgehen. Bedeutsame Themen wie Pränataldiagnostik oder Klonen kommen dann im Lehrplan nicht mehr vor. Es ist sicherlich kein Zufall, dass ausgerechnet Regierungen mit grüner Beteiligung die Wissenschaft vom Leben zurechtstutzen wollen. Schließlich ist es fester Bestandteil des grünen Kanons, gegen alles zu sein, was irgendwie mit Genforschung oder gar mit Gentechnik oder mit Reproduktionsmedizin zu tun hat.

Da bietet es sich an, von vornherein das Wissen darüber klein zu halten. Wer als Schüler nichts gelernt hat, stellt später vielleicht weniger Fragen und akzeptiert, ohne zu murren, alle Forschungs- und Anwendungsverbote. Was herauskommt, wenn man keine Ahnung, aber eine feste Überzeugung hat, sahen wir schon vor Jahren auf einer Anti-Gentechnik-Kundgebung in München. Demonstranten hielten dort ein Transparent hoch, auf dem stand: »Für das Leben! Gegen Gene!«

Als flankierende Maßnahme fehlt nur noch die gleichzeitige Abschaffung von Mathematik und Physik. Dafür spricht zumindest eine aktuelle Untersuchung der Yale-Universität. Professor Dan Kahan befragte mehrere Tausend Probanden nach ihrer Einstellung zum Klimawandel. Ergebnis: Diejenigen mit der besten naturwissenschaftlichen und mathematischen Ausbildung waren gegenüber der These von der gefährlichen Klimaerwärmung skeptischer als diejenigen mit schlechterer Ausbildung. Merke: Gute Bildung erzeugt Skepsis, aber die ist nicht erwünscht.

Aberglaube, Verschwörungstheorien und Hokuspokus sollte man

gnädig belächeln, solange sie Privatvergnügen bleiben: Homöopathie, Astrologie, Wünschelruten und Kreationismus faszinieren die Menschen in wachsender Zahl – und manchmal versetzt Glaube ja bekanntlich Berge. Wenn postmoderner Schamanismus allerdings die Hoheit über politische Entscheidungen gewinnt, dann sind wir auf dem Weg in ein anderes Universum. »Es war kein Zufall, dass die moderne Demokratie und die moderne Wissenschaft zur gleichen Zeit – in der historischen Epoche der Aufklärung – geboren wurden«, schreibt Lord Dick Taverne, Mitglied des britischen Oberhauses, in seinem Buch »Der Siegeszug der Irrationalität« (»The March of Unreason: Science, Democracy, and the New Fundamentalism«), und er fügt hinzu: »Der gegenwärtige Trend, uns von den Werten der Aufklärung zu distanzieren, wird unsere Gesellschaft nicht zivilisierter machen.«

Die Aufklärung brachte den Sieg über Hexenverfolgung, Aberglauben und religiöse Dogmen, wir verdanken ihr zu einem großen Teil unseren Wohlstand und den Fortschritt der Zivilisation. Eine Gesellschaft, die ihre Achtung vor wissenschaftlichen Beweisen verliert und Aberglaube als gleichwertig betrachtet, läuft Gefahr, jedem Scharlatan hinterherzulaufen.

Zu dieser Entwicklung passt die sich ausbreitende Esoterik, die mittlerweile viele Regale deutscher Buchhandlungen erobert hat. Doch leider nicht nur die. An der Universität Kassel (Standort Witzenhausen) gibt es ein »Fachgebiet Biologisch-dynamische Landwirtschaft«. Hinter dem Begriff steht nichts anderes als das esoterisch-okkulte Weltbild des Anthroposophen Rudolf Steiner. Folgerichtig widmen sich die Beteiligten den astralischen Kräften des Rindermistes und den Vorzügen bei Mondschein im Acker vergrabene Kuhhörner.

Die Internetseite »psiram.com« listet Dutzende Universitäten in Deutschland, Österreich und der Schweiz auf, an denen Wünschelrutengänger, Homöopathen, Anthroposophen und Anhänger diverser asiatischer Aberglauben auf die Studenten losgelassen werden. Gelehrt werden beispielsweise Feng Shui, Ätherwissenschaften und

Bachblütentherapie. Das Geld dafür kommt von reichen Stiftern, wie der Alnatura Produktions- und Handels GmbH, der Homöopathiefirma Heel, die Stefan Quandt, einem der reichsten Männer Deutschlands, gehört, oder der Karl-und–Veronica-Carstens-Stiftung, gegründet vom früheren Bundespräsidenten.

Die Frage, ob etwas faktisch ist oder nur fantasiert, ob etwas wahr ist oder unwahr, interessiert nur noch ein paar Aufklärungsnostalgiker. Und das nicht nur an geisteswissenschaftlichen Fakultäten, seit die Epigonen des Poststrukturalismus den kritischen Verstand zu Grabe getragen haben. Einst fragten TV-Reporter: »Was denken Sie über …?« Heute lautet die meistgestellte Frage: »Wie haben Sie sich dabei gefühlt?« Argumente interessieren nicht, alle Aufmerksamkeit bekommt der mit dem betroffensten Gesichtsausdruck.

Sogar Gesetze werden inzwischen damit begründet, dass irgendwer Angst vor irgendetwas hat – ob diese Angst berechtigt ist, stellt kein Kriterium mehr dar. »Auch gefühlte Risiken erfordern staatliches Handeln«, überschrieb das Bundesinstitut für Risikobewertung eine Presseerklärung zu einer Expertentagung aus Anlass seines fünfjährigen Bestehens. Diese amtliche Mitteilung konzentriert den Zeitgeist in wenigen Zeilen, besser kann man nicht demonstrieren, wie weit sich Teile der westlichen Gesellschaften von der Aufklärung entfernt haben: »Auch wenn aus wissenschaftlicher Sicht ein gesundheitliches Risiko bei Lebensmitteln oder Produkten klein ist, kann der Staat zum Handeln gezwungen sein, wenn das Risiko in der Öffentlichkeit als groß empfunden wird.«

Als Beispiel führt das Bundesinstitut die Furcht vor Pestiziden auf: »So ist beispielsweise das gefühlte Risiko bei Rückständen von Pestiziden in Lebensmitteln bei deutschen Verbrauchern groß. Selbst wenn gesetzliche Rückstandshöchstmengen eingehalten werden, befürchten viele Menschen gesundheitliche Schäden, wenn sie solche Lebensmittel verzehren. Aus wissenschaftlicher Sicht ist hingegen selbst bei sporadischen Überschreitungen der Höchstmenge kein gesundheitliches Risiko erkennbar. Wird dagegen auf bestimmte Pflanzenschutzmittel wie zum Beispiel Fungizide beim Anbau von Getreide verzichtet, können durch Pilzbefall Schimmelpilzgifte ins Korn gelangen. Von diesen Pilzgiften ist bekannt, dass sie Krebs auslösen. Aus wissenschaftlicher Sicht sind daher Getreideprodukte aus pestizidfreiem Anbau wegen der möglichen Belastung mit diesen Giften keineswegs frei von gesundheitlichen Risiken. Viele Verbraucher empfinden sie aber dennoch als sicher.« Im Klartext: Gespritztes Getreide ist sicherer als ungespritztes – aber die Menschen fühlen andersrum, und das muss man eben hinnehmen und sich anpassen.

»Dialoge Zukunft – Visionen 2050« heißt ein Buch, das von Bundeskanzlerin Angela Merkel, die ja Naturwissenschaftlerin ist, überschwänglich gelobt wurde. Herausgegeben wurde es vom »Rat für nachhaltige Entwicklung«. Wir haben uns das 200 Seiten starke Buch gleich besorgt. Der Rat will sich darin »engagiert und kritisch auf eine mentale Reise in die Zukunft begeben« und tritt zu diesem Zweck in Kontakt mit 82 Jugendlichen (bis 27 Jahre), die von der deutschen Nachhaltigkeitselite dafür ausgesucht wurden. Dies geschah im Rahmen einer »Stakeholderkonferenz« mittels eines »Backcastings«. Die jungen Menschen warfen dabei aus dem Jahre 2050 einen Blick auf heute. Bevor sie dann mit Vertretern der Ministerien und des Bundeskanzleramtes diskutierten, wurden sie einem »Debriefing« unterzogen und »zurück in die Gegenwart versetzt«. Im Dialog beherzigte man die Methode »Kugellager – einen Stuhlkreis innen, einen Stuhlkreis außen«. Zusätzlich verständigten sich die Teilnehmer in »Murmelgruppen«.

Dabei kam eine Liste von 42 Begriffen heraus, die im Jahre 2050 nicht mehr verwendet werden. Vorbei ist es beispielsweise mit dem »Frontalunterricht – eine Unterrichtsform, in der Lehrer/ınnen fur Wissensvermittlung allein verantwortlich sind und dieses als Fakten vermitteln«. Der Grund: »Hat sich nicht als nützlich herausgestellt. Die Schüler können nicht problemlösend denken und innovative Dinge finden.« Auch mit der »Gewinnmaximierung« ist es endgültig vorbei, sie wird ersatzlos gestrichen und durch »Sinnmaximierung« ersetzt. Die Zigarette existiert nicht einmal mehr als Wort. Grund: »Komplettes Rauchverbot«. Der Begriff »Nachhaltigkeit« wird übrigens ebenfalls gestrichen. Grund: »Er wurde von Menschen/Gesellschaft, Politik und Welt verinnerlicht und verstanden.«

Am Schluss zum Trost: Es gibt junge Menschen, die das nicht verinnerlicht und etwas anderes verstanden haben. Zum Beispiel Max Paul Cimino, der 2014 am Rosa-Luxemburg-Gymnasium in Berlin-Pankow sein Abitur gemacht hat. Max hatte sich für die mündliche Prüfung in Sozialkunde und Geografie das Thema »Wie unabhängig ist die Klimaforschung?« vorgenommen. Er hat uns erlaubt, ein wenig aus seinem Prüfungsvortrag zu zitieren:

»Das Thema faszinierte mich sofort, schlichtweg, weil es unsere Zukunft auf der Erde bestimmt, und ich mehr darüber wissen wollte, als der Lehrplan es ermöglichte. Ich fing an zu Hause zu recherchieren, und was ich herausfand, widersprach teilweise dem Gelernten …« Wir wollen nun nicht noch einmal in Max' Worten wiederholen, was wir so ähnlich in diesem Buch zum Thema Klimawandel geschrieben haben. Neugierig geworden, haben wir Max in Berlin getroffen und einen jungen Mann erlebt, der anhand dieses Themas entdeckt hat, wie viel Spaß es machen kann, seinen eigenen Verstand auszuprobieren und nicht so ohne Weiteres zu akzeptieren, was einem vorgesetzt wird. Max hat durch seine Beschäftigung mit dem Thema Klima gleichsam die Struktur hinter solchen Prozessen durchschaut und fängt an, sie auch auf andere Lebensbereiche zu übertragen. Es ist somit genau das geschehen, was das humanistische Bildungsideal anstrebt.

In der Prüfung und sogar noch danach stellten seine Lehrer eine Menge Fragen – und zwar aus echtem Interesse. »Manches wussten die auch nicht«, erinnert sich Max. Was uns nicht nur für den jungen Mann besonders freut und uns trotz allem optimistisch stimmt: Die prüfenden Lehrer gaben ihm für seine Arbeit die maximale Punktzahl, auf der traditionellen Notenskala ist das eine Eins plus.

Fazit: Bildung sollte den Umweltschutz vom Mehltau des Ökologismus befreien. Was im Moment an Schulen, Bildungseinrichtungen und in den Medien stattfindet, macht Kindern und Erwachsenen Angst und ein schlechtes Gewissen. Es engt ihren Horizont oft ein, anstatt ihn zu erweitern.

Selbsthilfelektionen: Grünes Denken, aber richtig

»Die untereinander meinungskonformen Intellektuellen sind die Obergescheiten, und das dissidente Volk die Unterdummen.«
Günther Nenning

Lektion 1: Das Internet beseitigt Meinungsmonopole
Das Internet ermöglicht es, mit Menschen vor Ort in Kontakt zu treten. Das ist die beste Umweltbildung, die man sich denken kann. Praktiker des Umwelt- und Naturschutzes, die in Afrika, Asien oder auch im tiefen Westerwald arbeiten, bilden mit ihrer oftmals zupackenden und lösungsorientierten Art einen wohltuenden Ausgleich zu den Ökologisten aus den Kampagnenbüros der Großstädte. Auch wer eine in den Medien zitierte wissenschaftliche Studie als Original im Internet konsultiert, stellt oft erstaunt fest, wie selektiv und mitunter mutwillig verfälschend berichtet wird. Ergo: Es war noch nie so leicht wie heute, sich eine eigene Meinung zu bilden.

Lektion 2: Gehen Sie raus und trauen Sie Ihren Augen
Das Allensbacher Institut für Demoskopie befragt die Deutschen immer wieder nach ihrer Meinung zum Zustand der Umwelt. Die Situation vor der eigenen Haustür wird dabei in der Regel positiver beurteilt, als wenn nach der Situation im ganzen Land gefragt wird. Die Demoskopen führen das darauf zurück, dass man bei der Einschätzung der Gesamtlage viel mehr auf die Medien angewiesen ist als bei der lokalen Einschätzung. Und in den Medien überwiegen negative Meldungen. Das führt zu dem offensichtlichen Widerspruch, dass die Lage zwar in allen Regionen Deutschlands von den jeweiligen Bewohnern relativ gut eingeschätzt wird, die Lage im ganzen Land aber eher negativ gesehen wird. Wenn vor der Haustür die Sonne scheint, aber das Fernsehen sagt, über-

all in Deutschland regne es, neigt der Bürger dazu zu glauben, bei ihm gebe es lediglich eine Wolkenlücke. Machen Sie sich deshalb ein eigenes Bild, wann immer sie die Gelegenheit dazu haben. Besuchen und befragen Sie Praktiker in Umweltfragen, nutzen sie Tage der offenen Tür, egal ob beim Förster, beim Bauern, im Kraft- oder Wasserwerk.

Lektion 3: Misstrauen Sie den Bildern
Im Mediengeschehen sind es die Bilder, die uns am meisten manipulieren. Vom Borkenkäfer befallene Bäume müssen als Symbol fürs Waldsterben herhalten, die Wasserdampffahne eines Atomkraftwerks als Synonym für Luftverschmutzung. Hungernde im Südsudan, die Leidtragende verbrecherischer Diktaturen sind, werden als Opfer des Klimawandels gezeigt. Ein Bericht über das Artensterben wird mit Tieren wie Eisbär, Panda oder Gorilla bebildert, obwohl seit Mitte des 20. Jahrhunderts kaum noch große Säugetierarten verschwunden sind. Die große Aussterbewelle fand in der »guten alten Zeit« in den drei Jahrhunderten zuvor statt. Die Berechnungen beruhen in erster Linie auf Insektenarten, von denen nur vermutet wird, dass sie existieren. Noch schamloser manipuliert als in den Bildredaktionen und an den Computern der Medienmacher, deren Ziel »Emotionalisierung« ist, wird in den Kampagnenstäben von Greenpeace & Co.: Gasmaske und Schutzanzug in einem Feld mit gentechnisch verändertem Mais sind reine Volksverdummung. Nichts, aber auch gar nichts fliegt dort umher, wovor man sich schützen müsste. Eigentlich gehört eine neue »Bilderkunde« in den Schulunterricht – und nicht nur dorthin. Wir alle müssen lernen, Bilder richtig zu lesen und skeptisch in Frage zu stellen, denn Lobbyarbeit ist überall.

Lektion 4: Kritisches Bewusstsein heißt heute, Alarmisten zu erkennen
Viele Vertreter des grünen Establishments halten sich nach wie vor für Rebellen. Die Welt geht den Bach hinunter, lautet ihr Credo, der

sündige Mensch und der Kapitalismus sind schuld daran. Diesen Glauben lassen sie sich von niemandem nehmen und gut bezahlen. »Alles«, so kennzeichnet der Soziologe Gerhard Schulze diese Haltung, »ist problematisch, fragwürdig, relativ, kaputt und so weiter.« Kritik an ihrer Haltung können sie nur als affirmative Kritiklosigkeit empfinden, weil sie das kritische Bewusstsein für alle Zeiten gepachtet haben. Daueralarm ist so zum Politikersatz geworden. Ein solides Wissen über den Zustand unserer Umwelt und die ökologischen Zusammenhänge hat demgegenüber deeskalierende Wirkung. Eine in puncto Umwelt gebildete Gesellschaft weist den Alarmisten jenen Platz im Umweltdiskurs zu, der ihnen zusteht, und verhindert, dass sie sich in die Rolle von demokratisch nicht legitimierten Neben- oder Überregierungen aufschwingen.

Lektion 5: Relativieren ist keine Sünde, sondern eine Tugend
Wer verschiedene Risiken heute in Beziehung zueinander setzt, gilt als »Relativierer« und »Verharmloser«. »Relativieren« ist im öffentlichen Diskurs ein Schimpfwort. Dabei gehört es zu den Grundvoraussetzungen der menschlichen Existenz, Risiken zu erkennen, einzuordnen und gegeneinander abzuwägen. Jeder von uns relativiert ständig: Bin ich so krank, dass ich zum Arzt muss? Nehme ich ein bestimmtes Medikament – oder verzichte ich wegen der möglichen Nebenwirkungen? Setze ich einen Fahrradhelm auf? In der Berichterstattung der Medien fehlt diese selbstverständliche Abwägung oft.

Lektion 6: Nicht Ideologen, sondern Ingenieure retten die Welt
Wer macht sich besonders viel Gedanken um arme Menschen und bedrohte Umwelt? Den meisten fallen dazu Kirchentage, Band-Aid-Konzerte oder Aids-Galas ein. Vielleicht auch noch Greenpeace, Globalisierungsgegner oder Kapitalismuskritiker. Ein junger Mensch, der die Welt verbessern will, lernt: Sein Ziel lässt sich am besten als Popsänger, Ethikbeauftragter oder Politaktivist erreichen. Andere Möglichkeiten kommen in der öffentlichen Wahrnehmung kaum vor.

Ein wenig mehr Aufmerksamkeit und öffentliche Anerkennung für die unbekannten Menschenretter in den Labors und Forschungseinrichtungen dürfte es schon sein. Hunderte von Millionen Menschen wurden durch die Kreativität von Wissenschaftlern, Ingenieuren und Erfindern gerettet. Sie entwickelten moderne Medikamente und ertragreichere Pflanzensorten, aber auch zahlreiche Technologien, die die Umwelt entlasteten. Zerstörten beispielsweise Papierfabriken mit ihren Abwässern einst unsere Seen, so arbeiten sie heute mit geschlossenen Wasserkreisläufen.

Liegt diese Missachtung vielleicht daran, dass man dann Worte wie »Pharmaforschung« oder »Chemie« in den Mund nehmen müsste – und obendrein in einem positiven Zusammenhang? Die Vorstellung, wie die Welt verändert und verbessert werden kann, hat bei uns eine merkwürdige Schlagseite bekommen. Moralische Patentrezepte gelten allemal mehr als konkrete Verbesserungen durch Wissenschaft und Technik. Und so werden viele junge Leute, die sich in diesen Tagen für einen Beruf oder ein Studium entscheiden müssen, gar nicht bemerken, wie viele Herausforderungen in diesem Bereich auf sie warten. Und welche Chancen sie vergeben – auch die, anderen zu helfen, wenn sie technisch-naturwissenschaftliche Fächer verachten.

In einer Zeit der totalen Technikgläubigkeit war es nötig, die Dialektik des Fortschritts, seine dunklen Seiten, herauszuarbeiten. Jetzt, da nur noch das Problematische, das Negative, gesehen wird, ist es nötig, auf das Positive hinzuweisen.

Lektion 7: Bleiben Sie wissbegierig

Wer glaubt, schon alles zu wissen, stellt seine eigene Position nicht mehr in Frage, verzichtet auf eine der wesentlichen Tugenden des Menschen: Neugier ist nützlich für jeden, der lernen will. Wer neugierig ist, sucht über den Tellerrand hinaus und gibt sich mit den üblichen Erklärungen und Ansätzen der eigenen Gemeinde nicht zufrieden, sieht nach, was andere tun. Denn wo »Öko« drin ist, muss nicht »Öko« draufstehen. Fortschritte für die Umwelt ergeben sich immer wieder aus Entwicklungen, die ursprünglich andere Absichten hatten: beispielsweise aus der Weltraumfahrt oder der Informationstechnologie. Dank dieser Errungenschaften haben wir heute ein viel detaillierteres und genaueres Bild über den Zustand unserer Umwelt. Die Klimaforschung wäre ohne sie überhaupt nicht mehr denkbar. Wer solche Entwicklungen frühzeitig entdeckt und unterstützt, kommt schneller ans Ziel.

Lektion 8: Fragen Sie nach der Kausalkette
Nehmen wir mal ein paar einfache Behauptungen: »Weniger Fleisch essen, rettet das Klima.« Oder: »Ökostrom macht uns unabhängiger von Energie-Importen.« Oder: »Wasser sparen ist gut für die Umwelt.« Fordern Sie ihr Gegenüber auf, die Kausalkette hinter solchen Behauptungen ganz genau und Schritt für Schritt aufzuführen. Sie werden feststellen, dass fast alle die Grundlage ihrer Behauptung nicht wirklich herleiten können. Danach diskutiert es sich viel unvoreingenommener. Überprüfen Sie in dieser Weise auch, was Sie selbst glauben, ganz genau zu wissen, weil es ja jeder weiß.

Lektion 9: Keine Angst vor Widerspruch
Vielfalt und Unabhängigkeit sind die besten Voraussetzungen für Gruppen, um zu guten Ergebnissen zu gelangen. Homogenität ist die Pest. Wenn Entscheidungsträger mentalitäts- und weltanschauungsmäßig einander zu ähnlich sind, werden sie leicht Opfer des Gruppendenkens. Weil Informationen, die konventionelle Weisheit in Frage stellen könnten, von vornherein ausgeschlossen oder als offenkundig falsch abgetan werden. In solchen Gruppen verfestigt sich Bunkermentalität, die häufig zu vollkommen falschen Einschätzungen der tatsächlichen Lage führt. Denken wir nur an Honecker und seine Truppe in den Wochen vor dem Mauerfall. Je abhängiger Menschen von anderen oder deren Informationen sind, desto höher ist das Risiko, dass sie gemeinsam Fehler begehen. Intelligente Gruppen bestehen aus Menschen mit unterschiedlichen Perspektiven, die unabhängig voneinander sind. Ohne Erkenntnisvielfalt

geht es schief. Es wird deshalb Zeit, gegen die verbreitete ökologische »Correctness« aufzubegehren. Wirkliche Umweltbildung heißt heute: Bildungsungehorsam.

Lektion 10: Vorsicht, Bewusstseinsbildung
Wenn es in Deutschland eine krisensichere Industrie gibt, dann ist es die Bewusstseinsbildungsindustrie. Das liegt ganz einfach daran, dass die Deutschen an sich praktisch auf allen Gebieten das falsche Bewusstsein haben. Sie essen Schokolade statt Biokarotten, sie finden die globale Erwärmung ganz angenehm, sie sehen gerne Elefanten im Zoo oder gar in der Zirkusmanege, sie fahren mit dem Auto statt mit dem Fahrrad. Grande Catastrophe!

Deshalb muss dringend neues Bewusstsein produziert werden. Konsumbewusstsein, Integrationsbewusstsein, Sicherheitsbewusstsein, Gesundheitsbewusstsein, Vorsorgebewusstsein, Klimabewusstsein. Schulen, Universitäten, Stiftungen und allerlei sonstige öffentlich geförderte Einrichtungen stürzen sich mit großem Eifer auf diese Jahrhundertaufgabe. Hunderte von Kampagnen, Seminaren und Lehrveranstaltungen dienen einzig und allein dem Zweck, uns mit dem gewünschten Bewusstsein auszustatten. Dabei wird »kritisch reflektiert«, »aufgeklärt« und »sensibilisiert« und es werden unablässig »Impulse« gegeben.

Bei der Bewusstseinsbildung muss man nichts lernen außer eine Einstellung, ein Glaubensbekenntnis. Merke: Bewusstseinsbildung ist das Gegenteil von Bildung.

Lektion 11: Gehen Sie mal wieder in die Kirche
Die Kirche ist der richtige Ort, um bei einem Gottesdienst den Unterschied zwischen Glauben und Wissen zu rekapitulieren. Wer aufmerksam zuhört, wird viele Parallelen zur Umwelt- und Klimadiskussion entdecken. Vom sündigen Tun über das Fegefeuer bis hin zu Bußritualen. Die Suche nach Sinnstiftung und die Antwort auf letzte Fragen sind in der Kirche gut aufgehoben.

Nachwort

Warum die grüne Bewegung den Resetknopf drücken muss

»Nichts ist ewig, weder in der Natur noch im Menschenleben, ewig ist nur der Wechsel, die Veränderung.«
August Bebel

Ehrlich gesagt waren wir, nachdem wir das fertige Manuskript dieses Buches zum ersten Mal in einem Rutsch durchgelesen hatte, selbst etwas erschrocken. Ist unsere Sicht auf 50 Jahre grünes Denken nicht viel zu kritisch ausgefallen? Müsste man nicht die zahlreichen praktischen Erfolge im Umweltschutz in den Vordergrund stellen? Allerdings haben wir das, angefangen mit unserem Bestseller »Öko-Optimismus« aus dem Jahre 1996, immer wieder getan. Doch das wurde uns ziemlich übel genommen: Man warf uns Verharmlosung und Relativierung vor. Die Hüter der reinen Lehre wollten keine gute Nachrichten über saubere Flüsse, bessere Luft und weniger Gesundheitsbelastungen. Das war in ihren Augen volkspädagogisch kontraproduktiv. Sie fürchteten, die Deutschen könnten in ihrem Elan nachlassen, die Umwelt zu retten. Das wird im Grunde heute noch so gesehen, mit dem Unterschied aber, dass immer abstraktere Ereignisse herhalten müssen, um die Öko-Apokalypse zu beschwören. Ging es seinerzeit noch ganz konkret um chemisch verseuchte Gewässer, sauren Regen oder Blei in der Muttermilch, so wird heute eine – mögliche – Klimakatastrophe in vielleicht 100 oder 1000 Jahren als zentrale Menschheitsbedrohung angeführt.

Neue Gesetze, engagierte Bürger, eine kooperative Industrie und findige Techniker und Ingenieure haben die Umweltbelastungen in der westlichen Welt auf den meisten Gebieten drastisch gesenkt. Das alles ist mess- und nachweisbar. Genau wie die Erholung der

Natur und ihr großflächiger Schutz, etwa in Nationalparks. Doch seit einiger Zeit geschieht etwas Merkwürdiges: Um angeblich in ferner Zukunft drohende Katastrophen abzuwenden, werden die praktisch errungenen Erfolge des Umweltschutzes wieder zurückgedreht – oder gar zunichte gemacht. In diesem Buch haben Sie zahlreiche Beispiele dafür gelesen. Wenn die Bürger gezwungen werden, quecksilberhaltige Birnen in ihre Lampen zu schrauben, wenn Windräder Biosphärenreservate bedrohen, wenn grüne Gesetze eine Umverteilung von arm zu reich bewirken oder Regenwald heute gerodet wird, um ihn morgen vor einer Klimaerwärmung zu retten, dann ist irgendetwas gründlich schiefgelaufen.

Wir gestehen, die Entstehung dieses Buches ist ein wenig so verlaufen wie ein Arztbesuch: Da fragt man in der Regel auch nicht danach, wie gesund man ist, sondern ob man krank ist. Und ja, wir sind der Meinung, dass vieles, was heute im Namen des grünen Denkens veranstaltet wird, Mensch und Natur schadet. Wer ein offenes Ohr hat, mit vielen Menschen spricht und nicht nur auf die Übermittlung der Realität durchs Fernsehen vertraut, weiß, dass nicht nur wir das empfinden.

Das Murren gegen Windrad-verspargelte Landschaften und Ökogängeleien wird selbst in einst grünen Kreisen immer lauter. Rituell wiederkehrende Katastrophenandrohungen werden mittlerweile so ernst genommen wie jene netten und beseelten Menschen, die in der Fußgängerzone eine Ausgabe des »Wachturm« hochhalten. Steigende Belastungen durch allerhand Ökoauflagen fördern den Verdruss. Glühbirnen- und Duschkopfverbote nerven. Die grüne Idee wird von ihren Sachverwaltern ad absurdum geführt.

In der Wissenschaft wird von »Kippeffekten« gesprochen, wenn Systeme plötzlich ihren Zustand verändern. Jeder kennt das von einer Suppe, die sauer wird und »umkippt«. Es geht sehr schnell, so wie bei einem Lineal, das man über den Tischrand schiebt. Seine Lage bleibt erstaunlich lange stabil. So etwas Ähnliches kann man mitunter auch beim Zeitgeist beobachten. Nachdem die Zustimmung zu grünen Ideen in diesem Land bislang beinahe konsensual war, bricht diese Einigkeit jetzt auseinander. Am deutlichsten ist das bei der Windkraftopposition, wo sich nach und nach so etwas wie eine neue Bürgerbewegung formiert.

Die Führungskräfte des öko-industriellen Komplexes sehen sich selbst gern auf Seiten der Entrechteten und Enterbten. Doch da stehen sie schon lange nicht mehr. Ganz im Gegenteil, denn sie haben eine unsoziale Umverteilung von unten nach oben eingeleitet. Der verdeckte grüne Verteilungskampf kennt vor allem einen Sieger: die privilegierten Schichten, die ihr Ökowohlgefühl von denen finanzieren lassen, die sich weder Biokost noch eine Hybridlimousine leisten können.

Wäre es nicht allmählich fällig, ehrlich darum zu streiten, wie wir in Zukunft die Natur schützen und den Menschen ein gutes Leben ermöglichen wollen? Wäre es nicht an der Zeit für eine Neujustierung dessen, was Umweltschutz für unsere Gesellschaft eigentlich bedeutet? Wie sehen intelligente ökologische Lösungen in der sich ständig verändernden, verstädterten, technikgetriebenen Welt des 21. Jahrhunderts aus? Grün sein im 21. Jahrhundert bedeutet für uns, den Menschen und seine Umwelt wieder zum Maß der Dinge zu machen.

Anhang

Eine Zeitreise durchs Grüne

> »Im Leben gibt es zwei Tragödien.
> Die eine ist die Nichterfüllung eines Herzenswunsches.
> Die andere seine Erfüllung.«
> *George Bernard Shaw*

Der Blick zurück macht deutlich, wie aus zarten Gedankenblüten und berechtigter Kritik an den Schattenseiten der Industriegesellschaft eine Weltanschauung entstand. Wir haben eine subjektive Auswahl von Ereignissen getroffen, wobei uns nicht so sehr die konkreten ökologischen Folgen interessiert haben, sondern die Wirkung auf das Bewusstsein, speziell in Deutschland. Zum Beispiel gab es Tankerunglücke, Industrieunfälle und nukleare Verseuchungen, die weitaus schlimmer waren als die, die in der Öffentlichkeit zu großen Themen wurden. Welche Vorkommnisse, Ideen und Mythen haben dazu geführt, dass grünes Denken zum Zeitgeist der Gegenwart geworden ist?

Die Vorgeschichte

1336
Ideale Natur. Der Dichter Francesco Petrarca besteigt den Mont Ventoux in Südfrankreich. Seine ästhetische Beschreibung wird als Schlüsselmoment an der Schwelle vom Mittelalter zur Neuzeit angesehen. Jahrhunderte vor der deutschen Romantik beschreibt Petrarca seine Gefühle beim Betrachten der Landschaft. Frühere Beschreibungen waren viel stärker am Nutzwert orientiert, ästhetische Aspekte spielten nur eine untergeordnete Rolle.

1690
Letzter Bericht über die Sichtung eines lebenden Dodos auf Mauritius. Die truthahngroßen, mit den Tauben verwandten Vögel – auf Deutsch auch »Dronten« genannt – hatten mangels Feinden das Fliegen verlernt. So wurden sie zu einer leichten Beute für Seefahrer, die

sie in Massen erschlugen und als Proviant mitnahmen. Parallel dazu fraßen von Schiffen eingeschleppte Ratten und andere Tiere Eier und Küken der Dodos.

Zwischen dem 17. und 20. Jahrhundert wurden die meisten Tierarten ausgerottet. Es war die Zeit, als die Europäer andere Kontinente und Inseln für sich entdeckten und eroberten. Das World Conservation Monitoring Centre (UNEP-WCMC) kann für die vergangenen 400 Jahre das Verschwinden von 675 Tierarten nachweisen. Bekannte Arten, die von Menschen bis zum letzten Exemplar vernichtet wurden, sind neben dem Dodo die Wandertaube (1914), das Quagga-Zebra (1887), die Stellersche Seekuh (1768) und der Auerochse (1627).

1713

Die Erfindung der Nachhaltigkeit. »Silvicultura oeconomica«, das erste große Lehrbuch über Forstwirtschaft, von Hans Carl von Carlowitz erscheint. Erstmals wird darin der Begriff »Nachhaltigkeit« im Sinne eines verantwortungsbewussten Umgangs mit Wäldern verwendet. Auf einen einfachen Nenner gebracht bedeutet »Nachhaltigkeit« im Sinne des königlich-polnischen und kurfürstlich-sächsischen Kammer- und Bergrats von Carlowitz: Pflanze zwei Bäume, wenn du einen geerntet hast! Ein ebenso simples wie zeitlos richtiges Prinzip zur Bewirtschaftung natürlicher Ressourcen. Heute ist daraus jedoch ein vages Gesellschaftsmodell geworden, das gegen Wohlstand und Wachstum gerichtet ist. Mit dem vernünftigen ökonomischen Denken eines Hans Carl von Carlowitz hat dies nichts mehr gemein.

1722

Der Osterinsel-Mythos. Der Niederländer Jakob Roggeveen landet auf der Osterinsel im Südostpazifik. Mit an Bord ist der Deutsche Carl Friedrich Behrens, der ein Buch über die in Europa bis dahin unbekannte Insel schreibt. Später wird die Geschichte der polynesischen Ureinwohner zum weltbekannten Ökomenetekel. Angeblich zerstörten die Insulaner die ökologischen Grundlagen ihrer Kultur, indem sie zum Beispiel alle Wälder abholzten. Diese Theorie wird im 21. Jahrhundert durch das Buch »Kollaps« des amerikanischen Biologen Jared Diamond populär. Sie ist jedoch umstritten. Andere Experten sind der Ansicht, dass die Gesellschaft der Osterinsel durch die Rücksichtslosigkeit europäischer Kolonialisten zusammenbrach, die

die Menschen versklavten und ausbeuteten. Eingeschleppte Krankheiten führten zu tödlichen Epidemien und importierte Tiere zerstörten die endemische Natur.

1762
Der erste Grüne. Jean-Jacques Rousseaus Werk »Vom Gesellschaftsvertrag« erscheint. Der Philosoph beschreibt und idealisiert darin einen Naturzustand, in dem die Menschen angeblich einst lebten. Unverdorben von der Zivilisation seien sie friedlich und frei von Besitzstreben gewesen. Durch Rousseau wird die Vorstellung vom »edlen Wilden« populär, die bis ins 21. Jahrhundert wirkmächtig bleibt.

1798
Die Erfindung der Überbevölkerung. Der britische Geistliche und Ökonom Thomas Malthus veröffentlicht sein Essay »Das Bevölkerungsgesetz« (»On the Principle of Population«). Darin legte er sein sogenanntes »Bevölkerungsgesetz« dar, nach dem die Zahl der Menschen bei ungehinderter Fortpflanzung immer schneller steige als das zur Verfügung stehende Nahrungsangebot. Deshalb müsse es zu Hungersnöten kommen, damit sich die Zahl der Menschen wieder auf dem richtigen Maß einpendle. Obwohl seine Theorie schon im 19. Jahrhundert vom wirklichen Leben falsifiziert wurde, ist Malthus ideengeschichtlich bis heute einer der einflussreichsten Vordenker der grünen Bewegung. Bücher wie »Die Grenzen des Wachstums« und »Die Bevölkerungsbombe« waren nichts weiter als Fortschreibungen.

1802
Romantik. Das Romanfragment »Heinrich von Ofterdingen« des Dichters Novalis wird veröffentlicht. Darin taucht erstmals der Begriff »die blaue Blume« auf, der in der deutschen Romantik die mythische Bedeutung der Natur symbolisiert. Das Symbol wird von romantischen Künstlern immer wieder aufgegriffen. Im frühen 20. Jahrhundert heißt es in einem Lied der Jugendbewegung »Wandervögel«:
»Es blühet im Walde tief drinnen die blaue Blume fein,
die Blume zu gewinnen, ziehn wir in die Welt hinein.
Es rauschen die Bäume, es murmelt der Fluss,
und wer die blaue Blume finden will,
der muss ein Wandervogel sein.«

1854

Zurück zur Natur. Das Buch »Walden« von Henry David Thoreau erscheint, ein in den Vereinigten Staaten überaus einflussreicher Klassiker, der das einfache Leben in den Wäldern idealisiert. Auch in Deutschland erlangt Thoreaus Buch im letzten Drittel des 20. Jahrhunderts Kultstatus unter Aussteigern und Ökobewegten.

1859

In Titusville, Pennsylvania, unternimmt Edwin L. Drake die erste kommerzielle Ölbohrung der Geschichte. Einige Jahre später beginnt der Ölboom. Öl wird bis ins 21. Jahrhundert zum wichtigsten Rohstoff für Transport, Industrie und Energieversorgung. Durch den Erfolg des Erdöls sinkt die Bedeutung des Tieröls. Tran von Meeressäugetieren und Seevögeln war der Schmier- und Brennstoff der industriellen Revolution. Mit Tieröl brannten die Lampen in Europa und Nordamerika. Gewaltige Flotten durchkreuzten die Meere auf der Jagd nach Walen. Noch auf den entlegensten Inseln wurden Robben und Pinguine millionenfach erschlagen und zu Tran verkocht. Die Nutzbarmachung des Erdöls bewirkte wahrscheinlich, dass die großen Wale und andere als Rohstoff begehrte Meerestiere überlebt haben. Viele Arten standen zu Beginn des 20. Jahrhunderts kurz vor der Ausrottung. Für den Riesenalk, einen flugunfähigen Seevogel der Arktis, jedoch kam die Entdeckung des Edwin L. Drake zu spät. 1852 wurde der Letzte seiner Art auf einer kleinen Insel vor Island erschlagen.

1872

Schutzgebiete. Gründung des Yellowstone-Nationalparks, des ersten Nationalparks weltweit. Berichte von heißen Quellen und Geysiren veranlassten das Parlament in Washington, ein Gesetz zu erlassen, das die Natur im Gebiet des Yellowstone-Flusses vor Goldsuchern, Siedlern und Trappern schützen sollte. Im Jahr 2006 gab es nach Angaben der IUCN (International Union for Conservation of Nature) weltweit 6555 Nationalparks. Etwa zwölf Prozent der globalen Landfläche stehen mittlerweile unter Naturschutz. Während bis in die Sechzigerjahre die Zahl der Schutzgebiete nur sehr langsam anstieg, nahm sie im letzten Drittel des 20. Jahrhunderts mit dem Aufkommen des Ferntourismus rapide zu.

1899
Artenschutz NGO. Lina Hähnle gründet den Bund für Vogelschutz (später NABU). Ursprünglicher Anlass für die Initiative war die rücksichtslose Verfolgung von Reihern und anderen Vögeln, die zu Tausenden abgeschossen wurden, um die Nachfrage an Schmuckfedern für die damalige Damenhutmode zu befriedigen.

1904
Gründung des Bundes Heimatschutz, des ersten Naturschutzverbandes in Deutschland, der sich für die Bewahrung ganzer Landschaften einsetzte (und nicht nur der Vögel). Mentor war der Komponist Ernst Rudorff, der sich dagegen aussprach, dass Frauen und Juden den Gründungsaufruf unterzeichnen durften. Rudorffs Naturschutzmission war völkisch geprägt und richtete sich gleichermaßen gegen Kapitalismus und linken Internationalismus.

1906
Gründung der ersten deutschen Naturschutzbehörde, der Staatlichen Stelle für Naturdenkmalpflege in Danzig. Sie hatte die Aufgabe, sich um die Erforschung und den Schutz schöner Landschaften, seltener Pflanzen und Tiere zu kümmern.

1913
Erster Freideutscher Jugendtag. Einem Aufruf der sogenannten »Jugendbewegung« folgend, treffen sich die »Wandervögel« und verschiedene Lebensreformströmungen auf dem Hohen Meißner im osthessischen Bergland. Der damals populäre Philosoph Ludwig Klages schickt ein Grußwort mit dem Titel »Mensch und Erde«, das dort verlesen wird. Darin kritisiert er die Naturzerstörung der Industriegesellschaft: »Wo aber der Fortschrittsmensch die Herrschaft antrat, deren er sich rühmt, hat er ringsum Mord gesät und Grauen des Todes«, heißt es darin. Der Fortschritt gehe »unter den Vorwänden von ›Nutzen‹, ›wirtschaftlicher Entwicklung‹, ›Kultur‹ in Wahrheit auf Vernichtung des Lebens aus. Er trifft es in allen seinen Erscheinungsformen, rodet Wälder, streicht die Tiergeschlechter, löscht die ursprünglichen Völker aus, überklebt und verunstaltet mit dem Firnis der Gewerblichkeit die Landschaft und entwürdigt, was er von Lebewesen noch überlässt, gleich dem ›Schlachtvieh‹ zur bloßen Ware, zum vogelfreien Gegenstande eines schrankenlosen Beutehungers. In seinem Dienste

aber steht die gesamte Technik und in deren Dienste wieder die weitaus größte Domäne der Wissenschaft.« Klages ist glühender Antisemit und glaubt an die Überlegenheit einer germanischen Rasse.

1913
Gründung des »Bundes Naturschutz in Bayern«. In den Jahren 1958 bis 1963 leitete Erwin Seifert den Bund Naturschutz, der im »Dritten Reich« führender Nationalsozialist und »Reichslandschaftsanwalt« war. Hubert Weinzierl, der dem Verband von 1969 bis 2002 vorstand, war lange Zeit Deutschlands prominentester Naturschützer. 1975 gehörte Weinzierl zum Kreis der Gründer des Bundes für Umwelt und Naturschutz Deutschland (BUND), dessen bayerischer Ableger der Bund Naturschutz heute ist.

1921
Die Heide wird erhalten. Das Neandertal und Teile der Lüneburger Heide werden von der Regierung Preußens als erste Naturschutzgebiete des Reichs ausgewiesen. Im Jahr 2008 war die Zahl der Naturschutzgebiete in Deutschland auf 8413 angewachsen. 3,6 Prozent der Fläche untersteht damit dieser Schutzkategorie.

1924
Erfindung der Biolandwirtschaft. Rudolf Steiner hält auf Gut Koberwitz bei Breslau acht Vorträge über »Geisteswissenschaftliche Grundlagen zum Gedeihen der Landwirtschaft«. Steiners »Anthroposophie« ist eine Mischung aus Reinkarnationslehre, dem Glauben an Geisterwesen und daran, dass die Menschheitsentwicklung von Planetenzeitaltern abhängt. Viele Jünger in aller Welt folgen bis heute Steiners Eingebungen. In seinen Bemerkungen zur Landwirtschaft erklärte er mineralischen Dünger für wertlos, weil nur im Tierdung kosmische Kräfte walten. Durch den Mist wirke obendrein die Seele der Tiere. Die so erzeugten Lebensmittel seien durch diese Astralenergie wertvoller und gesünder. »Das Mondlicht entfaltet seine größte Wirkung«, schrieb er, »wenn es auf das Hinterteil eines Tieres scheint.« Er empfahl unter anderem Schafgarbe in eine Hirschblase zu stopfen und im Misthaufen zu vergraben, damit kosmische Kräfte in den Dung fahren. Die Steiner'sche Agrarlehre wird »biologisch-dynamisch« genannt. Die danach erzeugten Waren werden größtenteils unter der Marke »Demeter« verkauft.

1935
Reichsnaturschutzgesetz. Dem nationalsozialistischen Führerstaat gelang, was noch in der Weimarer Republik am Einfluss der Länder gescheitert war: ein einheitliches Naturschutzgesetz für Deutschland. In der Weimarer Republik hatte der Justitiar Benno Wolf den Entwurf für ein Reichsnaturschutzgesetzt formuliert. Weil er Jude war, wurde er 1933 aus der Staatlichen Stelle für Naturdenkmalpflege entlassen. Er starb später an den Haftbedingungen des Lagers Theresienstadt. Wolfs Entwurf wurde von Hans Klose fertiggestellt, der später als »Vater des Naturschutzgesetzes« galt. In der Präambel hieß es: »Heute wie einst ist die Natur in Wald und Feld des deutschen Volkes Sehnsucht, Freude und Erholung … Der um die Jahrhundertwende entstandenen ›Naturdenkmalpflege‹ konnten nur Teilerfolge beschieden sein, weil wesentliche politische und weltanschauliche Voraussetzungen fehlten; erst die Umgestaltung des deutschen Menschen schuf die Vorbedingungen für wirksamen Naturschutz.«

1945
Atombombenabwürfe auf Hiroshima und Nagasaki. Der Einsatz von Atombomben gegen Ende des Zweiten Weltkrieges und seine furchtbaren Folgen wurden weltweit zum Menetekel für die Gefahren nuklearer Verstrahlung. In den Fünfzigerjahren entstand, ausgehend von Großbritannien, eine internationale Protestbewegung gegen Atomwaffen. Später dann, in den Siebzigerjahren, richtete sich speziell in Deutschland und Österreich die Furcht vor Radioaktivität auch auf die friedliche Nutzung der Kernenergie. Diese war in den Fünfziger- und Sechzigerjahren noch von einer großen Mehrheit der Bevölkerung und über alle politischen Lager hinweg als billige Energie der Zukunft begrüßt worden.

Der Streit zwischen Gegnern und Befürwortern der Atomkraft geht im Grunde um die Frage, ob auch von geringen Strahlendosen schwere gesundheitliche Gefahren ausgehen oder ob Niedrigstrahlung – wie die Befürworter sagen – unbedenklich oder sogar gesundheitsfördernd ist. Die beiden Atombombenabwürfe taugen nicht als Beleg für die These von der gefährlichen Niedrigstrahlung. Fast alle Atombombenopfer verloren ihr Leben durch die Explosion, die Hitzewelle und die extrem hohe Strahlung direkt am Aufschlagsort.

1949

Ökophilosophie. Das Buch »A Sand County Almanac« von Aldo Leopold erscheint, das 30 Jahre später als Ökoklassiker angesehen wird. Heute gilt Leopold über die Vereinigten Staaten hinaus als ein geistiger Wegbereiter des modernen Naturschutzes, der die Bewahrung von Landschaften, Pflanzen und Wildtieren sowohl mit ökologischen als auch mit ethischen Überlegungen begründet.

1952

Im Dezember sterben Tausende Londoner durch Smog (das Wort ist eine sprachliche Verbindung der englischen Worte für Rauch und Nebel). Hauptquelle der extremen Luftverschmutzung ist der schwefeldioxidhaltige Qualm der Kohleheizungen. Der Smog ist so dicht, dass die Sicht nur noch 30 Zentimeter beträgt und sogar Fußgänger sich nicht mehr in den Straßen zurechtfinden. Wer sich im Freien aufhält, ist nach kurzer Zeit mit Ruß bedeckt.

1954

J. R. R. Tolkien veröffentlicht »Der Herr der Ringe«. International erfolgreich wird das Buch in den Sechziger- und Siebzigerjahren. Tolkiens Epos nimmt in literarischer Form die Sehnsüchte der modernen Wohlstandsgesellschaften vorweg. Viele Menschen, besonders die Wohlhabenden, träumen gern von einem Leben in der pastoralen Idylle der Hobbits, umgeben von Windmühlen und ländlicher Kleintechnologie. Fernab von Mordor, dem Spiegelbild der westlichen Industriegesellschaft, wo böse Magier die Natur herausfordern. In der deutschen Alternativbewegung der Achtzigerjahre war Tolkien neben Michael Endes »Momo« Pflichtlektüre.

1956

Clean Air Act. Als Folge der Smog-Katastrophe von 1952 beschließt die britische Regierung den »Clean Air Act«, ein Bündel von Maßnahmen zur Bekämpfung der Luftverschmutzung. Strenge Auflagen reduzieren die Zahl der offenen Kamine. Durch das Gesetz wird die Luft in London spürbar sauberer.

Anfänge der modernen Umweltbewegung

1959
Premiere von »Serengeti darf nicht sterben«. Bernhard Grzimeks Filmepos über die Tierwelt Ostafrikas erweckt in den Zuschauern Sehnsucht nach einer unberührten Wildnis, die unterzugehen droht. Ein Gefühl, das im folgenden halben Jahrhundert immer mehr Menschen erfasst. Es war einer der ersten Kinofilme, in denen wilde Tiere nicht als gefährliche Bestien, sondern als faszinierende, ästhetische und schützenswerte Lebewesen gezeigt wurden. Die Idee, Schutzgebiete einzurichten, erhält dadurch Aufwind.

1961
Willy Brandt macht Luftverschmutzung zum politischen Thema. Als Kanzlerkandidat der SPD fordert er im Wahlkampf gegen Adenauer: »Der Himmel über dem Ruhrgebiet muss wieder blau werden!« Im Wahlprogramm der SPD steht damals: »Erschreckende Untersuchungsergebnisse zeigen, dass im Zusammenhang mit der Verschmutzung von Luft und Wasser eine Zunahme von Leukämie, Krebs, Rachitis und Blutbildveränderungen sogar schon bei Kindern festzustellen ist. Es ist bestürzend, dass diese Gemeinschaftsaufgabe, bei der es um die Gesundheit von Millionen Menschen geht, bisher fast völlig vernachlässigt wurde.«

In einer Pressemitteilung des Umweltbundesamtes heißt es 2011, Brandts Vorstoß »… kann zu Recht als der Beginn umweltpolitischen Denkens in Deutschland gelten. Damit rückte Brandt – lange bevor es die Begriffe Umweltschutz oder Umweltpolitik gab – ein regionales und bis dahin vernachlässigtes Problem ins Blickfeld gesellschaftspolitischer Debatten. Er machte aufmerksam auf die Schattenseiten des deutschen Wirtschaftswunders.«

1961
Gründung des WWF. Die internationale Arten- und Naturschutzorganisation wurde von einer kleinen Gruppe aus Mitgliedern europäischer Königshäuser, Unternehmern, Konzernmanagern und Wissenschaftlern gegründet. Einige der Gründer waren passionierte Großwildjäger, die mit Sorge bemerkt hatten, dass die Wildbestände Ostafrikas immer weiter schrumpften. Die Abkürzung stand zunächst für World Wildlife Fund und wurde 1986 in World Wide Fund

for Nature umbenannt. Die Zweige in den Vereinigten Staaten und Kanada behielten den alten Namen bei. Seit damals verschieben sich auch die Aktivitäten. Durch die starke Konkurrenz, die Greenpeace für den WWF darstellt, weitete die Organisation ihre Tätigkeitsfelder immer mehr aus. So kommt es, dass der WWF inzwischen bei allen möglichen grünen Kampagnen mitmischt, zum Beispiel bei den Themen Klima, Atomenergie oder Pflanzengentechnik. Heute nimmt der WWF alljährlich eine halbe Milliarde Euro an Spendengeldern ein und beschäftigt etwa 4000 Mitarbeiter in 100 Ländern.

1962
Rachel Carsons Buch »**Der stumme Frühling**« erscheint und lenkt die Aufmerksamkeit auf die ökologischen Probleme mit Pestiziden, speziell des Insektengifts DDT. Durch Carson wird bekannt, dass einige Vogelarten sich nicht mehr vermehren, weil DDT ihre Eier schädigt. Die amerikanische Öffentlichkeit wird besonders dadurch alarmiert, dass unter den betroffenen Spezies auch der Weißkopfseeadler ist, das Wappentier der Vereinigten Staaten. Als Reaktion auf die von Carson entfachte Debatte wird DDT in vielen Staaten verboten und später international geächtet. Als Folge des Verbots steigt in tropischen Ländern die Zahl der Malariatoten drastisch an. Denn DDT wurde nicht nur gegen Schädlinge in der Landwirtschaft eingesetzt, sondern auch gegen die Mücken, die das Fieber übertragen.

1963
Clean Air Act in den USA. Die Regierung in Washington erlässt das erste bedeutende Umweltgesetz der Vereinigten Staaten, den »Clean Air Act« gegen die Luftverschmutzung. In späteren Jahren werden die Bestimmungen des Clean Air Act immer weiter verschärft.

1966
Rettet die Robben! Bernhard Grzimek zeigt im deutschen Fernsehen Szenen aus »Les Phoques« der kanadischen Filmproduktion Artek (gedreht 1964) und gibt damit das Startsignal für den internationalen Protest gegen die Robbenjagd an der kanadischen Ostküste. Grzimeks Sendung »Ein Platz für Tiere« ist im damaligen Fernsehen eine Institution, die Einschaltquoten von bis zu 75 Prozent erreicht. Seine Kampagne gegen das Töten der Jungrobben nimmt wichtige Elemente von Greenpeace-Kampagnen der Siebzigerjahre vorweg: emotiona-

le Berichterstattung, Schockbilder (gehäutete Kadaver auf blutigem Eis), die Möglichkeit für jeden Zuschauer zu protestieren (mit Postkarten an die kanadische Regierung) und die Kombination mit einer Spendensammlung. Obendrein sind die weißen »Robbenbabys« überaus niedlich und rühren die Herzen der Menschen. Die kanadische Regierung gerät international unter Druck und schickt Regierungsbeamte auf das Eis, die die Robbenjäger kontrollieren. Gesetzliche Bestimmungen für die Jagd werden in den kommenden Jahren immer weiter verschärft, die weißbepelzten Jungen der Sattelrobben dürfen gar nicht mehr getötet werden. Später stellt sich heraus, dass Bilder von der Häutung eines noch lebenden Tieres, die weltweit für Empörung sorgten, extra für ein Kamerateam inszeniert worden waren, das den Robbenjäger dafür bezahlte.

1966
Der Bund Naturschutz siedelt Biber in Bayern an. In Westdeutschland war das größte Nagetier Europas damals ausgestorben. Lediglich in der DDR existierten an Elbe und Mulde noch Restbestände. Die Rückbringung der Biber war ein voller Erfolg. Heute leben über 20 000 Biber in Deutschland. Einige puristische Naturschützer wollen die Nachfahren der in den Sechzigerjahren angesiedelten Biber jedoch wieder loswerden, da sie keine autochthonen Elbe-Biber sind, sondern von skandinavischen und russischen Tieren abstammen.

1966
»Die Bevölkerungsbombe«. Der amerikanische Biologieprofessor Paul R. Ehrlich veröffentlicht sein Buch »Die Bevölkerungsbombe« (»The Population Bomb«). Ehrlichs Thesen, die der Denktradition von Thomas Malthus folgen, finden großen Anklang. Das Titelbild zeigt eine Bombe mit Zündschnur kurz vor der Explosion. Ehrlich beklagte darin die rasante Zunahme der Weltbevölkerung und sagt voraus, dass die Hälfte der Menschheit verhungern werde. Er stellt das Bevölkerungswachstum als eine mit Sicherheit bevorstehende Katastrophe dar und verlangt eine übergreifende Bevölkerungskontrolle. Nach einem kontrollierten Massensterben (»die-back«) sollte sich die Menschheit bei etwa zwei Milliarden einpendeln. Für 1980 prognostizierte er den notleidenden Bewohnern Nordamerikas eine Lebenserwartung von 42 Jahren. Genau wie Malthus wird auch Ehrlich vom richtigen Leben widerlegt: Die Welt ernährt mittlerweile über

7 Milliarden Menschen, die durchschnittliche Lebenserwartung in USA liegt bei 79 Jahren.

1968
Der blaue Planet. Das amerikanische Raumschiff Apollo 8 sendet bei der Umkreisung des Mondes das erste Foto der Erde aus dem Weltall. Das Foto gilt als einflussreichstes Bild des 20. Jahrhunderts, weil es die Schönheit, Einsamkeit und Verletzlichkeit des »blauen Planeten« im dunklen All sichtbar macht. Es hat damit den Umweltgedanken mehr befördert als viele Worte. Ironischerweise argumentierten manche der grünen Vorreiter seinerzeit gegen die Raumfahrt als teure und nutzlose Großtechnologie.

1970
Erster deutscher Nationalpark. 98 Jahre, nachdem in den Vereinigten Staaten der weltweit erste Nationalpark gegründet wurde, erhält auch Deutschland ein Schutzgebiet dieser Kategorie. Der Frankfurter Zoodirektor und prominente Tierfilmer Bernhard Grzimek hatte sich viele Jahre dafür eingesetzt, im Bayerischen Wald einen Nationalpark zu gründen. Denn im Grenzgebiet zur damaligen ČSSR gibt es noch nahezu unberührte, urwaldähnliche Bereiche. Als die bayerische Landesregierung beschließt, dort einen Nationalpark zu gründen, weiß eigentlich niemand, was diese Entscheidung für die dünn besiedelte, arme Region bedeutet. Manche denken, dass nun Löwen und Elefanten importiert würden. Denn das Wort »Nationalpark« klingt damals noch exotisch und wird mit afrikanischen Reservaten wie der Serengeti assoziiert. Im Jahr 2014 existieren 15 Nationalparks in Deutschland, die 2044 Quadratkilometer Landfläche umfassen. Der Nationalpark Bayerischer Wald blieb der umstrittenste, denn da das Kerngebiet nicht mehr forstlich bearbeitet wird, breiteten sich Borkenkäfer aus. An vielen Mittelgebirgshängen starben die Bäume auf breiter Fläche ab, was dazu führte, dass viele Einheimische gegen den Nationalpark sind.

1971
Erste Wiederansiedlung von Luchsen in Westeuropa. Nachdem der jeweils letzte Luchs 1850 in Deutschland, 1894 in der Schweiz und 1918 in Österreich erlegt worden war, galt die einzige große Raubkatze Europas im deutschen Sprachraum als ausgerottet. Seit den

Sechzigerjahren setzen sich Ökologen und Naturschützer dafür ein, Luchse wieder anzusiedeln. Das erste Projekt dieser Art findet in den Schweizer Nordalpen statt. Mittlerweile gibt es in allen drei Ländern wieder kleine Luchspopulationen.

1971
Gründung von Greenpeace. In Vancouver chartern einige junge Atomkraftgegner und Pazifisten aus dem Hippiemilieu einen Fischkutter, den sie »Greenpeace« taufen. Sie schippern damit Richtung Alaska, um die auf der Insel Amchitka geplanten amerikanischen Atombombentests zu verhindern. Daraus entwickelt sich später die mächtigste Umwelt-NGO der Welt. Im Jahr 2012 hat Greenpeace 2400 Mitarbeiter und Einnahmen von 270 Millionen Euro. 2014 wird bekannt, dass ein Angestellter der Finanzabteilung 3,8 Millionen Euro Spendengelder durch Devisenspekulationen verzockt hat.

1972
Erster UN-Umweltgipfel in Stockholm. Die Konferenz gilt als Beginn der internationalen Umweltpolitik. Vertreter aus 112 Staaten nehmen daran teil. Das Eröffnungsdatum, der 5. Juni, wird zum »Internationalen Tag der Umwelt« erklärt. Eine breite Öffentlichkeit nimmt die UN-Umweltgipfel aber erst ab der Rio-Konferenz 1992 wahr.

1972
Der Club of Rome legt seine Studie »Die Grenzen des Wachstums« vor. Sie wird eine der einflussreichsten Publikationen der zweiten Hälfte des 20. Jahrhunderts – und erzielt eine Auflage von 30 Millionen Exemplaren. Die Wissenschaftler stützten sich auf ein »World 3«-Rechenmodell aus dem Computer. Es sagt voraus, dass alle wichtigen Rohstoffe bis zum Jahr 2000 aufgebraucht oder extrem knapp und teuer sein werden. Das Gegenteil trat ein, die Preise der meisten Ressourcen sanken. Die Industrienationen erstickten auch nicht im Schmutz, wie er vorhergesagt hatte, sondern sorgten dafür, dass die Umwelt sauberer wurde. Autor Dennis Meadows glaubt heute noch daran, prinzipiell richtig zu liegen, legt den Termin des Weltuntergangs allerdings Schritt für Schritt etwas weiter in die Zukunft.

1972
In USA erscheint der »Whole Earth Catalog«, der es in der Gegenkultur zu Kultstatus bringt. Apple-Gründer Steve Jobs bezeichnet die

Publikation laut Wikipedia als »Bibel« seiner Generation. Das dicke Werk listet Tausende Artikel und Publikationen auf, die für ein alternatives Leben nützlich sein könnten. Der Erfinder des Whole Earth Catalog, Stewart Brand, gilt als Freund des unkonventionellen Denkens und erlaubt es sich heute noch. Etwa indem er Atomkraft und Gentechnik für Lösungen hält, die sinnvoll für einen grüneren Planeten eingesetzt werden können.

1972
Minamata-Krankheit. Das Buch »A Warning to the World …. Minamata« des Fotografen William Eugene Smith erscheint. Fotos daraus werden in vielen großen Zeitschriften in aller Welt nachgedruckt. Smith hatte Opfer der Minamata-Krankheit in Japan fotografiert. Menschen in dem Ort Minamata wurden krank und starben, Kinder kamen missgebildet zur Welt. Ursache waren quecksilberhaltige Abwässer eines Chemiekonzerns, die sich in den Speisefischen angereichert hatten.

1972
Indianer-Mythos. Für einen Fernsehfilm über Ökologie erfindet der amerikanische Regisseur Ted Perry die »Rede des Indianerhäuptlings Seattle« und die »Weissagung der Cree« (»Erst wenn der letzte Baum gerodet, der letzte Fluss vergiftet …«). Der Text fasziniert Menschen in aller Welt und wird zu einer Art Manifest der Umweltbewegung.

1973
Erster Anti-AKW-Protest. Ölkrise und Sonntagsfahrverbot in Deutschland. Die erste Ölkrise wird nicht von Ressourcenknappheit, sondern von einem politischen Konflikt ausgelöst: dem Jom-Kippur-Krieg, den Ägypten und Syrien mit einem Überfall auf Israel begannen. Der Angriff wurde von Israel in wenigen Tagen zurückgeschlagen. Die Organisation erdölexportierender Länder (OPEC) wollte den Westen mit einem Boykott unter Druck setzen. Der Ölpreis explodierte und führte in Deutschland zu Fahrverboten und allgemeinen Geschwindigkeitsbegrenzungen. Obwohl es sich um eine rein politische Krise handelte, schien sie in der Öffentlichkeit die These von den »Grenzen des Wachstums« zu bestätigen. Die temporäre Knappheit löste große Sparanstrengungen der Industrieländer aus und führte zu enormen Effizienzsteigerungen.

1973

Beginn der Proteste gegen ein geplantes Kernkraftwerk bei Wyhl am Kaiserstuhl. Bei den Kundgebungen in der baden-württembergischen Provinz vermischen sich erstmals zwei Kulturen, die sich zuvor fremd waren und misstrauten: traditionsverhaftete, konservative Fortschrittsgegner und die Reste der gescheiterten Post-68er-Linken. Die jungen Linken sind von der Arbeiterklasse enttäuscht, die ihnen nicht zuhören will. Ihre Kapitalismuskritik verwandeln sie nach und nach in eine allgemeine Kritik der Industriegesellschaft, bei der nicht die Besitzverhältnisse im Mittelpunkt stehen, sondern die durch Großtechnik hervorgerufenen Umweltschäden. Aus der Symbiose der beiden Milieus entsteht die kulturelle Mischung, die später die Partei Die Grünen hervorbringt und auf Jahrzehnte den Zeitgeist in Deutschland beherrscht. In den folgenden Jahren entwickelt sich der Anti-Kernkraft-Protest zu einer Massenbewegung. Zunächst protestieren nur 27 Wyhler Bürger. 1983 kommen 30 000 Menschen zu einer Kundgebung. Die baden-württembergische Landesregierung verschiebt den Baubeginn immer weiter und gibt das Projekt schließlich ganz auf.

1973

TV-Schock mit »Smog«. Der Fernsehfilm »Smog« von Wolfgang Menge (Drehbuch) und Wolfgang Petersen (Regie) schockt Deutschland. Die fiktive Reportage über eine Smogkatastrophe im Ruhrgebiet wird von vielen Zuschauern für real gehalten.

1974

»Time«-Artikel zu dem Thema »Another Ice Age?«. Nachdem die globale Temperatur seit 1890 angestiegen war, begann sie ab Mitte der Vierzigerjahre des 20. Jahrhunderts zu sinken. Seit den frühen Siebzigerjahren glaubten Forscher dann, daraus einen Trend ablesen zu können. Der »Spiegel« erklärte den kalten Sommer 1974 zum Menetekel einer »Katastrophe auf Raten«. Die globale Abkühlung würde zur Ausdehnung der Wüsten, zu Missernten und Unwettern führen. Die Nahrungsressourcen der Menschheit seien gefährdet.

1974

Das Ozonloch wird entdeckt. Die amerikanischen Wissenschaftler Mario J. Molina und Frank Sheerwood Rowland warnen, die Anreicherung von schwer abbaubaren Fluorchlorkohlenwasserstoffen

(FCKW) würden zu einer Abnahme der Ozonkonzentration in der Atmosphäre führen. Die Ozonschicht schützt das Leben auf der Erde vor UV-Strahlung, die beispielsweise Hautkrebs verursachen kann. FCKW galten in der Industrie als nützlicher Tausendsassa und wurden beispielsweise in Spraydosen als Treibmittel verwendet. Winterliche Messungen über der Antarktis zeigen einige Jahre später tatsächlich einen starken Rückgang der Ozonkonzentration. 1987 werden die FCKWs durch das Montrealer Protokoll zum Schutz der Ozonschicht schrittweise ausgemustert. Die Angst vorm »Ozonloch« war in den Achtziger- und Neunzigerjahren das, was zu Beginn der Zweitausenderjahre die Angst vorm Klimawandel war. Inzwischen spricht kaum jemand mehr davon. Die Ozonlöcher über der Antarktis und in geringerem Umfang über der Arktis existieren allerdings nach wie vor. In manchen Jahren schrumpfen sie, in anderen dehnen sie sich aus. Die meisten Wissenschaftler erwarten für das nächste Jahrhundert, dass sich die Ozonschicht wieder schließt.

1975

Greenpeace-Aktivisten blockieren mit Schlauchbooten sowjetische Walfangschiffe. Die Fotos der Aktion gehen um die Welt. Sie werden zu einem der stärksten Symbole der Umwelt-NGO: Mutige junge Männer steuern ihre Boote zwischen die Wale und die großen Fangschiffe. David kämpft gegen Goliath. Innerhalb weniger Jahre wird Walfang zu einem unmoralischen Gewerbe. Immer mehr Staaten geben die Jagd auf die großen Meeressäuger auf und legen ihre Fangflotten still.

1975

Das Washingtoner Artenschutzübereinkommen tritt in Kraft. Die Convention on International Trade in Endangered Species of Wild Fauna and Flora (CITES), auch »Washingtoner Artenschutzübereinkommen« genannt, regelt den Handel mit Produkten, die aus bedrohten Tier- und Pflanzenarten hergestellt werden (z.B. Heilkräuter, Felle, Elfenbein). CITES listet in verschiedenen Anhängen fast 50 000 Spezies auf, die nicht oder nur eingeschränkt gehandelt werden dürfen. Fast alle Länder der Erde sind dem Übereinkommen beigetreten. BRD und DDR wurden 1976 Mitglieder.

1975
Rudi Carrell singt: »Wann wird's mal wieder richtig Sommer«. Ab den frühen Siebzigerjahren glaubten Forscher, aus einer längeren Abfolge von kühlen Jahren einen Trend ablesen zu können, und prophezeiten eine globale Abkühlung. Teilweise waren es dieselben, die später vor globaler Erwärmung warnten. Die Zeitungen malten Szenarien einer neuen Eiszeit (siehe 1974, »Time«-Artikel zur globalen Abkühlung), und der niederländische Entertainer Rudi Carrell liefert den passenden Song dazu.

1976
Katastrophe von Seveso. Bei einer zum Roche-Konzern gehörenden Chemiefirma in der Nähe von Seveso, nördlich von Mailand, wird eine unbekannte Menge des Dioxins TCDD freigesetzt. Die Giftwolke kontaminiert 1800 Hektar Land, Tausende Weidetiere und Wildtiere sterben. 200 Menschen erkranken an schwerer Chlorakne. Obst und Gemüse müssen vernichtet werden. »Seveso« wird in Europa zum Synonym für Chemiekatastrophen. 1978 erscheint das Buch »Seveso ist überall«, eines der einflussreichsten Werke der jungen Umweltbewegung in Deutschland. Autoren sind Egmont R. Koch und Fritz Vahrenholt, der später Umweltsenator von Hamburg wird.

1977
Warnung vorm Atomstaat. Das Buch »Der Atomstaat. Vom Fortschritt in die Unmenschlichkeit« des Journalisten Robert Jungk erscheint. Er stellt die These auf, dass Kernenergie so gefährlich ist, dass ihre Sicherung unweigerlich zu einem totalitären System führen muss. Das Buch entfaltet großen Einfluss auf die Einstellung der Deutschen zur Atomkraft.

1978
Erster großer Giftmüllskandal in den USA: Die Bewohner des Stadtviertels Love Canal in Niagara Falls im Staate New York finden heraus, dass ihre Häuser auf einer früheren Giftmülldeponie stehen. Es bildet sich eine Bürgerinitiative, die für die Sanierung der giftigen Altlasten kämpft.

1978
Ölpest an der bretonischen Küste. Der unter liberianischer Flagge fahrende Tanker »Amoco Cadiz« läuft auf einen Felsen, bricht in drei Teile und verliert 223 000 Tonnen Rohöl. Es ist die sechstgrößte Ölpest in der Geschichte, 350 Kilometer französische Küste werden verschmutzt. Fotos und Nachrichtenfilme von sterbenden Seevögeln und anderen Folgen des Unglücks gehen um die Welt. Es entsteht ein Bewusstsein über die Umweltgefahren, die von den Öltransporten über die Meere ausgehen.

1979
Unfall im Kernkraftwerk Three Miles Island. Bei Harrisburg, Pennsylvania, ereignet sich der bis dahin schwerste Unfall in einem westlichen Atomkraftwerk, es kommt zur Kernschmelze. Glücklicherweise werden keine Menschen geschädigt. Auch in Langzeituntersuchungen konnten keine gesundheitlichen Folgen bei den Anwohnern festgestellt werden. In Deutschland wird der Unfall als Bestätigung empfunden, dass die Anti-Atomkraft-Bewegung mit ihren Warnungen richtigliegt. Etwa zeitgleich kommt der Hollywood-Katastrophenfilm »Das China-Syndrom« in die Kinos, der ein fiktives Desaster in einem amerikanischen Kernkraftwerk beschreibt und wegen des Harrisburg-Unfalls ein großes Medienecho findet.

1979
Massenprotest gegen Atomkraft. In Hannover demonstrieren etwa 100 000 Menschen gegen das geplante Endlager für nukleare Abfälle in Gorleben. Dass die Anti-AKW-Bewegung anders als die 68er-Protestbewegung Menschenmassen mobilisieren kann, zeigt sich, als es in der niedersächsischen Landeshauptstadt zu einer der größten Demonstrationen in der Geschichte der Bundesrepublik kommt.

Grünes Denken wird mehrheitsfähig

1980
Gründung der Partei Die Grünen. Eine bunte Versammlung aus Umweltschützern, Pazifisten, Feministinnen und Anhängern der sogenannten Alternativbewegung schließt sich im Januar 1980 in Karlsruhe zur Grünen Partei zusammen. Sie wählen den damals 75-jährigen August Haußleitner zu einem der drei gleichberechtigten Sprecher.

Später wird bekannt, dass er im »Dritten Reich« für antisemitische Kampfblätter arbeitete. Doch seine Rolle bei der Gründung gerät später ebenso in Vergessenheit, wie die Namen Werner Vogel und Baldur Springmann, zwei weißhaarige Ex-Nazis, die ebenfalls an führender Stelle am Aufbau der neuen Partei beteiligt sind. Sie repräsentieren in der Anfangszeit den sogenannten »wertkonservativen« Flügel, der an die Lebensreform- und Heimatschutzbewegung der ersten Hälfte des 20. Jahrhunderts anknüpft. Dennoch werden die Grünen in der Bundesrepublik in der Öffentlichkeit als links stehend wahrgenommen, denn viele Funktionäre der neuen Partei entstammen den sogenannten »K-Gruppen«, Chinahörigen Studentensekten aus der Post-68er-Zeit. In kürzester Zeit können die Grünen Erfolge auf kommunaler, Landes- und Bundesebene feiern. 19 Jahre später sind sie Regierungspartei in einer Koalition mit der SPD.

1980

Erste große Demonstration gegen den Bau der Startbahn West. Als die ersten sieben Hektar Wald für die neue Startbahn gerodet werden, demonstrieren in Walldorf bei Frankfurt 15 000 Menschen. Die Teilnehmer stammen nicht nur aus dem üblichen studentischen Protestmilieu, es sind auch viele ältere Bürger dabei. Der immer weitere Kreise ziehende Protest beschäftigt Frankfurt und das Land Hessen mehrere Jahre lang, endet aber mit einer Niederlage der Startbahngegner. 1984 wird die neue Startbahn 18 West in Betrieb genommen. 1987 erschießt ein militanter Startbahngegner während einer Demonstration zwei Polizisten. Danach bricht die Protestbewegung auseinander.

1980

»Global 2000« erschcint. Dic von US-Präsidcnt Jimmy Cartcr in Auftrag gegebene Studie ist ähnlich wirkungsstark wie »Die Grenzen des Wachstums«. Das 1438 Seiten dicke Werk erscheint noch im gleichen Jahr auf Deutsch und wird ein Bestseller des Kultur-Versandhauses Zweitausendeins. »Global 2000« wird viel zitiert und hat heftige Resonanz in der Umweltbewegung. Die darin enthaltenen Prognosen über ökologische Katastrophen (z.B. massenhaftes Artensterben) entpuppen sich schon bald stark übertrieben oder sogar falsch. Schneller noch als »Die Grenzen des Wachstums« gerät »Global 2000« in Vergessenheit und wird nicht mehr zitiert.

1980
Gründung der Zeitschrift »natur«. Horst Stern, der Erfinder von »natur« und seinerzeit auch Fernsehjournalist der Extraklasse (»Sterns Stunde«), schrieb in der ersten Ausgabe der Zeitschrift: »Unter dem Vermischten findet sich auch die wöchentliche Tankerhavarie auf den Weltmeeren, und weit schneller als das wochenlang aus einer Bohrstelle in Mexiko auslaufende Öl versiegen in der Presse die Nachrichten darüber. Diese Übersättigung des Publikums mit düsteren Umweltnachrichten hat zu bedenken, wer heute eine Naturzeitschrift auf den Markt bringen will. Zwischen Bomben und Busen macht das flachbrüstige Fräulein Kassandra Umwelt nicht eben viel her.« Horst Stern versammelte die ökopublizistische Elite der Achtzigerjahre unter dem Dach seiner Zeitschrift, die journalistisch und gestalterisch aufwändig gemacht war. Den ersten »natur«-Titel (Motiv Elefantenwilderei) gestaltete der Maler Ernst Fuchs. »Natur« wurde zur größten europäischen Umweltzeitschrift. Die etablierten Magazine wie »Stern« und »Spiegel« machten »natur« dann mit ihrer Berichterstattung zusehends Konkurrenz, weil das Thema Umwelt zum zentralen politischen Kampfplatz der Republik wurde. Die Autoren dieses Buches waren von 1989 bis 1993 leitende Redakteure von »natur«.

1981
Großdemonstration gegen den Bau eines Kernkraftwerks in Brokdorf. 100 000 mit Bussen aus ganz Deutschland angereiste hauptsächlich junge Menschen versuchen zum Zaun der Baustelle vorzudringen. Die Demonstration hat teilweise den Charakter einer Feldschlacht früherer Jahrhunderte.

1981
Grüne DDR-Kritik. Monika Marons in der DDR verbotener Roman »Flugasche« erscheint in Westdeutschland. Es ist das erste literarische Werk, das die Umweltsituation in der DDR und speziell in Bitterfeld thematisiert. Die exzessive Nutzung der abgasreichen Braunkohle in Haushalten und Industriebetrieben, der marode Zustand der Chemiefabriken, die Versuche der landwirtschaftlichen Produktionssteigerung um jeden Preis haben in einigen Regionen zu katastrophalen Verhältnissen geführt. Die Luft ist vielerorts durch Industrieabgase verseucht, gesundheitliche Schäden aufgrund von Umweltverschmut-

zung sind an der Tagesordnung, die Flüsse sind zu Chemieabwasserkanälen degradiert.

1981
»Spiegel«-Titel: »**Der Wald stirbt**«. »Waldsterben« wird für fast zwei Jahrzehnte Umweltthema Nummer eins in Deutschland, zuweilen sogar das wichtigste Thema überhaupt. Die Medien überbieten sich gegenseitig mit alarmistischen Schlagzeilen. »Süddeutsche Zeitung« 1982: »Der deutsche Wald stirbt. Wissenschaftler zweifeln, ob auch nur fünf Jahre Zeit bleibt, dies zu verhindern.« »Die Zeit, 1984: »Am Ausmaß des Waldsterbens könnte heute nicht einmal der ungläubige Thomas zweifeln, allenfalls ein Ignorant.« »Stern«, 1986: »Die Reihen der Bäume lichten sich, wie Armeen unterm Trommelfeuer.«

Die wissenschaftliche Basis der panischen Prognosen war dünn. Zwei Experten dienten den Medien als Kronzeugen: Bernhard Ulrich, Bodenkundler an der Universität Göttingen und Peter Schütt, Forstbotaniker an der Universität München. Wissenschaftler, die Zweifel anmeldeten, wurden sozial ausgegrenzt.

Die Fotos und Fernsehbilder mit denen die dramatischen Prognosen illustriert wurden, stammten größtenteils aus dem Erzgebirge in der damaligen DDR. Dort waren tatsächlich ganze Hänge abgestorben. Ursache war jedoch nicht ein allgemeines Absterben der Wälder, sondern Schwefeldioxidabgase aus Braunkohlekraftwerken der damaligen ČSSR.

Erstmals in der Geschichte der Bundesrepublik herrschte quer durch die gesamte Bevölkerung Einigkeit über ein wichtiges Thema. Es war Konsens: Der Wald stirbt und die Politik muss endlich handeln. Helmut Kohl erkannte die Zeichen der Zeit und griff das Thema Waldsterben auf. Der große politische Gewinner des Waldsterbens waren jedoch die Grünen. Die allgemeine Angst vor der Versteppung Deutschlands bringt sie 1983 in den Bundestag.

Später stellt sich heraus, es gab nie ein Waldsterben. Forststatistiker weisen nach: Selbst in der Zeit der größten Hysterie nahm die Waldfläche in Deutschland zu.

1983
Die Verordnung über Großfeuerungsanlagen tritt in Kraft. Die Betreiber von Stein- und Braunkohlekraftwerken müssen Filteranlagen einbauen, die schädliche Schwefelverbindungen aus den Abgasen ent-

fernen. Anders, als immer wieder behauptet wird, war die Rauchgasentschwefelung kein Ergebnis der Waldsterbensangst. Die Gesetzesvorhaben stammten aus den Siebzigerjahren und waren nur noch nicht wirksam geworden.

1983
Errichtung der Windkraftanlage Growian (Große Windenergieanlage). Das Windrad ist öffentlich gefördert. Die Nabenhöhe beträgt etwa 100 Meter. Growian ist lange Zeit die größte Windkraftanlage der Welt. Die Grünen bezeichnen die Anlage zum Spatenstich im Mai 1981 als »Feigenblatt« der Elektrizitätswirtschaft. Die meiste Zeit zwischen dem ersten Probelauf 1983 bis zum Betriebsende 1987 steht die Anlage wegen technischer Probleme still. Umweltschützer kritisierten das Projekt als gigantomanisch. Heute bestimmt diese Größenklasse den Markt für neue Windkraftanlagen.

1983
Chemie-Angst. Kampagne des Journalisten Günter Wallraff gegen die Firma Bayer. Gemeinsam mit dem DKP-Mitglied Jörg Heimbrecht behauptet Wallraff, das Chemieunternehmen produziere chemische Kampfstoffe für die US-Armee. Das ist ein weiterer Schritt zur Diskreditierung der Chemie in Deutschland. Das Image der Branche wandelt sich. Denken die Menschen in Wirtschaftswunderzeiten beim Wort »Chemie« noch an Farben, Düngemittel, Medikamente, Pflanzenschutzmittel, Nylonstrümpfe, Putzmittel und Filme, wird ab den späten Siebzigerjahren (siehe 1976, Katastrophe von Seveso) aus einem Hoffnungsträger des Fortschritts ein Monster, das Mensch und Natur gleichermaßen bedroht. Später kommt heraus, dass Wallraff mit dem Ministerium für Staatssicherheit (MfS) der DDR innige Kontakte unterhalten hat und dass die Kampagne vom MfS mit zweifelhaftem Material lanciert worden ist.

1983
Die Grünen ziehen in den Bundestag ein. Die neue Fraktion ist eine schon rein äußerlich sehr heterogene und auffallende Gruppe. Neben dem pensionierten General Gert Bastian und dem prominenten Rechtsanwalt Otto Schily, die bürgerlich gekleidet erscheinen, pflegen einige Fraktionsmitglieder den betont hippiehaften Stil der Alternativbewegung. Viele Journalisten sind begeistert von den Neuen, spe-

ziell einige Abgeordnete, wie Petra Kelly und Joschka Fischer, werden zu Lieblingen der Medien.

1983
Das Lied »Karl der Käfer« erscheint auf Schallplatte und wird in Deutschland populär. Die Gruppe »Gänsehaut« besingt darin einen Käfer, der friedlich im Wald lebt, doch seine Heimat verliert, weil Menschen den Wald roden, um eine Straße zu bauen.

1984
Der Bundestag beschließt die Katalysatorpflicht. Durch die neue technische Ausstattung der Autos werden Abgase und Schadstoffemissionen drastisch reduziert. In den Vereinigten Staaten waren Katalysatoren bereits zehn Jahre zuvor vorgeschrieben worden. In Europa verordneten zunächst die Schweiz, später Österreich und Schweden die Abgasreinigung. Das deutsche Gesetz macht den Einbau von Katalysatoren in Neufahrzeugen ab 1989 zur Pflicht. Dadurch kommt es auch zur flächendeckenden Einführung des bleifreien Benzins.

1984
Chemiekatastrophe in der indischen Stadt Bhopal. In einer Pestizid-Fabrik der US-Firma Union Carbide ereignet sich der größte Chemieunfall der Geschichte. Durch eine Verkettung von Fehlhandlungen und nicht funktionierende Sicherungssysteme entweicht eine giftige Wolke. Nach Schätzungen sterben 3800 bis 25 000 Menschen. 500 000 werden verletzt, darunter viele, die für den Rest ihres Lebens geschädigt sind. Die große Abweichung in den Schätzungen erklärt sich daraus, dass die Fabrik in einem Elendsviertel steht, dessen Bewohner nirgends registriert sind. Obwohl es eine Katastrophe apokalyptischen Ausmaßes war, entwickelt der Name der Stadt Bhopal keine starke Symbolwirkung, etwa wie Tschernobyl.

1985
Versenkung der »Rainbow Warrior« durch französische Agenten. Auf Befehl von Präsident François Mitterand bringen französische Kampftaucher zwei Sprengsätze am Rumpf des Greenpeace-Schiffes »Rainbow Warrior« an, das im neuseeländischen Auckland ankert. Der Greenpeace-Fotograf Fernando Pereira kommt bei der Explosion ums Leben. Greenpeace wollte mit dem Schiff gegen die ange-

kündigten französischen Atombombenversuche auf dem Mururoa-Atoll protestieren.

1985
Rettet den Regenwald. In den Vereinigten Staaten wird das Rainforest Action Network gegründet. Seine erste Kampagne richtet sich gegen die Imbisskette Burger King, die Rindfleisch aus Mittelamerika importiert. Dort werden Urwälder gerodet, um Rinderweiden anzulegen. Aufgrund der Boykottkampagne kündigt »Burger King« seine Verträge mit den dortigen Lieferanten. In Deutschland wird der Vorwurf fälschlicherweise gegen McDonald's erhoben. Die Firma kann jedoch glaubwürdig nachweisen, dass sie kein Fleisch aus Lateinamerika nach Deutschland importiert. Das Thema »Rettung des Regenwalds« bleibt lange Zeit eine Schlüsselgröße in der Umweltbewegung und bewegt in Deutschland viele Menschen. Der Wunsch vieler Konsumenten, kein Holz aus Raubbau zu kaufen (»Tropenholzboykott«) führt zur Gründung des Forest Stewardship Council (FSC), einer internationalen Organisation, die die Herkunft von Holz zertifiziert.

1985
Erster grüner Minister in einer Landesregierung. Der hessische Ministerpräsident Holger Börner (SPD) beschließt, mit den Grünen zu koalieren, und holt Joschka Fischer als Umweltminister ins Kabinett.

1985
Glykolwein-Skandal. Es wird bekannt, dass einige österreichische und deutsche Winzer ihren Weinen Diethylenglykol zur Geschmacksverbesserung beigemischt haben. Menschen kommen dadurch nicht zu Schaden. Doch der Ruf des österreichischen Weines bleibt für lange Zeit ruiniert. Einige Winzer werden zu Gefängnisstrafen verurteilt. Durch den Skandal kommt es zu einem grundsätzlichen Umdenken im österreichischen (und deutschen) Weinbau. Viele Winzer gehen weg von der Massenproduktion und konzentrieren sich auf den Anbau und die Kelterei edler Qualitätsweine.

1985
Flüssigei-Skandal. Behörden in Baden-Württemberg warnen vor Nudeln aus angeblich schlechtem Flüssigei. Später stellt sich das als falscher Alarm heraus. Der Hersteller erstreitet Schadensersatz. Laut »Stern« stellt sich noch später heraus, dass tatsächlich schlechte Eier verwendet wurden, die Beweismittel aber zu lange unter Verschluss gehalten wurden.

1985
Angst vor Gentechnik. Hessens grüner Umweltminister Fischer verweigert der Frankfurter Pharmafirma Hoechst die Genehmigung für eine Anlage zur gentechnischen Herstellung von Insulin. Das neue, besser verträgliche Insulin wird dann in Frankreich hergestellt. Es wird schnell zum Standardmedikament auch für deutsche Diabetiker.

1986
GAU in Tschernobyl. Durch die Katastrophe in der Ukraine wird die Ablehnung der Atomenergie in Deutschland endgültig mehrheitsfähig. Die Wirkung auf das öffentliche Bewusstsein ist hierzulande stärker als in den betroffenen Staaten Ukraine, Weißrussland und Russland. Obwohl Langzeituntersuchungen ergeben, dass die radioaktive Belastung, die mit Wind und Wolken nach Westen wehte, in Deutschland keinerlei gesundheitliche Schäden anrichtet. Heftig gestritten wird bis heute über die Zahl der Opfer. 20 Jahre nach dem Reaktorunfall legte das Tschernobyl-Forum der Vereinen Nationen eine Bilanz vor. Laut den UN-Medizinern kamen weniger als 50 Menschen ums Leben, weil sie direkt am Unfallort extrem hoher Strahlung ausgesetzt waren. Statistisch betrachtet, sei in den Jahrzehnten nach der Katastrophe in den höher verstrahlten Gebieten am Unglücksreaktor mit 4000 zusätzlichen Krebstoten zu rechnen und in den angrenzenden, weniger verstrahlten, aber viel größeren Zonen mit etwa 5000. Atomkraftgegner behaupten bis heute, es gebe 93 000 oder sogar 500 000 Tschernobyl-Tote.

1986
Sandoz-Unfall bei Basel. Beim Großbrand in einer Lagerhalle des Schweizer Chemie- und Pharmaunternehmens geraten große Mengen Löschwasser, die mit giftigen Chemikalien belastet sind, in den Rhein. Die Giftwelle tötet auf einer Strecke von 400 Kilometern

rheinabwärts alle Aale, aber auch andere Fische und Wasserlebewesen. Deutschland und die Niederlande entnehmen mehrere Wochen lang kein Trinkwasser mehr aus dem Strom. Als Konsequenz aus der Katastrophe ergreifen die Regierungen der betroffenen Länder zahlreiche Maßnahmen zum Gewässerschutz. Einige Jahre später ist der Rhein sauberer als im 19. Jahrhundert. Sogar Lachse, die seit 1950 ausgestorben waren, leben wieder im Rhein.

1986
Explosion der »Challenger«. Kurz nach dem Start zerbricht die amerikanische Raumfähre. Alle sieben Besatzungsmitglieder kommen ums Leben bei dem bislang schwersten Unfall in der Raumfahrtgeschichte der Vereinigten Staaten. Im Jahr der Atomkatastrophe von Tschernobyl und der Rheinverseuchung durch Sandoz wird in Deutschland auch dieser Unfall als Menetekel gegen »technischen Größenwahn« und »Großprojekte« betrachtet.

1986
Der »Spiegel« entdeckt die Klimakatastrophe. Auf dem Titel zeigt das Blatt den Kölner Dom, der wegen des steigenden Meeresspiegels halb unter Wasser steht. Dies ist der Beginn der publizistischen Hochkonjunktur für das Thema. 2013 macht »National Geographic« die Klimakatastrophe erneut zum Titelbild. Das Motiv ist ähnlich, heißt es doch für die amerikanische Freiheitsstatue »Land unter«. Dazu die Frage: »Wie hoch steigt das Wasser?« Die Frage lässt sich zumindest für die 27 Jahre beantworten, die zwischen dem »Spiegel«-Titel von 1986 und dem von »National Geographic« 2013 liegen: 8,64 Zentimeter, das macht pro Jahr 3,2 Millimeter.

Der Meeresspiegel stieg am Ende der letzten Eiszeit vor etwa 10 000 Jahren rasch, in den letzten paar Tausend Jahren aber nur noch langsam an. Die ostfriesische Küstenschutzbehörde geht beispielsweise bei ihren Bauplänen für Deiche und Küstenschutzanlagen traditionell davon aus, dass sich der Meeresspiegel um etwa 25 Zentimeter pro Jahrhundert erhöht. Bislang ist die Entwicklung des Meeresspiegels nicht besonders dramatisch.

Auch kommt der Wärmeausdehnung des Wassers vermutlich eine größere Rolle zu als zusätzlichem Schmelzwasser. Es gibt Regionen, in denen der Pegel sich etwas schneller erhöht, in anderen sinkt er.

Das deutet darauf hin, dass natürliche und zyklische Einflüsse die der Erwärmung überlagern. Die Weltmeere sind keine spiegelglatte Wassermasse, die lediglich der Krümmung der Erdkugel unterliegt. Weil Masse und Anziehungskraft der Erde ungleich verteilt sind, weist die Meeresoberfläche Senken und Höhen mit einem Unterschied von bis zu 130 Metern auf.

1986
Internationales Walfang-Moratorium. In der ersten Hälfte des 20. Jahrhunderts erlegen die Flotten der Walfangnationen etwa 70 000 Tiere pro Jahr. Vier Jahrzehnte nach ihrer Gründung stimmt in der Internationalen Walfangkommission (IWC) die Mehrheit der Mitgliedsstaaten für ein komplettes Fangverbot. Mächtige Unterzeichnerländer wie Deutschland, die Vereinigten Staaten, Großbritannien und Australien fangen schon länger keine Wale mehr. Der technische Fortschritt hat die aus den Meeressäugern gewonnenen Rohstoffe überflüssig gemacht. Nur drei Nationen bestehen darauf, weiterhin Wale zu harpunieren: Japan, Norwegen und Island. Von den 13 Großwalarten jagen sie lediglich den Zwergwal in nennenswerten Umfang (etwa 1000 Tiere pro Jahr). Bestandsschätzungen dieser Walart bewegen sich zwischen 500 000 und einer Million, Tendenz steigend. Außerdem töten japanische und auch isländische Harpuniere noch einige Finnwale und drei weitere Arten, jedoch in sehr geringer Zahl, die ebenfalls nicht annähernd bestandsgefährdend ist.

1987
Gudrun Pausewangs Jugendbuch »Die Wolke« erscheint. Die ehemalige Lehrerin aus dem hessischen Örtchen Schlitz ist die Rosamunde Pilcher der Anti-Atomkraft- und Friedensbewegung. Ihre Werke gehören in den Achtzigerjahren zur Schulausstattung wie der Diercke-Weltatlas. Sie handeln vom baldigen Atomtod, der verseuchten Umwelt und der Verelendung der Dritten Welt. In »Die Wolke« erzählt sie vom Super-GAU eines Atomkraftwerks in Hessen. Die Bösen sind skrupellose Politiker und Bosse, kahlköpfige Strahlenopfer irren umher, Polizisten schießen auf verseuchte Flüchtlinge. Dafür erhielt Gudrun Pausewang den deutschen Jugendliteraturpreis und das Bundesverdienstkreuz.

1987
Das Fernsehmagazin »Monitor« löst den Fischwürmerskandal aus. In ekligen Makroaufnahmen kriegen die Zuschauer Fadenwürmer (Nematoden) in Fischen gezeigt. Dies führt zu einem Einbruch des Fischkonsums in Deutschland. »Monitor« verschweigt, dass von diesen Parasiten nur geringe Gefahren für die menschliche Gesundheit ausgehen und dass die Würmer beim Braten oder Kochen ohnehin absterben. Als Folge der Skandalisierung führt die Industrie Lichttische ein, auf denen die Fische bei der Verarbeitung durchleuchtet werden, um Wurmbefall zu entdecken.

1987
FCKW-Verbot. Fluorchlorkohlenwasserstoffe (FCKW) werden durch das Montrealer Protokoll zum Schutz der Ozonschicht schrittweise ausgemustert. Der Vertrag gilt als »Meilenstein im Völkerrecht« und Vorbild für spätere Klimaschutzabkommen. Im Gefolge des Montrealer Protokolls entwickelt sich auch eine internationale Umweltbürokratie, die sich inzwischen viele neue Aufgaben gesucht hat.

1988
Erste Auflage von James Lovelocks Buch »The Ages of Gaia«. Die deutsche Ausgabe erscheint 1991 unter dem Titel »Das Gaia-Prinzip«. Lovelock entwickelte die Gaia-Hypothese gemeinsam mit der Mikrobiologin Lynn Margulis Mitte der Sechzigerjahre. Sie besagt, dass die Erde ein lebender Superorganismus sei. Das Leben auf der Erde schaffe sich selbst die Bedingungen für seine Existenz. Die Gaia-Hypothese wurde von Teilen der Ökobewegung und New-Age-Anhängern zu einer neuen pantheistischen Religion umgedeutet und fand in dieser Version viele Anhänger.

1988
Robbensterben in der Nordsee. 18 000 Tiere, zwei Drittel des Seehundbestandes, verenden und werden an die Strände gespült. Das Massensterben wird als Folge der Meeresverschmutzung betrachtet. Später stellt sich heraus, die Ursache waren Staupeviren. 2002 und 2007 bricht die Seuche erneut aus, es sterben jedoch weniger Robben daran. Experten nehmen an, dass Sattelrobben vom Polarkreis im harten Winter 1987 nach Süden gezogen sind und die See-

hunde in der Nordsee angesteckt haben. Sattelrobben tragen den Virus, sind aber immun dagegen. 2014 wird die Zahl der Seehunde an europäischen Küsten auf 90 000 geschätzt, weltweit gibt es eine halbe Million.

1988
Klaus Töpfer schwimmt im Rhein. Der damalige Umweltminister will damit zeigen, wie gut die Maßnahmen zum Gewässerschutz gewirkt haben, die er 1986 nach der Sandoz-Katastrophe auf den Weg gebracht hatte. Heute sind Schwimmer im Rhein keine Seltenheit mehr. Der Fluss ist sauberer als vor 100 Jahren.

1988
Hormonfleisch-Skandal. Es wird bekannt, dass einige Kälbermastbetriebe verbotene Wachstumsförderer einsetzen. Über 70 000 Kälber werden getötet und vernichtet. Verantwortliche kommen vor Gericht.

1989
Gründung der Grünen Liga in der DDR. Die Grüne Liga versteht sich als »Netzwerk ökologischer Bewegungen«. Sie vereint die staatlich geduldeten Naturschützer aus dem systemtreuen Kulturbund mit kirchlichen Ökogruppen, die zur oppositionellen Bürgerrechtlerszene gehören und von der Stasi heftig drangsaliert wurden. Nach dem Zusammenbruch des SED-Regimes kann die extreme Umweltverschmutzung und Naturzerstörung in der DDR endlich thematisiert werden. Vorher hatte die staatliche Zensur Kritik daran unterbunden.

1989
Tankerunglück im Prince William Sound, Alaska. Die »Exxon Valdez« verliert 37 000 Tonnen Rohöl. Ein Naturparadies mit Seevogelkolonien, Robben, Seeottern und vielen anderen Tieren wird verseucht. Hunderttausende Tiere sterben an der Verschmutzung. Das Unglück sorgt weltweit für Empörung. Als Folge erlassen die USA und andere Staaten eine Richtlinie, dass nur noch Tanker mit einer doppelten Hülle gebaut werden dürfen.

1989
Ende der Wiederaufbereitung. Der Bau der Wiederaufbereitungsanlage Wackersdorf in Bayern wird eingestellt. Nach Jahren des Pro-

testes, der Großdemonstrationen und Gerichtsprozesse beendet die Landesregierung die bis dahin fünf Milliarden Euro teuren Bauarbeiten. Zuvor hatten sich bereits die Firmen Siemens und VEBA aus dem Projekt zurückgezogen. Kernbrennstoffe aus Deutschland werden künftig in die Wiederaufarbeitungsanlagen im französischen La Hague und im britischen Sellafield gebracht.

1989
Deutschland stellt die Verklappung von Dünnsäure in der Nordsee ein. Jahrzehntelang wurden Millionen Tonnen verdünnte Schwefelsäure, ein Abfallprodukt der Chemieindustrie, von Schiffen »verklappt«. Greenpeace und andere Umweltverbände protestieren dagegen. Fischer machten diese Umweltverschmutzung für Geschwüre und andere Missbildungen an Fischen verantwortlich. 1993 hört auch Großbritannien mit dieser billigen Entsorgung im Meer auf. Die Chemiefirmen entwickeln Recyclingverfahren, um aus der Dünnsäure wieder nutzbare Stoffe zu gewinnen.

1990
Orkan Wiebke verwüstet Deutschland und fordert 35 Todesopfer. Seitdem wird in den Medien immer wieder eine Zunahme der Sturmhäufigkeit durch die globale Erwärmung angeführt. Doch empirisch nachweisen lässt sich das nicht. Die globale Erwärmung verringert die Temperaturunterschiede zwischen den Polen und dem Äquator. Je größer dieser Gegensatz ist, desto höher ist die Wahrscheinlichkeit, dass Stürme entstehen. Von der Theorie her sollte eine globale Erwärmung daher eher zu einer Verringerung der Sturmhäufigkeit führen. Die Statistiken der letzten Jahrzehnte lassen keinen eindeutigen Trend in die eine oder andere Richtung erkennen. Das gilt auch für die Stärke der Stürme, die nach Ansicht einiger Wissenschaftler durch mehr Wasserdampf in der Atmosphäre entstehen könnten.

1991
Der Bundestag beschließt die Verpackungsverordnung. Sie schreibt die Rücknahmepflicht für Verpackungen vor und soll die Mehrwegsysteme schützen. Das gelingt jedoch nicht, der Mehrweganteil sinkt immer weiter. Zuständig für den Vollzug sind in der Regel die Ordnungsämter. Gleichzeitig entwickelt sich Deutschland zum Land der Getrenntmülltonnen. Durch die separate Abfuhr und Entsorgung

steigen die Kosten für Städte und Gemeinden immens, ebenso die Müllgebühren für die Bürger. Die Abfallmenge pro Einwohner ist dadurch jedoch nicht geringer geworden. Aber einige Unternehmen verdienen gut daran.

1991

»Kindergipfel« der Zeitschrift »natur«. Wir hielten es für eine gute Idee. Als leitende Redakteure der damals größten europäischen Umweltzeitschrift riefen wir den »natur-Kindergipfel« ins Leben. Kinder sollten bei einem großen Kongress Gelegenheit erhalten, ihre Vorstellungen von der Zukunft zu formulieren. Der damalige grüne Frankfurter Umweltdezernent Tom Koenigs war von der Idee genauso begeistert wie wir und stellte den Frankfurter Römer und die historisch gewichtige Paulskirche zur Verfügung. Umweltminister Klaus Töpfer führte eine ganze Prominentenriege an, die brav zu Gipfelgesprächen erschien. Günther Jauch moderierte die Veranstaltung und Peter Maffay sang dazu. Mit dem Abstand der Jahre würden wir das garantiert nie wieder tun, weil eine solche Veranstaltung darin enden muss, dass Erwachsene Kinder instrumentalisieren. Etwas anderes kann gar nicht herauskommen, weil Kinder eben Kinder sind. Sie träumen davon, Astronaut oder Tierforscherin zu werden – und nicht von einer grünen Mustergesellschaft mit Nullwachstum und Kreislaufwirtschaft. Das haben wir heute kapiert, damals hätten wir es auch schon wissen können. Leider hat sich die Unsitte, auf Kongressen, vor politischen Gremien und in den Massenmedien Kinder für grüne Ziele einzuspannen, bis heute gehalten.

1992

Erdgipfel (UNCED) in Rio. Nie zuvor reisten so viele Staatschefs zu einer Umweltkonferenz. Erklärungen werden verabschiedet und internationale Konventionen auf den Weg gebracht, darunter die »Erklärung über Umwelt und Entwicklung«, die »Klimarahmenkonvention« und die »Biodiversitätskonvention«. Zahlreiche Folgekonferenzen befassen sich mit den in Rio formulierten Zielen. Mit der Rio-Konferenz beginnt die Karriere des Begriffs »Nachhaltigkeit«. Erstmals spielen auch Nichtregierungsorganisationen (NGOs) eine so große Rolle bei einem internationalen Diplomatentreffen. 2400 NGO-Vertreter nehmen teil. 17 000 Menschen kommen zum parallel stattfindenden NGO-Forum.

1995

Tankstellenboykott wegen der geplanten Versenkung der »Brent Spar«. Greenpeace besetzt die Ölplattform »Brent Spar«, die der Shell-Konzern ausgemustert hatte und in der Nordsee versenken wollte. In Deutschland stößt die Protestaktion auf viel Sympathie und ein enormes Medienecho. Selbst Kanzler Kohl sympathisiert öffentlich mit der Greenpeace-Forderung, »Brent Spar« an Land zu entsorgen. Einem Boykott von Shell-Tankstellen schließen sich sogar staatliche Behörden an. Der Konzern muss massive Umsatzeinbrüche hinnehmen. In Hamburg kommt es zu einem Brandanschlag auf eine Tankstelle.

Später stellt sich heraus, Greenpeace hatte die Öffentlichkeit über die Menge an Schadstoffen in der »Brent Spar« falsch informiert. Angeblich sollten sich 5500 Tonnen Ölrückstände darin befinden. In Wahrheit waren es weniger als zwei Prozent dieser Menge. Auf Druck der deutschen Öffentlichkeit beschließt Shell, die Plattform an Land zu entsorgen, was wesentlich teurer ist. Ein Jahr nach der Aktion erklärt eine unabhängige Wissenschaftlerkommission, dass Shell die Wahrheit gesagt und Greenpeace gelogen hat. Meeresforscher erklären, dass die Versenkung der »Brent Spar« für Organismen am Meeresboden sogar ökologisch vorteilhaft gewesen wäre.

1996

Rückkehr der Wölfe. Erste, aus Polen kommende Wölfe siedeln sich wieder in Deutschland an, zunächst in Sachsen. Seit dem 19. Jahrhundert galt der Wolf in Deutschland als endgültig ausgerottet, obwohl insbesondere in der DDR immer mal wieder einzelne wandernde Tiere erlegt wurden. 2014 leben wieder zirka 150 Wölfe in Deutschland.

1996

Frankreichs Staatspräsident Chirac erklärt das Ende der französischen Atombombenversuche. In späteren Jahren führen nur noch Nordkorea und Pakistan solche Versuche durch. Alle westlichen Länder sowie Russland (schon zu Zeiten der Sowjetunion) und China haben nach internationalen Protesten damit aufgehört. Das Ende aller Kernwaffentests, deren radioaktiver Niederschlag sich weltweit in der Atmosphäre ausdehnte, war eines der Hauptziele der frühen Umweltbewegung. Besonders Greenpeace engagierte sich anfangs hauptsächlich gegen diesen Missstand.

1999

In Deutschland wird die »Ökologische Steuerreform« mit einem ersten Schritt ins Werk gesetzt. Durch die Neu- und Umgestaltung von steuerpolitischen Maßnahmen soll eine Lenkungswirkung in Richtung Umweltschutz erreicht werden. Mit der »Ökosteuer« wird vor allem der Energieverbrauch belastet, Autofahren beispielsweise wird teurer. Der überwiegende Teil der Erlöse fließt in die Rentenkasse, weshalb der Slogan vom »Rasen für die Rente« die Runde macht.

2000

BSE-Angst in Deutschland. Im November wird erstmals ein Fall Boviner spongiformer Enzephalopathie (BSE) an einem deutschen Rind amtlich bestätigt. Im Laufe des folgenden Jahres sind es 125 Fälle. Rinderhalter müssen ihren ganzen Viehbestand töten und verbrennen lassen, wenn ein BSE-Fall bei ihnen festgestellt wird. BSE wird zum Thema Nummer eins in den Medien. In der »Rheinischen Post« fragt ein Leser: »Stimmt es, dass ich mich mit BSE anstecken kann, wenn ich lange auf meinem Rindsledersofa sitze?« Angst geht um und der Absatz von Rindfleisch bricht ein. Im Januar 2001 erscheinen 1311 Artikel über »Rinderwahnsinn« in deutschen Zeitungen und Zeitschriften, dazu kommen Hunderte Berichte in Radio und Fernsehen. Die meisten warnen davor, dass viele Zehntausend Menschen am Verzehr von Rindfleisch sterben werden. Experten sagen 250 000 Opfer allein für Großbritannien voraus. Bis 2011 sind weltweit weniger als 250 Menschen an der neuen Variante der Creutzfeld-Jakob-Krankheit erkrankt, die vermutlich durch infiziertes Rindfleisch ausgelöst wird.

2001

Agrarwende. Infolge der BSE-Krise feuert Kanzler Gerhard Schröder den Landwirtschaftsminister Karl-Heinz Funke (SPD) und gibt den Posten Renate Künast (Die Grünen). Sie verkündet die »Agrarwende« und erklärt den Biolandbau zum Leitbild der deutschen Landwirte. Biolebensmittel sollen mit staatlicher Hilfe binnen zehn Jahren 20 Prozent Marktanteil erobern. Doch die Nachfrage bleibt hinter den Erwartungen zurück. Der Bio-Anteil am Gesamtumsatz von Lebensmitteln lag im Jahr 2014 bei knapp vier Prozent.

2002
Nitrofen-Skandal. In einer Lagerhalle, die nicht ausreichend gereinigt wurde, kommt Futtergetreide für Biobetriebe mit dem seit Jahren verbotenen Herbizid Nitrofen in Kontakt. Infolgedessen werden Spuren des Gifts in Bio-Geflügelfleisch und Bio-Eiern entdeckt. Die Belastung ist viel zu gering, um Menschen gesundheitlich zu schaden. Dennoch schlägt der Lebensmittelskandal hohe Wellen.

2002
Acrylamid-Angst. Die Substanz entsteht beim Rösten von Lebensmitteln wie Kartoffelchips, Toast etc. Untersuchungen werden bekannt, dass Acrylamid Krebs fördert. Wie gefährlich die Aufnahme von Acrylamid tatsächlich ist, bleibt bis heute unklar. In den Folgejahren gelingt es den Herstellern von Knäckebrot, Spekulatius, Zwieback und Keksen, den Acrylamidgehalt ihrer Produkte zu senken.

2002
Hochwasser während des Bundestagswahlkampfs. Kopf-an-Kopf-Rennen zwischen Gerhard Schröder und Edmund Stoiber. Dann treten anlässlich einer »Jahrhundertflut« an Elbe und Donau die Flüsse über die Ufer. Gerhard Schröder profiliert sich als anpackender »Macher« und gewinnt die Wahl nach Ansicht vieler Wahlforscher mit seinem Dauereinsatz auf den Deichen in den Hochwassergebieten und dem »Nein« zur deutschen Beteiligung am Irakkrieg. Balkenüberschriften und Sondersendungen beschwören die Flutkatastrophe als Menetekel der Klimaveränderung. Die Talkshows sind sich einig: Es kann alles nur noch schlimmer werden. Die vorgeblich immer häufigeren und immer schlimmeren Hochwasserkatastrophen seien der endgültige Beweis. Umweltaktivisten und Politiker jeglicher Couleur stürzen sich eifrig auf das Thema.

Die wenigen skeptischen Stimmen, die vor voreiligen Schlüssen und vereinfachten Schuldzuweisungen warnen, haben in der allgemeinen Hysterie keine Chance. Später veröffentlicht der Klimaforscher Manfred Mudelsee in der international angesehenen Wissenschaftszeitschrift »nature« eine Studie zum Hochwasser von 2002. Die Forscher und sein Team vom Institut für Meteorologie an der Universität Leipzig werten für die Flüsse Elbe und Oder Daten von insgesamt über 500 Überschwemmungsereignissen aus, die zurück bis ins 11. Jahrhundert reichen. Vorläufiges amtliches Endergebnis: Entgegen dem Augenschein sind extreme Hochwasser in Zentraleuropa in den letzten Jahrhunderten nicht häufiger geworden. Eher im Gegenteil. In den letzten 150 Jahren sind die beiden großen Ströme sogar zahmer geworden.

Im Sommer hat die Häufigkeit von schweren Hochwassern nicht zu-, im Winter verblüffenderweise abgenommen. Grund für den Rückgang seien wärmere Winter (Schmelzwasser, gefrorene Böden und Eisbarrieren forcieren Hochwasser). Wenn überhaupt, dann wirkt sich die globale Erwärmung somit eher mildernd auf die Hochwasserlage in der Region aus. Dies widerspricht eklatant allem, was während und kurz nach der Katastrophe lautstark behauptet wurde und sich im allgemeinen Bewusstsein festgesetzt hat. Manfred Mudelsee (der es durchaus für geboten hält, die Kohlendioxidemissionen zu reduzieren) kommt zu dem Schluss, dass keine Verschlimmerung der Hochwassersituation erkennbar sei.

2003
Erste Waldrodung für Windkraft. Auf dem Roßkopf bei Freiburg wird ein Stück Wald freigeschlagen, um vier Anlagen mit 93 Metern Höhe zu errichten

2004
»The Day After Tomorrow« kommt in die Kinos. Der in Hollywood produzierte Katastrophenfilm des deutschen Regisseurs Roland Emmerich handelt von den Gefahren des Klimawandels. Sintflut und Eiszeit brechen gleichzeitig herein. New York verwandelt sich in ein Blitzeisgebirge und die amerikanische Bevölkerung sucht an der Grenze nach Mexiko um Wärmeasyl nach. Der amerikanische Präsident und sein finsterer Stellvertreter sind, wie es sich gehört, an allem Schuld. Zur Strafe wird der Präsident gefriergetrocknet. Umweltverbände und Klimaaktivisten loben das Werk als pädagogisch wertvoll. Damals wird ein Ausbleiben des Golfstroms und damit eine dramatische Abkühlung Europas und Nordamerikas infolge des Klimawandels befürchtet. Die Theorie hinter dem Szenario beruht auf der sogenannten thermohalinen Zirkulation. Warmes Wasser strömt vom Golf kommend nach Norden. Da auf dem Weg dorthin viel Wasser verdunstet, erhöht sich der Salzgehalt, das Wasser wird schwerer. Im

Norden sinkt das abgekühlte schwere Wasser in die Tiefe und fließt dann zurück in den Süden. Ein Abschmelzen der Polkappen würde den Ozean mit Süßwasser »verdünnen«, die leichteren Wassermassen könnten nicht mehr in die Tiefe sinken, und das Förderband des Golfstroms käme zum Stillstand. So könnte die globale Erwärmung Europa eine Kaltzeit bescheren, lautet die Hypothese.

2005 glaubte man tatsächlich eine 30-prozentige Abschwächung des Strömungsantriebs des Golfstroms festgestellt zu haben – was sich inzwischen als falsch herausgestellt hat. Hinzu kommt: Der Golfstrom wird in erster Linie von dem Windsystem über dem Nordatlantik und von der Erdrotation in Schwung gehalten.

2006
Im Berliner Zoo kommt der kleine Eisbär Knut auf die Welt. Er wird zum Maskottchen der Nation und zum Liebling der Klimaschützer, die ihn vor ihren Karren spannen. Der damalige Umweltminister Sigmar Gabriel drängt sich ins Gehege, um Knut zu adoptieren. Angeblich steht der Eisbär wegen der Klimaerwärmung vor dem Aussterben. Die Fakten: Es gibt heute um Größenordnungen mehr Eisbären als vor 50 Jahren, weil die Jagd auf sie begrenzt und reguliert worden ist. Knut stirbt im Alter von vier Jahren an natürlichen Ursachen – wahrscheinlich an einer Hirnerkrankung.

2006
Aus Italien wandert der Braunbär Bruno in Bayern ein. Weil er Hunger hat und deshalb einige Schafe reißt, wird Bruno vom damaligen bayerischen Ministerpräsidenten Edmund Stoiber zum »Problembär« erklärt. Auf Befehl der Landesregierung wird Bruno erschossen. Es zeigt sich, die Begeisterung für wilde Tiere nimmt in modernen Gesellschaften rapide ab, wenn sie zu nahe kommen.

2007
Höhepunkt der Klima-Angst. Unter anderen verkündet »Bild« den Weltuntergang. Schlagzeilen der »Bild«-Zeitung:
10. Januar 2007:   »Jedes Jahr 86 000 Tote durch Hitze in Europa«
20. Januar 2007:   »Fliegt uns die Erde um die Ohren?«
3. Februar 2007:   »Unser Planet stirbt!«
23. Februar 2007: »Wir haben nur noch 13 Jahre ...«

2007

Angela Merkel besucht als »Klimakanzlerin« Grönland, um sich »aus erster Hand über die Auswirkungen des Klimawandels zu informieren«, und lässt sich vor kalbenden Gletschern ablichten. Das beliebteste Film- und Fotomotiv ist der Sermeq Kujalleq, einer der aktivsten Gletscher der Erde. Er wurde inzwischen zum Weltnaturerbe erklärt. Seine Fließgeschwindigkeit beträgt über 20 Meter am Tag. In einem ewigen Strom befördert er krachend Eisblöcke in den davor liegenden Fjord, die dann als majestätische Eisberge hinaus ins Meer schippern. Obwohl so ein kalbender Gletscher etwas ganz Normales ist, wurde der Sermeq Kujalleq inzwischen zu einer Ikone der globalen Erwärmung.

Dem Forscher Eske Willerslev von der Universität Kopenhagen gelang es indes zusammen mit einem internationalen Forscherteam, in alten Bohrkernen winzige Bruchstücke des Erbgutes von Pflanzen und Tieren aufzuspüren. In einem komplizierten Verfahren konnte man sie dann sogar Pflanzen- und Tiergattungen zuordnen. Die Zeitschrift »Science« illustrierte die Veröffentlichung der Forschungsarbeit mit einem bunten Grönlandpanorama, das an das heutige Schweden erinnert. Schmetterlinge flattern über Wälder mit Fichten, Kiefern und Erlen. Wie alt die Funde tatsächlich sind, lässt sich nicht eindeutig sagen. Die Lebensspuren stammen irgendwann aus der Zeit zwischen 130 000 und einer Million Jahren vor heute, am wahrscheinlichsten sind sie zwischen 450 000 und 800 000 Jahre alt. Und da sie seitdem die ganze Zeit vom Eis bedeckt gewesen sein müssen, lässt sich ein ziemlich aufregender Schluss ziehen: Das Grönlandeis hat zumindest die Eem-Warmzeit, die vor etwa 125 000 Jahren ihren Höhepunkt erreicht hatte, überstanden. Damals war es rund fünf Grad wärmer als heute.

Abschmelzende Eismassen auf den Festlandsockeln Grönlands oder der Antarktis würden den Meeresspiegel ansteigen lassen. Diese Eismassen verändern sich derzeit; während das Eis an den Rändern teilweise abnimmt, kommt im Inneren durch Niederschlag neues hinzu. Am Nordpol ist es wärmer geworden, allerdings gibt es sehr große regionale Unterschiede. Der Nordpol besteht aus auf dem Wasser schwimmenden Eis, das den Meeresspiegel beim Schmelzen nicht ansteigen lässt (genauso wenig wie ein Eiswürfel im Wasserglas). Am Südpol ist es in den letzten Jahrzehnten hingegen überwiegend kälter geworden. Wenn dort von einer Erwärmung die Rede ist, bezieht sich dies in der Regel auf die antarktische Halbinsel. Die macht allerdings nur sieben Prozent der antarktischen Landmasse aus.

2007
Al Gore und der Weltklimarat IPCC werden mit dem Friedensnobelpreis ausgezeichnet. Gore erhält für seinen Film »Eine unbequeme Wahrheit« zusätzlich zwei Oscars in Hollywood. Viele Behauptungen aus seinem Film, der eine globale Mega-Katastrophe durch Klimaerwärmung voraussagt, sind inzwischen wissenschaftlich widerlegt. An der Reputation des Weltklimarates nagt die »Climategate-Affäre« (2009), bei der herauskam, wie führende IPCC-Vertreter den gängigen Dogmen zuwiderlaufende Forschungsergebnisse unterdrückt haben.

2010
Ölpest im Golf von Mexiko. Nach einer Explosion auf der Bohrinsel »Deepwater Horizon« sprudelt fast drei Monate lang Rohöl in großen Mengen ungehindert in den Golf, insgesamt 670 000 Tonnen. Öl bedeckte die Meeresoberfläche, braune Lachen verseuchten die Strände und bedrohten die Sumpflandschaft an der Mississippimündung. Fische, Wasservögel, Schildkröten und Delfine sterben durch die klebrige Schicht. Ein Jahr nach der Katastrophe sind Experten verblüfft, wie schnell die Selbstreinigungskräfte der Natur mit der Ölpest fertig geworden sind. Durch das Fangverbot sind die Fischbestände gewachsen.

2011
Atomunfall in Fukushima. Ein Erdbeben und ein dadurch ausgelöster Tsunami fordern in Japan 16 000 Todesopfer. In der Wahrnehmung der deutschen Öffentlichkeit ist dies weniger relevant als der Zusammenbruch der Atomkraftwerke von Fukushima infolge des Tsunamis. Dort starben fünf Arbeiter bei dem Versuch, den GAU in Grenzen zu halten und bei Aufräumarbeiten. Alle jedoch durch herabfallende Trümmer und ähnliche »konventionelle« Unfälle. Niemand wird lebensgefährlich verstrahlt. Die Weltgesundheitsorganisation (WHO) gibt im Mai 2012 bekannt, die Strahlenbelastung der Bevölkerung sei so gering gewesen, dass kaum gesundheitliche Spätfolgen zu erwar-

ten sind. Doch in vielen deutschen Medien wird dieser Befund nicht erwähnt. Dagegen bringen Journalisten, Politiker und Anti-Atomkraftaktivisten immer wieder die Zahl der Tsunamitoten mit dem Atomunfall in Verbindung. Noch 2013 postet die grüne Politikerin Claudia Roth auf ihrer Facebook-Seite: »Heute vor zwei Jahren ereignete sich die verheerende Atomkatastrophe von Fukushima, die nach Tschernobyl ein weiteres Mal eine ganze Region und mit ihr die ganze Welt in den atomaren Abgrund blicken ließ. Insgesamt starben bei der Katastrophe in Japan 16 000 Menschen, mehr als 2700 gelten immer noch als vermisst. Hunderttausende Menschen leben heute fernab ihrer verstrahlten Heimat. Unsere Gedanken sind heute bei den Opfern und ihren Familien.«

2011
EHEC-Verseuchung. Die schlimmste Lebensmittelkatastrophe in der Bundesrepublik wird ausgerechnet durch ein Biolebensmittel ausgelöst. Ursache sind Bockshornklee-Salatsprossen. Die Samen stammen von einer ägyptischen Biofarm. In einem Biobetrieb in Niedersachsen werden sie zur Keimung gebracht und verpackt. Knapp 4000 Menschen infizieren sich, 855 entwickelten eine lebensgefährliche Nierenfunktionsstörung, 53 sterben. Die Reaktion der deutschen Öffentlichkeit bleibt erstaunlich verhalten. Die Aufregung ist weitaus geringer, als bei anderen Lebensmittelskandalen, bei denen kein Mensch zu Schaden kam. Nachdem die Nachfrage nach Biolebensmitteln in den Vorjahren leicht zurückgegangen ist, steigt sie 2011 sogar wieder an.

2011
Energiewende. Unter dem Eindruck des Atomunfalls von Fukushima beschließt der Bundestag die sogenannte »Energiewende«. Alle Parteien stimmen zu, nur wenige Abgeordnete verweigern sich. Das Industrieland Deutschland ist von kollektiver Panik erfasst. Erstmals in der Geschichte mustert eine Nation eine bis dahin zuverlässige und störungsfrei funktionierende Energieversorgung aus, ohne eine adäquate und erprobte Ersatzstruktur zu besitzen.

2011
Volksabstimmung über »Stuttgart 21«. In Baden-Württemberg stimmt eine Mehrheit von 58,9 Prozent für den Weiterbau des neuen Stuttgarter Tiefbahnhofs. Dies löst allgemeine Verwunderung aus,

denn die vorausgehenden Proteste gegen den Bahnhofsneubau wurden in der Öffentlichkeit als Ausdruck eines breiten Volkswillens interpretiert. Soziologische Untersuchungen ergeben, dass das Protestmilieu hauptsächlich aus arrivierten älteren Bürgern besteht. Journalisten prägen dafür das Wort »Wutbürger«. Im Rahmen der Auseinandersetzungen wird auch der Artenschutz wieder zum Thema. 2010 entdecken Experten geschützte Juchtenkäfer auf Bäumen, die für den Bau gefällt werden sollten. Das Vorhandensein des Rote-Liste-Insekts hält die Bauarbeiten an dieser Stelle bis 2012 auf.

2013
Dämpfer für die Grünen. Bei der Bundestagswahl verlieren die Grünen und kommen nur noch auf 8,4 Prozent (2009 10,7 Prozent). Sie verdanken das wohl der Tatsache, dass sie ihr Thema »Umwelt« an die anderen Parteien von CDU/CSU über SPD bis zu »Die Linke«, die sich nicht weniger »grün« gerieren, verloren haben. Ein letztes Aufbäumen mit dem »Veggieday« geht gründlich schief. Es macht einerseits totalitäre Tendenzen überdeutlich und ist andererseits selbst innerhalb der Partei umstritten. Seitdem suchen die Grünen ein neues Thema.

2014
Reform der Energiewende. Was viele vorausgesagt haben, tritt ein: Die Energiewende läuft ökonomisch und technisch aus dem Ruder. Die Kosten explodieren, die Versorgungslage wird unsicherer, und obendrein steigen die Kohlendioxidemissionen. Der Bundestag verabschiedet eine Reform des Erneuerbaren-Energien-Gesetzes (EEG), welche die krassesten Fehlentwicklungen zumindest mildern soll.

Literatur

Während in Deutschland die Diskussion um Klima- und Umweltfragen sehr eindimensional geführt wird, verläuft sie international weitaus differenzierter. Wir haben eine kleine Auswahl von Büchern zusammengestellt, die belegen, dass das ökologische Denken vielschichtiger ist, als Umweltpolitiker, die Vertreter der großen NGOs und die Bosse der Öko-Industrie behaupten.

Adams, Jonathan S., und McShane, Thomas O.: The Myth of Wild Africa – Conservation Without Illusion. New York, 1992
Aune, Ivar A., und Graf Praschma, Nikolaus: Greenpeace – Umweltschutz ohne Gewähr. Hamburg, 1996
Avery, Alex A.: Die Wahrheit über Bio-Lebensmittel. Jena, 2008
Bailey, Ronald (Hrsg.): The True State of the Planet. New York, 1995
Bailey, Ronald (Hrsg.): Earth Report 2000 – Revisiting the True State of the Planet. New York, 2000
Bailey, Ronald (Hrsg.): Global Warming and Other Eco-Myths – How the Environmental Movement Uses False Science to Scare Us to Death. New York, 2002
Bauer, Thomas; Gigerenzer, Gerd, und Krämer, Walter: Warum dick nicht doof macht und Genmais nicht tötet – Über Risiken und Nebenwirkungen der Unstatistik. Essen, 2014
Bayerische Akademie der Wissenschaften (Hrsg.): Klimawandel im 20. und 21. Jahrhundert. München, 2005
Bayerische Akademie der Wissenschaften (Hrsg.): Pflanzenzucht und Gentechnik in einer Welt mit Hungersnot und knappen Ressourcen. München, 2012
Bayerische Akademie der Wissenschaften (Hrsg.): Die Zukunft der Energieversorgung: Atomausstieg, Versorgungssicherheit und Klimawandel. München, 2012
Beckerman, Wilfred: Small is Stupid. Blowing the Whistle on the Greens. London, 1995
Beckerman, Wilfred: Ein Mangel an Vernunft – Nachhaltige Entwicklung und Wirtschaftswachstum. Berlin, 2006

Berezow, Alex B., und Campell, Hank: Science Left Behind – Feel-Good Fallacies and the Rise of the Anti-Scientific Left. New York, 2012

Boehmer-Christiansen, Sonja (Hrsg.): Energy and Environment – Institutions, Progress, Affluence, Technology and the Environment. Brentwood, 2005

Booker, Christopher, und North, Richard: Scared to Death – From BSE to Global Warming: Why Scares Are Costing Us the Earth. New York, 2007

Brand, Stewart: Whole Earth Discipline. Why Dense Cities, Nuclear Power, Geneticaly Modified Crops, Restored Wildlands, Radical Science and Geoengineering Are Essential. New York, 2009

Bruckner, Pascal: The Fanaticism of the Apocalypse. Cambridge, 2013

Brüggemeier, Franz-Josef, und Toyka-Seid, Michael (Hrsg.): Industrie-Natur – Lesebuch zur Geschichte der Umwelt im 19. Jahrhundert. Frankfurt am Main, 1995

Cravens, Gwyneth: Power to Save the World – The Truth About Nuclear Energy. New York, 2007

Ditfurth, Jutta: Entspannt in die Barbarei – Esoterik, (Öko-)Faschismus und Biozentrismus. Hamburg, 1997

Driessen, Paul K.: Öko-Imperialismus: Grüne Politik mit tödlichen Folgen. Jena, 2006

Dyson, Freeman J.: Die Sonne, das Genom und das Internet. Wissenschaftliche Innovation und die Technologien der Zukunft. Frankfurt am Main, 2000

Easterbrook, Gregg: A Moment on the Earth – The Coming Age of Environmental Optimism. Harmondsworth, 1995

Easterbrook, Gregg: The Progress Paradox – How Life Gets Better While People Feel Worse. New York, 2003

Freiburger Universitätsblätter (196): Der Wald vor unserer Tür. Freiburg i. Br., 2012

Gärtner, Edgar: Öko-Nihilismus 2012: Selbstmord in Grün. Jena, 2012

Goklany, Indur M.: The Improving State of the World – Why We're Living Longer, Healthier, More Comfortable Lives on a Cleaner Planet. Washington, 2007

Goklany, Indur M.: Adressing Climate Change in the Context of Other Problems – A Plea for Realism over Ideology. Berlin, 2009

Goldacre, Ben: Bad Science. London, 2008

Heitmann, Matthias: Demokratiekonzepte in der Partei Bündnis 90/ Die Grünen. Frankfurt am Main, 2001
Helm, Dieter: The Carbon Crunch. How We're Getting Climate Change Wrong – and How to Fix It. New Haven, 2012
Hoffmann, Christian, und Bessard, Pierre (Hrsg.): Natürliche Verbündete – Marktwirtschaft und Umweltschutz. Zürich, 2009
Horx, Matthias: Anleitung zum Zukunfts-Optimismus –Warum die Welt nicht schlechter wird. Frankfurt am Main, 2007
Huber, Joseph: Die verlorene Unschuld der Ökologie. Frankfurt am Main, 1982
Huber, Peter: Hard Green – Saving the Environment from the Environmentalists. New York, 1999
Hug, Heinz: Der tägliche Öko-Horror. München, 1997
Hug, Heinz: Die Angsttrompeter – Die Wahrheit über die Gefahren aus der Umwelt. München, 2006
Von Hüllen, Rudolf: Ideologie und Machtkampf bei den Grünen. Bonn, 1990
Knapp, Udo: Das Wagnis – Ökologische Realpolitik: Pragmatisch, staatsfern, mehrheitsbewusst, grün. Frankfurt am Main, 1991
Krämer, Walter, und Mackenthun, Gerald: Die Panik-Macher. München, 2001
Krämer, Walter: Die Angst der Woche – Warum wir uns vor den falschen Dingen fürchten. München, 2011
Lomborg, Bjørn: Apokalypse, No! – Wie sich die menschlichen Lebensgrundlagen wirklich entwickeln. Lüneburg, 2002
Lomborg, Bjørn (Hrsg.): Global Crisis, Global Solutions. Cambridge, 2004
Lomborg, Bjørn: Cool it! – Warum wir trotz Klimawandels einen kühlen Kopf bewahren sollten. München, 2008
Marguier, Alexander: Lexikon der Gefahren. Köln, 2010
Markham, Adam: A Brief History of Pollution. London, 1994
Mauritz, Markus: Natur und Politik – Die Politisierung des Umweltschutzes in Bayern. Neutraubling, 1995
Maxeiner, Dirk: Hurra, wir retten die Welt – Wie Politik und Medien mit der Klimaforschung umspringen. Berlin, 2007
Maxeiner, Dirk, und Miersch, Michael: Öko-Optimismus. Düsseldorf, 1996

Maxeiner, Dirk, und Miersch, Michael: Lexikon der Öko-Irrtümer – Überraschende Fakten zu Energie, Gentechnik, Gesundheit, Klima, Ozon, Wald und vielen anderen Umweltthemen. Frankfurt am Main, 1999

Maxeiner, Dirk, und Miersch, Michael: Life Counts – Eine globale Bilanz des Lebens. Berlin, 2000

Maxeiner, Dirk, und Miersch, Michael: Die Zukunft und ihre Feinde – Wie Fortschrittspessimisten unsere Gesellschaft lähmen. Frankfurt am Main, 2002

Maxeiner, Dirk, und Miersch, Michael: Biokost und Ökokult – Welches Essen ist wirklich gut für uns und unsere Umwelt. München, 2008

Messelken, Karlheinz: Die Mythen des 20. Jahrhunderts: Rasse, Klasse, Umwelt. Hamburg, 1998

Möller, Andreas: Das Grüne Gewissen – Wenn die Natur zur Ersatzreligion wird. München, 2013

Moore, Patrick: Confessions of a Greenpeace Dropout – The Making of a Sensible Environmentalist. Vancouver, 2010

Moore, Stephen, und Simon, Julian L.: It's Getting Better All the Time – 100 Greatest Trends of the Last 100 Years. Washington, 2000

Müller-Dieckert, Yorck-Philipp: »Taten statt warten« oder »im Auftrag der Natur« – Eine Analyse der beiden deutschen Sektionen von Greenpeace und dem WWF in vergleichender Perspektive. Halle, 2005

Murray, David; Schwarz, Joel, und Lichter, S. Robert: It Ain't Necessarily So – How the Media Remake Our Picture of Reality. Harmondsworth, 2001

Neubacher, Alexander: Ökofimmel – Wie wir versuchen, die Welt zu retten – und was wir damit anrichten. München, 2012

North, Richard D.: Nachhaltige Entwicklung – Ein Konzept mit Zukunft? Berlin, 2005

North, Richard D.: Life on a Modern Planet – A Manifesto for Progress. Manchester, 1994

Okonski, Kendra: Adapt or Die. The Science, Politics and Economics of Climate Change. London, 2003

Owen, David: Green Metropolis – Why Living Smaller, Living Closer, and Driving Less Are the Keys to Sustainability. New York, 2009

Pies, Ingo, und Schröder, Guido: Causes and Consequences of Global Warming. How Rational is Our Policy on Climate Change? Münster, 2002

Quencher, Quentin: Der Wald, die Deutschen und die D-Mark. Norderstedt, 2014

Radkau, Joachim, und Uekötter, Frank (Hrsg.): Naturschutz und Nationalsozialismus. Frankfurt am Main, 2003

Reichholf, Josef H.: Die falschen Propheten – Unsere Lust an Katastrophen. Berlin, 2002

Reichholf, Josef H.: Eine kurze Naturgeschichte des letzten Jahrtausends. Frankfurt am Main, 2007

Reichmuth, Alex: Verdreht und hochgespielt – Wie Umwelt- und Gesundheitsgefahren instrumentalisiert werden. Zürich, 2008

Ridley, Matt: The Rational Optimist – How Prosperity Evolves. New York, 2010

Ropeik, David, und Gray, George: Risk – A Practical Guide for Deciding What's Really Safe and What's Really Dangerous in the World Around You. Boston, 2002

Simon, Julian L.: The State of Humanity. Oxford, 1997

Simon, Julian L.: A Life Against the Grain. New Brunswick, 2002

Sinn, Hans-Werner: Das Grüne Paradoxon – Plädoyer für eine illusionsfreie Klimapolitik. Berlin, 2008

Sohn, Gunnar: Die Öko-Pharisäer – Umweltschutz als Vorwand. Frankfurt am Main, 1995

Von Storch, Hans, und Krauß, Werner: Die Klima-Falle – Die gefährliche Nähe von Politik und Klimaforschung. München, 2013

Stossel, John: Give Me a Break. New York, 2004

Stossel, John: Myths, Lies, and Downright Stupidity – Why Everything You Know is Wrong. New York, 2006

Uekötter, Frank: The Green and the Brown – A History of Conservation in Nazi Germany. Cambridge 2006

Uhlen, Herbert: Vom ungläubigen Thomas lernen – Warum sich Wissenschaft und Religion nicht vertragen. Aachen, 2006

Vahrenholt, Fritz, und Lüning, Sebastian: Die kalte Sonne – Warum die Klimakatastrophe nicht stattfindet. Hamburg, 2012

Verein für ökologische Kommunikation (Hrsg.): Ökologie von rechts – Braune Umweltschützer auf Stimmenfang. München, 2012

Volkmann, Thomas: Zurück in die Zukunft? – Der neue grüne Konservatismus. Potsdam, 2012

Weingart, Peter; Engels, Anita, und Pansegrau, Petra: Von der Hypothese zur Katastrophe. Der anthropogene Klimawandel im Diskurs zwischen Wissenschaft, Politik und Massenmedien. Opladen, 2002

Warnke, Götz: Die grüne Ideologie – Heile-Welt-Mythen, Gesellschaftsutopien und Naturromantik als Ausdruck einer angstbestimmten Politik. Frankfurt am Main, 1998

Wolling, Jens, und Arlt, Dorothee: Fukushima und die Folgen – Medienberichterstattung, öffentliche Meinung, politische Konsequenzen. Ilmenau, 2014

Zubrin, Robert: Merchants of Despair – Radical Environmentalists, Criminal Pseudo-Scientists and the Fatal Cult of Antihumanism. New York, 2012